Z.^{anc} 2564.
1.b.

DE LA DEMONO-MANIE DES SORCIERS.

PAR I. BODIN, ANGEVIN.

Reueüe diligemment, & repurgee de plusieurs fautes qui s'estoyent glissees és precedentes impressions.

Plus y est adioustee de nouueau vne ample table des choses plus memorables contenues en ce liure.

QVATRIESME EDITION.

A LYON,
PAR ANTOINE DE HARSY.

M. D. XCVIII.
AVEC PRIVILEGE.

A MONSEIGNEVR
M. CHRESTOFLE DE THOV
CHEVALIER, SEIGNEVR DE Cœli, premier President en Parlement, & Conseiller du Roy en son priué Conseil.

E PRESENT que ie vous offre, Monseigneur, n'est pas pour demeurer quitte, mais bien pour seruir d'vne attestation de ce que i'ay apris en ceste eschole souueraine de Iustice, de laquelle vous estes chef, où i'ay employé la meilleure partie de mon aage: & en laquelle on voit, on oit, on cognoist mieux qu'en lieu de tout le monde, la vraye experience & vsage des loix & ordonnances, & de toutes les decisions des Docteurs qui furent oncques: tantost par les plaidoyeries des premiers Orateurs de l'Europe, tantost par la conference des vrais Iurisconsultes, tantost par les resolutions des Iuges, en discourant comme en plein iour la nayfue beauté de Iustice, auec vn plaisir & profit incroyable qu'on y reçoit d'apprendre à discourir doctement, poiser sagement, & resoudre subtilement les hautes questions de droict en toutes matieres: ores en l'vne, ores en l'autre chambre: ores en toute l'assemblee des Iuges & Aduo-

ã 2

EPISTRE.

cats de ce Parlement, le plus illustre que le Soleil puisse voir en tous les Empires & Republiques de la terre. Là s'apprend la vraye prudence, guide & lumiere de la vie humaine: quand on voit, comme en un haut theatre, toutes les secrettes actiōs, trafiques, & menées de toutes sortes d'hōmes, & des plus rusez representees au doigt & à l'œil: que la vie de l'homme pour longue qu'elle soit, ne sçauroit descourir en voyageant par tout le monde. Et combien que la splēdeur & Majesté de ce beau temple de Iustice, se voit en toutes ses parties, si est-ce qu'elle reluist principalement au Chef d'iceluy, pour auoir surpassé les autres, qui ont monté iusques à ce degré d'honneur, en la cognoissance des lettres humaines, auec vne memoire infinie de toutes histoires, & diligence incroyable à iuger les differens des parties: l'un & l'autre conioinct à l'experience indubitable de tous les poincts de la iurisprudence. Nō pas que ie veuille icy chanter vos loüanges, Monseigneur, car ce n'est pas mon suiet, encores que la loy dit: Præsidem prouinciæ non grauatè suas laudes audire oportere. Et combien que l'honneur de l'homme vertueux n'a besoin d'estre rehaussé de loüange pour luy donner lustre: si est-ce que la Republique a notable interest, que les vrayes loüanges des hommes illustres demeurent grauees & imprimees par tout, pour seruir d'exemple aux vns, d'aguillon aux autres, & d'imitation à tous. Ce que ie deurois faire d'autant plus volontiers en vostre endroict, que les loix & la religion d'honneur m'obligent à ce faire, pour les plaisirs signalez (ie ne diray pas offices, ne

l'ayant

EPISTRE.

l'ayant merité en vostre endroict) que i'ay receu de vous: & que vous auez tousiours porté vne singuliere affection à tous ceux, qui aiment les bonnes lettres. Mais ie reserue cela à part, & à plus beau suiet: & me suffira pour ceste heure de vous faire ce petit present, lequel s'il vous est aggreable, ie m'asseure, si i'ay encore quelque mal-veillant, qu'il ne sera pas si mal aduisé, que fut n'a pas long temps quelqu'vn (que ie ne veux nommer pour son honneur) lequel dedia au Roy vn libelle contre la Republique que i'ay mis en lumiere. Mais si tost que le Roy eut remarqué le propos calomnieux de cest homme-là, il le fist constituer prisonnier, & signa le decret de sa main, auec defenses sur la vie d'exposer son libelle en vente. Toutesfois il en est demeuré quitte pour vne amende honorable: mais s'il eust esté de plus sain iugement, il eust merité la peine que Zoile receut pour vn presēt pareil, qu'il fist à Ptolomee Philadelpho Roy d'Egypte. Or ie n'espere pas que personne escriue contre ceste censure, si ce n'est quelque Sorcier qui deffende sa cause: mais si i'en suis aduerty, ie luy diray ce qu'on dit en plusieurs lieux de ce Royaume à ceux, qui sont suspects d'estre Sorciers, à autant loin qu'on les voit sans autre forme d'iniure on crie à haute voix, IE ME DOVBTE: à fin que les charmes & malefices de telles gens ne puissent offenser. De Laon, ce xx. iour de Decembre, M. D. LXXIX.

Vostre tres-humble & affectionné
seruiteur, I. Bodin.

LE TRAICTE' DE IEAN BODIN, DE LA DEMONOMANIE contre les Sorciers.

LIVRE PREMIER.

PREFACE DE L'AVTHEVR.

LE iugement qui a esté conclud contre vne Sorciere, auquel ie fus appellé le dernier iour d'Auril, mil cinq cens septante & huict, m'a donné occasion de mettre la main à la plume, pour esclaircir le subiect des Sorciers, qui semble à toutes personnes estrange à merueilles, & à plusieurs incroyable. La Sorciere que i'ay dit s'appelloit Ieanne Haruillier, natifue de Verbery pres Compiegne, accusee d'auoir fait mourir plusieurs hommes & bestes, comme elle confessa sans question, ny torture : combien que de prime face elle eust denié opiniastrement, & varié plusieurs fois. Elle confessa aussi que sa mere dés l'aage de douze ans l'auoit presentee au diable, en guise d'vn grand homme noir, outre la stature des hommes, vestu de drap noir, luy disant qu'elle l'auoit

PREFACE.

l'auoit si tost qu'elle fut nee, promise à cestuylà, qu'elle disoit estre le diable, qui promettoit la bien traicter, & la faire bien-heureuse: Et que dés lors elle renonça Dieu, & promit seruir au diable. Et qu'au mesme instant elle eut copulation charnellement auec le diable, continuant depuis l'aage de douze ans, iusques à cinquante, ou enuiron, qu'elle fut prise. Dit aussi, que le diable se presentoit à elle quand elle vouloit, tousiours en l'habit & forme qu'il se presenta la premiere fois, esperonné, botté, ayant vne espee au costé, & son cheual à la porte, que personne ne voyoit qu'elle: Et si auoit quelquesfois copulation auecques elle, sans que son mary couché aupres d'elle l'apperceust. Or combien qu'elle fust diffamee d'estre fort grande Sorciere, & qu'il fut presque impossible, de garder les paysans de la rauir des mains de Iustice pour la brusler, craignás qu'elle ne rechapast: Si est-ce qu'il fut ordonné au parauant que proceder au iugement diffinitif, qu'on enuoyeroit à Verbery, lieu de sa natiuité, pour s'enquerir de sa vie, & aux autres villages, où elle auoit demeuré. Il fut trouué que trête ans au parauant, elle auoit eu le foüet pour le mesme crime, & sa mere condânee à estre bruslee viue, par arrest de la Cour de Parlement, côfirmatif de la sentence du Iuge de Senlis. Et si fut trouué, qu'elle auoit accoustumé de changer de nom, & de lieu, pour couurir son faict. Et q par tout elle auoit esté attainte d'estre Sorciere. Se voyât conuaincue, elle requist pardon, faisant contenance de se repétir: deniāt toutesfois beaucoup de meschancetez qu'elle auoit commises, & au parauāt confessees: Mais elle persista en la confessiō qu'elle auoit faicte du dernier homicide, ayāt ietté quelques pouldres, que le diable luy auoit preparees, qu'elle mist au lieu où celuy qui auoit battu sa fille deuoit passer. Vn autre y passa, auquel elle ne vouloit point de mal, & aussi tost il sentit vne douleur poignāte en son corps. Et d'autāt que tous les voisins qui l'auoyent veu entrer au lieu, où elle auoit ietté le sort le iour mesme, voyant l'homme frappé d'vne maladie si soudaine, croyent qu'elle auoit ieté le sort. Elle promit de le guarir, & de faict elle garda le patient pēdant la maladie, & cōfessa que le Mecredy deuant que d'estre prisonniere, elle auoit prié le diable de guarir son malade, qui auoit fait respōce qu'il estoit impossible: Et qu'elle dit alors au diable qu'il l'abusoit tousiours, & qu'il ne vint plus la voir. Et lors qu'il dit, qu'il n'y viēdroit plus, & que deux iours apres l'hōme mourut. Et aussi tost elle s'alla cacher en vne grāge, où elle fut trouuee. Ceux qui assisterent au iugement, estoyent bien d'aduis qu'elle auoit biē merité la mort: Mais sur la forme & genre de mort, il y en eut quelqu'vn plus doux, & d'vn naturel plus pitoyable, qui estoit d'aduis qu'il suffisoit de la faire pendre. Les autres apres auoir examiné les crimes detestables, & les peines establies par les loix Diuines & humaines, & mesmement la coustume generale de toute

la

PREFACE.

la Chrestienté, & gardee en ce Royaume de toute ancienneté, furét d'auis qu'elle deuoit estre códánee à estre bruslee viue: ce qui fut arresté, & la sentence, dont il n'y eut point d'appel, executee le dernier iour d'Auril, à la poursuyte de Maistre Claude Dofay, Procureur du Roy à Ribemont. Depuis la códemnation, elle confessa qu'elle auoit esté transportee par le Diable aux assemblees des Sorciers, apres auoir vsé de quelques gresses, que le Diable luy bailloit, estant guidee d'vne si grande vitesse, & si loing, qu'elle estoit toute lasse & foulee: & qu'elle auoit veu aux assemblees grand nombre de personnes, qui adoroyent tous vn hóme noir en haut lieu, de l'aage comme de trente ans, qu'ils appelloyent Beelzebub. Et apres cela, ils se couployent charnellement: & puis le Prince leur faisoit sermon de se fier eu luy, & qu'il les vengeroit de leurs ennemys, & les feroit bien-heureux. Interrogee si on bailloit de l'argent, dict que non. Et accusa vn berger, & vn couureur de Genlis, qu'elle dist estre Sorciers, & se confessa, & se repentit, requerát pardon à Dieu. Et par ce qu'il y en auoit qui trouuoyent le cas estrange, & quasi incroyable, ie me suis aduisé de faire ce traicté que i'ay intitulé, DEMONOMANIE DES SORCIERS, pour la rage qu'ils ont de courir apres les diables, pour seruir d'aduertissement à tous ceux qui le verrót : à fin de faire cognoistre au doigt & à l'œil, qu'il n'y a crimes qui soyent à beaucoup pres si execrables que cestuy-cy, ou qui

ā 5

PREFACE.

meritét peines plus griefues. Et en partie aussi pour respondre à ceux qui par liures imprimez s'efforcent de sauuer les Sorciers par tous moyens: en sorte qu'il semble que Satan les ait inspirez, & attirez à sa cordelle, pour publier ces beaux liures, comme estoit vn Pierre d'Apone Medecin, qui s'efforçoit faire entendre qu'il n'y a point d'esprits, & neātmoins il fut depuis aueré, qu'il estoit des plus grands Sorciers d'Italie. Et à fin qu'il ne semble estrange ce que i'ay dict, que Satan a des hómes attiltrez pour escrire, publier, & faire entendre qu'il n'est rien de ce qu'on dict des Sorciers. Ie mettray vn exemple memorable, que Pierre Mamor en vn petit liure des Lamies a remarqué d'vn nómé M. Guillaume de Line, Docteur en Theologie, qui fut accusé & condamné comme Sorcier, le douziesme Decembre, mil cinq cens cinquante trois, lequel en fin se repétit, & cófessa auoir plusieurs fois esté transporté auec les autres Sorciers la nuict pour adorer le Diable, qui se móstroit quelquesfois en forme d'homme, & quelquesfois en forme de bouc, renóçāt à toute religion, & fut trouué saisi d'vne obligation, qu'il auoit auec Satan, portant promesses reciproques, & entre autres, le Docteur estoit obligé prescher publiquement que tout ce qu'on disoit des Sorciers n'estoit que fable, & chose impossible, & qu'il n'en failloit rien croire. Et par ce moyen que les Sorciers auoyent multiplié, & pris grand accroissement par ces presches, ayant les Iuges laissé la poursuyte qu'ils

faiso

PREFACE.

faiſoyent contre les Sorciers. Qui monſtre bié que Satan a des loyaux ſuiets de tous eſtats, & de toutes qualitez: comme le Cardinal Benon, & Platin eſcriuent qu'il y a eu pluſieurs Papes, Empereurs, & autres Princes, leſquels ſe ſont laiſſez piper aux Sorciers, & qui ont en fin eſté precipitez malheureuſement par Satã. Et meſmes à Tolede, où eſtoit anciennement l'eſchole des Sorciers. On n'euſt iamais peſé que tels perſonnages euſſent eſté de la partie, quand on rapportoit le procez des Sorciers, ils ſe prenoyent à rire, & faiſoyent rire vn chacun des traicts qu'il donnoyent, & affermoyent, que c'eſtoit choſe fabuleuſe, & impoſſible, & amolliſſoyent tellement le cœur des Iuges (comme fiſt Alciat de ſon téps, de deſpit qu'vn Inquiſiteur auoit fait bruſler en Piedmont plus de cent Sorciers) que tous les Sorciers reſchapoyent. M. Barthelemy Faye Preſident aux Enqueſtes de la Cour s'eſt plaint en ſes œuures, que la ſouffrance de quelques Iuges de ne faire bruſler des Sorciers, comme le Parlement a faict de toute ancienneté, & tous les autres peuples, a eſté cauſe des grandes afflictions que Dieu nous a enuoyees. Mais M. d'Auenton Conſeiller en Parlement, & depuis Preſident de Poictiers (auquel a ſuccedé en l'eſtat de Preſident, Saluer) fiſt bruſler quatre Sorciers tous vifs à Poictiers, l'an M.D.LXIIII. nõ obſtant l'appel par eux interiecté: Se plaignant de ce qu'on auoit enuoyé abſouls au parauant, d'autres Sorciers appellans, qui depuis auoyent

PREFACE.

auoyent infecté tout le pays, & que tout le peuple se mutinoit. Vray est qu'ils confesserent auoir fait plusieurs homicides par charmes, & sortileges: & les faisoit executer, comme preuostables, nonobstant l'appel: *Quia plus est* (dict la Loy) *occidere veneno, quam gladio*. Or l'impunité des Sorciers de ce temps-là fut cause, qu'ils prindrêt vn merueilleux accroissement en ce Royaume, où ils aborderent de toutes parts, & mesmement d'Italie: entre lesquels estoit vn grãd Sorcier Neapolitain, qu'õ appelloit le Conseruateur, & qui a esté assez cogneu par ses actes: & depuis ont continué, en sorte que le Sorcier Trois-eschelles Manceau ayant eu sa grace, apres le iugement de mort contre luy donné, à la charge de deferer ses complices, dict qu'il y en auoit plus de cent mil en ce Royaume, peut estre faussement, & pour amoindrir son impieté ayant si belle compagnie. Quoy qu'il en soit, il en defera fort grand nombre : Mais on y donna si bon ordre, que tous ou la plus-part reschapperent: & encores qu'ils confessassent des meschancetez si execrables, que l'air en estoit infecté. Dequoy Dieu irrité a enuoyé de terribles persecutions, comme il a menacé par sa loy, d'exterminer les peuples qui souffriront viure les Sorciers. C'est pourquoy S. Augustin au liure de la Cité, dit que toutes les sectes, qui iamais ont esté, ont decerné peines contre les Sorciers. Il n'excepte que les Epicuriens, que Plutarque au liure *de Oraculorum defectu*, &

s. Leu.c.20

Orige

PREFACE.

Origene contre Celsus l'Epicurien, ont refuté, & apres eux, Iamblique, Procle Academiques, ont destruict les fondemens de la secte Epicurienne: combien qu'ils estoyét assez ruinez par les principes de la Metaphysique d'Aristote: où il conclud par necessité, qu'il y a autant de cieux, qu'il y a d'intelligences, ou esprits intelligibles pour les mouuoir: lesquelles intelligences il dict estre separees des corps, & que l'Ange se meuue au mouuement de son Ciel, comme l'ame de l'homme se meuue au mouuement de l'homme, qui est bien pour moustrer, que la dispute des Anges, & Demons ne se peut traiter physicalement : Et que ceux-là s'abusent bien fort, qui denient qu'il y ait quelque chose possible, qui soit impossible par nature. Car l'attouchement, le mouuemét, le lieu, ne peut conuenir sinon au corps,[4] & en corps, parlant en Physicien : Et neantmoins si la verité est tousiours semblable à soymesme, il faut confesser, que l'attouchement, le mouuement, & le lieu conuiennent aux esprits, aussi bien comme au corps, ce qu'Aristote a demonstré en sa Metaphysique [5] parlant des Anges, ou Intelligences, qui meuuent les Cieux: Combien que Plutarque [6] & Apulee [7] disent qu'Aristote a laissé par escrit, ce que toutesfois ne se trouue point en ses liures qui nous restent, qui n'est pas la moitié de ce qu'il a escrit, que les Pythagoriés s'esmerueilloyent, s'il y auoit homme au monde qui n'eust iamais cogneu de Demon. Et de faict, le mesme Aristote

4. li. 4. & Φυσικῆς ἀκρ.
Arist. 5. l 8
6. in lib de Demon. Socratis.
7. In lib. de dio Socratis.

PREFACE.

a in lib. [marginalia]

stote[a] confesse auoir veu vn nommé Thasius, qui auoit incessamment auec luy vn esprit en figure humaine, que personne ne voyoit que luy, ce qui est ordinaire à tous Sorciers. Et n'a pas long temps que François Pic, Prince de la Mirande a escrit auoir veu deux Prestres Sorciers accompagnez tousiours de deux Demons Hiphialtes en guise de femmes: dont ils abuserent plus de quarante ans, comme ils cōfesserent deuant que d'estre bruslez, ainsi que nous dirons en son lieu. Aussi Aristote au mesme liure escrit, qu'en l'vne des sept Isles d'Eolus on entendoit vn merueilleux son de tabourins, & tymbales, & risees, sans veoir persóne: chose qui est ordinaire en plusieurs lieux de Septentrion, comme dict Olaus, & au mōt Atlas, comme Solin & Pline testifiēt. Qui sont les assemblees & danses ordinaires des Sorciers, auec les malings esprits, qui ont esté auerees par infinis procez. Aristote dict d'auantage au mesme liure, qu'il y auoit vne Sorciere en la Ville de Thebe en Thessalie, laquelle charmoit le Basilicque auec certaines paroles & cercles qu'elle faisoit: ce qui ne peut estre faict par nature, comme nous dirons en son lieu: Ains par la force & puissance des esprits qui ne pourroyent faire les actions estranges que on voit à l'œil, s'ils n'estoyent au lieu où ils font leurs actions, comme dict S. Thomas d'Aquin. Aussi seroit-ce chose absurde de donner attouchement, lieu, & mouuement aux Anges mouuans les cieux: & separez des cieux, comme

PREFACE.

me tous les Peripatetiques, Academiques, & Stoiques sont d'accord auec les Hebrieux ont Arabes, & oster ces proprietez aux esprits, qui sont parmy les elemens. Qui seruira, non pas pour instruire ceux qui croyent vn Dieu, & la pluralité des intelligences, l'vn & l'autre demonstré par Aristote: & porté par toute l'Escriture Saincte: mais pour conuaincre les cerueaux hebetez non pas toutesfois pour rendre raison de toutes les actions intellectuelles des Demons, chose qui seroit impossible : Car celuy qui pourroit rendre raison de toutes choses, il seroit semblable à Dieu, qui seul sçait tout. Or tout ainsi qu'il est impossible de cognoistre Dieu, ny le comprendre tel qu'il est, si celuy qui le cognoistroit en ceste sorte, & qui le pourroit comprendre, n'estoit luy mesme Dieu: D'autant que l'infiny en essence, puissance, grandeur, eternité, sagesse, & bonté, ne peut estre compris, que par celuy qui est infiny, & qu'il n'y a rien infiny que Dieu : Aussi faut-il confesser par necessité, qu'il n'y a que Dieu, qui peut rendre raison de toutes choses. Car il faut vne science infinie, qui ne peut estre ny és hommes, ny és Anges, ny en creature du monde. C'est pourquoy Aristote au premier liure de sa Metaphysique, où il traicte des esprits & intelligences, confesse qu'on ne peut cognoistre la verité, pour l'imbecillité de l'esprit humain, qui est bien recognoistre l'ignorance de tous en general, & non pas la sienne en particulier: car au mesme liure il dict, qu'il ne faut

9 li. 6. Physic & 8. Metaph.

2. lib. 4. & li. 6 & 7. Metaphy.

point

point cercher de raison, où il n'y a point de raison. Voila ces mots: Comme Pline en cas pareil dict au liure trente septiesme, chap. quatriesme, *Non vlla in parte ratio, sed voluntas natura quaerenda.* Qui est vne incongruité notable à vn Philosophe, de dire, qu'il se face quelque chose sans raison, & sans cause: & vne arrogance insupportable, de dire, qu'il n'y a point de cause: ce qu'on voit quand on ne la sçait pas, plustost que de confesser son ignorance. Or la plus belle loüange qu'on peut rendre à Dieu, c'est de confesser sa propre ignorance, & c'est faire iniure à Dieu, de ne recognoistre pas la foiblesse de son cerueau. C'est pourquoy apres tous les discours de Iob, & de ses amis, où il dispute des faicts de Dieu, lors qu'il pensoit auoir attainct la verité, Dieu luy apparut en vision, & commença à parler en ceste sorte. Qui est cest homme ignorant, qui par ses discours sans propos obscurcit les œuures du Souuerain? Puis discourant de la hauteur, grandeur, & mouuement terrible des cieux, de la force des astres, des loix du ciel sur la terre, de la terre fondee sur les eaux, des eaux suspendues au milieu du monde, & autres merueilles qu'vn chacun voit, il monstre que toute la science humaine est pleine d'ignorance. Plusieurs donnent loüange de sçauoir à Aristote, comme il est certain qu'il a beaucoup sçeu, & non pas toutesfois la milliesme partie des choses naturelles. Car tous les Philosophes Hebrieux 4 & Academiques ont monstré qu'il n'a rien veu es

9. Rabi
Aymon
lib. 2 Nem.

choses

PREFACE.

choses intelligibles, & des choses naturelles qu'il a ignoré les plus belles: veu qu'il n'a pas sçeu seulement le nombre des cieux, que l'Escriture Saincte a remarqué par les dix courtines du Tabernacle, qui est le modele de ce monde. Et quand il est dict. Les cieux sont les œuures de tes doigts, qui sont en nombre de dix: car tousiours és autres endroits il dit, œuures des mains de Dieu: ce que tous les Philosophes & Mathematiciens ont ignoré, iusques à ce qu'il a esté demonstré par Iean de Realmont. Et mesme Aristote n'a pas seulement entendu l'ordre des Planettes, veu qu'il met Venus & Mercure dessus le Soleil, contre ce que Ptolomée depuis a demonstré: ny pas vn seul mouuement des astres. Et sans aller si haut, & à fin qu'ó ne cerche pas en Aristote la verité des Demons & des choses supernaturelles, on voit que la plus-part des choses naturelles luy ont esté incogneuës: comme la sallure de la mer, que le Prince de la Mirãde surnommé le Phœnix de son aage, a attribué à la seule prouidence de Dieu: ⁵ Et neantmoins l'origine des fontaines donnee par Aristote est encore plus absurde. C'est à sçauoir, qu'elles prouiennent de putrefaction de l'air és cauernes de la terre, veu les grosses & inexpuisables sources, fontaines, & riuieres qui ont cours perpetuel, & que tout l'air du monde corrompu ne sçauroit engendrer en cent ans l'eau qui en sort en vn iour. Les Philosophes Hebrieux, & mesme Salomon ont monsté qu'elles prouiennent de la mer

⁵ *Io. Picus in positiu.*

comme les veines du corps humain prennent origine du foye. Et souuent on voit en nature les effects produits contre toute raison naturelle : comme on voit la neige, qui est vne eau glacee, rechauffer la terre, & garentir les bleds de la gelee, & la bruine froide à merueilles rostir & brusler les bleds & bourgeons comme en vn four:& pour ceste cause dict Feste Pompee, *pruina*, s'appelle *à perurendo* : & la Saincte Escriture entre les merueilles de Dieu, raconte celle-cy au Psalme cent dixsept, *Qui dat niuem sicut lanam, & pruinam sicut cinerem spargit*, que Buchanam a traduict ainsi: *qui niuibus celsos operit, seu veller. montes, densas pruinas cineris instar deÿcit.* Et Theodore de Beze:

Qui couure les mons & la plaine,
De neige, blanche comme laine:
Et qui vient la bruine espandre,
Tout airsi menu comme cendre.

Mais ils n'ont point touché ce beau miracle. Car bonne partie des laines sont noires, & la bruine ne ressemble en rien aux cendres. Mais on pourroit ainsi tourner.

Qui de neige eschauffe la plaine,
Comme d'une robe de laine:
Et de bruine les bourgeons tendres
Rotit, comme d'ardentes cendres.

6 in lib. 1.
sentent q 3.
7. lib 1. de
cælo.
8 In libro.

Aussi Albert a monstré l'erreur d'Aristote touchant l'arc au Ciel, en ce qu'il dict, qu'il n'aduient point la nuict: chose notoirement faulse, & par consequent aussi la raison d'Aristote, comme a vray dire, il n'y a ny rithme ny

PREFACE.

ny raison: Car il faudroit par mesme raison, que toutes les nuees fussent d'vne mesme couleur. Ie laisse mille merueilles de nature dont la cause n'est encores descouuerte. C'est pourquoy le Cardinal Cusan, des premiers hommes de son aage, a touché au doit la varieté, ambiguité, & incertitude de la doctrine d'Aristote, & parauant luy, le Cardinal Bessarion. [6] Et sur tous le Cardinal d'Alliac, ou d'Ailly, a soustenu & discouru par viues raisons, qu'il n'y a pas vne seule demonstration necessaire en Aristote, horsmis celle, par laquelle il a demonstré, qu'il n'y auoit qu'vn Dieu, & bien peu d'autres qu'il a remarqué. Et quant à la [7] demonstration de l'Eternité du monde d'Aristote, qui a esté le premier, & seul entre les Philosophes anciens de ceste opinion, elle est pleine d'ignorance, comme Plutarque, [8] Galen, [9] les Stoiciens, [1] les Academiques, [2] ont monstré: & mesmes les Epicuriens [3] s'en sont mocquez, & entre les Hebrieux le Rabin Maymon, [4] lequel pour son sçauoir excellent, a esté surnommé la grande Aigle, a discouru fort doctement l'impossibilité de la demonstration d'Aristote, & Philopone en quatorze liures en Grec, qu'il a faict contre Procle Academicien, qui meritoyent bien d'estre traduicts, touchãt ce subiect: Et depuis aussi S. Thomas d'Aquin a remarqué l'impossibilité de ceste demonstration, par autres argumens, que ie passeray pour ceste heure, l'ayant traicté en autre lieu. Et toutesfois & quantes qu'Aristote s'est trouué en quelque lieu, du-

τερὶ τῆς ἐν τῷ Τιμαίῳ ψυχογονίας

[6] *In lib. 2. placitis Hippocratis.*
[8] *Plutarchus in placitis Philosoph.*
[2] *Plato in Timæo, & Philopon li. 14. contra Proclum.*
[3] *Lucretius & Plutarchus in placitis.*
[4] *li. 2. Nemor Hanesoquin.*

ẽ 2

PREFACE.

a l. 2. dist. 1.
quæst. 3.
b li. de Me-
thodo hist.
cap. 6.
c lib. 4.
d Græc.
παπαν·
Latini Tor-
pedinem ab
effectu ap-
pellant mi-
raculum na-
turæ visita-
tissimum.

quel il ne pouuoit sortir, il a meslé si bien la fusee, que personne ne peut deuiner ce qu'il a voulu dire, comme on peut voir au premier chapitre de la Physique, & au liure de l'ame, où l'Escot, des plus subtils Philosophes qui fut onques, a remarqué la contrarieté incompatible des raisons d'Aristote, desquelles les vns ont tiré la corruption d'icelle: comme Dicearque du temps mesmes d'Aristote, l'Epicure Atticus, Aphrodiseus, Simon Portius, & Pomponatius. Et au contraire, des mesmes raisons Theophraste, Themiste, Philopone, Simplice, S. Thomas d'Aquin, le Prince de la Mirāde ont conclu l'immortalité des ames, & les Arabes mesmement. Auerroës a conclu l'vnité de l'intellect de la nature humaine, des mesmes lieux d'Aristote. En quoy on peut iuger, qu'Aristote n'a pas veu les beaux secrets de nature, ce que les anciens ont bien remarqué, figurant au derriere de sa medaille, vne femme qui a la face couuerte d'vn voile, nommee Physis, c'est à dire, Nature: signifiant que la beauté de nature luy a esté couuerte, & qu'il n'a veu que l'exterieur des vestemens. Aussi dict-on qu'il se precipita en la mer, cóme dit Procope pour n'auoir sçeu entédre, pourquoy la mer au destroit de Negrepont en vingt & quatre heures a sept flux, & autant de reflux. Et si les plus beaux tresors de nature nous sont cachez, cóment pourrons nous attaindre aux choses supernaturelles, & intelligibles: C'est pourquoy Heraclitus le premier, comme escrit Plutarque, & apres luy

PREFACE. 16

luy Theophraste, disoit que les plus belles choses du mõde, sont ignorees par l'arrogance des hommes, qui ne veulent rien croire des choses, dont l'esprit humain ne peut comprēdre la raison: Entre lesquelles on peut mettre les actions estranges des malins esprits, & des Sorciers, qui passent l'esprit humain, & les causes naturelles. Mais tout ainsi qu'a bon droict on reputeroit fol & insensé celuy, qui voudroit nyer que la Calamite ou l'Aymant ne donnast pas vne impression à l'aiguille, pour la tourner vers la bise, pour n'entendre pas la raison: ou qui ne voudroit confesser que la torpille,[6] estant entre és filets, ne rende les mains, puis les bras, & en fin tout le corps des pescheurs endormy & stupide, pour ne sçauoir la raison: Aussi doit-on reputer pour fols & insensez, ceux-là, qui voyent les actions estranges des Sorciers, & des esprits, & neantmoins par ce qn'ils ne peuuent comprendre la cause, ou que elle est impossible par nature, n'en veulent croire. Car mesme Aristote [7] se trouuant estonné de plusieurs choses, dont il sçauoit la cause, dict, que celuy qui reuoquera en doubte ce qu'on voit, il ne dira pas mieux que les autres. Or nous voyons qu'Orphee, qui a esté enuiron douze cens ans deuant Iesus-Christ, & apres luy Homere, qui sont les premiers autheurs entre les Payens, ont laisé par escrit les Sorcelleries, Necromancies, & charmes qu'on faict à present On voit en la loy de Dieu, publiee plus de deux cens ans deuāt Orphee contre les Sor-

[marginal notes:]
7 Arist. in Eth. Nicoma.
χὸ γὰ μάοη δινοῖ τὸ οἴνας φάμβρ. οδ' αἰρῶν πιοπω τω πλωπι qui ì πανυ-μιτριες ἰ- ρᾶ.

2 Exo. c.2. Leui. 20. & 25. Deut. 18. Hie. 27. & 19. & 50. Nahu. 3. & 4. Reg. c. 9. & 2. Par. al. c. 33. Esai. 3. 4. & 8. & 47 Num. 23. & 4. Reg. 23.

ẽ 3

PREFACE.

ciers de Pharaon contrefaire les œuures de Dieu. On voit la Sorciere de Saül euoquer les esprits, les faire parler: Les defenses portees en la loy [2] de Dieu d'aller aux Deuins, Sorciers, Pithons, où toutes les sortes de sorcelleries, & diuinations sont specifiees, pour lesquelles Dieu declare, qu'il auoit exterminé de la terre les Amorrheans, & Chananeans: Et pour lesquelles sorcelleries Iehu fist manger aux chiens la Royne Iesabel, apres l'auoir fait precipiter de son chasteau. On voit aussi les peines establies contre les Sorciers, és loix des douze tables, que les Ambassadeurs des Romains auoyent extraictes des loix Greques: on voit encores les plus cruelles [3] peines qui soyent en toutes les constitutions des Empereurs Romains, estre establies contre les Sorciers, où ils sont appellez ennemis de nature, ennemis du genre humain, & malefiques, [4] pour les meschancetez grandes qu'ils font, & les imprecations abominables portees par les loix, qui ne se trouuent en loix quelconques, sinon contre les Sorciers, que [5] la peste cruelle (dict la loy) puisse esteindre, & consumer. On voit les histoires Greques, Latines, anciennes, modernes, de tous les pays, & de tous les peuples, qui ont laisé par escrit les choses que font les Sorciers, & les mesmes effects en diuers pays, & l'ecstase en l'esprit, & le transport en corps & en ame des Sorciers, commis par les malins esprits en pays esloigné, & puis rapportez par les malings esprits en peu d'heure. Ce que toutes

2 Tot. tit. de Male. C.

4 ob maleficiorũ magnitudinem malefici appellantur, l. 3. de Malefic. C.
5 l. Neminem, eodem tit. Quos feracis pestis absumat.

PREFACE.

tes les Sorcieres cõfessent d'vn commun consentement, ainsi qu'on peut voir és liures des Allemans, Italiens, François, & autres nations. Ce que Plutarque [6] a laissé par escrit d'Aristeus Proconesien, & de Cleomedes Astipaliã: Herodote, d'vn Philosophe Atheiste: Pline, d'vn Ærmon Clazomenien: Philostrate, d'Apollonius Thianeus: & toutes les histoires des Romains ont certifié de Romule, lequel deuãt toute son armee fut emporté en l'air. Comme nous lisons en nos Chroniques [o] estre aduenu à vn Comte de Mascon: & s'est trouué par infinis procez, que plusieurs faisans comme les Sorciers, & se trouuans transportez en peu d'heure à cent ou deux cent lieuës de leur maison, voyant les assemblees des Sorciers, auroyent appellé Dieu en leur ayde, & aussi tost l'assemblee des malings esprits, & des Sorciers s'esuanouyssoit, & se sont trouuez seuls, & retournez en leur maison à longues iournees. Brief on voit les procez faits contre les Sorciers d'Allemaigne, de France, d'Italie, d'Espagne, en ce que nous auons pa escript,[7] & voyons par chacun iour les tesmoignages infinis, les recollemens, confrontations, conuictions, confessions, esquelles ont persisté iusques à la mort, ceux qu'on a executez, qui pour la plus part sont gens du tout ignorãs, ou vieilles femmes, qui n'auoyent pas veu Plutarque, ny Herodote, ny Philostrate, ny les loix des autres peuples, ny parlé aux Sorciers d'Allemaigne & d'Italie, pour s'accorder si bien en toutes cho-

[6 Plutar. in vita Rom.]

[o Hug. Florlacensis.]

[7 Sprenger in Malleo. Paulus Grillãdus.]

é 4

ses & en tous poincts, comme elles sont. Elles n'auoyent pas veu S. Augustin aux xv. liure de la Cité de Dieu, qui dict, qu'il ne faut aucunement doubter, & qu'il seroit bien impudent qui voudroit nyer, que les Demós & malings, esprits n'ayent copulation charnelle auec les femmes, que les Grecs pour ceste cause appellent Ephialtes, & Hyphialtes: les Latins, Incubes, Succubes, & Syluain: Les Gaulois, Dusios (c'est le mot duquel vse S. Augustin) les vns en guise d'homme, les autres en guise de femme, laquelle copulation toutes les Sorcieres sont d'accord, qu'elle se faict, non point en dormãt, ains en veillant: qui est pour monstrer, que ce n'est point l'oppression de laquelle parlent les Medecins, qui demeurent tous d'accord qu'elle n'aduient iamais sinon en dormant, & qu'il seroit aussi impossible, que la mesme chose aduint aux Succubes, comme aux Iucubes. Encores est-il bien estrange que les Sorciers deposent, & demeurent d'accord, que les malins esprits se monstrans en forme d'homme, ordinairement sont noirs, & plus hauts que les autres, ou petis comme Nains, ainsi que Georges Agricola[a], des premiers hommes de son aage, a laissé per escrit. Or les Sorciers que nous disons, n'auoyent pas veu ce que dict Valere Maxime, au premier liure, parlant de Cassius Parmensis, auquel se presenta vn homme haut, & fort noir, & interrogé qu'il estoit, il dist, *κακοδαίμονα esse*, c'est à dire, qu'il estoit mauuais Demon. Aussi les Sorciers n'ont pas veu les

[a] *in lib. de Spiritibus subterraneis.*

PREFACE.

les epistres de Pline le ieune, les histoires de Plutarque, Florus, Appian, & de Tacite, où ils parlent de Curtius Ruffus Proconsul d'Afrique, & Dion de Brutus, qui eurent semblables visions en veillant, ny l'histoire memorable ⁶ du Philosophe Athenodore, qui eut mesme vision d'vn malin esprit en veillant, en forme d'homme haut & noir enchainé, qui luy monstra l'endroict, où estoyent cinq corps meurtris, au logis qui demeuroit inhabité à cause du maling esprit: comme il est aussi recité en Suetone, ² apres le meurtre de l'Empereur Caligula: & en Plutarque, ³ apres la mort de Damon & de Remus: apres la mort desquels les esprits rendoyent les lieux inhabitez, que les Latins appelloyent *Remures*, & par mutation de Liquide *Lemures*, à cause de Remus. I'ay dict au commencement, que Ieanne Haruilier auoit confessé, que le Diable s'estoit tousiours apparu à elle en guise d'homme haut & noir. Ie mettray encores ceste histoire, qui est aduenuë le second iour de Feurier, mil cinq cens septante & huict. Catherine Doree femme d'vn laboureur, demeurant à Cœuures pres de Soissons, estant interrogee par Hunaut Bailly de Cœuures, pourquoy elle auoit coupé la teste à deux ieunes fillettes, l'vne qui estoit sa propre fille, l'autre la fille de sa voisine, respondit, Que le Diable s'estant monstré à elle en forme d'homme grand & fort noir, l'auoit incitee à ce faire, luy presentant la serpe de son mary. Elle fut iugee à Compiegne, & depuis

⁶ Plin. 2. in Epist.

² in Caligula.

³ Plutarchus in vita Cimonis.

executee à mort. Ie deduiray en son lieu la conuenance & accord perpetuel d'histoires semblables des peuples diuers, & en diuers siecles rapportees aux actions des Sorciers, & à leurs confessions. Il ne faut donc pas s'opiniastrer contre la verité, quand on voit les effects, & qu'on ne sçait pas la cause. Car il faut arrester son iugement à ce qui se faict, c'est à dire, ὅ τι ἔςι quand l'esprit humain ne peut sçauoir la cause, c'est à dire, διότι, qui sont les deux moyés de monstrer les choses. Et mesme Platō, quoy qu'il fut grand personnage, & comme il a esté surnommé Diuin: quand il vient à discourir des actions des Sorciers, qu'il auoit diligemment recerchees, & examinees en l'vnziesme liure des loix, dit: Que c'est chose difficile à cognoistre, & quand on la cognoist, il est difficile à persuader: & plusieurs, dit-il, se moquent quand on leur dit, que les Sorciers vsent d'images de cire, qu'ils mettent aux sepulchres, & aux carrefours, & enterrent soubs les portes, & qui par charmes, enchantemens, & liaisons font choses emerueillables: Nos Sorcieres, n'ont pas esté en Grece, ny leu Platon, pour faire des images de cire, par le moyen desquelles, & des coniurations qu'elles font, elles tuent les personnes a l'ayde de Satan, comme il s'est verifié par infinis procez, ainsi que nous dirons, & mesme le procez des Sorciers d'Alençon pour faire mourir leurs ennemis: & le procez d'Enguerrand de Marigny, estoit principalement fondé sur les images de cire coniurees,

Verba Platonis li. 12. de legib. ὁ κάξιοσιν ἃ εὕρισκε ποιοῦντες πρὸς θῦσαι ἐπί τινι μνήματα πε πολλαχοῦ ἢ τ' ἰριόδοις ἢ τ' ἐπὶ τριοδοις ἔτι ἐπ' αὐτῶν πατέρων μνήμασι ωρίδε caetera.

PREFACE.

rees, par le moyen desquelles il estoit accusé d'auoir voulu tuer le Roy. Comme il est encores nouuellement aduenu d'vn Prestre Sorcier d'Angleterre, & Curé d'vn village, qui s'appelle Instinckton, demye lieuë près de Londres, qui a esté trouué saisi au moys de Septembre, mil cinq cens septante huict, de trois images de cire coniurees, pour faire mourir la Royne d'Angleterre, & deux autres proches de sa personne. Vray est, quand l'aduis est venu d'Angleterre, le faict n'estoit pas encores bien aueré. Or combien que Platon ne sçeust aucunement la cause de telles choses, si est-ce qu'il a tenu cela pour certain & indubitable : & aux loix de sa republique il a estably peine de mort, contre les Sorciers, qui feront mourir hommes, ou bestes par magie : lequel homicide il a tres-bien distingué des autres homicides, sans magie. Cóment en cas pareil Philon Hebrieu au liure περὶ τῶν ἀναφερομένων ἐν ἄδει ὅμου. Les ignorans pensent qu'il est impossible. Les Atheistes, & ceux qui contrefont les sçauans, ne veulent pas confesser ce qu'ils voyent, ne sçachans dire la cause, à fin de ne sembler ignorans. Les Sorciers s'en mocquent pour deux raisons : l'vne, pour oster l'opinion qu'ils soyent du nombre : l'autre, pour establir par ce moyen le regne de Satan. Les fols & curieux en veulent faire l'essay : comme il aduit en Italie, en la Ville de Come, n'a pas long temps, ainsi que recite Syluestre Prieras, que l'Official, & l'Inquisiteur de la Foy ayans grand nombre de Sorcieres qu'ils

tenoyent

tenoyent en prison, & qui ne pouuoyent croire les choses estranges qu'elles disoyent, ils en voulurent faire la preuue, & se firent mener par l'vne des Sorcieres, & se tenans vn peu à l'escart, ils virent toutes les abominatiõs, hommages au Diable, danses, copulations : & en fin le Diable qui faisoit semblant ne les auoir pas veuz, les battit tant, qu'ils en moururent quinze iours apres. Les autres ont renoncé à Dieu, & se sont vouëz à Satan pour faire l'experience. Mais il leur aduint comme aux bestes, qui entrent en la cauerne du Lyon qui ne retournent iamais. Or les hommes qui ont la crainte de Dieu, apres auoir veu les histoires des Sorciers, & contemplé les merueilles de Dieu en tout ce monde, & leu diligemment sa loy, & les histoires sacrees, ne reuoquent point en doute les choses, qui semblent incroyables au sens humain : faisant iugement, que si plusieurs choses naturelles sont incroyables, & quelques vnes incomprehensibles, à plus forte raison la puissance des intelligences supernaturelles, & les actions des esprits, est incomprehensible. Or nous voyons des choses en nature estranges, neantmoins qui se font ordinairement : comme d'enuironner la terre & la mer, ce que font noz marchãs, & courir la poste pieds contremont, qui a semblé ridicule à Lactance, & à S. Augustin, lesquels ont nyé qu'il y eust des Antipodes, chose toutesfois aussi certaine, & aussi bien demonstree que la clairté du Soleil, & ceux qui disoyent qu'il est impossible que

l'esprit,

PREFACE.

l'esprit malin transporte l'hôme à cent, ou deux cens lieuës de sa maison, n'ont pas consideré, que tous les cieux, & tous ces grands corps celestes font leur mouuement en vingt & quatre heures, c'est à dire, deux cens quarante & cinq millions, sept cens nonante & vn mil, quatre cens quarante lieuës, à deux mille pas la lieuë: comme ie demonstreray au dernier chap. S'ils disent qu'on voit cela par chacun iour, & qu'il faut s'arrester au sens, ils confesseront doncques qu'il faut croire & s'arrester aux actions des esprits contre le cours de nature, puis que nous ne pouuons pas mesmes comprendre les merueilles de nature, que nous voyons assiduellement deuant nos yeux: attendu mesmement que les Philosophes ne sont pas d'accord, en quoy gist la marque de verité, qu'ils appellent κριτήριον τῆς ἀληθείας. Les Philosophes Dogmatiques mettēt la reigle pour cognoistre le vray du faux aux cinq cens, rapportez à la raison: Platō & Democrite reiectent les sens, & disent que l'intellect est seul iuge de la verité. Theophraste mettoit entre les sens & intellect, le sens commun, qu'il appelloit τὸ ἀναργὲ: Mais les Sceptiques voyans qu'il n'entre rien en l'ame raisonnable, qui n'ait premierement esté perçeu par les sens, & que les sens nous abusent, ils ont tenu qu'ō ne peut rien sçauoir. Car ils disoyent, que si la maxime d'Aristote empruntee de Platon, que l'ame intellectuelle est comme la carte blanche, [1] propre à iecter les peinctures, & qu'il n'y a rien en l'ame qui n'ayt

PREFACE.

n'ayt premierement esté au sens, est veritable, qu'il est impossible de rien sçauoir : d'autant que le sens qui est le plus clair, & le plus aigu de tous les sens, est la veuë : & neantmoins que les yeux sont faux tesmoins, comme disoit le bon Heraclite, nous monstrant le Soleil d'vn ou deux pieds de grandeur, qui est cent soixante & six fois plus grand que la terre, & font voir en l'eau les choses beaucoup plus grandes qu'elles ne sont, & les bastons tortus qui sont droits. Et quant aux autres sens, qu'ils sont tous differens aux ieunes, & aux vieux, encores que ils soyent bien sains : Car l'vn trouue chaud, ce que l'autre trouue froid : Et vne mesme personne en diuers temps, rend diuers iugemens de mesmes choses appliquees aux sens, comme il est tout notoire. Le premier qui fist ceste ouuerture fut Socrate, qui dist, qu'il ne sçauoit qu'vne chose, qui estoit, qu'il ne sçauoit rien : Et depuis ceste secte print accroissement par le moyen d'Arcesilas, chef de l'Academie, & fut suiuy d'Ariston, Pirron, Herille, & de nostre memoire par le Cardinal Cusan, aux liures que il a fait de la Docte ignorance. Et tout-ainsi que les premiers s'appelloyent par honneur Dogmatiques, c'est à dire, Docteurs, les seconds s'appelloyent Septiques, ou Ephectiques, c'est à dire, Doubteux : lesquels mesmes ne vouloyent pas confesser qu'ils ne sçeussent rien : (comme Socrate auoit confessé) car en confessant qu'ils sçauoyent tresbien qu'ils ne sçauoyent rien, ils confessoyent qu'on pouuoit

sçauoir

PREFACE.

sçauoir quelque chose. Tellement que si on leur demandoit, s'ils sçauoyent que le feu fust chaud, ou que le Soleil fust clair, ils respondoyent, qu'il y falloit penser: Comme Socrate, qui disoit qu'il ne sçauoit s'il estoit homme, ou beste. Et de faict Polyenus, le plus grand Mathematicien de son aage, ayant ouy les Sophisteries de l'Epicure, sur ce poinct, confessa que toute la Geometrie estoit fausse, laquelle toutesfois on iuge la plus veritable de toutes, & qui moins depend des sens, lesquels sens Aristote [4] a mis pour seul fondement de toutes sciences, & ausquels dict qu'il faut s'arrester, & par vn recueil des indiuiduz particuliers, composer les maximes vniuerselles, pour auoir les sciences, & la verité qu'on cerche. Or s'il falloit adiouster foy aux sens tant seulement, la reigle d'Aristote demeureroit fausse: car toꝰ les hommes du monde, & les plus clair-voyans confesseront, que le Soleil est plus grand, & les choses qu'on voit en l'eau, plus petites qu'elles n'apparoissent: Et qu'il est faux que le baston soit rompu en l'eau, lequel apparoit tel à chacū. Aussi l'opinion de Platon & de Democrite est fausse, qui ne s'arrestent qu'à l'intellect, pour iuger la verité: Car il est impossible que l'homme aueugle puisse iuger des couleurs, ny le sourd des accords. Il faut donc s'arrester à l'opinion de Theophraste, qui a recours au sens commun, qui est moyen entre les sens & l'intellect, & rapporter à la raison comme à la pierre de touche, ce qu'on aura veu, ouy, gousté

[4] *In posterioribus Analyticis & lib. 4. & 6. & 7. Metaphysica.*

2 lib. 7. de statu hominum li. 2. de suis & legitimis ff. Auth.

& senty

PREFACE.

& senty. Et d'autant plus qu'il y a des choses si hautes, & si difficiles à comprendre, qu'il n'y a que peu d'hommes qui en soyent capables : en tel cas il faut croire chacun en sa science. Tellement que si tout le monde tenoit pour asseuré, que le Soleil & la Lune sont egaux, comme il semble quand ils sont opposites au leuant, & au couchant : si est-ce qu'il faudra tousiours se r'apporter aux sages, & experts en la sciéce, qui ont demonstré que le Soleil est plus grand que la terre, cens soixante & six fois, & trois huictiesmes d'auantage, & plus grand que la Lune, six mil cinq cens quarante & cinq fois & sept huictiesmes d'auantage, tout ainsi que les Iurisconsultes se rapportent aux Medecins [2] en ce qui touche leur science, & ne veulent rien determiner. Or les secrets des Sorciers ne sont pas si couuerts, que depuis trois mil ans on ne les ayt descouuerts, par tout le monde. Premierement la loy de Dieu, qui ne peut mentir, les a declarez, & specifiez par le menu, & menassé d'exterminer les peuples qui ne feroyent[3] punition des Sorciers. Il faut donc s'arrester là, & ne faut pas disputer contre Dieu, des choses que nous ignorons. Et neantmoins les Grecs, & les Romains, & autres peuples, auant que d'auoir ouy parler de la loy Dieu, auoyent en mesme abomination les Sorciers, & leurs actions, & les punissoyent à mort: comme nous dirons en son lieu. Brief, toutes les sectes du monde, dict S. Augustin, ont decerné peines contre les Sorciers. Et s'il faut

2 de restit. fideicom. & ea quæ parit. xi. mense l. Aediles aiunt, de Aedilitio edicto l. 1. de ventre inspiciendo. 3 Leuitici. 20. 4. Lib. 13. de ciuitate Dei.

par

PREFACE.

parler aux expers pour en sçauoir la verité, y en a-il de plus expers que les Sorciers mesmes, lesquels depuis trois mil ans ont rapporté leurs actions, leurs sacrifices, leurs danses, leurs trāsports la nuict, leurs homicides, charmes, liaisons, & Sorcelleries, qu'ils ont confessé, & persisté iusques à la mort? On voit en cela, que tous ceux qu'on a bruslé en Italie, en Allemagne, & en Fráce s'accordent de poinct en poinct. Or si le commun consentement de la loy de Dieu, des loix humaines, de tous les peuples, des iugemens, conuictions, confessions, recolemens, confrontations, executions: si le commun consentement des Sages ne suffit, quelle preuue demanderoit-on plus grande? quand Aristote veut monstrer que le feu est chaud: c'est, dit-il, qu'il semble tel aux Indois, aux Gaulois, aux Scites, & aux Mores. Quant aux argumens qu'on peut faire au contraire, i'espere qu'vn chacun en sera satisfaict par cy apres: Cependant nous laisserons ces maistres doubteurs qui doubtent si le Soleil est clair, si la glace est froide, si le feu est chaud, & quand on leur demande s'ils sçauent bien comme ils s'appellent, ils respondent qu'il faut y aduiser. Or il n'y a pas gueres moins d'impieté de reuoquer en doubte, s'il est possible qu'il y ait des Sorciers, qui reuoquer en doubte, s'il y a vn Dieu, celuy qui par sa loy a certifié l'vn, a aussi certifié l'autre. Mais le comble de tous erreurs est prouenu de ce, que les vns qui ont nié la puissance des esprits, & les actions des

Sorciers, ont voulu disputer Physicalement des choses supernaturelles ou Metaphysiques, qui est vne incongruité notable. Car chacune sciéce a ses principes & fondemens, qui sont diuers les vns des autres: le Physicien tient que les atomes sont corps indiuisibles, qui est vn erreur intolerable entre les Mathematiciens, qui tiennent, & demonstrent que le moindre corps du monde est diuisible en corps infinis: le Physicien demonstre [2] qu'il n'y a rien infiny, & le Metaphysicien tient que la premiere cause est infinie: Le Physicien mesure le temps passé & futur par le nombre du mouuement: le Metaphysicien prend l'Eternité sans nombre, ny temps, ny mouuement: Le Physicien demonstre, qu'il n'y a rien [3] en lieu du monde qui ne soit corps, & que rien ne peut souffrir mouuement que le corps, & qu'il n'y a touchement que de corps à corps: le Metaphysicien demonstre qu'il y a des esprits & Anges qui meuuent les cieux, & accidentalement souffrent mouuement au mouuement de leurs cieux, comme Aristote [4] confesse, & par consequent que les esprits ne sont pas par tout en mesme temps: ains que par necessité ils sont au lieu où leur action se fait paroistre: le Physicien demonstre que la forme naturelle n'est point deuant le subiect, ny hors de la matiere, & se perd du tout par corruption: Ce qu'Aristote dit generalement de toutes formes naturelles: Mais il demonstre que les formes Metaphysiques demeurent separees sans souffrir

marginalia:
2 libr. 2. Φυσικ.
3 libr. 4. & 6. Φυσικῆς ἀκρ.
4 libr. 8. τῆν μ[ε]τὰ τὰ Φυσι.

PREFACE. 30

aucune corruption, ny changement: & qui plus est, le mesme autheur en sa Metaphysique dit que la forme de l'homme, qui est l'intellect, vient de dehors, vsant du mot, θύραθεν ἐπιεῖν & demeure apres la corruptiõ du corps: dauãtage tous les Physiciens tiẽnent pour vn principe indubitable, que deux formes ne peuuent estre en vn subiect, ains que tousiours l'vne chasse l'autre, & qu'il n'y a iamais de transport, ou commigration de formes d'vn corps en l'autre, & neantmoins on voit à l'œil que les Demons, & malins esprits, que les Peripateticiens appellent formes separees, se mettent dedans le corps des hommes, & des bestes, parlant dedans leurs corps, la bouche de l'homme close, ou la langue tiree hors iusques aux laringes, & parlant diuers langages incogneuz à celuy qui est possedé de l'esprit: & qui plus est, ils parlent tantost dedans le ventre, tantost par les parties henteuses, que les anciens pour ceste cause appelloyent ἐγγαςρομύθοις, & ἐγγαςριμάντεις & εὐηκλέας, & si on veut dire comme les Academiés, que les Demons ont corps, il sera encores plus estrange, & contre les principes de nature, qui ne souffrẽt pas qu'vn corps penetre l'autre: & toutesfois cela s'est veu de toute antiquité, & se voit ordinairement en plusieurs personnes assiegees des esprits. C'est pourquoy Aristote dit, que les anciens n'ont pas voulu mesler la dispute de la Physique, auec les sciences Metaphysiques: mettant les Mathematiques entre les deux, pour faire en-

lib. 12. ā. lib. 2. de generat. animal. lib. 2. Metaphysic.

tendre qu'il ne faut pas apporter les raisons naturelles au iugement des Sorciers, & des actiós qu'ils ont auec les Demons & malings esprits. Et à fin que le suiet, qui est de soy difficile & obscur, soit mieux entendu, i'ay diuisé l'œuure en quatre parties. Au premier liure, il parle de la nature des esprits, & de l'association des esprits auec les hommes, & des moyens diuins pour sçauoir les choses occultes: puis des moyens naturels pour paruenir à mesme fin. Au second liure, i'ay le plus sommairemét qu'il a esté possible, touché les arts & moyés illicites des Sorciers, sans toutesfois que personne puisse tirer aucune occasion d'en faire mal son profit: ains seulement pour monstrer les pieges & filets desquels on se doit garder, & soulager les Iuges qui n'ont pas loisir de rechercher telles choses: & lesquels neantmoins desirent estre instruits pour y asseoir iugemét. Au troisiesme liure, i'ay parlé des moyens licites, & illicites, pour preuenir ou chasser les sortileges. Au quatriesme liure, de l'inquisition & forme de proceder cótre les Sorciers, & des preuues requises pour les peines contre eux ordonnees. A la fin, i'ay mis la refutation de Iean Vvier, & la solution des argumés qu'on peut faire en ce traicté, rapportant tous mes discours aux reigles & maximes des Theologiens, & à la determination faite par la faculté de la Theologie de Paris, le xix. iour de Septembre M.CCC.XVIII. que i'ay faict adiouster, pour y auoir recours.

F I N.

DETERMINATIO PARISIIS
FACTA PER ALMAM FACVLTA-
tem theologiam, Anno Domini M.CCC.
XVIII. super quibusdam superstitionibus nouiter exortis.

PRÆFATIO.

VNIVERSIS orthodoxæ fidei zelatoribus, Cancellarius ecclesiæ Parisiensis, & facultas Theologiæ in alma vniuersitate Parisien. matre nostra cum integro diuini cultus honore spem habere in domino: at in vanitates & insanias falsas nō respicere. Ex antiquis latebris emergens nouiter error fœda colluuio recogitare commonuit: quòd plerumque veritas catholica apud studiosos in sacris literis apertissima est: quæ cæteros latet, nimirùm cum hoc primùm habeat omnis ars manifestam esse exercitatis in ea, sic vt ex eis consurgat illa maxima: Cuilibet in sua arte perito credendum est. Hinc est oratianum illud, quod Hieronymus ad Paulinum scribés, assumit. Quod medicorum est, promittant medici: tractent fabrilia fabri. Accedit ad hæc, in sacris literis aliud speciale, quòd nec experientia & sensu constant aliæ artes, nec possunt ab oculis circuuolutis nube vitiorum facilè deprehendi. Excæcauit enim eos malitia eorū. Ait si quidem Apostolus, quòd propter auaritiam multi errauerunt à fide: propterea non irrationabiliter idolorum seruitus ab eodem nominatur: alij propter ingratitudinem, qui cum cognouissent Deum: non sicut Deum glorificauerunt, in omnem idolatriæ impietatem (sicut idem commemorat) corruerunt. Porrò Salomonem ad idola, Didonem ad magicas artes pertraxit dira cupido. Alios postremò misera timiditas tota ex crastino pendens, in obseruationes superstitiosissimas impiásq; depulit, quéadmodum apud Lucanum de filio Pompei Magni, & apud historicos de plurimis notum est. Ita fit, vt recedens peccator à Deo, declinet in vanitates & insanias falsas,& ad eum qui pater est mendacij, tandem impudenter palámque apostatando se conuertat. Sic Saul à Domino derelictus Phytonissam, cui prius aduersabatur, consuluit: sic Ochozias Deo Israel spreto, misit ad consulendum Deum Acharon. Sic denique eos omnes qui fide vel opere absque Deo vero sunt, vt à Deo falso ludificentur necesse est. Hanc igitur nefariam, pestiferam, mortiferámque insaniarum falsarum cum suis hæresibus abominationem, plus solito nostra ætate cernentes inualuisse, ne forsan Christianissimum regnum quod olim monstro caruit, & Deo protegente carebit, inficere valeat tam horrendæ impietatis, & perniciosissimæ contagionis monstrum: Cupientes totis conatibus obuiare, memores insuper nostræ professionis, proque legis zelo succensi, paucos ad hanc rem articulos damnationis cauterio (ne deinceps fallant incogniti) notare decreuimus: rememorantes inter cætera innumera, dictum illud sapientissimi doctoris Augustini de superstitiosis obseruationibus. Quòd qui talibus credunt, aut ad eorum domum euntes, aut suis domibus introducunt, aut interrogant, sciant se fidem Christianam & baptismum præuaricasse, & paganum & apostatam, id est retro abeuntem, & Dei inimicum, & iram Dei grauiter incurrisse, nisi Ecclesiastica pœnitentia emendatus, Deo reconcilietur. Hæc ille. Neque tamen intentio nostra est in aliquo derogare quibuscunque licitis & veris traditionibus, scientiis & artibus: sed insanos errores atque sacrilegos insipientium, & ferales ritus pro quantò fidem orthodoxam & religionem Christianam lædunt, contaminant, inficiunt, radicitus (quantum fas nobis est) extirpare satagimus, & honorem suum sincerum relinquere veritati.

E 5 r

ST autem primus articulus, quòd per artes magicas, & maleficia, & inuocationes nefastas quẹrere familiaritates, & amicitias, & auxilia dæmonum nõ sit idolatria. Error. Quoniam Dæmõ aduersarius pertinax, & implacabilis Dei & hominis iudicatur: nec est honoris vel domini cuiuscunque diuiniverè, seu participatiuè, vel aptitudinaliter susceptiuus, vt aliæ creaturæ rationales nõ damnatæ, nec in signo ad placitum instituto, vt sunt imagines & templa, Deus in ipsis adoratur.

Secundus articulus, quòd dare, vel offerre, vel promittere dæmonibus qualemcunq; rem, vt adimpleant desiderium hominis, aut in honorem eorum aliquid osculati, vel portare, non sit idolatria. Error.

Tertius, quòd inire pactum cum dæmonibus tacitum, vel expressum, non sit idolatria, vel species idololatriæ, vel apostasiæ. Error. Et intendimus esse pactum implicitum in omni obseruatione superstitiosa, cuius effectrix non debet à Deo vel natura rationabilia expectari.

Quartus, quòd conari per artes magicas dæmones in lapidibus, annulis, speculis aut imaginibus nomine eorum consecratis, vel potius execratis includere, cogere, & arctare, vel eas velle viuificare, non sit idolatria. Error.

Quintus, quòd licitum est vti magicis artibus, vel aliis quibuscunque superstitionibus à Deo & Ecclesia prohibitis, pro quocunque bono fine. Error: quia, secundùm Apostolum, non sunt facienda mala, vt bona eueniant.

Sextus, quòd licitum sit aut etiam permittendum maleficia maleficiis repellere. Error.

Septimus, quòd aliquis cum aliquo possit dispensare in quocunque casu, vt talibus licitè vtatur. Error.

Octauus, quòd artes magicæ, & similes superstitiones eorum, obseruationes sint ab Ecclesia irrationabiliter prohibitæ. Error.

Nonus, quòd Deus per artes magicas & maleficia inducatur compellere dæmones suis inuocationibus obedire. Error.

Decimus, quòd thurificationes & suffumigationes quæ fiunt in talium artium & maleficiorum exercitio, sint ad honorem Dei, & ei placeāt: Error & blasphemia, quoniam Deus aliàs non veniret vel prohiberet.

Vndecimus, quòd talibus & taliter vti non est sacrificare, seu immolare dæmonibus, & ex consequenti damnabiliter idolatrare. Error.

Duodecimus, quòd verba sancta, & orationes quædā deuotæ, & ieiunia, & balneationes, & continentia corporalis in pueris & aliis, missarum celebratio: & alia opera de genere bonorum quæ fiunt pro exercendo huiusmodi artes, excusent eas à malo, & non potiùs accusent. Error: nam per talia, sacræ res, immò ipse Deus in Eucharistia dæmonibus tentatur

immo

immolari, & hæc procurat dæmon, vel quia vult in hoc honorari similis altissimo, vel ad fraudes suas occultandas, vel vt simplices illaqueet facilius, & damnabilius perdat.

Decimus tertius, quòd sancti Prophetæ, & alij sancti, per tales artes habuerunt suas prophetias, & miracula fecerunt, aut dæmones expulerunt. Error & blasphemia.

Decimusquartus, quòd Deus per se immediaté, vel per bonos Angelos, talia maleficia sanctis hominibus reuelauerit. Error & blasphemia.

Decimusquintus, quòd possible est per tales artes cogere liberum hominis arbitriũ ad voluntatem, seu desiderium. Error: & hoc conari facere, est impium & nefarium.

Decimussextus, quòd ideo artes præfatæ bonæ sunt & à Deo, & quòd eas licet obseruare: quia per eas quandoque vel sæpe euenit, sicut vtentes eis quærunt vel prædicunt, quia bonum quandoque prouenit ex eis. Error.

Decimusseptimus, quòd per tales artes dæmones veraciter coguntur & compelluntur, & non potius ita se cogi fingunt ad seducendos homines. Error.

Decimusoctauus, quòd per tales artes & ritus impios, per sortilegia, per carmina & inuocationes dæmonum, per quasdam insultationes & alia maleficia, nullus vnquã effectus ministerio dæmonum subsequatur. Error. Nam talia quandoque permittit Deus contingere: patuit in magis Pharaonis & alibi pluries: vel quia vtentes, seu consulentes propter malam fidem & alia peccata nefanda dati sunt in reprobum sensum & demerentur sic illudi.

Decimusnonus, quòd boni Angeli includantur in lapidibus, & consecrent imagines, vel vestimenta, aut alia faciant quæ in istis artibus continentur. Error: & blasphemia.

Vicesimus, quòd sanguis vpupæ, vel hœdi, vel alterius animalis, vel pergamenum virgineum, vel corium leonis & similia, habeant efficaciam ad cogendos vel repellendos dæmones ministerio huiusmodi artium. Error.

Vicesimusprimus, quòd imagines de ære, plumbo vel auro, de cera alba vel rubea, vel alia materia baptizatæ, exorcizatæ & consecratæ, seu potius execratæ, secundùm prædictas artes & sub certis diebus habent virtutes mirabiles, quæ in libris talium artium recitantur. Error in fide & Philosophia naturali, & astronomia vera.

Vicesimussecundus, quòd vti talibus, & fidem dare non sit idolatria, & infidelitas. Error.

Vicesimustertius, quòd aliqui dæmones boni sunt, alij omnia scientes, alij nec saluati, nec damnati. Error.

Vicesimusquartus, quòd suffumigationes, quæ fiunt in huiusmodi operationibus conuertuntur in spiritus, aut quòd sint debitæ eis. Error.

Vicesimusquintus, quòd vnus Dæmon sit rex Orientis, & præsertim suo merito, & alius

Sep

Septentrionis, alius Meridiei. Error.

Vicesimussextus, quòd intelligentia motrix coeli influit in animam rationalem: sicut corpus coeli influit in corpus humanum. Error.

Vicesimusseptimus, quòd cogitationes nostræ intellectuales, & voluntates nostræ interiores immediatè causantur à coelo, & quòd per aliquam traditionem magicam tales possint sciri, & quòd per illam de eis certitudinaliter iudicare sit licitum. Error.

Vicesimusoctauus articulus, quòd per quascunque artes magicas possimus deuenire ad visionem diuinæ essentiæ, vel sanctorum spirituum. Error.

Acta sunt hæc, & post maturam crebrámque inter nos & deputatos nostros examinationem, conclusa in nostra conclusione generali Parisiis apud Sāctum Mathurinum, de mané super hoc specialiter celebrata. Anno Domini M. CCCVIII. die 19. mensis Septembris, In cuius rei testimonium, sigillum dictæ facultatis præsentibus literis duximus anteponendum.

Originale huius determinationis est sigillatum magno sigillo facultatis Theologicæ Parisiis.

SOM

SOMMAIRE DES CHAPITRES.

LIVRE PREMIER.

A definition du Sorcier. chapitre. 1
De l'association des Esprits auec les hommes. chap. 2
La difference d'entre les bons & malings esprits. chap. 3
De la Prophetie & autres moyens diuins pour sçauoir les choses occultes. chap. 4
Des moyens naturels & humains, pour sçauoir les choses occultes. chap. 5
Des moyens illicites pour paruenir à chose qu'on pretend. chap. 6
De la Teratoscopie, Aruspicine, Orneomantie, Hieroscopie, & autres semblables. chap. 7

LIVRE SECOND.

DE la Magie en General. Chap. 1
Des inuocations tacites des malins esprits. chap. 2
Des inuocations expresses des malins esprits. chap. 3

De

De ceux qui renoncent à Dieu par conuention expresse, & s'ils sont transportez en corps par les Demons. chap.4

De l'ecstase & rauissement des Sorciers: & des frequentations ordinaires qu'ils ont auec les Demons. chap.5

De la Lycanthropie, & si les esprits peuuent changer les hommes en bestes. chap.6

Si les Sorciers ont copulation auec les Demons. chap.7

Si les Sorciers peuuent enuoyer les maladies, sterilitez, greslés & tempestes, & tuer hommes & bestes. chap.8

LIVRE TROISIESME.

Les moyens licites d'obuier aux charmes & Sorcelleries. Chap.1

Si les Sorciers peuuent asseurer la santé des hommes alaigres, & donner guarison aux maladies. chap.2

Si les Sorciers peuuent auoir par leur mestier, la faueur des grands, la beauté, les honneurs, les richesses, & le sçauoir, & donner fertilité. chap.3

Si les Sorciers peuuët nuyre aux vns plus qu'aux autres. chap.4

Des moyens illicites pour preuenir les charmes & malefices, & guarir les maladies. chap.5

De ceux qui sont assiegez & forcez par les malins esprits, & les moyens de les chasser. chap.6

LIVRE QVATRIESME.

DE l'inquisition des Sorciers.   Chap.1
Des preuues requises pour auerer le crime de Sorcellerie.   chap.2
De la confession volontaire, & forcee que font les Sorciers.   chap.3
Des presomptions contre les Sorciers.   chap.4
Des peines que meritent les Sorciers.   chap.5
Refutation des opinions de Iean Vvier.

F I N.

LA DEFINI-
TION DV
SORCIER.

CHAPITRE PREMIER.

ORCIER est celuy, qui par moyés Diaboliques sciemment s'efforce de paruenir à quelque chose. I'ay posé ceste definition qui est necessaire, non seulement pour entendre ce traicté, ains aussi pour les iugemés qu'il faut rendre contre les Sorciers, ce qui a esté obmis iusques icy, de tous ceux qui ont escrit des Sorciers, & neantmoins c'est le fondement sur lequel il faut bastir ce traicté. Deduisons donc par le menu nostre definition. Premierement i'ay mis le mot, Sciemment, puis qu'il est ainsi, que l'erreur ne peut emporter aucun consentement, cóme dit la loy: tellement que le malade qui vse de bonne foy d'vne recepte Diabolique a luy baillee par le Sorcier, qu'il pen-

1. l. nihil consensus, de reg. l. si

stuprum, de adult. ff. l. aut facta de pœnis ff.

soit estre homme de bien, n'est point Sorcier, car il a iuste cause d'ignorance: Mais non pas si le Sorcier luy declare, ou s'il inuoque les malins esprits en sa presence, comme il se faict quelquesfois: ce que i'ay mis seulement pour exemple, & qui sera plus amplement declaré cy apres en son lieu. Mais il faut sçauoir quels sont les moyens Diaboliques, Le mot de Diable signifie en Grec Calomniateur °, parce qu'il espie tousiours les actions des gens vertueux, comme il se voit en l'Escriture saincte, & les calomnies deuant Dieu: Et les moyens Diaboliques sont les superstitions, & impietez controuuees, & enseignees par Satan à ses seruiteurs pour ruiner en perdition le genre humain. Et pour ceste cause les Hebrieux l'ont appellé Satan, c'est à dire, l'ennemy, comme dit Salomon ² que Dieu a creé l'homme à son image, pour estre immortel, mais que par l'enuie de Satan la mort est entree au monde, ce qui est aussi recité en plusieurs lieux de l'Escriture saincte. En quoy il presuppose, non seulement qu'il y a vn ennemy du genre humain, ains aussi qu'il a esté creé dés le commencement, comme il est dit en Iob ³ Et non seulement la saincte Escriture, ains aussi tous les Academiciens, Peripateticiens, Stoïciens, & Arabes demeurent d'accord de l'existence des esprits: tellement que le reuoquer en doubte (comme font les Atheistes Epicuriens) ce seroit nier les principes de toute la Metaphysique, & l'existence de Dieu, qui est demonstree

o ὁ διάβολος τοῦ διαβάλλω. 1. Io. cap. 1.

2. l. Sap. c. 3. & Ecclesiastici c. 17 & Genesis ca. Iob. ca. 1.

3. Iob 40.

LIVRE PREMIER.

strée par Aristote [4] : & le mouuement des corps celestes qu'il attribue aux Esprits & Intelligences: car le mot d'esprit s'entend des Anges & Demons. Et combien que Platon, Plutarque, Porphyre, Iamblique, Plotin, tiennent, qu'il y a de bons & mauuais Demons: si est-ce que les Chrestiens prennent tousiours [5] le mot de Demons, pour malings esprits: Et mesmes la determination resolue en la Sorbonne le xix. Septembre 1378. condamne comme heretiques ceux qui tiennent qu'il y a de bons Demons, suyuant l'aduis des anciens Docteurs: tout ainsi que les esprits Angeliques sont tousiours estimez bons, qui est vne resolution tres-bonne, & necessaire pour trancher l'excuse, & impieté de ceux qui appellent, & inuoquent les Diables soubs le voile de bons Demons. Et quant à l'origine des Demons, c'est chose bien fort difficile pour l'asseurer: & de faict Platon quand il en parle au Timee, il dit ainsi: περὶ δὲ τῶν δαιμόνων εἰπεῖν ἢ γνῶναι τὴν γένεσιν μεῖζον ἢ καθ' ἡμᾶς πιστέον δὲ τοῖς εἰρηκόσιν ἔμπροσθεν. C'est à dire, que le discours, & origine des Démons passe nostre entendement, & qu'il faut s'arrester à ce que les anciens en auoyent dit. Aussi pouuós nous suiure l'opinion des anciens, qui tiennét que Dieu crea tous les esprits en grace, & sans peché, & que les vns se voulurent esleuer contre luy, qui furent precipitez. Et rapportent à ce propos la cheute du Dragon, attirant auec luy grand nóbre d'Estoilles figuré en l'Apocalypse [6]. par

4. li Phys. Metaphy.

5. Augu. in Ioan. tract. 42. & l. 8. de Ciuitate Dei ca. 22. & l. de vera relig. ca. 13. & lib. contra Manichæos. c. 33 & contra Pelagiã lib. 1.

6. Apo. 12.

A 2

le Prince des Demons & ses suiets: ce que les anciens Payens ont rapporté à la Gygantomachie: Et mesme Pherecides est de cest aduis, appellant le Dragon *Ophioneum*, chef des Anges rebelles: & Trismegiste *in Poëmandro*, & le dire d'Empedocle, qui appelle les Demons tombez du ciel ἀφρονεῦσας. Sainct Augustin est de cest aduis aussi *libr. 8. cap. 2. ae Ciuit. Dei*: laquelle opinion pour son antiquité, & pour l'auctorité de ceux qui l'ont tenue, est receue des Chrestiens. Et neantmoins il semble que Dieu a creé ce grand Satan au commencement du monde, que l'escriture appelle Behemoth, & Leuiathan: car l'Escriture saincte dit, *Is prima rerum origine, à Deo conditus est*. Et pour monstrer qu'il n'a pas esté creé en grace, on allegue le lieu de Iesaye 8, où Dieu parle ainsi: *I'ay faict & formé Satan pour & a fin de perdre, gaster, & destruire*: Et pour ceste cause souuent il s'appelle *Asmadeus*, du mot שדד qui signifie ruiner: comme Dieu parlant au peuple Hebrieu de la vengence, qu'il deuoit prendre de tous les premiers nés d'hommes & bestes, en tout le Royaume d'Egypte, Ie ne permettray pas, dit-il, que le Destructeur entre en vos maisons. 9 Orphee l'appelle aussi le grand Demon vengeur: Et comme il estoit maistre Sorcier il luy chante vn hymne. Ils alleguent aussi le Psalme où il est dict: Ce grand Leuiathan que tu as formé pour triompher de luy: Et ce qui est dict en Exode, ie t'ay faict, ô Pharaon, pour monstrer

2. Tob cap. 40. & 41.

8. cap. 54.

אמר
לבלתי
תת
משחית
לבא
אל
9

strer ma puissance en toy: ce qui s'entend (outre l'histoire literale) de Satan, comme il dit en Ezechiel: Me voicy ton ennemy, ô Pharaõ, grand Leuiathan, Dragon couché au milieu de tes fleuues, qui as dit: Le fleuue est à moy, & ie me suis faict &c. Ie te feray la pasture des oyseaux du ciel. Les interpretes sont d'accord que Leuiathan, Pharaon, & Behemoth signifie ce grand ennemy du genre humain, & que le Royaume d'Egypte signifie la chair, & la cupidité, & entendoit par le fleuue, le torrent de la nature fluide, qui va tousiours coulant en corruption, qui est propre au destructeur, contraire à Dieu Createur de toutes choses. Car tout ainsi que le Createur, Pere & generateur, est necessaire pour la creation & generation, aussi est le corrupteur à la corruption successiue en ce monde elementaire: comme aussi au xxx. chapitre des Prouerbes allegoriques de Salomon, il est dit que les corbeaux du torrent creuent les yeux à celuy qui se moque de son pere, & mesprise la doctrine de sa mere, où il entend les Diables de ce torrent elementaire, qui apparoissent ordinairement noirs comme corbeaux, & qui esteignent la lumiere de raison de ceux qui mesprisent la loy de nature, & se moquent de Dieu. Et d'auantage les Hebrieux tiennent que Satan perira, & alleguent Ezechiel chap. xxxi. & Iesaye 3, où il est dit, 3. cap. 27. que Dieu tuera vn iour ce grand Leuiathan, ce grand serpent tortu, qui est en la mer, & entend par la mer la matiere fluide, & elementaire,

A 3

que Platon, & Aristote, cherchans l'origine du mal ont dit estre le suiet de tous maux, & que Salomon en ses allegories & paraboles appelle femme, quand il dit, qu'il n'y a malice qui approche la malice de la femme: & tantost il l'appelle paillarde, qui reçoit tous hommes, comme la matiere toutes formes, ainsi que le Rabin Maymon [4] l'a interpreté. Ils disent aussi, que les hommes qui se sont dediez du tout au seruice de Dieu en ce monde, seront comme Anges de Dieu: *Erunt*, dit l'Escriture [5], *sicut Angeli Dei*, & que par mesme moyen les hommes qui ont renoncé Dieu, & se sont dediez au seruice de Satan, outre les tourmens, qu'ils souffriront, ils seruiront encores comme Diables, & bourreaux de la iustice de Dieu, & qu'ils periront en fin. & alleguent Zacharie, où il dit, *Auferam spiritum immundum de terra*; Et que les marques des Anges, & Diables, des eleuz & des reprouuez est, que les vns auront la vie eternele, les autres mourront eternelement, apres auoir souffert les tourmens condignes à leurs meschancetez, au temps determiné à chacun par le secret conseil de Dieu. Voila sommairement l'opinion de quelques Theologiés Hebrieux, de laquelle les anciens Grecs ont esté abreuuez. Car nous voyons que Plutarque [8] entre les raisons qu'il met, quand il discourt pourquoy les Oracles sont faillis (ce que Ciceron [9] escrit estre aduenu long temps au parauant luy) il dit que la vie des Demons est limitee, & qu'iceux defaillans les Oracles ont

4. lib. 1.
בימים
טחרה

5. Marc. cap. 13.

8. In libro ᾧ τίτλος ἐκλελοιπότων χρηστηρίων.
9. In libro de diuinatione.

ont cessé : Et Porphyre aussi raporte l'Oracle d'Apollon en ces vers:

ὂι δὲ μοι τρίποδες ςεναχύσε[τε οἴχετ' Απόλλων
ὁ ἐχέlαι ἐπὶ φλογόεν μεβια[ε]ται ὀράνιον φῶς.

C'est à dire : Helas, helas pleurés tripodes, Apollon est mort, il est mort, parce que la lumiere flamboyante du ciel me force. Et de faict ° Eusebe historien Ecclesiastique, allegue l'histoire memorable rapportee à l'Empereur Tybere, qui est aussi en Plutarque²: C'est à sçauoir que plusieurs passans en vn nauire des isles Echinades ouyrent vne voix en l'air, appellant plusieurs fois Thamus, qui estoit le patron du nauire, auquel il fut dit quand il arriueroit aux Palodes, qu'il declarast que le grãd Pan estoit mort : Ce qui fut faict, & soudain on ouyt de grãds gemissemens, & hurlemens sans veoir personne. Or sainct Augustin, S. Thomas d'Aquin, & plusieurs Theologiens Hebrieux, & Latins ont tenu, que de la copulation des Demons auec les femmes (qu'ils disent estre specifiee en l'Escriture ³ saincte, & que les Sorciers ont tousiours confessé) prouiennent des hommes diaboliques, que les Hebrieux appellent Rochoth ⁵, & qu'ils disent estre Diables en figure humaine, & pareillemẽt les Sorciers, & Sorcieres, qui dedient leurs enfans à Satan, si tost qu'ils sont nez, & qui continuent la vie detestable de leurs peres & meres, sont de la nature Diabolique. Et pour ceste cause Dieu ayant en abomination extreme ceste impieté, il a donné vne malediction execrable à ceux

1. In libro
περὶ τῶν Α-
γίων φιλο-
σοφίας.

o l.5. cap.1.
8.9.
ωρο περάσσαδης ιο-
ας ιλικῆς.
2.lib.
ωρο τῶν ἐκ-
λιλοιποτῶν
χρηστηρίων.

3 genes c.6.

5 id est c.

A 4

o. Leu.20. qui offrent leur semence à Molech o : les menassant qu'il les arrachera de la terre, comme il fit les Cananeens, qui en usoyent ainsi, desquels
4 in li. Sapientia. Salomon dit 4 que leur semence estoit maudite de Dieu : & mesmes ils sacrifioyent souuent au Diable leurs enfans, les faisant bruler tous vifs, ou les massacrant, comme fit la Sorciere Medee pour se venger de la fille de Creon Roy de Corinthe, qui auoit espousé Iason son amy. Soit donc que les Demons soyent trebuchez de la grace originale, en laquelle ils estoyent creez, & qu'ils soyent immortels comme nous tenons: soit qu'ils soyent multipliez par la propagation, que disent les Hebrieux, & que Dieu ait fait & formé Satan maling pour destruire & ruiner, à fin que la generation successiue à la corruption, fust continuee en ce mode elementaire, si ne faut-il pas pourtant qu'il entre au
s. Iob 3. ceruau des hommes qu'il y ait iniquité 5 en Dieu, comme faisoit Manes Persan chef des Manicheens, lequel pour euiter, comme il disoit, l'absurdité que le mal vint de Dieu, s'il confessoit qu'il eust creé Satan maling par nature: ny pareillement que Dieu eust creé Satan en perfection qui par consequent ne pouuoit pecher (comme il disoit) ne degenerer en nature maligne, & peruerse: posa deux principes egaux en puissances & origine: l'vn principe de bien, l'autre du mal: qui est la plus detestable Heresie, qui fut oncques, & de laquelle S. Augustin s'est departy, disant que le mal n'est que priuation de bien: ce qui toutesfois n'a pas
con

contenté ceux qui tiennent que les vices sont habitudes, aussi bien que les vertus, & que les vnes aussi bien que les autres s'acquierent par actions, & dispositions. Mais tous les argumés des Manicheans sont tranchez par la racine, si on prend garde, qu'il n'y a rien en ce monde qui ne soit bó, comme dict Dionysius au liure *de Diuinis nominibus*: Et ne se faict rien qui ne soit bon en soy, ou par relation, comme a tresbien dict le Maistre des Sentences: Tout ainsi que Dieu a faict des plantes qui portent poizons aux vns, & medecine aux autres: Et mesmes les serpens & viperes, que les Manicheans disoyent estre les creatures du Diable, seruent à composer la plus excellente medecine, qui pour ceste cause est appellee theriaque, & quelquefois à guarir les ladres, & maladies incurables. Ainsi est il dit des actions meschantes en soy, mais bónes par relation: comme le voleur qui assassine le passager pour auoir sa despouille a commis vn acte cruel, & capital en soy, & neantmoins il ne sçait pas qu'il a, peut estre, tué vn parricide, ou que il a tiré des calamitez de ce monde celuy que Dieu aimoit comme dict Salomon au liure de la sagesse: & que Dieu s'est serui de luy, & neantmoins que par cest acte, le voleur est recerché, trouué, & puni par le Iugement de Dieu ineuitable: Et en fin il donne loüange à Dieu. Et combien que Pharaon faisoit tuer les enfans masles Hebrieux au pris qu'ils n'auoyent, si est il dict en l'escriture saincte, que Dieu l'auoit endurcy, & rendu rebelle à foy, affin que la puiſſance de Dieu fuſt esclarcie, & publiee par toute la terre, qui eſtoit aucunement enſeuelie, & cachee. C'eſt pourquoy Salomon dit, que le meſchant bien ſouuent eſt esleué, & nourry ſeulement pour ſeruir à la gloire de Dieu au iour de la vengeance : Car quoy qui ſe face en ce monde, en fin le tout ſe rapporte, & reuſſit à la gloire de Dieu : Et en cela principalement ſe cognoiſt la iuſtice, & ſageſſe de Dieu incomprehenſible, qui ſçait tirer ſa louange des hommes les plus deteſtables, & faict reuſſir à ſa gloire les cruautez des meſchans pour executer ſa vengeance : Faut il donc faire mal, affin qu'il en aduienne bien ? Sainct Paul faict ceſt argument en l'epiſtre aux Romains ſur ce meſme diſcours : puis il reſpond, que ceux là ſont damnables, qui parlent ainſi, & conclud ſon diſcours par vne exclamation de la Sageſſe de Dieu emerueillable. *O altitudo ^{5} diuitiarum, ſapientiæ, & ſcientiæ Dei! quàm incomprehenſibilia ſunt iudicia eius!* Il aduint à Paris n'a pas long temps, qu'il y eut vn gentilhomme conuaincu par faux teſmoins, non reprochez, d'auoir tué celuy, qu'il n'auoit iamais veu, ſe voyant condamné par arreſt de la Cour, & ſur le poinct d'eſtre executé, il confeſſa qu'il auoit empoiſonné ſon pere : le cas eſt notoire à pluſieurs. Ie pourrois mettre vne infinité d'exéples, qu'vn chacun peut ſçauoir, mais il ſuffira d'auoir touché ſommairement, qu'il ne faut pas imputer à Dieu qu'il ſoit iniuſte, d'auoir creé Satan

5. ad Rom. 11.

tan pour destruire: ou souffert que les Anges ayent tresbuché, non plus que de blasmer les egouts, & cloaques, & autres receptacles d'ordures, qui sont necessaires au plus beau palais du monde. Et celuy qui calomnie Dieu en cerchant le mal en soy, qui est en ce monde, portera vne malediction beaucoup plus execrable, que celle, qui fut donnee à Chanaam, duquel le pere Cham s'estoit moqué des parties honteuses de Noé, dont il estoir yssu, que ses freres couurirent, en destournant la face. C'est pourquoy en l'Escriture saincte apres la creation de ce monde admirable en beauté, grandeur & perfection, il est dit, que Dieu a veu que tout ce qu'il auoit faict estoit beau, & bon à merueilles. Car la cloaque du monde est ceste petite particule du monde elementaire, que Procle [6] Academique ne daigne appeller particule du monde, mais vne appendice, ou apotelesme, car ce n'est que vn poinct insensible que la mer, & la terre, eu esgard au ciel, comme il est tresbien demonstré par Ptolomee. Et neantmoins en ceste cloaque où la puanteur, & le mal de ce monde est reclus, il y a des œuures de Dieu belles, & merueilleuses. Or tout ainsi que Dieu qui de sa nature est seul bon, ne peut faillir ny faire chose qui de sa nature ne soit bonne, aussi les Diables s'ils sont malins de leur nature, ne peuuent faire chose qui soyt bonne en soy: & s'ils ne sont malins de leur nature, ils peuuent faire bien, tout ainsi que les Anges peuuēt faillir &

ὁ ἐν τοῖς
λόγοις
περὶ κόσ-
μȣ.

offen

offenser. Car il est dit 6 que le Soleil est souillé deuant la face de Dieu, & qu'il a trouué iniquité en ses Anges. Et en autre lieu l'Ange parlant à Lot, dit: Si nous faillons, il ne pardonnera pas à nostre iniquité. Or tous les Anciens demeurent d'accord, que les Anges sont ordonnez en partie au mouuemét des cieux,& lumiere celestes, & à la conduicte de nature : les autres à la conseruation des Empires & Republiques, que Psellus, & Porphyre appellent κοσμάγους, & à la conduicte des hommes : les autres à seruir, & loüer Dieu specialement, combien que tous ensemble conspirent à la gloire & loüange de Dieu. Quant aux malins Esprits ils seruét aussi à la gloire de Dieu, comme executeurs & bourreaux de sa haute iustice, & si ne font rien que par vne iuste permission de Dieu : car combien que les malins Esprits ne font iamais bien, sinon par accident, & à fin qu'il en aduienne vn plus grand mal, cóme quád ils guarissent vn malade pour l'attirer à leur deuotion, aussi est il tout certain, que Dieu ne permettoit iamais, qu'il se feist mal quelconque, si ce n'estoit à fin qu'il en reussit vn plus grand bien : comme a tresbien dit sainct Augustin, lequel a suiuy la definition des Demons que nous lisons en Apulee, des plus sçauans Sorciers de son aage, qui est telle: *Dæmones sút genere animalia, iugenio rationabilia, animo passiua, corpore aerea, tempore æterna*: le mot *æterna* se prend *pro perpetua, aut diuturna*, cóme souuent en la saincte escriture. Car

il n'y

il n'y a que Dieu eternel, c'est à dire, qui n'a eu commencement, & n'aura iamais fin, ou comme dit Esaye, Qui a esté deuant tout, & sera apres tout. Quant à ce qu'il dit, que les Demons ont le corps aëriens, cela est contraire à la nature des esprits qui sont pures intelligences : Aussi les Academiciens ne disent pas que les Demons soyent pures intelligences. Philon Hebrieu interpretant ce qui est dit aux Nombres, Que Dieu departit de l'esprit, qui estoit sur Moyse au LXXII. Eleuz, dit que c'estoit comme d'vne lumiere. Ie diroy plustost qu'ils sont d'vne quinte essence, comme on dit du Ciel : pour euiter aux absurditez de la corruptió des esprits, si on dit qu'ils sont elementaires: qui est le seul poinct pourquoy Ciceron a soustenu, que les ames ne sont point elementaires. Apulee ne dit pas si les Demons sont bons, ou mauuais : combien que les anciens tenoyent, qu'il y en auoit de bons, les autres mauuais, les autres neutres : Et Psellus entre les Chrestiens, Plotin entre les Academiques, Iambilique entre les Egyptiens, mettent trois differences, & constituent generalement tous les Demons en six lieux : à sçauoir, au ciel, en la haute region de l'air, en la moyenne region, és eaux, en terre, & soubs terre. Toutesfois nous suyurons la resolution des Theologiens, c'est à sçauoir, que tous Demons sont malins. Aussi est-il incompatible de mettre vne neutralité en la nature intelligible, veu mesmes que les anciens n'ont iamais eu que eu que ces deux epithetes des Demons, à sçauoir, ἐυδαίμον & κακοδαίμον. Ce poinct resolu touchant l'origine, nature, & qualité des Diables, ou Demons, nous achemine au premier poinct de nostre definition, pour entendre les actions des Diables, & moyens Diaboliques desquels ils vsent pour ruiner les hommes : lequel poinct presuppose aussi societé, & alliance auec les Demons. Disons donc, s'il est possible que telle societé se face.

De l'association des Esprits auec les hommes.

Chap. II.

LA SOCIERE, & alliance ne peut estre, sinon entre choses semblables, ou qui ont quelque similitude, ou accord l'vne à l'autre : tout ainsi que les mousches à miel s'associent ensemble pour la similitude qu'elles ont, & pour tirer profit de la societé mutuelle : ainsi les formis, & autres animaux sociables. Mais entre les loups & brebis, entre lesquels Dieu a mis vne antipathie, & vne irreconciliable, & capitale inimitié, comme entre les meschans hommes à outrance, & les saincts personnages, il ne peut y auoir societé qui tienne, non plus qu'entre les Anges, & les Demons : mais il y a des hommes qui ne sont ny bons ny meschans, & s'accommodent aux vns, & aux autres, tellement qu'on peut dire
que

LIVRE PREMIER. 15

que l'ame, intellectuelle de l'homme est moyenne entre les Anges, & les Demons. Car on voit que ce grand Dieu de nature a lié toutes choses par moyens, qui s'accordent aux extremitez, & composé l'harmonie du monde intelligible, celeste, & elementaire, par moyens & liaisons indissolubles. Et tout ainsi que l'harmonie periroit, si les voix contraires n'estoyent liées par voix moyennes: ainsi est il du monde, & de ses parties. Au ciel, les signes contraires sont alliez d'vn signe qui s'accorde à l'vn & à l'autre. Entre la pierre, & la terre, on voit l'argille, & balme: Entre la terre & les metaux, les marcasites, & autres mineraux: Entre les pierres, & les plantes sont les especes de corail, qui sont plantes lapidifiées produisans racines, rameaux & fruicts: Entre les plantes, & les animaux sont les Zoophites ou plante bestes, qui ont sentiment & mouuement, & tirét leur vie par les racines attachees aux pierres: Entre les animaux terrestres, & aquatiques sont les amphybies, comme les lieures, loutres, tortues, cancres fluuiatiles: Entre les aquatiques & les oiseaux sont les poissons volans: Entre les autres bestes & les hommes sont les Singes, & Cercopithes; Et entre toutes les bestes brutes, & la nature intelligible, (qui sont les Anges & Demons) Dieu a posé l'homme, partie duquel est mortelle comme le corps, & partie immortelle, cóme l'intellect. Or les saincts personnages, qui mesprisét la partie mortelle, & terrestre, pour ioindre leur ame

intel

intellectuelle auec les Anges, font la liaison du monde intelligible auec le monde inferieur: Ce qui fut faict premierement lors que Adam fut creé en estat de grace, ayant neantmoins le franc-arbitre d'estre bon ou mauuais: C'est pourquoy les Hebrieux disent que Dieu crea l'homme le dernier, y appellāt les Anges, comme dit Philon Hebrieu, tant pour monstrer qu'il tenoit de la nature intelligible, que pour vnir le monde superieur, au monde inferieur. Mais quant aux autres animaux il est dit qu'il commanda aux eaux de produire les oiseaux & les poissons, & à la terre de produire les autres bestes: & non pas l'homme qui deuoit estre le lien du monde intelligible & visible, laquelle liaison a cōtinué entre les Anges & les saincts personnages par la priere, & moyen desquels le genre humain est conserué. C'est pourquoy il est dit aux Psalmes 1, que Dieu a faict l'homme peu moindre que les Anges, où le mot אלהים ne signifie pas Dieu, comme quelques vns ont traduit: aussi les LXXII. Interpretes ont traduit ἀγγελος & l'Interprete Chaldean a tourné מלאכיא qui est pris du mot Hebrieu מלכים qui signifie Anges, & oste l'equiuoque du mot אלהים: Et par ainsi en lieu que Marot à tourné: Tu l'as faict tel, que plus il ne luy reste fors estre Dieu, il pouuoit dire: Tu l'as si haut esleué de son estre, qu'il est peu moins que l'Ange de ta dextre. C'est pourquoy les 2 Hebrieux appellent les Anges les Pedagogues des hommes, comme les hom-

9. Ge. c. 4. Deut. c. 30.

1. Psalm. 8. Paulò minuisti eum ab Angelis.

In libr.

mes sont bergers des animaux: ce que Platon³ ayant appris des Hebrieux, a dict: que on ne baille pas la garde des cheures, aux cheures, ny des bestes aux bestes: ains aux hommes, & la garde des hommes, aux anges. *Nos (inquit) sicut oues mira diuinorum pastorum custodia semper egemus.* Puis doncques que les Anges sont bons & les Diables mauuais, aussi les hommes ont le franc arbitre pour estre bons, ou mauuais, cóme Dieu dit en sa Loy: ⁴ I'ay, dit-il, mis deuant tes yeux le bien, & le mal, la vie & la mort, choisi donc le bien, & tu viuras: Encores plus expressement en autre ⁵ lieu il est dit, Dieu ayant creé l'homme l'a laissé en son franc arbitre, & luy a dit: Si tu veux, tu garderas mes commandemens, & ils te garderōt: Ie t'ay baillé le feu & l'eau, tu as puissance de mettre la main à l'vn ou à l'autre: Tu as le bien & le mal, la vie & la mort, & auras lequel il te plaira. Et pour monstrer qu'apres le peché d'Adam l'homme n'a pas perdu le franc arbitre, le propos est inseré en la loy de Dieu, & mesmes il fut dict ⁶ à Cain, qu'il auoit puissance de faire bien, ou mal: Surquoy Moyse Maymon dit, que tous les Hebrieux sont d'accord, que l'homme a le franc arbitre, & que cela n'est point reuoqué en doute, dequoy, dit-il, Dieu soit loué. Voyla ces mots. ⁷ Et par ainsi la decision des Theologiens demeure veritable, que tous esprits sont bons, ou mauuais, & separez les vns des autres: ce que les Theologiens disent estre signifié par ces mots, que

3. *In simposio protagora, politico, critia, & in legibus, & in Epinomide.*

4. *Deu. 30. & Gen. 4.*

5. *Eccle. 15.*

6. *Genes. 4.*

7. *Libro 3.* במוֹ בוֹבִים הן

B

Dieu diuisa les eaux d'auec les eaux : & que les hommes font le moyen entre-deux. Car les vns sont associez auec les Anges, & les autres auec les Demons : & se trouuent aussi des hómes, qui n'ont soing des vns, ny des autres. Or l'amitié, & societé, soit auec les Anges, soit auec les Demons, comméce par conuentions taisibles, ou expresses : Nous vserons de ces mots desquels ont vsé sainct Augustin, S. Thomas d'Aquin, & les autres Theologiens. Il y a bien des hommes qui ne s'adonnent iamais à contempler les choses intellectueles, & ne leuent iamais l'esprit plus haut que leur gueule, viuants comme pourceaux, & bestes brutes, desquels l'escriture [8] saincte dit : Ils ne sont plus hommes, ains aux bestes ressemblent, desquels meurt l'ame, & le corps tout ensemble. Et quant à ceux-là, il semble qu'ils ne peuuent pas auoir societé auec les esprits, soyent bons, ou mauuais, pour la difference trop grande, qui est entre ces pourceaux là, & les esprits, qui de leur naturel sont essences incorporeles, & spirituelles. Mais celuy qui s'adonne, & tourne ses pensees à tout mal & meschanceté, alors son ame degenere en nature diabolique,[6] comme dit Iamblique : premierement par pactions tacites, comme nous dirons cy apres, puis par conuentions expresses. Et au contraire, si l'homme s'adonne à bien, & qu'il esleue son ame à Dieu, à bien, à vertu, apres que son ame sera purifiee d'vne grace diuine, s'il s'exerce aux vertus morales,

8. Psal. 46.

6. l. 3. c. 3 s.

puis

& puis aux vertus intellectueles, il se pourra faire, qu'il ayt telle societé auec l'Ange de Dieu, qu'il ne sera pas seulement gardé par iceluy, ains il sentira sa presence, & cognoistra les choses, qu'il commāde, & qu'il luy defend. Mais cela aduient à peu d'hommes, & d'vne grace & bonté speciale de Dieu. Auerroës appelle cela l'adoption de l'intellect, & dit: qu'en cela gist la felicité la plus grande, qui soit en ce monde. Ce que Socrate apperceut des premiers entre les Grecs, comme nous lisons en Platon, son disciple, *Platon in Theog. Ades, inquit, mihi diuina quadā sorte Dæmonium quoddam, à prima pueritia me sequutum*, c'est à dire, Dés mō enfance, i'ay tousiours senty ie ne sçay quel esprit, qui me suit: Puis apres il dit, qu'il oyoit vne voix, par laquelle il cognoissoit, qu'il ne deuoit pas faire ce qu'il vouloit entreprendre. Cela estoit bien fort frequent entre les Hebrieux, comme nous voyons en l'escriture saincte, qui est pleine de mille exemples, comme Dieu par ses Anges assiste aux saincts personnages, & parle par les Anges à iceux intelligiblement: aux autres par signe, sans parole. Et entre ceux-là qui ont societé auec les bons esprits, il y a plusieurs degrez. Car aux vns, Dieu donnoit vn Ange si excellent, que leurs Propheties & predictions estoyent tousiours certaines & infallibles, comme on dit de Moyse, Helie, Samuel, Helisee. Les autres n'ont pas tousious esté infallibles, soit que les esprits soyent moins parfaicts les vns q̃ les au-

B 2

tres, soit que le suiet n'est pas si propre : tout ainsi que le Soleil ne se monstre pas si clair en la terre, qu'il faict en l'eau, & n'est pas si clair en l'eau trouble, qu'en l'eau claire, ny en l'eau agitee, qu'en celle-là qui est reposee : aussi l'ame troublee de passions, ou qui n'est pas coye & tranquille, ne peut si bien receuoir la clarté intellectuelle. I'ay dit que c'est vn singulier don de Dieu, quand il enuoye son bon esprit à celuy qu'il aime, pour estre entendu de luy & guidé en toutes ses actions : Car il se peut faire que l'homme sera vertueux, & craignant Dieu, & le priera assiduellement, & neantmoins Dieu, peut estre, ne luy donnera pas son esprit : mais bien luy donnera tant de sagesse & de prudence qu'il luy sera besoing, ou bien s'il luy donne son bon Ange pour le garder, comme tiennent les Theologiens, & qu'il est dit en l'Escripture 7 de celuy qui est en la garde du haut Dieu, lequel a faict commandement à ses Anges tresdignes de le garder soigneusement, quelque part qu'il chemine. Neantmoins il ne sentira, & n'apperceura point la presence de l'Ange de Dieu, comme Abraham dit à Eliezer, que Dieu enuoyeroit son Ange deuant luy pour le guider : ce qui fut faict, encores que Eliezer n'en apperceut rien non plus que les enfans, & pauures insensez, que Dieu garde bien souuent par ses Anges, qui ne pourroyent autrement eschaper mil & mil dágers de mort. Mais celuy à qui Dieu faict la grace speciale de

7. Psal. 91.

de cognoistre sensiblement la presence de son Ange, & communiquer intelligiblement auec luy, il se peut dire beaucoup plus heureux que les autres: & tresheureux, s'il a le don de Prophetie, qui est le plus haut poinct d'hōneur, où l'homme peut estre esleué. Aussi voit-on, qu'il y en a tousiours eu fort peu. Lors que Dieu menoit son peuple par le desert, il n'y en eut que 72. à qui il fist ceste grace, combien qu'il y eust six cens mil hōmes au dessus de vingt ans: Et ne se trouua que Hieremie de son temps, auquel Dieu dit, qu'il fist à sçauoir à Barachie, qui demandoit à Dieu le don de Prophetie, qu'il demandoit trop grande chose. Toute l'escriture saincte est pleine de telle communication de l'Ange auec les esleuz. Ie sçay bien que les Epicuriens, & Atheistes, tiennent cela pour vne fable: aussi ie n'ay pas deliberé de les faire sages: Si est-ce, que toutes sortes de Philosophes tiennent cela pour indubitable. Plutarque au liure qu'il a faict du Demon de Socrates, tient comme chose tres-certaine, l'association des esprits auec les hommes, & dit que Socrate, qui estoit estimé le plus homme de bien de la Grece, disoit souuent à ses amis qu'il sentoit assiduelement la presence d'vn esprit, qui le detournoit tousious de mal faire, & de danger. Le discours de Plutarque est long, & chacun en croira ce qu'il voudra. Mais ie puis asseurer d'auoir entendu d'vn personnage, qui est encores en vie, qu'il y auoit vn esprit qui luy assistoit assiduelement, & commença à le cognoistre, ayant enuiron trente sept ans, combien que le personnage me disoit, qu'il auoit opinion, que toute sa vie l'esprit l'auoit accompagné par les songes precedens, & visions qu'il auoit eu de se garder des vices & inconueniens: & toutesfois il ne l'auoit iamais aperceu sensiblement, comme il feist depuis l'aage de trente sept ans, ce qui luy aduint, comme il dit, ayant vn an au parauant continué de prier Dieu de tout son cœur, soir & matin, à ce qu'il luy pleust enuoyer son bon Ange, pour le guider en toutes ses actions: & apres & deuant la priere il employoit quelque temps à contempler les œuures de Dieu, se tenant quelquesfois deux ou trois heures tout seul assis, à mediter & contempler, & cercher en son esprit, & à lire la Bible, pour trouuer laquelle de toutes les religions debatuës de tous costez estoit la vraye, & disoit souuent ces vers,

1. Psa. 143.

Enseigné moy comme il faut faire.
Pour bien ta volonté parfaire,
Car tu es mon vray Dieu entier:
Fais que ton Esprit debonnaire
Me guide, & meine au droict sentier.

Blasmant ceux-là qui prient Dieu, qu'il les entretienne en leur opinion, & continuant ceste priere, & lisans les sainctes escritures, il trouua en Philon Hebrieu, au liure des sacrifices, que le plus grand & plus agreable sacrifice, que l'homme de bien & entier peut faire à Dieu, c'est de soymesme, estant purifié par luy. Il suiuit ce conseil, offrant à Dieu son ame.
Depuis

Depuis il commença, comme il m'a dit, d'auoir des songes, & visiós pleines d'instructió: & tantost pour se corriger d'vn vice, tantost d'vn autre, tantost pour se garder d'vn danger, tantost pour estre resolu d'vne difficulté, puis d'vne autre, non seulement des choses diuines, ains encores des chosez humaines: & entre autres, luy sembla auoir ouy la voix de Dieu en dormant, qui luy dit: Ie sauueray ton ame: c'est moy qui t'ay apparu par cy-deuant. Depuis tous les matins, sur les trois ou quatre heures, l'esprit frappoit à sa porte, & se leua quelquesfois ouurant la porte, & ne voyoit personne, & tous les matins l'esprit cótinuoit: & s'il ne se leuoit, il frappoit de rechef, & le reueilloit, iusques à ce qu'il se fust leué. Alors il commença d'auoir crainte, pensant que ce fust quelque maling esprit, comme il disoit: & pour ceste cause il continuoit de prier Dieu, sans faillir vn seul iour, que Dieu luy enuoyast son bon Ange, & chantoit souuent les Psalmes, qu'il sçauoit quasi tous par cœur. Et lors l'esprit se feist cognoistre en veillant, frappant doucement le premier iour, qu'il apperceut sensiblement plusieurs coups sur vn bocal de verre, ce qui l'estonnoit bien fort, & deux iours apres ayāt vn sien amy Secretaire du Roy, qui est encores en vie disnant auec luy, oyant que l'esprit frappoit ainsi sur vne escabelle ioignāt de luy, commença à rougir & craindre: mais il luy dist, n'ayez point de crainte, ce n'est rien: Toutesfois pour l'asseurer, il luy conta la ve-

rité du faict. Or il m'a asseuré, que depuis tousiours il la accompagné, luy donnant vn signé densible, comme le touchant tantost à l'oreille dextre, s'il faisoit quelque chose qui ne fust bonne, & à l'oreille senestre, s'il faisoit bien: & s'il venoit quelcun pour le tromper, & surprendre, il sentoit soudain le signal à l'oreille dextre: si c'estoit quelque homme de bien, & qui vint pour son bien, il sentoit aussi le signal à l'oreille senestre. Et quād il vouloit boire, ou manger chose qui fut mauuaise, il sentoit-lé signal: s'il doutoit aussi de faire ou entreprendre quelque chose, le mesme signal luy aduenoit. S'il pensoit quelque chose mauuaise, & qu'il s'y arrestast, il sentoit aussi tost le signal pour s'en destourner. Et quelquesfois quand il commençoit à loüer Dieu de quelque Psalme, ou parler de ses merueilles, il se sentoit saisi de quelque force spirituelle, qui luy donnoit courage. Et à fin qu'il discernast le songe par inspiration d'auec les autres resueries, qui aduiennent, quand on est mal disposé, ou qu'on est troublé d'esprit, il estoit eueillé de l'esprit sur les deux ou trois heures du matin, & vn peu apres il s'endormoit: alots il auoit les songes veritables de ce qu'il deuoit faire, ou croire, des doubtes qu'il auoit, ou de ce qui luy deuoit aduenir. En sorte qu'il dict, que depuis ce temps là, il ne luy est aduenu quasi chose, qu'il n'en ait eu aduertissement, ny doubte des choses qu'on doibt croire, dont il n'ait eu resolution. Vray est, qu'il demādoit tous les iours à
Dieu,

Dieu, qu'il luy enseignast sa volonté, sa loy, sa verité: Et employoit vn iour de la sepmaine, autre que le Dimanche (pour les debauches qu'il disoit qu'on faisoit ce iour la) pour lire en la Bible, & puis meditoit, & pensoit à ce qu'il auoit leu: puis apres il prenoit plaisir à loüer Dieu, d'vn Psalme de loüange: & ne sortoit point de sa maison le iour qu'il festoyoit: & neantmoins au surplus de toutes ses actions, il estoit assez ioyeux, & d'vn esprit gay, alleguant à ce propos le passage de l'escriture qui dit, *Vidit facies sanctorum laetas*: Mais si en compagnie il luy aduenoit de dire quelque mauuaise parole, & delaisser pour quelques iours à prier Dieu, il estoit aussi tost aduerty en dormant. S'il lisoit vn liure qui ne fust bon, l'esprit frappoit sur le liure pour le luy faire laisser; & estoit aussi tost destourné, s'il faisoit quelque chose contre sa santé, & en sa maladie gardé soigneusement. Brief, il m'en a tant conté, que ce seroit chose infinie de vouloir tout reciter. Mais sur tout, il estoit aduerti de se leuer matin, & ordinairement dés quatre heures: & dit qu'il ouyt vne voix en dormant, qui disoit, Qui est celuy qui le premier se leuera pour prier? Aussi dit-il qu'il estoit souuent aduerty de donner l'aumosne, & alors que plus il donnoit l'aumosne, plus il sentoit que ses affaires prospéroyent: & comme ses ennemis auoyent resolu de le tuer, ayant sçeu qu'il deuoit aller par eau, il eust visiõ en songe, que son pere luy amenoit deux cheuaux, l'vn rouge & l'autre

B 3

blanc : qui fuſt cauſe, qu'il enuoya loüer deux cheuaux, & ſon homme luy amena deux cheuaux, l'vn rouge l'autre blanc, ſans luy auoir dit, duquel poil il les vouloit. Ie luy demanday, pourquoy il ne parloit ouuertement à l'eſprit, il me fit reſponſe qu'vne fois il le pria de parler à luy, mais qu'au ſi toſt l'eſprit frappa bien fort contre ſa porte comme d'vn marteau, luy faiſant entendre qu'il n'y prenoit pas pas plaiſir, & ſouuent le deſtournoit de s'arreſter à lire & à eſcrire, pour repoſer ſon eſprit, & à mediter tout ſeul oyant ſouuét en veillant vne voix bien fort ſubtile, & inarticulee. Ie luy demanday, ſi iamais il auoit veu l'eſprit en forme, il me dit, qu'il n'auoit iamais rien veu en veillãt, horſmis quelque lumiere en forme d'vn rondeau bien fort claire : Mais vn iour eſtant en extreme danger de ſa vie, ayant prié Dieu de tout ſon cœur, qu'il luy pleuſt le preſeruer, ſur le poinct du iour en ſommeillant, il dit, qu'il apperceut ſur le lict où il eſtoit couché, vn ieune enfant, veſtu d'vne robe blanche changeant en couleur de pourpre, d'vn viſage de beauté eſmerueillable: ce qui l'aſſeura bien-fort. Vne autrefois eſtant auſſi en dãger extreme, ſe voulant coucher, l'eſprit l'en empeſcha, & ne ceſſa qu'il ne ſe fuſt leué : lors il pria Dieu toute la nuit, ſans dormir: Le iour ſuyuãt Dieu le ſauua de la main des meurtries d'vne façon eſtrange, & incroyable. Et apres auoir eſchapé le danger, il dit, qu'il ouyt en dormant vne voix qui diſoit: Il faut bien dire, Qui en la garde du haut
Dieu

Dieu pour iamais se retire. Et pour le faire court, en toutes les difficultez, voyages, entreprises qu'il auoit à faire, il demandoit conseil à Dieu. Et comme il priast Dieu qu'il luy dónast sa benediction, vne nuit il eut vision en dormant, comme il dit, qu'il voyoit son pere qui benissoit. I'ay bien voulu reciter ce que i'ay sçeu d'vn tel personnage, pour faire entendre, que l'associatió des malings esprits ne doit pas estre trouuee estrange, si les Anges & bons esprits ont telle societé, & intelligence auec les hommes. Mais quant à ce qu'il dict, que le bon Ange luy touchoit l'oreille, cela est bié noté au liure de Iob ch. xxxiii. & en Iesaye au ch. 50. où il dit, *Dominus vellicauit mihi aurē diluculo.* Et Iob le dit encores mieux, decouurant le secret aux hommes entendus, par lequel Dieu se faict peu à peu cognoistre sensiblement. Et quant à ce qu'il dict, qu'il oyoit fraper comme d'vn marteau, noꝰ lisós que c'estoit la premiere marque des Prophetes: car au liure de Iuges il est dit de Manoha, que l'Ange de Dieu commença à frapper deuant luy, comme dit Rabbi Dauid, où le mot Hebrieu לְהַקִּישׁ signifie frapper, & sonner, du mot פַּעֲמוֹן, qui signifie *tintinabulum*, ou tabourin. Or de dire chacun a son bon Ange, cela n'est pas sans difficulté. Car combien que ceste opinion soit fort ancienne, comme ces vers Grecs le monstrent:

Ἄ παντι δαίμων ἀνδρὶ τῷ γενομένῳ,
Ἄ μαντὸς ἐστὶ μυσταγωγὸς τῦ βίυ.

C'est a dire, que chacun a vn esprit conducteur

cteur de sa vie: toutesfois il semble du con‑
traire. Car on voit euidemmét, que Saul apres
auoir esté beneit, & sacré de Samuel, & qu'il
eut rencontré la bande des Prophetes au che‑
min, qui iouoyent des instrumens, l'esprit de
Dieu le saisit, & se trouua (dit l'Escriture) tout
changé. C'est pourquoy Samuel luy dit, qu'il
feist alors tout ce qui luy viendroit en la pen‑

3. *Numeri* 11. sée. Et quand il est dit, que Dieu [3] print de l'es‑
prit de Moyse, pour en departir à LXII. persón‑
nes (que Dieu auoit choisis entre six cens mil)
& qu'ils Prophetizoyent, quand l'esprit de
Dieu reposoit sur eux, on peut recueillir que
l'esprit de Dieu, n'estoit pas encores auec eux:
on recueillist aussi que l'esprit de Dieu est
comme la Lumiere, qui se communique sans
diminution, & qu'il n'est qu'en peu de person‑
nes, & n'y est pas tousiours. Comme en cas pa‑
reil, il est dit que l'esprit de Dieu laissa Saul, &
quelquesfois le maling esprit le tourmentoit:
Et si tost que ses ambassadeurs, qu'il enuoya
par trois diuerses fois à Samuel, & à Dauid, &
autres Prophetes qui estoyent auec eux, appro‑
choyent: aussi tost ils estoyent saisis de l'esprit
de Dieu, & prophetisoyent. Et mesmes Saul y
estant venu pour les prendre, & les faire mou‑

4. *Samue‑lis* 19. rir, fut aussi tost saisi du sainct Esprit, & com‑
mença [4] à louer Dieu, & prophetiser: & apres
qu'il eut laissé la troupe des Prophetes, l'esprit
de Dieu le laissa, & fut quelque temps au pa‑
rauant saisi du malin esprit, & deuint furieux,

5. *Samuel.* c. 18. & prophetisoit: ainsi par l'escriture, s'accom‑
modant

modant ce mot de prophetiser, en bonne & en mauuaise part, comme le maling esprit veut contrefaire les merueilles de Dieu, & faire entendre qu'il sçait les choses futures. Toutesfois il se peut faire, comme i'ay dit, que la personne soit conduite, & gardee par l'Ange de Dieu, sans l'apperceuoir, ny auoir communication auec celuy qui le garde intelligiblement, n'y semblablement: soit que l'excellence des Anges est bien differente, comme i'ay dit de l'esprit de Moyse, de Samuel, & d'Helie, qui surpassoyent de beaucoup tous les autres Prophetes, soit de la persóne n'est pas capable de l'intelligence spirituele. Voyla quand à l'association des bons esprits auec les hommes. Quant à l'association des hommes auec les Diables, nous en parlerons en ce traicté. Mais premierement il faut sçauoir la difference des bons, & des mauuais esprits.

La difference qu'il y a entre les bons, & malins Esprits.

CHAP. III.

Nous auons dit que le Sorcier, est celuy qui s'efforce paruenir à quelque chose par moyens Diaboliques: puis nous auons parlé de l'association des esprits auec les hommes: il faut donc sçauoir la difference des vns & des autres, pour cognoistre les enfans

enfans de Dieu d'auec les Sorciers. Ce qui est bien necessaire, pour leuer le voile de pieté, & & de la religion, & le masque de lumiere, que le diable prend assez souuent, pour abuser les hommes. Les anciens Grecs & Latins remarquent, qu'il y auoit de bons & de mauuais esprits,& appelloyent les vns, ἐυδαίμονας, les autres κακοδαίμονας, & κλάςορας, & παλαμναίες, les Latins, *Lemures*, ce que les hommes ignorans ne peuuent, & les Atheistes ne veulent croire, & les Sorciers, qui font bône mine pour leuer la suspicion qu'on auroit deux, s'en moquent en apparence, mais en effect ils, entendent trop bien. Nous auons assez d'exemples que le Diable s'efforce de côtrefaire les œuures de Dieu, comme nous lisons des Sorciers de Pharaon. Aussi lisons nous que les malins esprits anciennemét trompoyét, comme ils font encores à present, en deux sortes: l'vne ouuertement, auec pactions expresses, où il n'y auoit quasi que les plus lourdaux, & les femmes qui y fussent prises: l'autre sorte estoit pour abuser les hommes vertueux, & bien-nais, par idolatrie, & soubs voile de religion, en sorte que Sathan pour se faire adorer, & destourner les hommes de l'adoratió d'vn vray Dieu, ne vouloit rendre ses oracles, & responces, que par celles qui estoyent vierges,[1] & qui ieusnoyent en prieres, & oraisons, qu'elles faisoyent à Apollon, & autres Dieux semblables: ce que le Diable, à sçeu si bien entretenir, que aux isles Occidentales, il s'est trouué auparauãt que les Espanols

1. Plutarque au liure Deoraculorum defectu.

Espagnols en fussent seigneurs, que les Prestres qu'ils auoyent, faisoyét de grands ieusnes, prieres, & processions, portans leurs idoles en bannieres, & chantoyent à l'honneur de leurs idoles: puis apres ils estoyent saisis des esprits malings, & disoyent merueilles, cóme nous lisons és histoires des Indes Occidétales: & generalemét les prestres ne se marioyent point, horsmis ceux qui escoutoyent les pechez, & enioingnoyét penitence, & n'osoyent reueler la cófessió, soubs peine d'estre chastiez, & ieusnoyent souuent, mesmement quád on vouloit moissonner, ou faire la guerre, ou parler à leur Dieu, c'est à dire, au Diable. Et pour estre plus fort rauis, ils fermoyent les yeux, les autres s'aueugloyent sacrifians les hómes, & toutes sortes d'animaux à leurs idoles, & y auoit plusieus monasteres des filles gardees soigneusement par hómes chastrez, ayans le nez & les leures coupees, auec peine de mort à celle, qui auroit souillé son honneur: comme il se faisoit en Rome aux Vestales, & ceux qui vouloyent estre Prestres, se retiroyent auec les Prestres vestus de blanc és forests, où ils passoyent quatre ou cinq ans, & puis ils en prenoyét acte. Et le plus grád Dieu qu'ils adoroyét estoit le Soleil, qu'ils appelloyent Guaca, & Paniacana, fils du Soleil & de la Lune. Toute ceste histoire, ainsi qu'elle est icy escrite, fut recitee deuant le Roy d'Espagne, au conseil des Indes. Or il est tout notoire que les Amortheans, & autres peuples que Dieu extermina, s'exerçoyent en telles
sortes

sortes de Sorceleries, sacrifians aussi les hommes aux Diables, ausquels ils parloyét, & qu'ils adoroyent, & principalement le Soleil: l'appellant par excellence Bahal, c'est à dire en Hebrieu, Seigneur, d'où est venu Bahalzebuf, qui veut dire Maistre mouche, par ce qu'il n'y auoit pas vne mouche en son temple, comme on dit qu'au Palais de Venise, il n'y a pas vne seule mouche, & au Palais de Tolede, qu'il n'y en a qu'vne, qui n'est pas chose estrange, ou nouuelle : que nous lisons que les Cyrenaïques apres auoir sacrifié au Dieu Acaron, Dieu des mouches, & les Grecs à Iuppiter surnommé Myiodes, c'est à dire, Mouchard, toutes les mouches s'enuoloyent en vne nuee, comme nous lisons en Pausanias *in Arcadicis*, & en Pline plin. liure 29. cap. 6. aussi voit-on les Sorciers auec quelques paroles, chasser tous les serpens d'vn pays. Ce n'est donc pas merueille, si leur maistre Satan chasse toutes les mouches. Mais il faut iuger, s'il est ainsi qu'on dit de Tolede & de venise, qu'il y a quelque idole enterré sous l'essueil du Palais comme il s'est descouuert depuis quelques annees en vne ville d'Egypte, où il ne se trouuoit point de Crocodiles cóme és autres villes au lóg du Nil, qu'il y auoit vn Crocodile de plomb, enterré sous l'essueil du temple, que Mehemet Ben Thaulon fit brusler : dequoy les habitans se sont plainéts, disans, que depuis les Crocodiles les ont fort trauaillez. Ezechiel Roy de Iudee, pour mesme occasion fit brusler le Serpent de
cuiure

cuiure, à fin qu'on ne l'adorast plus. On peut voir au troisiesme liure de Rabbi Moses Maymó, les ceremonies & sacrifices des Chaldeās, qu'il a extraict du liure Zeuzit, qui estoit le liure des ceremonies de ces Peuples là, où l'on trouue les sacrifices, prieres, iesnes, danses, processions quasi semblables, à celles qui se faisoyent és Isles Occidentales: & mesmes les Prestres de Bahal, estoyent aussi Prophetes se retirans du monde, habillez de drap enfumé, qui est la plus hideuse couleur, & pour ceste cause s'appelloyét Camarin: Et, qui est chose plus estrāge, on voit que ceux des Indes Occidentales auoyent la mesme opinion que les Amorrheans, & les Grecs & Latins, du Soleil ou Apollon, qu'il estoit le Dieu des Propheties Qui monstre bien, que le Diable auoit enseigné à tous ceux-là ceste belle science. Et mesmes Ochozias Roy d'Israel, l'vn des plus grands Sorciers qui fut de ce temps-là, estant tombé de sa fenestre, enuoya ses Ambassadeurs au temple de Bahal, pour sçauoir s'il en rechaperoit, & comme Helie les eut rencontrez, ayant sçeu où ils alloyent: y a-il point, dit-il, de Dieu au ciel pour demander conseil? Dites au Roy qu'il en mourra. Il ne faut donc pas s'esbahir si les peuples d'Occident estoyent ensorcelez par Satan, sous voile de prieres, iesnes, sacrifices, processions, & propheties: puis que les peuples de Palestine, de Grece, & d'Italie n'auoyent autre religion, ny rien de plus grand. Et si on dit, que les plus sages n'y cro-

C

ioyent rien: ie trouue que les plus grands Philoſophes, tenoyét cela pour choſe diuine & trescertaine. Et qui fut onc entre les Philoſophes plus diuin que Platon? Neantmoins l'oracle d'Apollon ayant reſpondu aux Atheniens, que la peſte ne ceſſeroit point que ſon autel, qui eſtoit carré en tous ſens, ne fuſt doublé, & Platon le plus grand Geometrien qui fuſt alors, ayant trouué le moyen de le doubler phyſicalement & groſſierement, dit aux Atheniens, que Dieu leur auoit demandé la plus difficile queſtion, qui ſoit en toute la Geometrie, & qui de faict n'a iamais encores eſté demonſtree, pour les deſtourner de l'auarice, de l'ambition, des voluptez deshonneſtes, pour les tirer à la contemplation des choſes intellectueles, & œuures admirables de Dieu. Le Diable voyant la peſte grande print ceſte occaſion, & en fiſt ſon proffit, ce qui accreut de beaucoup l'opinion qu'on auoit de la diuinité de l'oracle. Apres Platon, Iamblique Ægyptien au temps de l'Empereur Iulian l'Apoſtat, fut eſtimé le plus grand & le plus diuin, & que Porphyre (qu'on appelloit le Philoſophe par excellence) recognoiſſoit pour ſon maiſtre, neantmoins on voit en ces liures des Myſteres, qui ſont entierement traduits, & imprimez à Rome, & non pas au fragment de Marſile Ficin, qu'il reproune l'impieté + de ceux qui faiſoyent des images, & characteres pour prophetizer: & conclud, que la prophetie n'eſt point naturele, ains que c'eſt le plus grand don de Dieu,

+ lib. 3. c. 30. 2 & 14. 5. lib. li. 3. c. 24. & 27.

LIVRE PREMIER.

de Dieu °, que tel don ne vient que de Dieu, à celuy qui a l'ame purifiee, & qui plus est, il reprouue ceux qui pensent acquerir le don de Prophetie 6 par le moyen des esprits que les anciens appelloyent δαίμονας παρέδρες, qu'ils portoyent dedans les anneaux, ou en fioles: Et neantmoins 7 il dit, que la prophetie s'aquiert par Hydromātie, Lithomātie, Actinomantie, Xilomantie, Rabdomantie, Orneomantie, & Alphitomantie, s'estonant comme les Dieux s'abaissoyent iusques 8 à là, de mettre leur diuinité en viādes: dequoy Porphyre doutoit fort: & cōmāde d'adorer la diuinité des Dieux en toutes ces choses. Or nous voyōs combien Dieu a detesté toutes ces impietez, & specialement il a defendu d'adorer la pierre d'imagination: l'interprete Chaldean à tourné, la pierre d'adoration, que plusieurs ont interpreté, vne statue sans propos. Et le mesme Iamblique escrit, que l'ame, par la diuinité est quelquefois si biē rauie hors de l'homme, que le corps demeure 9 insensible, & ne sent ny coups, ny poincture: & parfois que le corps, & l'ame sont transportez, ce qu'il appelle ἔκστασον, laquelle ecstase est ordinaire aux Sorciers, qui ont paction expresse auec le Diable, qui sont quelques fois transportez en esprit, demeurāt le corps insensible, & quelquefois en corps, & en ame, quād ils vōt aux assemblees la nuict, comme il a esté aueré par infinis procez, ainsi qu'il sera dit cy apres. Et neātmoins Iāblique ayant apperceu, que les malins esprits venoyent au lieu des bons esprits, il dit

o. Vt etiam Synesius li. περὶ ἐνυπνίων, αντεία καὶ ἀγαθὰ αὐτῆ ἐν οἴνοις.
6 l. 3. c. 13.
7. l. 3. c. 14. per aquam, radiū, aues, lapides par verges, par bois
8. l. 3. c. 14. ἀλφιτομαντεία. vocatur. quæ fit ex farina.
o Leuit. 26.

9. l. 3. ca. 2. & sequentib.

que la Thurgie, ou sacrifices faicts indignement, deplaisoit aux Dieux, & qu'alors les malins esprits au lieu des Dieux venoyét aux hõmes. C'est pourquoy Porphyre, quoy qu'il fust ennemy capital des Chrestiens, dit que tous les Dieux des anciens, estoyét malins esprits, qu'il appelle Cacodemons. Or Iamblique discouroit du plus sain iugement qu'il eust, & qui estoit en reputation le plus sainct, & le plus grãd personnage de son temps. En sorte que Iulian l'Apostat, luy escriuant plusieurs fois en ses epistres, mettoit sur les lettres, Au grand Iamblique: lequel neantmoins ayant auec ses compagnõs voulu descouurir, qui seroit Empereur apres Valens, par Alectriomantie, apres que le coq eut decouuert les quatre premieres lettres θεοδ, Valens estant aduerty, fist mourir vne infinité de Sorciers : & Iamblique, pour eschapper le supplice, s'empoisonna: Mais pour monstrer que les plus grands cerueaux, & les plus saincts personnages sont abusez bien souuent, & que la plus forte sorcelerie, prend vn beau voile de pieté: il sera monstré par cy apres, que l'inuocation des diables (de laquelle les plus detestables Sorciers vsent à present) est pleine d'oraisons, de ieusnes, de croix & d'hosties, que les Sorciers y employent. Et n'y a pas long temps qu'il y eut vne Sorciere à Blois, laquelle pour guarir vne femme qui estoit ensorcelee, languissante au lict, fit dire vne Messe du sainct Esprit, à minuict, en l'Eglise nostre Dame des Aides, & puis se coucha de son long sur

la

la femme malade, en marmottant quelques mots, puis elle fut guarie. En quoy il appert, que Satan luy auoit appris ceste ceremonie, comme fist Helie le Prophete, quand il ressuscita le fils de la vefue Sunamite par la puissance de Dieu: mais deux mois apres celle que la Sorciere auoit guarie, retomba malade, dót elle mourut, & la Sorciere enquise, dit, qu'elle auoit trop parlé, comme i'ay sçeu de Herdouyn, hoste du Lyon de Blois: Car elle auoit dit, que la Sorciere qui l'auoit ensorcelee, auoit donné le sort à vn autre, qui est chose ordinaire à tous Sorciers, qui contrefont les medecins, comme il sera dit cy apres. Et le protecteur des Sorciers, apres auoir mis les cercles & caracteres detestables (que ie ne mettray point) pour trouuer les tresors, il escrit qu'il faut en fossoyant dire les Psalmes, *De profundis, Deus misereatur nostri &c. Pater noster, Aue Maria &c. A porta inferi, Credo videre bona Domini &c. Requiem aeternam &c.* & lire la Messe. Et pour paruenir à quelque autre chose que ie ne mettray point, ils escriuent en quatre tableaux de parchemin vierge, *Omnis spiritus laudet Dominum*, & les pendent aux quatre murailles de la maison: Et pour faire autres meschancetez, que ie n'escriray point, ils disent le Psalme cent & huictiesme. Et qui plus est, l'an M.D.LXVIII. les Italiens, & Espagnols allant au bas pays, portoyent des billets pleins de sortileges, qu'on leur auoit baillé pour estre garentis de tous maux: comme quelques Alemans portent la chemise de Necessité, faicte d'vne façon detestable, qu'il n'est besoin d'escrire, & force croix par tout : Et en cas pareil le maistre Sorcier (qui ne merite d'estre nommé) pour l'inuocation des malins esprits, veut qu'on ieusne premierement, & qu'on face dire vne Messe du S. Esprit. Ce n'est donc pas chose aisee de descouurir les Sorciers, ny de les cognoistre d'auec les gens de bien, & beaucoup moins anciennement, qu'à present : combien que tous les peuples, & toutes les sectes des Philosophes ont condamné les Sorciers, comme dit sainct Augustin, *Sectas omnes Magiæ pœnas decreuisse:* & Seruius parlant des Romains, dit aussi, qu'ils ont eu tousiours en horreur les Sorciers & enchanteurs, comme il appert par les loix des XII. tables, & en leurs Pandectes : & neantmoins tous les oracles qu'ils auoyent pour les plus sacrez, n'estoyent que sorceleries, comme nous auons dit, & sera cy apres declaré plus specialement. Et par ainsi de dire que la marque des bons & mauuais esprits se doibt iuger, par les bonnes ou mauuaises œuures, il est bien vray : mais la difficulté est, quelles sont les bonnes œuures : car combien que les ieusnes, prieres, & oraisons, la chasteté & pudicité, solitude, contemplation, guarir les malades, soyent des bonnes œuures en soy : si est-ce que si elles se font pour l'honneur qu'on face à Satan, à vne idole, & pour sçauoir des Oracles des choses passees, ou à venir, tant s'en faut que ces œuures là soyent bonnes, qu'elles

font

font deteſtables, diaboliques, & damnables. Or il appert par les anciennes hiſtoires, que les Payens, qui condamnoyent les Enchanteurs, & ceux qui faiſoyent les tempeſtes: comme dit la loy [6], faiſoyent tout cela, & meſmes les Amortheans, & Indois. Vray eſt que les vns eſtoyent Sorciers volontaires. Mais la vraye marque & la pierre de touche, eſt la loy de Dieu, qui faict cognoiſtre au doigt & à l'œil le Sorcier, & la difference des bons & mauuais eſprits. Car en la loy de Dieu [6] tous ſortileges ſont eſtroictement defendus, & ſpecifiez en pluſieurs ſortes, qui font cognoiſtre, que les autres ſemblables ſont auſſi defendus. Et ne ſe faut pas arreſter à ce que dit Ioſephe, au liure huictieſme des Antiquitez, que Salomon trouua la ſcience de coniurer les malins eſprits: car il n'eſt pas à preſumer qu'on euſt oublié cela, veu les moindres choſes qu'on a eſcrites de luy, & qu'il ne s'en trouue pas vn ſeul traict en tous ſes eſcrits: ſi ce n'eſt qu'on vouluſt faire Salomon autheur des liures deteſtables, que les Sorciers ont, ſoubs le tiltre de Salomon: & peut eſtre que Ioſephe a eſté auſſi bien abuſé, comme Iamblique. Car il eſcrit, qu'en la preſence de l'Empereur Veſpaſian, vn Iuif nommé Eleazar, ayant touché d'vn anneau les narines d'vn homme poſſedé du Diable, fiſt ſortir le malin eſprit par la vertu d'vne racine qui eſtoit dedans ſon anneau, que Salomon a monſtré, comme il dit: qui eſt vn erreur pernicieux, & meſchant (combien qu'il

[6] l. 4. de maleficis. c.

[6] Deut. 18.

y en a plusieurs en ceste opinion, que c'est la Squille, & le pendent aux entrees des logis, pour chasser les malins esprits) car il est tout notoire, que s'il y a Sorcier qui ait mis sa poudre en vne bergerie, le bestail y mourra, si Dieu ne le garde. Et tout ainsi que Satan guarist quelques fois le bestail, & les hommes ensorcelez, par le moyen des Sorciers, ses ministres (baillant tousiours neantmoins le sort à vn autre, à fin de ne rien perdre, comme il sera dit cy apres) aussi fait-il bien souuent sortir les malins esprits des hommes demoniaques, feignant ce faire par moyens diaboliques, comme faisoit celuy que dit Iosephe, par son anneau, où il n'y auoit point de racine, mais plustost vn malin esprit, par la puissance ou intelligence duquel l'autre esprit sort: à fin que l'on adiouste foy aux sorceleries & idolatries, desquelles Satan entretient les pauures ignorans. Et si on dit, que les loups ne s'entremangent pas volontiers, ny les malins esprits ne chassent pas les malins esprits: il y a responsse, que le Royaume de Satan en ce cas n'est pas tant diuisé, qu'il est estably & asseuré, & l'Idolatrie appuyee de tels miracles, & entretenue par ce moyen: combien qu'il n'est pas inconuenient, comme dit sainct Augustin, que les Diables ne chassent les Diables, & que les vns ne soyent ruynez par les autres, comme les meschans ne sont ruinez ordinairement que par les meschans, par la volonté de Dieu, ainsi qu'il dit en Hieremie, *Vlciscar inimicos meos per inimicos meos:*

LIVRE PREMIER. 41

meos: Ie vengeray mes ennemis par mes ennemis. Et si les bons souuent font la guerre aux bons, à plus forte raison les meschans aux meschans, & les Diables aux Drables. Or nous lisõs en Daniel 7 que les Anges sõt gouuerneurs des Empires, & Royaumes, & font guerre aux Anges: car l'Ange de Dieu dit à Daniel, que Michel l'Ange, Prince des Hebrieux, estoit venu à son secours, contre l'Ange de Perse: Toutesfois ie rapporteray tousiours l'interpretation de ce lieu aux Sages. Ainsi Dieu a posé au ciel les mouuemens cõtraires, & les effects des estoilles, & planetes, & les elemens contraires, & en toute la nature vne antipathie d'vne part, & simpathie d'autre, & en ceste cõtrarieté & plaisant combat, l'harmonie du monde s'entretient. Mais la confusion des bons & malings esprit est venuë, de ce que les nouueaux Academiques ont posé ceste maxime, qu'il faut coupler & lier le ciel & la terre, les puissances celestes & terrestres, & conioindre les vns auec les autres, pour attirer la puissance diuine, par les moyens elementaires, & celestes. Voyla l'hypothese de Procle, Iamblique, Porphyre, & autres Academiques. 2 Sur laquelle hypothese on peut dire que le maistre en l'art Diabolique, duquel on imprime les œuures auec beaux priuileges, a fondé toutes les sorceleries & inuocations des Diables, qu'on imprime par tout auec priuilege des Princes: qui est l'vne des plus dangereuses pestes des Republiques. Car il compose des caracteres, qu'il dit

7. Dan. c. 10. & Deu. 32.

2. Iamblichus in lib. de mysteriis.

propres, aux Demons de chacune planete, lesquels characteres il veut estre grauez au metal propre à chacune planete, à l'heure qu'elles sont en leur exaltation ou maison, auec vne coioction amiable, & veut alors qu'on ayt aussi la plante, la pierre, & l'animal propre à chacune planete, & de tout cela, qu'on face vn sacrifice à la Planete, & quelquesfois l'image de la Planete, & les hymnes d'Orphee le Sorcier, ausquelles le Prince de la Mirande s'est trop arresté, soubs ombre de Philosophie, quād il dit, les hymnes d'Orphee n'auoir pas moins de puissance en la Magie, que les hymnes de Dauid en la Cabale, de laquelle nous parlerons en son lieu: & se vante d'auoir le premier decouuert le secret des hymnes d'Orphee, lequel estoit le maistre de la Sorciere Medee. Mais on voit que ces hymnes sont faicts à l'honneur de Satan, à quoy se rapporte ce que dit Picus, *Frustra naturam adit, qui Pana non attraxerit*. Or par ce mesme moyen, le maistre Sorcier instruict ses disciples en toute idolatrie, impieté, & sorcelerie. Iaçoit qu'il semble que les Academiques, que i'ay dit, en vsoyent par ignorance, & par erreur, & y alloyent à la bonne foy pensant bien faire. Mais Agrippa en a vsé par impieté detestable: car il a esté toute sa vie, le plus grand Sorcier qui fut de son temps: & soudain apres sa mort Paul Ioue escrit, & plusieurs autres, qu'on apperceut vn chien noir, qu'il appelloit monsieur, sortant de la chambre, qui s'en alla plonger au Rosne

libro de genium.

Rosne, qui depuis ne fut veu. Or la loy de Dieu ayant sagement pourueu à telles impietez de ceux, qui veulent lier la partie du mõde inferieur, à la partie superieure, pour marier le monde (comme dit Picus Mirandula) couurãt soubs vn beau voile vne extreme impieté, & par le moyen des herbes, des animaux, des metaux, des hymnes, des caracteres, & sacrifices, attirer les Anges, & petits Dieux, & par ceux-cy le grãd Dieu Createur de toutes choses : pour obuier, dy-ie, à ceste impieté, Dieu semble auoir defendu bien expressémẽt, qu'on ne feist point de degrez, pour monter [3] à son autel, ains qu'on vint droict à luy : ce que les Platoniques n'ayant pas bien entendu, ont voulu par le moyen des Demons inferieurs, & demy-Dieux, attirer les Dieux superieurs, pour attirer en fin le Dieu souuerain. Nous dirons donc que les Platoniques, & autres Payens, qui par vne simplicité de conscience, & par ignorance adoroyent, & prioyẽt Iuppiter, Saturnus, Mars, Apollo, Diane, Venus, Mercure, & autres demy-Dieux, viuans sainctement, prians, & ieusnans, & faisans tous actes de iustice, de charité, & de pieté, ont bien esté idolatres, mais non pas Sorciers, ny ceux qui sont en pareil erreur, encores qu'ils s'efforçassent de sçauoir les choses futures par moyens Diaboliques, attendu qu'ils pensoyent faire chose agreable à Dieu. C'est pourquoy nous auons mis le mot (sciemment) en la definitiõ du Sorcier. Mais celuy qui a cognoissance de la loy

[3] Exo. 28.

de Dieu & qui sçait, que toutes ses diuinations diaboliques sont defendues, & qui en vse pour paruenir à quelque chose, cestuy-là est Sorcier. On voit donc, que la plus certaine marque pour iuger la difference des bons & malins esprits, de la pieté & impieté, est de voir si on s'adresse aux creatures au lieu du Createur, pour paruenir à ses desseings. Et d'autant qu'il y en a plusieurs qui s'abusent aux predictions, & prennent le bien pour le mal, il est besoing declarer les predictions & presages.

De la Prophetie, & autres moyens diuins, pour sçauoir les choses occultes.

CHAP. IIII.

Es Grecs appellent le Deuin μάντιρ, & μάντην, παρὰ τὸ μαντίυεϑ, & d'autant que telles gens sont remplis d'impostures & méteries, le François appelle vn homme mensonger, Menteur, qui semble estre tiré du Grec. Les Latins ° l'appellent *Diuinum*, mal à propos, donnant vn tresbeau nom aux Sorciers, aussi bien qu'aux Prophetes. Le mot est venu de μαντία, quasi μανία, d'autant que les Deuins, ensorcelez, & possedez du maling esprit estoyent la pluspart furieux, & la Prestresse Pythias ne deuinoit point, si elle n'estoit en fureur. C'est pourquoy le mal caduc est ap-

° Cicero in libro de Diuinat.

est appellé *morbus sacer*, parce que les Sorciers rauis sont comme ceux qui ont le mal caduc. Les Hebrieux appelloyent au commencement les Deuins, *Videntes*, comme Saul ayant perdu ses Asnes, alla chercher vn Deuin pour en sçauoir des nouuelles, on luy dit que Samuel estoit voyant, [1] & demāda à son compagnon vne dragme d'argent pour bailler au Deuin, & demandant à Samuel s'il estoit voyant: il luy dit qu'il estoit voyant: car (dict le [2] texte) les voyans ne s'appelloyent pas encores נביאים, c'est à dire, Prophetes: lequel mot vient de נבא qui est quasi tousiours en la coniugation passiue [3], pour monstrer que la vraye diuination est receuë de Dieu. Et quant au mot de Prophetie, qui est Grec, il signifie prediction, soit en bien, ou en mal. Et quant à ce que nous appellons Sorciers vsans de poudres, & gresles, les anciens, & mesmes Aristote, les appelloit en son vulgaire οἱ περὶ τῆς φαρμακείας, & les Sorciers φαρμακίδες, comme on peut voir au liu. 6. chap. 18. & au liu. 9. chapit. 17. de l'histoire des Animaux, où il dit, que les Sorcieres se seruent de l'Hippomanes. Et pour entendre quelle diuination est licite ou illicite, nous dirons, que toute diuination est diuine, naturelle, humaine, ou diabolique. Et de ces quatre [2] nous dirons par ordre. La diuination premiere s'appelle diuine, comme venant de Dieu extraordinairement, & outre les causes naturelles. Et quant à celle cy, nous en auons le tesmoignage de Dieu, quand il dict ainsi, S'il y a quelque Pro-

---

1. à verbo ראה, vidit, audiuit, intellexit.
2. Samuel. cap. 9.
3. נבא Samuel 10. 11. Hieremia 26. vers. 9. Zachar. 13. 4.

2. Quatre sortes de diuination.

3. Num. 12. Prophete entre vous ie luy apparoiſtray par viſion, & parleray à luy par ſonge : mais quant à Moyſe mon eſclaue tresfidele, & loyal entre tous, il n'en ſera pas ainſi, car ie parleray à luy face à face. Auquel paſſage les Hebrieux 4 ont noté, que la Prophetie eſt vne largeſſe enuoyee de Dieu, par le moyen & miniſtere de l'Ange, ou intelligence actiue ſur l'ame raiſonnable premierement, & puis ſur l'imagination: & n'exceptent que la Prophetie de Moyſe, qu'ils tiennent auoir eſté faicte à Moyſe immediatement parlant à Dieu ſans moyen, &'en veillant: ce qui eſt auſſi ſignifié, quand Dieu dit à Moyſe 5, I'ay apparu à Abraham, Iſaac, & Iacob en mon nom Schadai, mais ie le ne leur ay pas monſtré mon grand nom IEHOVAH: & au dernier chapitre du Deuteronome, il eſt dit, qu'il n'y eut iamais Prophete ſéblable à Moyſe, qui cogneut Dieu face à face. Et par ainſi tous les propos de Dieu, en toute la ſaincte Eſcriture aux Prophetes, ſe font par le moyen des Anges ou intelligéces, ou en ſonges, & viſions : c'eſt pourquoy les Theologiens Hebrieux 6, qui ont entendu la doctrine des Prophetes de bouche en bouche, ont bien diligemment examiné toutes les ſortes de ſóges & viſions diuines, que S. Auguſtin a compris briefnement en cinq eſpeces, y compris les ſonges humains, deſquels nous ne parlons pas icy, & auſquels il ne faut auoir aucun eſgard, comme il eſt dit en l'Eccleſiaſtique, ains ſeulement à ceux qui ſont enuoyez de Dieu : combien

4. Definition de Prophetie.
Rabi Maymonis, lib. 3. במורה נבוכים.

5. Exo. c. 9.

6. Rabi Moſes Maimō lib. 2. במורה נבוכים.

LIVRE PREMIER. 47

bien que les vns & les autres sont cōpris soubs le mot חלום qui signifie autant, que le Grec ένύπνιον, ou *somnium* : & les visions מראות que Synesius ² appelle τὰ ὄναρ θεάματα que les latins ont appellé *visiones*. Et la difference entre les deux est bien notable: & premieremēt pour la reception de l'vne & de l'autre: car le vray songe diuin se reçoit en dormant. Mais la vision se faict en sommeillant, auec vne viue impression en l'ame imaginatiue, qui represente les choses, cōme si on les voyoit des yeux: pour instruire les hommes qui sont du tout differēts aux songes humains & des bestes brutes, qui n'ont rien que l'impression naturelle en l'imagination, ainsi qu'elles ont esté veuës en veillant. Or le moyen d'auoir les songes diuins, & d'approcher au degré de prophetie, est despouiller premierement toute arrogance & vaine gloire, s'abstenir de voluptés deshonnestes & d'auarice, puis apres s'adonner, à viure vertueusemēt, & sur tout à s'employer à cōtépler, & cognoistre les œuures de Dieu, & sa loy. D'auātage les anciēs Theologiēs ⁶ Hebrieux tiennent, que la tristesse, & vieillesse grāde, empesche beaucoup l'effect de Prophetie, & disent, que la pluspart des Prophetes estoyēt ieunes. Et le plus haut poinct pour y attaindre, est de loüer Dieu d'vne certaine ioye & allegresse, & d'vn cœur entier, souuent luy chanter Psalmes, & mesmement sur les instrumens de Musique: c'est pourquoy le mot de prophetizer signifie aussi loüer Dieu, comme en Samuel chapit.

2 Sinesius in lib. περὶ ἐνυπνίων.

6. In libris אבות רבי נתן.

10. & 13. בנבאתם *cum Prophetizaret, id est, laudares.* Et ne se faut pas arrester, pour entêdre la force des visions, & Propheties diuines, aux discours des Philosophes qui en ont parlé à veue de pays, & tiennét que celuy qui a le naturel mieux temperé, voit les songes plus veritables: car souuent l'homme estant au poinct de la mort, malade à l'extremité, prophetize: n'ayant iamais Prophetizé en la fleur de sa force. Aussi Aristote ne sçachant en quoy se resoudre au liure des sóges, dit, qu'il n'y a cause vraysemblable de deuiner, si ce n'est vne cause diuine & occulte, & qui passe (dit-il) nostre entendement. Or il faict bien à noter ce qui est escrit au XII. chapitre des Nombres, que Dieu ne se communique aux hommes, sinon en dormant (horsmis à Moyse) par songe & vision, & seulement aux Prophetes : pour monstrer la difference de la vision au songe, & du songe diuin aux songes humains, ou qui aduiennent par maladies: & entre les songes & visions diuines y a plusieurs degrez. Le premier degré de Prophetie est la reuelation en songe de s'adonner à bien, & fuir le mal, ou pour euiter les mains des meschans, & alors cestuy-là sentira en son ame vn precepteur, qui le rendra sage & aduisé (comme disent les Hebrieux) & de cestuy cy l'escriture dit, que l'esprit de Dieu s'est reposé sur luy, ou bien, que Dieu a esté auec luy. Le second degré de Prophetie, est quand quelqu'vn apperçoit en veillant quelque chose, qui entre en son ame,

qui

qui le pousse à parler à la loüange de Dieu, & de ses œuures, comme on dit, que Dauid alors composoit les Psalmes, Salomon les liures des Paraboles, qui contiennent les grands & beaux secrets, couuerts d'allegories. Mais Dauid & Salomon, n'ont pas esté au degré de Iesaye. Hieremie, Nathan, & autres semblables, ainsi que les Hebrieux ont noté. Et toutes les fois qu'on lit en l'escriture, que Dieu dit à Dauid, ou à Salomon, les Hebrieux interpretent par le moyen des Prophetes: comme Gad, & Nathan, qui auoyent les visions de Dieu pour les faire entendre à Dauid: comme Salomon, auquel fut enuoyé Haiah Sillonite. Et mesmes ils tiénent que ce qui fut dit à Salomon, qu'il seroit le plus sage & entendu qui fut oncques, ne fut pas vne vision, mais bien vn songe diuin. Aussi l'escriture dit, que Salomon s'esueillant apperçeut que c'estoit vn songe. Et aussi quand il est dit, que Dieu apparut à Salomon la seconde fois, ils disent, que ce n'estoit pas vision. Le troisiesme degré est quand l'esprit purifié voit en songe quelque figure, soit homme, ou beste, ou autre chose, & au mesme instant, qu'on entend ce que veut dire la figure de ce qu'on voit: comme en Zacharie fort souuent. Le quatriesme degré est quand on entend des paroles, sans voir aucune figure de chose quelconque. Le cinquiesme degré est, quád on voit en dormant vn homme qui parle, & reuele les choses diuines. Le sixiesme, quand il semble qu'on voit l'Ange qui parle en dormant. Le

D

septiesme, quand il semble en dormant que Dieu parle: comme Iesaye qui dit, I'ay veu Dieu, & a dit, &c. & en Ezechiel, Michee, & autres semblables. L'huictiesme est, quand la vision de prophetie vient auec la parole de Dieu, & en ce degré les anciens Hebrieux mettoyent les visions d'Abraham, horsmis celle qui fut en la vallee de Mambré, qu'ils mettét au neufiesme degré. La dixiesme est, quand on voit l'Ange face a face parlant, comme au sacrifice d'Abraham. Le dernier, & le plus haut, est de voir, & parler à Dieu face à face en veillant, sans autre moyen, qui fut propre à Moyse, comme il est dit en l'escriture †. Et par ainsi, quand Iesaye dit, qu'il a veu Dieu au chapitre 6. cela s'entend en vision, & non pas en veillant: & quand on lit en Ezechiel, qu'il a esté transporté en vn châp, entre le ciel & la terre, tout cela ce faict en dormant: Car mesmes il est dit, qu'Ezechiel perçoit la muraille du temple de Hierusalem, & neantmoins il estoit en Babylone: comme en cas pareil, quand il fut dit à Hieremie, qu'il cachast vn brayer en Euphrate, riuiere de Babylone, & quelques iours apres qu'il estoit pourry: lequel Hieremie ne fut onques en Babylone. Ainsi est-il de la toison de Gedeon: & souuent les lieux, les temps, les personnes & autres particularitez sont specifiees par les Prophetes, & neantmoins c'est vision. A quoy plusieurs Payens & infideles n'ayant pris garde, ont estimé que toutes les propheties & paroles de Dieu, ont esté reuelees en veil-

2. Iesa. 5.

4. Num. 12

veillant, & cherchent occasion de blasmer la saincte Escriture: car il y a des choses en vision, qui sont impossibles en veillant. Aussi voit-on en l'escriture, que les Prophetes interrogez, ne respondent que le iour suyuant, s'ils n'ont eu la vision precedente, comme eut Abdias le Prophete, qui respódit soudain à la Roine de Samarie, femme de Ieroboam. Mais la Prophetesse Holda, dit aux Ambassadeurs du Roy Iosias, qu'ils attendissent la nuict, & Baleham dit aux Ambassadeurs de Balac, qu'ils demeurassent la nuict, où il y eut vision, qui luy sembloit que son asne parla: qui n'est pas en veillant, comme plusieurs pensent. Et mesme le diable qui veut contrefaire les œuures de Dieu, faisoit anciennemét dormir les Prestresses d'Apollon, en la cauerne, & ceux qui vouloyent sçauoir quelque chose de l'oracle de Mopsus, s'endormoyent au temple, comme dit Plutarque[5], qu'il y eut vn gouuerneur d'Asie, auec quelques autres Epicuriens, moqueurs de toutes religions, qui enuoyerent vn seruiteur au temple de Mopsus, auec vne lettre bien cachetee, où il y auoit ceste question: A sçauoir, si Mopsus vouloit que le gouuerneur luy sacrifiast vn veau blanc, ou noir. Le garçon estant de retour apres auoir dormy vne nuict au temple, dit qu'il luy sembloit auoir veu en dormant vn homme, qui ne luy dit que ce mot, Noir: & depuis le gouuerneur creut à Mopsus, & luy sacrifia souuent. Mais il y a deux choses bien remarquables, pour la difference

5. De oraculorum defectu.

de la Prophetie de Dieu, & des enchantemens de Satan. La premiere est, que ceux qui sont inspirez des Demós, sont alors les plus furieux & insensez, & ceux qui sont inspirez de Dieu, sont alors plus sages que iamais. C'est pourquoy l'escriture dit de Saul, quand l'esprit de Dieu l'eust saisi, il estoit vertueux, entier, & sage, & fut deux ans en cest estat: mais quand l'esprit malin le saisissoit, il deuenoit furieux, & prophetizoit: Ainsi parle l'escriture[6]: Et quand il fut en l'assemblee des Prophetes, l'esprit de Dieu le saisit, & commença à prophetizer, & loüer Dieu: C'est pourquoy les anciens Hebrieux disoyent, qu'il n'y a que les Sages qui soyent Prophetes. Et tout le contraire se voit des Sybilles & Prophetesses d'Apollon, qui ne disoyent rien qu'en fureur, & en rage escumante. Et se voit aussi le semblable des Prophetes demoniaques, qui deuiennent en furie extreme auparauant que deuiner. L'autre difference de la prophetie diuine d'auec les enchâtemens est, que la prophetie diuine est tousiours veritable, & celle du malin esprit tousiours fausse, ou bien elle tire pour vne verité cent mensonges. C'est pourquoy Dieu dit en sa loy: A cela vous cognoistrez les Prophetes, quand ils diront quelque chose, & n'aduiendra point, ie n'ay pas parlé à eux. Et toutesfois il ne faut pas iuger pour cela, le Prophete faux, ou meschant, lequel aura eu don de Prophetie, qui vient par fois, & non pas tousiours, & puis apres qu'il ait vn songe humain, qui ne sera
point

[6. Samuel. lib. 1. ca. 18. Le mot de Prophete, est aussi dit du Sorcier, & Enchanteur. Deut. c. 13.]

[o. Deut. 18]

point envoyé de Dieu, s'il dit qu'il adviendra quelque chose, & n'advienne point, il y a bien erreur, mais il ne laissera pas d'estre homme de bien, & craignant Dieu: Mais Dieu veut faire entendre, qu'il ne faut pas s'appuyer sur les songes humains. Et en l'Ecclesiastique il est dit, qu'on se doibt garder de croire aux songes, s'ils ne sont envoyez de Dieu. C'est pourquoy de tous les Prophetes, qui estoyent au temps de Samuel, il n'y eut que Samuel qui fut appellé [7] fidele & loyal, & qui iamais n'a dit chose qui ne soit advenue. Et de faict, tous les Theologiens sont d'accord, que les saincts Prophetes, n'ont pas tousiours eu le don de prophetie: Et tel n'a iamais eu qu'vne vision de Dieu, ou deux, ou trois songes divins. Et quelquesfois Dieu continue ceste faueur toute la vie du Prophete, comme à Samuel, Helie, Helisee, Ahiah Silonite. Et quelquesfois la prophetie est donnee aux Prophetes qui n'aduient pas, comme on lit de Michee qui avoit menacé Hierusalem, & Ionas auoit menacé & prophetizé que Babylon seroit rasee bien tost apres, & celle-cy dedans quarante iours, ce qui n'auint point: car Dieu fut appaisé par penitence. Cela est remarqué non seulement en Hieremie xxvi. & Ionas iii. ains aussi en Ezechiel xvii. Mais ordinairement la prophetie a cessé en la vieillesse: comme on voit de Hieremie, au chapitre li. il est dit que les parolles de Hieremie ont cessé, & neantmoins il continue l'histoire. Les Hebrieux sur cela ont noté, que

7. *Libro 1. Samuel. ca. 3. Ecclesiast. cap. penult.*

la prophetie alors cessa en luy. Et du veillard Heli il est dit, qu'il ne voyoit plus goutte, ce que les Hebrieux entendent de la vision Prophetique. Et de là, Samuel fort ieune eut la vision, pour declarer à Heli, le iugement de Dieu donné contre sa maison. Et c'est pourquoy on lit en Ioel le Prophete, qu'aux derniers iours, les ieunes auront des visions, & les vieux auront des songes. Or le songe est beaucoup moindre que la vision. Quelquesfois aussi l'infusion & grace Prophetique se faict sur la partie raisonnable, & non pas sur l'imaginatiue : ce qui peut aduenir pour la foiblesse de l'imagination : ou bien l'infusion se fait sur l'imaginatiõ, & ne passe point à la raison, pour la foiblesse d'icelle, & que la personne ne s'exerce pas à contempler. Quelquesfois l'infusion est telle, que la personne est contrainɕte d'executer le mandement, comme on voit en Hieremie, qui estoit seul Prophete de son temps. Dieu luy commandoit en songes & visiõs, de declarer au peuple, que la ville de Hierusalem, que les ennemis assiegeoyent, seroit forcee, le Roy & le peuple mis au trenchant de l'espee, le temple bruslé, & la ville rasee. Il n'osoit dire la verité : mais il dit que l'esprit de Dieu le pressoit si fort, que force luy fut de declarer la Prophetie. Et lors le peuple cria qu'on le feist mourir : & de faict, il fut getté en vne fosse pleine de fange & d'ordure, & endura la faim quelques iours, iusques à ce que le Roy le manda en secret, auquel il dit la verité. Car

souuent

souuent la Prophetie, & le songe est enuoyé à l'vn, pour aduertir ou menasser, ou declarer la condemnation d'vn autre: Comme d'Helie au Roy Achab, de Nathan à Dauid, & de Haiah à Ieroboam: & neátmoins Dauid auoit l'esprit de Dieu, mais il n'auoit pas la vision prophetique, cóme les autres Prophetes, ou du moins, il ne l'auoit pas si excellente. Et qu'ainsi soit, quand il vouloit faire la guerre, ou entreprendre quelque chose de consequence, il mandoit à Gad le Prophete ce qu'il verroit, ou bien il disoit au Prestre qui l'accompaignoit, qu'il vestist l'Ephod, pour voir le vouloir de Dieu par Vrim & Thummim, Ces mots, Vrim & Thummim, sont Hebrieux, que les LXXII. ont interpreté, Declaration & Verité: & l'interprete Chaldean les a laissez sans interpreter, comme les Hebrieux auoyent accoustumé de cacher les secrets: mais en Hebrieu ce mot Vrim, signifie lumieres, & Thummim, perfections: C'estoit vne table, où il y auoit douze pierres precieuses enchassees, & les noms des douze enfans de Iacob engrauez: laquelle table pendoit auec deux chenons sur la poictrine du grand Prestre, comme on voit en Exode². Et aux Nombres³ il est dit, qu'Eleazar Pontife successeur d'Aaron interrogera selon la forme de Vrim, & que selon sa parole & responce, on se gouuernera. Si la chose qu'on deuoit entreprendre deuoit bien succeder, les pierres à l'interrogatoire qu'on faisoit, donnoyent vne viue lumiere, ou le Prestre inspiré de Dieu, disoit

תמים
אורים

2. Cap. 28.
3. Cap. 27.

ce qui aduiendroit: comme il se peut voir en l'escriture 4, & en Iosephe aux 5 Antiquitez, où il dit, q̄ ceste lumiere cessa deux cens ans auant son aage, il nasquit xxx. ans apres Iesus Christ. Les Grecs appelloyent ce pectoral λόγιον, c'est à dire, l'oracle, qu'on a tourné mal à propos, rationale: Car les Rois en toutes les actions de consequence, demandoit conseil à Dieu par le Pontife, & s'il n'y auoit point de responce, c'estoit signe de l'ire de Dieu. C'est pourquoy Saul estant delaissé de Dieu, ne trouua responce aucune, dit l'escriture 6, ny par Prophetie, ny par songe, ny par Vrim, & Thummim: alors Saul dit, qu'on luy trouuast vne Sorciere, qui eust vn esprit Diabolique pour sçauoir l'issue de la bataille, qu'il donna le iour suyuant, où il mourut. Et au contraire, Dauid tousiours eut responce 7 par vision de quelque Prophete, ou par songe, ou par Vrim, & Thummim, aussi faisoit-il diligemment ce qui luy estoit mandé: & Saul pour n'auoir obey, fut delaissé de Dieu, & du peuple, & fut tué par ses ennemis: Et sur ce qu'il se vouloit excuser de n'auoir mis le Roy des Amalechites, & tout le bestial à mort, pour en sacrifier à Dieu, Samuel 8 luy dit, que la desobeissance à Dieu estoit pire, que l'idolatrie & sorcelerie: Et que l'obeissance valoit mieux, que tous les sacrifices du monde. Aussi lisons-nous en Iob, que Dieu 9, ayant pitié des hommes, les aduertit en songe, & leur tire l'oreille, les enseignant ce qu'il faut faire, pour les rendre plus humbles, & le faict par trois fois.

4 Esd.2ca. 2. & Nehem. 7.
5. lib. 3. c. 9.

6. Samuel 1. cap. 28. vers. 9.

7. Samuel 2. c. 2. & 5.

8. Samuel cap. 15. Osee 6.

9. Iob c. 33.

Mais

Mais s'ils n'obeiſſent à la troiſieſme fois, ils ſont delaiſſez. Et ſi celuy à qui Dieu enuoye ſon bon eſprit pour le guider, ne luy obeit, l'eſprit le menace de le quiter & abandonner: s'il ſe corrige, il n'eſt point abandonné: s'il ne s'amende, il eſt delaiſſé. Voyla donc les trois moyens, à ſçauoir, la viſion, les ſonges, & le pectoral ancien, par leſquels Dieu a declaré aux hommes ſa volonté anciennemét. C'eſt pourquoy le Prophete Balehā inſpiré de Dieu, beniſſant le peuple d'Iſrael, diſoit, O peuple heureux qui n'a point de ſorcellerie, ny de ſortileges, mais auquel Dieu reuele les choſes futures quand il eſt beſoin. Et combien que depuis la publication de la loy de Dieu, & apres tant de Propheties, viſions, & iugemens de Dieu conſignez és eſcritures, & hiſtoires ſainctes, par leſquelles nous ſommes bien informez de la verité, & volonté de Dieu, & qu'il ne ſoit pas beſoin de prophetes: neantmoins il eſt bien certain, que Dieu ne laiſſe pas d'enuoyer aux hommes, ſonges, viſions, & ſes bons Anges, par leſquels il leur fait cognoiſtre ſa volonté, pour ſe guider, & inſtruire les autres. Et meſmes nous liſons és docteurs Hebrieux, que iaçoit que l'oracle de Vrim & Thummim ceſſaſt apres le retour de Babylone, ſi eſt-ce qu'ils cófeſſent, que touſiours on oyoit quelque voix diuine, que Ioſué fils de Leui appelle 1 בנת קול c'eſt à dire, fille de la voix que les Grecs appellent ἠχώ. Et la vraye marque pour recognoiſtre ceux, qui ont telles graces, il faut bien voir, &

1. In libro. קול בת

cognoistre leurs actions, & sur tout quel est le Dieu, qu'ils adorent. Car il se peut faire, que tel aura vision & songe, & dira ce qui est à venir, & aduiendra, & fera miracle, & neantmoins il preschera qu'il faut adorer d'autres dieux, que celuy qui a faict le ciel & la terre: mais il ne faut pas pourtant y adiouster foy: car c'est l'vn des signes, que Dieu a expressement articulé par ² la loy, disant qu'il enuoye ce songeur, & ce prophete, pour essayer si nous l'aimons, & le craignons. Qui mostre bien que Dieu n'enuoye pas seulement les songes veritables aux esleuz & gens de bien, ains aussi aux infideles & meschans, pour les faire precipiter plus rigoureusement auecques espouuentemens. Les histoires en sont pleines, comme nous lisons des songes de Pharaon, & de Nabuchodonosor: & principalement aux Princes quand il est question de l'estat, & des choses concernant le public. Mais ordinairement, les meschans ont des visions terribles & espouuentables, comme dit Salomon au liure de la Sagesse: & les bõs, ores qu'ils soyent quelquefois effrayez par songes, si ont-ils tousiours asseurance & cõsolation. Ainsi lisons nous, que Vespasian songea qu'il seroit Empereur, quand Neron auroit perdu vne dent, ce qui aduint le iour suyuant. Et Antonin Caracalla eut vn songe, que son pere Seuerus tenant vn glaiue, luy disoit, Tout ainsi que tu as tué ton frere, aussi faut-il que tu meures de ce coup. Et Hippias tyrã d'Athenes, songea le iour precedent qu'il fut tué, qu'il estoit

2.Deu.c.13

LIVRE PREMIER. 59

estoit precipité de la dextre de Iuppiter en terre: Artemidore est plein de telles histoires. Encores il est à noter, que la pluspart des songes naturels signifient l'humeur, ou maladie naturelle du personnage: comme Galen escrit, que l'experience a faict cognoistre, que le songe de la cheute d'vne estoille, ou le bris d'vn chariot, estant le malade dedãs le chariot, cela luy signifie sa mort. Les anciens remarquoyent les songes veritables au poinct du iour, en celuy qui n'estoit point troublé d'esprit. L'escriture saincte baille vne reigle, de n'adiouster foy aux sóges, s'ils ne sont enuoyez de Dieu. Et la marque est, quand ils sortent d'vn homme de bien & veritable, ou d'vn meschant, pour l'exterminer. Mais les songes heureux des Sorciers, ou des Atheistes, ou de ceux qui meinent vne vie detestable, sont enuoyez des malins esprits, comme nous dirons cy apres.

Des moyens naturels, pour sçauoir les choses occultes.

CHAP. V.

IVINATION naturelle, est vne anticipatiõ des choses à venir, ou passees, ou presentes, & neantmoins occultes, par la cognoissance des causes enchesnees, & dependentes l'vne de l'autre, ainsi que Dieu les a ordonnees dés la creation du monde. I'ay posé

posé ceste definition, pour faire iugement certain quelle diuination est licite, & quelle diuination est illicite, ou diabolique, suyuant les termes de la definition, que nous auons donnee du Sorcier. Or tous les Philosophes & Theologiens sont d'accord, que Dieu est la premiere cause eternelle, & que de luy dependent toutes choses. Car combien que Platon ait posé trois principes du monde, à sçauoir, Dieu, la matiere, & la forme: si est-ce qu'au Timee, & au Theetete, & en plusieurs autres lieux, il met Dieu par dessus toutes les causes, & hors la suitte & ordre des causes. Aristote [1] pareillement a demonstré, qu'il faut par necessité, qu'il y ait vn Dieu, premiere cause, de laquelle toutes les autres dependent. Qui est pour oster l'impieté des Manicheans, qui ont voulu soustenir qu'il y auoit deux principes, l'vn bō, l'autre mauuais: l'vn Createur du mōde elementaire, & l'autre du monde celeste, & des bons esprits. Combien que Epiphanius dit, que Marciō en mettoit trois, & Basilides quatre, qui sont opinions reprouuees, & detestables: car comme disoit Procles Academicien, le Polytheisme est vn droict Atheisme, & qui met nombre pluriel, ou infini de Dieux, s'efforce d'oster le vray Dieu, c'est dire, ἀπείρια τὸν θεὸν ἀναιρεῖ. Mais les Philosophes ne sont pas d'accord auec les Theologiens de la suite des autres causes. Car les Academiques & Peripateticques disent, que Dieu est cause efficiente de la premiere intelligence, que les Hebrieux appel

1. Epistola septima ad Dionem.
2. Physic. 6. τῶν μετὰ τὰ φυσ. 12.

3 ἀπείρια τὸν θεὸν ἀναιρεῖ.

appellent *Metraton*: Et ceste-cy est cause de la seconde, & la seconde de la troisiesme, & consequemment des autres, insques aux dernieres causes. C'est pourquoy Iulian l'Apostat suyuant l'erreur de Platon, & de son maistre Iamblique, au liure qu'il a faict contre les Chrestiens, est de ceste opinion[3], blasmāt les Chrestiens qui tiennent que Dieu est principe & origine des choses visibles & inuisibles sans moyen, qui est toutesfois selon le texte formel de l'histoire sacree, où il est dict, Au commencement Dieu a creé le Ciel & la terre, & puis chacune des creatures, comme il est porté par ordre de la creatiō des Anges, à fin qu'on n'attribuast la creation des choses aux Anges : Et les plus doctes aux secrets de la loy, disent que ces mots, Dieu a creé le Ciel & la terre, signifient la matiere, & la forme : pour oster l'opinion de ceux qui tiēnent, que Dieu ne feist pas la matiere, ains seulement la forme, estant ja au parauant la matiere confuse : qui est vn erreur pernicieux. Vray est qu'il y en a qui tiennent, comme Origene, que Dieu a tousiours par succession creé des mondes infinis, & quand il luy a pleu, il les a ruïnez : à sçauoir le monde elementaire de sept en sept mil ans : & le monde celeste de quarante neuf en quarante neuf mil ans, vnissant tous les esprits bien-heureux en soy, & laissant reposer la matiere confuse, sans forme, mil ans, & puis renouuellāt par sa puissance toutes choses en leur premier estat & beauté, & rapportant le repos de la terre le septie

3. *Apud Cyrillum cōtra Iulianum: cuius liber à Cyrillo penè trāscriptus est.*

septiesme an, & apres le quaräte & neufiesme le grand iubilé, & pour ceste cause ils disent, qu'il n'est faict mention de la creation des Anges à la creation de ce monde, pour monstrer qu'ils estoyent demeurez immortels, apres la corruption des mondes precedens, ce que le Prince de la Mirande a tenu pour certain, en ses positions sur la Cabale. Voyla que les Hebrieux en leur secrete Philosophie tiennent, & Origene † aussi: laquelle opinion, combien qu'elle ne soit pas receuë de quelques Theologiés, par ce qu'il seble que c'est entrer par trop auant aux secrets profonds de Dieu, si est-ce qu'elle tranche l'impieté de ceux, qui se mocquent de Spiridion, & autres Euesques, au Cócile de Nicene, disans que c'estoit chose fort estrange, que Dieu depuis cent milliers d'annees, voire depuis vne eternité infinie, se fust aduisé depuis trois ou quatre mil ans de faire ce monde, qui doit perir bien tost: Et par ce moyen aussi, l'opinion de Rabbi Eliezer auroit quelque apparence, où il dit, que Dieu a faict les cieux de la lumiere de son vestement, comme de matiere: qui est suyuant le dire de *Salomon, où il suppose la matiere confuse, au parauant la Creation de ce monde, & aussi quand il dit, qu'il n'y a rien de nouueau soubs le Soleil: & toutesfois quand il y auroit eu des mondes infinis par succession, ce qu'il ne faut pas presumer, si faut-il confesser, que la premiere matiere fut creée de Dieu, ce qu'ō ne peut nier sans impieté: autrement l'eternité de la matiere s'en

o. Rabbi Iuda, & Li Hebraus, & cateri
4. In libris περὶ ἀχῶν.

5. In lib. Sapientia.

s'en enfuit, & la cause efficiente aussi tost que l'effect, & plusieurs autres absurditez ineuitables, que i'ay remarquees en autre lieu [6], côtre l'opinion d'Aristote impossible, & incōpatible par nature, côfessāt qu'il y a vne cause premiere, cōme il a demonstré. Aussi les Hebrieux, & les Academiques & Stoiques, l'ont reprouué d'vn cōmun consentement, cōme aussi Plutarque [7], & Galen [8], & mesmes les Epicuriens s'en sont mocquez. Et par ainsi nous arresterons là, que Dieu a creé la matiere de rien, ce que le mot ברא signifie, c'est à dire Creer: car autrement l'escriture eust dit עשה c'est à dire, Faire, comme quand il est dit, que Dieu a faict l'homme du limon de la terre, ayant pris la matiere, qu'il auoit ia preparee, & qui signifie aussi vn secret plus haut, c'est à sçauoir, q̄ Dieu de l'ame a faict l'intellect, cōme dit le Rabbin Paul Riccius. Encores est-il bien à noter, que ces mots, *Dixit & facta sunt*, le mot אמר, ne signifie pas seulement, dire, ains aussi vouloir, de sa propre significatiō, & les Hebrieux l'interpretēt ainsi: car Dieu n'eust pas addressé sa parole à la creature, qui n'estoit pas encores: mais depuis la premiere creatiō de toutes choses, Dieu a distribué ses Anges, par moyē desquels il renouuelle, & entretient les creatures. Et quand on dit, que Dieu est la cause efficiente, la forme, & la matiere du monde, ce n'est pas qu'il soit la forme du ciel, ou d'autre creature, mais que c'est luy qui donne estre à toutes choses, & que sans luy rien ne peut subsister. Quand

[6]. *In meth. Bodini. c.6.*

[7]. *In lib. περὶ τῆς ἐν τῷ Τιμαίῳ ψυχογονίας.*

[8]. *in l. de placitis. Hyppocratis & Platonis.*

je dy Ange, j'entends generalemét toute puissance, & toute ve..., que Dieu dóne aux creatures, aussi bié que les esprits bons & mauuais, & les hommes aussi, & les vens, & le feu s'appellent Anges [9] en l'escriture [8]. Et par ainsi, quand on voit les cieux & lumieres celestes se mouuoir, cela se faict par le ministere des Anges, ainsi qu'on appelle Ange proprement, comme tous les Theologiens & Philosophes confessent, & mesmes Aristote dit, que s'il y a cinquante cieux, il y a autāt d'Anges ou intelligences: non pas que Dieu ne puisse de son vouloir sans autre moyen, códuire toutes choses: mais il est plus seant à la Maiesté diuine d'vser de ses creatures. C'est pourquoy on lit en l'escriture, que Dieu est en l'assemblee des Anges, & que les malins esprits se trouuét aussi en l'assemblee, comme dit Michee le Prophete, aux Roys de Iuda & de Samarie, & Dieu parla à Satan en l'assemblee des Anges, comme il est dict en Iob 9. Ce que tous les Hebrieux interpretent du ministere des creatures, desquelles il se sert en toutes choses. Nous auons dit cy dessus, comme il ne parle aux hommes que par ses Anges, aussi ne fait-il rien aux choses corporelles, que par les corps celestes, vsant de sa puissance ordinaire, ou immediatement, vsant de sa puissance extraordinaire: Ce qui est assez monstré en la vision de Zacharie, des sept lumieres du chādelier, (ce qui a depuis esté translaté au liure de l'Apocalypse) & que l'Ange interprete au mesme lieu, les

9. Psal. 103
8. Ps. 104.

9. Iob. c. 1.

r. cap. 4.

LIVRE PREMIER. 65

les sept yeux, par lesquels Dieu voit, & les Anges qui versent de l'huile de deux oliues à la dextre de Dieu : que tous les Hebrieux interpretent les sept planetes, ausqueles la vertu diuine est infuse, pour departir en tout ce monde. Et par ainsi, de s'enquerir de la vertu des lumieres celestes, pourueu qu'on n'excede les causes natureles, il est, & a tosiours esté licite, & en cela gist la gloire de Dieu : de faire choses si esmerueillables par ses creatures. C'est l'aduis de Damascene, 2 & de S. Thomas d'Aquin au liure de Sortibus, & au liure des iugemés Astronomiques: & de mesme opinió est aussi l'Escot. Et par ainsi il ne faut pas suyure l'erreur de Lactance Firmian, qui dit, que l'Astrologie, Necromantie, Magie, Aruspicine, ont esté trouuees par les malins esprits : ce qui est bien veritable des autres, mais l'Astrologie, & la cognoissance des effects celestes, est donnee de Dieu. Et combien que Caluin 3 de propos deliberé, comme il semble, voyant que Melancthon auoit en trop grande recommandation l'Astrologie, l'a raualee le plus qu'il a esté possible : neantmoins il a esté contrainct de confesser les effects esmerueillables dés Astres: adioustant seulement, que Dieu est par sur tout cela, & qu'il ne faut rien craindre à celuy qui se fie en Dieu. Et Ptolomee en dit bien autant, que le Sage commande au Ciel : c'est pourquoy Aberaham 4 Abenesra, grand Astrologue entre les Iuifs dit, que les enfans d'Israël ne sont point subiects aux Astres, il entéd tous

2. *In Theologicis sententiis.*

3. *Au liure contre les Astrologues.*

5. *Sur le decalogue.*
Item traditur in libris אבן עזרא

E

qui se fient en Dieu. Mais celuy qui ne craint point Dieu, il passera, dict Salomó, sous la rouë: où il est certain qu'il entend le ciel, & les vertus & influences celestes. Et par mesme moyen Philon Hebrieu, interpretant les allegories de la Bible, où il est dit, que l'Ange Cherubin au deuant de Paradis, faict la rouë d'vn glaiue flamboyant, il dit, que c'est le ciel flamboyant, & plein de lumieres celestes, par la force, & influéce desquelles, Dieu entretiét ce monde materiel, laquelle matiere empesche l'hóme brutal & adonné aux voluptez terrestres, de s'esleuer en la contemplation des œuures, & merueilles de Dieu : ains sont comme enseuelis en leur corps, comme en vn sepulchre. Desquels parle l'escriture au Psalm. LXXVIII. vers. VII. où il est dict, *Sicut vulnerati dormientes in sepulchris, quorum non es memor amplius, & ipsi de manu tua repulsi sunt* : lequel passage trauaille plusieurs, qui n'ont pas esgard aux allegories Hebraïques : mais l'intreprete Chaldean tourne ainsi, *Sicut occisi gladio dormientes in sepulchris, quorum non recordaberis amplius, & ipsi quidem à facie diuinitatis tuae separati sunt*. Il entend par le glaiue, le ciel, & influence naturele de ceux qui fuyuent le cours naturel, & vie brutale des bestes. C'est pourquoy il dit aussi, que Dieu diuisa les eaux qui sont soubs le firmament, qui sont les influences celestes, des eaux surcelestes, qui sont les Anges & mode intelligible. Nous auons encores vn tesmoignage de Dieu plus precis, de la puissance qu'il a don a donné aux astres, quand il parle à Iob : Pourras *tu, dit-il, lier les Pleyades, ou desioindre les estoilles de la grand'Ourse? Produiras-tu les Hyades, & si tu pourras gouuerner les estoilles d'Arcturus. Il a remarqué les astres de tout le ciel, qui monstrent la puissance la plus grande en ce monde elementaire, & qui se cognoist és saisons ordinaires, au leuant & couchant, heliaque, & chronique d'iceux. Puis apres Dieu en general dit à Iob, Sçais-tu les loix du ciel? est-ce toy qui donne la puissance au ciel, qu'il a sur la terre? Qui sont tous passages, qui monstrent la grande puissance, que Dieu a donné aux corps celestes, sur le monde elementaire. Aussi apres la creation des flambeaux celestes, Dieu dist, qu'il seroyent pour signes des temps, & des ans, & des iours, qui ne signifie pas seulement pour côter les iours, car vn million d'estoilles ne seruiroyét de rien. Or tant s'en faut que ceste puissance, & vertu si grande, & si admirable des corps celestes diminüe en rien, q̃ plustost par icelle la puissance de Dieu est rechauffee, & reuelee à merueilles. Car si nous loüons Dieu voyant la vertu d'vne pierre, d'vne herbe, d'vn animal, combien plus grande occasion auons nous de loüer Dieu, voyant la grandeur, la force, la clarté, la vitesse, l'ordre, le mouuement terrible des corps celestes? C'est pourquoy le Psalmiste, ayant loué Dieu des choses qui sont icy bas, quand il vient à remarquer la puissance des Astres, il est raui hors de soy, & s'escriant dit ainsi⁵,

4. Iob. 4. 38

5. Psal. 8.

Mais quand ie voy, & contemple en courage,
Les Cieux, qui sont de tes doigs haut ouurage,
Estoilles, Lune, & Signes differents,
Que tu as faicts, & assis en leurs rancs:
Adonc ie dy à part moy, ainsi comme
Tout esbahy, & qu'est-ce que de l'homme?

Et à dire vray, le Ciel est vn tresbeau theatre de la loüange de Dieu, & plus on cognoist les effects de ces lumieres celestes, plus on est rauy à loüer Dieu. Les plus lourdaux s'estonnent de voir qu'il y a plein flot de mer, quãd la Lune est pleine ou nouuelle, & aux quartiers le flot est bas: & qu'à chacun iour le flot se retarde d'vne heure, & en mesme pays, mesme region, mesme climat, en diuers ports le temps du flot & reflot est diuers. Les pescheurs voyẽt, que toutes sortes de coquilles sont vuydes: brief les animaux, les plantes, & tous les elemens, sentent vn merueilleux changement de sang, des humeurs, des moëlles, au declin & accroissement. Et en la pleine Lune les charpentiers ne couperoyẽt pas vn arbre pour bastir, sinon au declin de la Lune, autrement le bois est inutile à bastir: au mesme temps faut enter, & couurir les racines des plantes, vanner les grains & legumes au declin de la Lune, & infinies autres obseruations remarquees par les anciens, qu'on peut voir en Pline, liure XVIII. chapitre XXXII. Les Medecins confessent, que les iours critiques des fieures & maladies, sont tous regis par la Lune: & mesmes Galien en a faict plusieurs liures, s'estonnant d'vne chose qu'on qu'on voit ordinairement en l'Horoscope du malade, que l'opposition ou quartier de la Lune au Soleil, dóne vn changement notable aux malades: Et quand la Lune attainct l'opposition, ou quartier du lieu où elle est partie, quád la maladie à commencé. On voit aussi souuent és pestes & autres maladies populaires, que à chacun quartier, en vn moment, il tombe vn nombre infiny de mort soudaine. Or Galen iugeoit, par l'experience, qu'il auoit appris des obseruations de tous les anciens: car il ne sçauoit pas seulement le vray mouuement de la Lune, comme il appert par ses liures: [6] Mais il eust bien plus esté estonné, s'il eust entendu les effects des autres Planetes, & des cóionctions, & regard des vnes aux autres, & aux estoilles fixes, mesmement sur le corps, & disposition de la personne. Car les anciens ont remarqué pour maximes, & par experience de plusieurs siecles, que Saturne & Mercure estant opposites en vn signe brutal, l'homme ordinairemét, qui naist alors, est begue ou muet: que la Lune estant au Leuant, la personne est saine, & en l'eclypse, l'enfant qui vient à naistre ne peut viure: Et celuy qui naist en la conionction de la Lune, ne la faict pas longue. Brief les Arabes ayant cogneu la force des influences celestes sur les corps, ne vouloyent pas que le medecin fust reçeu, s'il n'auoit la cognoissance d'Astrologie, & ceux-là qui auoyent les deux, s'appelloient Iatromathemaciens, en Grece. Et pour le faire court par les influences celestes on voit

[6]. *Dedibus decretoriis Hypocrates in l. 1 prognosticon.*

les humeurs. Et ce qui l'a faict blafmer, a esté l'ignorance de ceux, qui en ont escrit à veuë de pays, comme difois Melancthon. Mais il ne faut pas que les Aftrologues fe meflent de iuger des ames, des efprits, des vices, des vertus, des dignitez, des fupplices, & beaucoup moins de la religion, cóme plufieurs ont faict, fuyuant les faux monnoyeurs qui tirent bien la quinte effence des plantes, & mineraux, & font des huilles, & eaux admirables, & falutaires, & difcourent fubtilement de la vertu des metaux, & tranfmutation d'iceux : mais auec cela, ils font de la fauffe monnoye : ainfi font plufieurs Aftrologues, apres auoir declaré par l'Horofcope, l'humeur & difpofition naturele du corps, ils paffent plus outre, aux chofes qui ne touchent en rien le corps, à fçauoir, aux mariages, aux dignitez, voyages, richeffes, & autres chofes femblables, où les aftres n'ont ny force ny puiffance : quand ils auroyent quelque puiffance, c'eft impieté de s'en enquerir, & non feulement impieté, ains auffi vne extreme folie. Car fi le Deuin predict fauffement, que l'homme fera bruflé, ou pendu, le miferable fouffre mille morts deuant que mourir, & fans occafion. Et fi la prediction d'eftre bruflé eft veritable, fon mal redouble, & n'a iamais repos. Si le Deuin affeure à quelqu'vn fauffement, qu'il fera grand & riche, il fera caufe de luy faire diffiper les biens, & d'eftre vn faineant, foubs vne vaine efperance. Si la prediction eft veritable, l'efperance differee faict
viure

viure la personne en langueur, comme dit le Sage: Et quand la chose aduient, le plaisir en est perdu: combien que Dieu promet ordinairement, que ceux qui s'enquierent de telles choses, soyent frustrez du bien qu'ils attendent, & que le mal qu'ils craignent leur aduienne. Mais l'impieté de ceux est inexcusable, qui font seruir la religion aux influences celestes: comme Iulius Maternus, qui escrit, que celuy qui a Saturne au Leon, viura longuement, & en fin apres sa mort, qu'il montera au ciel: & Albumazar, qui a tenu que celuy qui faict son oraison à Dieu, estant la Lune conioincte à vne autre Planete, que ie ne mettray point, & tous deux au chef de Dragon: obtiendra, ce qu'il demande: ce que Pierre d'Appon, maistre Sorcier, s'il en fut oncques, dit auoir practiqué, pour attirer les hommes à telle meschanceté: En quoy il n'y a pas moins d'impieté, que d'ignorance: attendu que le chef, & queüe du Dragon ne sont rien que deux poincts d'vne intersection imaginaire, & de deux cercles imaginaires, & qui n'ont ny estoille ny planete, & variables à tous momens: combien-que Albumazar est encores plus detestable, d'auoir osé limiter la fin des religions par les influences celestes, en ce qu'il a dict, que la religion Chrestienne finiroit l'an M.CCCCLX. & neantmoins il y a plus de cent ans, que le téps est expiré. Et en cas pareil, Arnoldus Espagnol, ineptement auoit predict, que l'Antechrist viendroit l'an M.CCCXLV.

& le Cardinal d'Ailliac, qui a réply son liure de tels menſonges, diſcourant de la fin des trois religions, ſuppoſe qu'il y a ſept mil ſept cens cinquante & huict ans depuis la creation du monde, où il a failly de quinze cens ans, par le calcul approuué des Chreſtiens, & des Hebrieux, faiſant auſſi en l'Horoſcope de la creation du monde, que le Soleil ſoit au Belier, lequel neantmoins eſtoit en la Libre, par le texte formel, de la Bible, où il appert, que le premier iour du monde fut celuy, que nous diſons le dixieme du ſeptieme mois, qui eſt le ſigne de la Libre. Cyprian Leonice de noſtre aage a bien paſſé outre. Car il dict que la religion de Ieſus Chriſt, & la fin du monde ſera l'an M.D. LXXXIII. Et l'aſſeure en ſorte, qu'il dit: *Procul-dubio, alterum aduentum filij hominis, in ſede maieſtatis ſuæ prænuntiat*, pour la grãde cõionction en la triplicité aquatique de Ieſus Chriſt: qui eſt vne incongruité notable en Aſtrologie, & impieté en termes de religion: car iamais Planete ne ruina ſon ſigne, ny ſa maiſon, & Iuppiter eſt conioinct aux Poiſſons, en la conionction qu'il craint ſi fort, qui eſt le ſigne de Iuppiter conioinct auec Saturne, qui eſt ſon amy. Et puis qu'il aſſeuroit tellement, qu'on n'en doibt aucunement doubter, c'eſt vne extreme folie à luy, d'auoir taillé pour trente ans d'Ephemerides apres la fin du monde, comme il a faict. Et le iugement de Cardan n'eſt pas moins inepte, qui a calculé, & faict imprimer l'Horoſcope de Ieſus Chriſt en Italie, & en France

3. Exod. c. 2. 3.
Ioſep. ca. 3.
l. 5. ant. Rnbi Abrahã Aneſra in 7. ca. Dan. Initiũ mundi in menſe Tiſtri cõſtituunt, qui menſis eſt September.

France, disant que Saturne en la neufiesme maison signifioit la desertion de sa religion, & Mars auec la Lune en la septiesme, monstroit le genre de mort: Chose ridicule, attendu que Mars estoit en son propre signe, qui est ignee. Mais l'impieté est beaucoup plus grande, de vouloir asseruir la religion aux Astres, comme aussi a faict Abenesra qui auoit predict, qu'il naistroit vn grand Capitaine, pour afranchir les Iuifs, qu'il appelloit Messie, l'an M. CCCC. LXIIII. ce qui n'est point aduenu. Laissans donques ces opinions, & diuinations pleines d'impieté, & d'ignorance, nous nous arresterons seulement aux natureles predictions, pour le regard des influences celestes sur les corps, & sur les humeurs. Vray est que les esprits, & mœurs des personnes, suyuent bien souuent les humeurs, comme dict Galen, au liure qu'il a fait. Que les mœurs suiuent les humeurs: mais cela n'est point necessaire, & n'y a qu'vne inclination naturele, & non pas necessité. Et par ainsi, quand nous lisons que la langue saincte (par laquelle Adam, ainsi qu'il est escript au Genese, nomma toutes choses selon leur proprieté naturele) appella Saturne שבתי c'est à dire, Reposé & Tranquille, pour l'inclination naturelle de ceux qui ont Saturne maistre de l'Horoscope, qui sont ordinairemét melácholiques, reposez, & contemplateurs: & Iuppiter צדק, c'est à dire, Iuste: par ce que ceux-là qui ont Iuppiter chef de l'Horoscope, semblent enclins a la iustice politique, & Mars מדים,

E 5

qui signifie robuste, pour l'inclination naturelle qu'il donne, estant maistre de l'Horoscope, rendant aucunement les hommes Martiaux, & propres au trauail, & consequemment ainsi des autres : Si est-ce que tout cela n'emporte rien qu'vne inclination, sans aucune necessité. Nous ferons mesme iugement des grandes conionctions des hautes planetes, aux triplicitez differentes, apres lesquelles, les anciens ont remarqué des notables changemens, és republiques & empires. Et neantmoins i'ay monstré ailleurs, [5] qu'il n'y a point de necessité. Ioinct aussi, qu'il a esté impossible depuis trois mil ans seulement, que nous auons les obseruations Astronomiques (car la plus ancienne est de Sennacherib Roy d'Assyrie) faire experience, pour y asseoir certain iugement. Aussi voyons nous, que Ptolomee & Firmicus ont donné la triplicité de feu aux peuples de Septentrion : & Albumazar [6] l'a donné à l'Orient, & la triplicité des eaux au Midy, qui a esté suiuy de Paul Alexandrin,[7] & de Héry de Malignes: Et neantmoins Alcabice Caphar, Abenacra, Messahala, & Zael Israëlite donnent la triplicité de terre aux peuples Meriodonaux. Or il est impossible de faire certain iugement à l'aduenir, des changemens des republiques, sans estre asseuré de ce fondement, comme i'ay monstré plus amplement au liure de la Republique, & pour ceste cause, ie le trâcheray plus court. Et par ainsi il ne faut pas determiner, ny vser de predictions fortuites, &

5. 1.ent. l. de repub. & de methodo historiarum.

6. In sexti magni introductorij
7. In institutionis art. Apotelesmaticæ.

qui

qui ne soyent fondees en experience:& neantmoins quelques experiences que l'on puisse auoir, il faut tousiours rapporter la domination du tout à Dieu, qui peut arrester le cours du Soleil,& de la la Lune, comme il feit à la requeste de Iosué, & de faire retrogarder le Soleil, comme il feit ayant prologé la vie au Roy Ezechie de xv. ans: Et n'y a doubte, que l'homme qui se fie en Dieu, ne soit plus fort & plus puissant, que toutes les influences celestes. C'est pourquoy vn ancien Platonicien disoit, que celuy qui suit le cours de nature, il s'asseruit à la fatale destinee,& cours naturel ordonné à toutes choses elementaires: & celuy qui est agité du bon esprit, il surpasse toutes les destinees. Mais tout ainsi que la science de nature, des astres, & lumieres celestes, decouure la grandeur de Dieu, aussi les impostures des erections Arabiques, sont damnables,& illicites. Et de ceux-cy est entendu le decret du Concile de Tolede premier chapitre 8. & du Concile de Carthage 4. chapit. 89. Les autres diuinations natureles sont plus claires, qui se prennent de la disposition du temps, pour estre l'experience ordinaire: toute la science de Metheores est composee de telles choses, c'est à sçauoir, des impressions de feu en la haute region, ou de generation des corps imparfaicts en la moyenne region de l'air, & comme de voir la Lune rouge, signifie les vens: palle, signifie les pluies: claire signifie beau temps. Car l'exhaltation fumeuse qui cause les vens, est tout

ainsi

ainsi que la fumee qui rend la flamme du feu rouge, & le charbon noir embrazé est rouge, comme dit Theophraste, par ce que la noirceur, & clarté sont confuses: la vapeur humide cause la pluye, & oste la clarté sereine de la Lune, & l'air estant net, icelle clarté se voit sans aucun empeschement. Or telles diuinations natureles sont d'autant plus certaines, que l'experience respond a la cause, qui n'est pas difficile, comme elle est quand on veut chercher la cause, pourquoy la pluye aduient plustost en vn temps, qu'en l'autre. Alors l'Astrologue dira, que l'obseruation des anciens monstre, que la Lune conioincte aux Hyades, ou Pleyades, ou bien aux estoiles du Cancre, excite les vapeurs, & par consequent la pluye. Mais il y en a de bien plus certaines les vnes que les autres, comme celle que tous les anciens ont experimenté, & qui se cognoit à veuë d'œil, que la quatriesme & sixiesme Lune estant claire & sereine, donne certain presage de toute la Lune, s'il n'interuient quelque conionction notable: Et toutesfois on n'a iamais encores descouuert la cause: ce que Virgile a bien noté, quand il dict,

Sin ortu in quarto (namque is certissimus author)
Pura nec obscuris in cœlum cornibus ibit,
Totus & ille dies, & qui nascetur ab illo,
Exactū ad mensem pluuiis, ventisque, carebunt.

Le liure d'Aratus est plein de telles choses, qu'il n'est besoin d'escrire par le menu. Ie l'uiile à parler des predictions natureles des medecins,

cins, que chacun peut voir: & Galien & Hyppocrate en ont traicté par toutes leurs œuures, & principalement au liure *De arte parua*: comme quand il dit, que la personne sentant vne foiblesse & tremblement aux nerfs, peut s'asseurer de la goutte a venir. Et si la disenterie commēce par la melancholie, elle est mortele. Encores y a il la Phytoscopie, qui est la prediction des choses occultes par les plantes, comme la verge de Coryles, ou Coudres diuisee par moitié, tenue en la main, incline de la part où il y a des metaux. Et c'est chose assez experimentee par les metalliques. Aussi met on de la terre de miniere, pour la faire croistre plus haute. Toutes ses predictions cognuës par l'experience, encores que les causes soyent occultes, & ignorees, neantmoins elles sont natureles, & la recerche d'icelles decouure la grandeur, & beauté esmerueillable des œuures de Dieu. Or tout ainsi que les moyens naturels, que Dieu nous a donez, pour sçauoir les choses occultes & futures, sont bons & loüables, aussi sont tous les moyens naturels, qu'il nous a enseignez pour nous entretenir, nourrir, vestir, maintenir en santé, force, & allegresse, & pour guarir les maladies, pourueu qu'on recognoisse, que la force des alimens, des medicamens & autres puissances occultes qui sont és elemens, plantes, pierres, metaux, animaux, viennent de Dieu qui retire sa force, quād bon luy semble, & qui rompt la force du pain: comme il est dit en la loy de Dieu, quand il enuoye

la sa

la famine. Mais celuy qui prend la force, ou la puissance des choses natureles, comme procedans d'elles, faict iniure à Dieu, auquel appartient la loüange. C'est pourquoy Galen à la fin des xx. liures qu'il a faict de l'vsage des parties du corps humain, ayant descouuert les secrets admirables qui y sont, conclud ainsi: Il me semble, dit-il, que nous auons chanté vn beau chant d'honneur, à la loüange de Dieu. Et encores mieux Seneque, blasmant ceux qui disoyent, nature faict cecy, nature faict cela: *Tu natura Deo nomen mutas*, c'est à dire, tu change nature en Dieu. Combien seroit il plus beau de dire, Dieu fait cecy, Dieu fait cela? En toute l'escriture saincte, ce mot de Nature, ne se trouue iamais, ains tousiours il est dict, Dieu a faict faire cecy, Dieu a faict faire cela, vsant du verbe transitif Hebrieu בראן, c'est à dire, faict faire, que les Grecs & Latins ont traduict par vn verbe actif, lequel abus a esté cause de plusieurs erreurs, de ceux qui ont attribué choses indignes à la maiesté de Dieu. Comme quand il est dit, Dieu a osté les roües des chariots de Pharaon: Dieu a tué tous les aisnés d'Egypte: Et neantmoins il est tout certain, qu'il n'a rien faict que par ses Anges, car il commanda à son peuple de marquer le sursueil des portes du sang de l'Agneau Paschal: à fin, dict-il, *que voyant le sang, ie passe outre sans vous toucher, & que ie ne souffre, que le destructeur entre en vos maisons*. C'est la coustume de l'escriture saincte, d'attribuer à Dieu

Dieu les œuures de ses creatures, soit bien ou mal, comme quand Isaye dit, *Nullum est malum in ciuitate, quod non fecerit Dominus*. & en Hieremie chap. xxxii. *Omne malum hoc venire feci super locum istum*, c'est à dire, qu'il n'y a calamité ny affliction, que ie n'aye faict venir en ce pays, & en ceste cité, combien que les malins esprits, & les plus meschans hommes en soyent ministres : comme il est dit en Malachie, *Ie tanseray le deuorateur, à fin qu'il ne gaste vos fruicts, & rende vos vignes steriles*, à fin de n'auoir autre recours qu'à Dieu, & ne craindre autre que Dieu, & ne rendre grace ny loüange qu'à Dieu seul. Ce n'est pas que les Hebrieux ayant ignoré, la difference des œuure de Dieu, & de nature : car Salomon la souuent remarqué, quãd il dict aux allegories, l'enfant est sage, qui obeist aux mandemens du pere, & n'oublie pas la loy de la mere : Il entend les commandemens de Dieu, & la loy de nature. Car toutes les idolatries detestables ne sont venues que pour auoir laissé Dieu, & rendu l'hõneur, & la grace des biens que nous receuons, au Soleil & lumieres celestes, puis aux esprits, & en fin aux moindres creatures: cóme les Ægyptiens, qui adoroyent les bœufs, par ce que l'vn des plus grands proficts reuient du bœuf, & les Palestins Amoreans adoroyent les moutons, qu'ils appelloyent *Estherot*, & qu'ils mangeoyent : en moy s'est abusé Ciceron, [8] quand il dit, *Nulla gens est tam stupida, qua id quo vescatur, Deum esse putet*. Il

[8] *In libris de natura Deorum.*

suffira

suffira donc de ce qui eſt dict, pour faire entendre, que les moyens naturels pour paruenir à quelque choſe, ſont licites & ordonnez de Dieu : quand on luy en rapporte l'honneur, & loüange: & non pas à la creature: ſoit pour ſçauoir les choſes futures & occultes : ſoit pour effectuer toute autre choſe: comme de cercher les mines par la marque de certaines pierres & plantes, non par moyens diaboliques. Mais ie ne puis paſſer par ſouffrance, ce que Iean Picus, Prince de la Mirande, aux poſitions Magiques eſcrit, que la Magie naturele n'eſt que la pratique de la Phyſique, qui eſt le filet auquel Satan attire le plus gentils eſprits, qui penſent, que par la force des choſes natureles on attira, voire on forcera les puiſſances celeſtes. Et neantmoins en la xxiiii. poſition le meſme autheur ſouſtient, qu'il n'y a rien qui ait plus grande force en la Magie, que les figures & caracteres : Et en la poſition xxi. il ſouſtient, que les paroles barbares, & non ſignificatiues ont plus de puiſſance, que celles qui ſignifient quelque choſe. Nous auons monſtré la vanité, ou pour mieux dire, l'impieté de telles choſes. Mais pour deſcouurir le ſecret de telle impoſture, que le meſme autheur a couuerte, ou celuy qui a emprunté ſon nom, nous voyons en la xxviiii. poſition ſur les Hymnes d'Orphee ces mots, *Fruſtra naturam adit, qui Pana non attraxerit*: Pour neant vſe des choſes naturelles, qui n'aura attiré Pan, c'eſt à dire, qui n'aura inuoqué Satan. Car tous les anciens on entendu

tendu par le mot de Pan, ce que les Hebrieux appellent Satan, & par les terreurs Paniques, ils ont tousiours signifié les frayeurs des diables, & ceux qui souffrét les demoniaques fuyãs les malins esprits, quand ils viennent les vexer: & Plutarque au liure *De Oraculorum defectu*, appelle le Prince des Demons, le grand Pan, à la mort duquel les autres Demons furent ouys faire de grands cris, & gemissemens, au temps de Tibere l'Empereur: laquelle histoire est aussi confirmee par Eusebe, aux liures de la Preparation Euangelique. Et par mesme moyen en l'vnziesme position, où il parle de Leucothea, il entend la Lune, que les Hebrieux appellent לבנה, c'est à dire, la Blanche, & en la XIX. position, où il dit, qu'il n'y a rien, qui puisse auoir effect en Magie, *sinè Vesta*, il entend les sacrifices faicts par feu. Le mesme autheur faict de la Cabale vne vraye magie pernicieuse, & qui destruit entierement les fondemens de la loy de Dieu: ce que chacun pourra cognoistre, qui y regardera de pres: car la Cabale n'est rien autre chose, que la droicte interpretation de la loy de Dieu couuerte soubs la lettre: Et neantmoins son but est de faire des miracles, par la force des lettres & caracteres. I'ay bien voulu descouurir ceste imposture, à fin que ceux qui lisent Agrippa, le maistre Sorcier, & ceux qui sont de mesme opinion, ne soyent abusez, vsant de pierres, de plantes, & autres choses natureles, pour attirer les forces & influéces celestes. C'est pourquoy

F

Hippocrate au liure *de morbo sacro*, deteste les Sorciers, qui se vantoyent de son temps d'attirer la Lune: car ce seroit, dit-il, asseruir les Dieux à tels imposteurs, & assuiettir le Ciel & la terre anx hommes, contre tous les principes de nature, & contre le texte formel, de la saincte Escriture en Iob, où Dieu parle des loix qu'il a donné au Ciel sur la terre. Aussi l'imposture se descouure par les characteres & figures diaboliques, & par les mots barbares, & quelquesfois intelligibles, qui ne tienent rien des elemens, ny de la matiere, ny des formes natureles, ny des qualitez natureles quelles qu'elles soyent. Il ne faut donc pas sous le voile de nature, couurir les sorceleries, vanitez, & superstitions payennes des Idolatres, & Sorciers: comme plusieurs Sorciers, qui faisoyent anciennement croire, que les Sorceleries n'estoyent que la force des plantes, des animaux: des pierres, des mineraux, & des corps celestes: Cóme les Arabes ont voulu faire croire, pour faire estimer leur science, & faire eschapper les Sorciers: & de ceste opinion est Auicenne, Algazel, Alpharabius, & Agrippa de nostre aage: qui estoit aussi vne opinion, qui eut quelque temps son cours, ainsi qu'on peut voir en Pline liure XXVI. chap. IIII. que l'herbe Ethiopide faict seicher les estangs & riuieres, faict ouurir toutes choses fermees, & l'herbe Achimenide iettee au champ des ennemis, les faict trembler de peur & fuir: & l'herbe Latace, que les Rois de Perse bailloyent à leurs Ambassadeurs,

deurs, faisoyent venir abondance de toutes choses: c'est a sçauoir, les lettres patentes du Roy de Perse, qui faisoit trembler tous les peuples. Nous ferons mesme iugement, de ce que dit Pline de la Veruaine, que les Grecs appellét herbe sacree, que les Magiciens disent guerir toutes fieures, & toutes sortes de maladies, & donner l'amitié de toutes personnes. Mais l'autheur Pline s'en moque, & tous les medecins, qui ont trouué par longues experiences qu'elle ne peut rien de tout cela, non plus que l'herbe Cynocephalique, qui passe toutes les autres, & Nepenthes, d'Homere, & l'herbe Moly de laquelle Pline se moque à bon droict, non pas qu'il n'y ait de beaux secrets de nature cachez: comme tresors, & qu'on descouure tous les iours, mesme en l'abstractiõ des quintes essences par le feu, & neantmoins ces vanitez que Pline recite, ne s'y trouuent point. Nous ferons pareil iugement de ce que Pline [2] recite de Democrite, qu'il y auoit certains oyseaux, du sang desquels meslé, naissoit vn dragon, lequel mangé faisoit entendre la langue des oyseaux: mais il deuoit aussi dire la langue des veaux. Nous dirons le semblable du Diamant, contre les enchantemens: du Corail rouge, contre les charmes: du Iaspe, côtre les ombres Demoniaques: du Lyncurium, contre les prestiges, & de ce que dit Dioscoride liure v. chapitre xv. que la pierre Memphitique puluerisee, & beüe auec du vin & de l'eau, rend la personne stupide du tout. Nous auons dit que les predictions

2. lib. 10. & Gellius lib. 10. c. 12. & Philostrat. Lemnius.

diuines, ou propheties, ne viennent ny par nature, ny par la volonté des hommes, ains par inspiration de Dieu neuëment, & sans moyen, ou par le moyen des Anges: & que les predictiós natureles se font, par la cognoissance des causes preallables aux effects: & les moyens naturels de paruenir à quelque chose, se faict par voye ordinaire des causes à leurs effects. Or les predictions humaines, iaçoit qu'elles dependent aucunement de la nature des choses, toutesfois on les peut appeller humaines, d'autant qu'elles ne sont pas tousiours certaines, comme la nature: ny tousiours incertaines, soit pour l'ignorance des causes, soit pour l'imbecillité de l'esprit humain: & chacun en son estat par l'experience faict des predictions. L'homme Politique, voyant que les meschancetez demeurent sans peine, & les vertus sans loyer en vne rebuplique, predira la ruine d'icelle. Mais d'autant que cela ne depend point des causes natureles, & que ceste prediction ne luy est point specialemēt declaree de Dieu, on peut l'appeller humaine, & qui est licite: mais il ne faut pas l'asseurer pour certaine, & indubitable: car ce seroit entreprendre sur le conseil de Dieu, qui maintient souuent vne ville, contre toute la puissance humaine, par les vœux, & prieres des gens de bien. C'est pourquoy Dieu promit à Loth, s'il y auoit dix personnes qui ne fussent infectees des meschācetez de Sodome, qu'il ne destruiroit point le pays: Mais quand tu vois, que Dieu au Ciel retire

LIVRE PREMIER. 85

tire coup à coup les hommes vertueux, dy hardiment, l'orage impetueux viendra bien tost ruiner cest Empire. Et tout ainsi que le Politique a ses predictions, aussi les maistres Pilotes preuoyent les orages, les vents, les pluyes, les tempestes par experience ordinaire, encores qu'ils n'ayent aucune cognoissance des mouuemens celestes: Et les Bergers, en cas pareil predisent la peste des brebis, qu'õ appelle Clauelee, voyant le foye des lieures pourry: & les Laboureurs predisent la fertilité de l'annee, au seul regard de la graine de moustarde, ou des ribez, s'ils sont fort espais, & autres semblables, qu'ils ont par experience, sans cognoissance des causes natureles, ny reuelation diuine: Et telles predictions ne sont point illicites, si ce n'est qu'on les voulust asseurer comme chose infaillible, comme nous pouuons dire en cas pareil de la metoposcopie², qui iuge des passions interieures de l'homme au seul regard du visage, entre lesquelles il y en a de natureles: commme la rougeur soudaine, signifie la honte, paillir soudain, signifie crainte, & qui ont leurs causes natureles: Mais il y en a qui sont plus humaines, que natureles: comme les yeux des Hyboux luysans, signifient le plus souuent cruauté: Tels,les auoit Sylla, & Caton le Censeur, ou bien s'ils sont marquez de gouttes de sang. Ainsi dit-on des camus, qu'ils sont choleres & impatiens. Et au contraire, les grands nez sont plus prudens & patiens. C'est l'vn des epithetes que Dieu s'est donné à luy

Dicta à fronte inspectione.

F 3

3. Exod. ca. 34.

meſme, parlant³ à Moyſe, entre les onze proprietez i' s'appelle אדר אפים c'eſt à dire, Grand nez, ainſi que l'edition Complutenſe d'Eſpagne, & d'Anuers, de mot à mot interpreté, & en pluſieurs lieux de la Bible, où il s'appelle le Dieu au grand nez, que tous les interpretes tournent patient, & par ſon contraire קצר אפים c'eſt à dire, Court nez : les Hebrieux interpretent, Soudain en cholere. En quoy il nous eſt monſtré auſſi, que la Metopoſcopie naturelle n'eſt point illicite, & de faict en tout l'Orient, ils ſont fort experimentez en cela. Si eſt-ce qu'il ne faut pas en faire loy infaillible : car il ſe trouue des hommes ſi maſquez, & qui ſçauent ſi bien couurir, & diſſimuler leurs naturels, qu'ils ſont entierement maiſtres de leurs viſages, en ſorte que pluſieurs ſe voyans trompez, en ont faict le Prouerbe, *Fronti nulla fides*. C'eſt pourquoy Alcibiade s'éclata de rire, quand il ouyt dire à Zophire Phyſiognome, que Socrate eſtoit dameret & paillard, & fort cholere : Et neantmoins Socrate le confeſſa : mais il dit que l'amour de ſageſſe l'auoit tout changé. Auſſi voyons nous que tel porte le viſage d'vne vierge, qui a le cœur d'vn lyon, comme eſtoit Alexandre le grand : Et bien ſouuent celuy qui porte vn lyon au front, a vn lieure au cœur. C'eſt pourquoy la Metopoſcopie, & les predictions d'icelles ſont humaines, pour l'incertitude auſſi, quoy qu'on attribue à Ariſtote le liure de la Phyſiognomie, qui comprend la Metopoſcopie, qui n'a rien du ſtile d'Ari d'Aristote. Et par ainsi en ostant l'asseurance & necessité qu'ō met en la Physiognomie & metoposcopie, l'vsage naturel ne peut estre blasmé. Mais il n'y a propos ny apparence aucune, de mettre la Chiromantie, ou Chiroscopie au rāg des arts Physiognomiques, attēdu q̄ les principes des maistres, qui en ont escrit, sont cōtraires cōme le feu & l'eau, & qui plus est, les lineamēs chāgent pour la pluspart, & ne sont iamais semblables en enfáce, aage florissāte, & en vieillesse. Quāt aux autres predictions populaires, ie laisse d'ē parler, parce qu'elles ne meritēt qu'on en face mise, ny recepte, cōme d'ouïr châter les ranes trop fort, signifie pluye, & q̄ le plongeō se iette en l'eau, & q̄ les grues se retirēt des eaux, & autres sēblables infinies, qui sont humaines, & dependēt aussi en partie des causes natureles. Il y a d'autres pdictiōs humaines, & toutesfois illicites: d'autāt qu'elles attirēt apres soy vne superstitieuse creance, & crainćte des choses vaines, & par consequēt vne defiance de Dieu. Car il faut tenir pour maxime indubitable, q̄ celuy qui craint, ou qui croit les predictions superstitieuses, a tousiours defiance de la puissance de Dieu, comme anciennemēt celuy, qui en sortāt de sa maison chopoit du pied cōtre l'essueil, tiroit vn presage de mal-heur: comme ils disent, qu'il aduint à Brutus, le iour qu'il tua Cesar: ou si l'anneau tōbe, quād le mary le met au doigt de sa fiancee. Et en cas semblable, les anciens auoyent vne coniecture, qu'ils appelloyēt *Palmirum augurium*, quād vn membre tressailloit, chose qui est naturele, & qui a ses causes naturelles auec soy. Et ordinairement le malheur aduient à celuy qui croit telles choses, par vne iuste vengeance de Dieu, & iamais à celuy qui s'en moque. C'est pourquoy Cesar ne fist iamais conte de telles vanitez, & tout luy succeda contre les presages des Deuins, & mesmes en descendant du nauire en Afrique, il tomba, & alors il dit. Ie te tiens Afrique. Ces beguins auguraux disoyent que c'estoit vn mauuais presage, & neatmoins il rapporta trois belles victoires, & desfeit tous ses ennemis peu de iours apres: Et si ne voulut onques s'enquerir de l'issue de la bataille de Pharsalie, où il emporta la victoire contre Pompee, qui auoit trois fois plus de forces, lequel employa tous les Deuins & Magiciens, deuant que de batailler. I'ay remarqué plusieurs Princes, qui tous ont esté ruinez, ayant demandé conseil aux Deuins. Ariouistus Roy des Alemans, ayant quatre cens mil hommes, & se gouuernant par les Sorciers du iour de la bataille, qu'ils empeschoyent estre donnee deuant la nouuelle Lune: Cesar le sçachant, comme il escrit, soudain luy donna la bataille, & vainquit. Mais sans aller plus loing, nous auons l'exemple d'vn, qui voulut sçauoir l'issue de la bataille de Pauie, par le moyen d'vn Sorcier, qui luy fit voir l'ost des ennemis, & la responce fut semblable aux anciens Oracles, & l'issue luctueuse à toute la France. Mais nous dirons par cy apres de ce point à part. Nous auons

enco

encores vn autre exemple du Roy de Suede, & les lettres enuoyees aux Princes d'Alemagne, l'an M.D.LXIII. qui portoyét que le Roy Henry de Suede auoit quatre Sorcieres, qui se vantoyent d'empescher les victoires du Roy de Dannemarch, mais on en print vne, qui ne peut empescher le bourreau de la brusler toute vifue, & le Roy quatre ans apres fut pris par ses suiets, & priué de son estat, & ietté en vne prison, où il est encores. Voyla donc quant aux predictions humaines, disons maintenant des moyens illicites.

Des moyens illicites pour paruenir à quelque chose. CHAP. VI.

NOVS auons dit, que le Sorcier est celuy, qui par moyens Diaboliques & illicites, sciemment s'efforce de paruenir à quelque chose : il faut donc sçauoir qui sont les moyens illicites. Nous auons monstré les moyens de paruenir à ce que nous pretendons, par l'ayde de Dieu, si c'est chose licite, ou par les moyens que Dieu nous monstre en ses creatures, & par la suite des causes naturelles, & des effects enchesnez les vns auec les autres, ou par la volonté de l'homme, qui est libre. Or quand les hommes veulent paruenir à quelque chose licite, & que la nature leur mãque, la puissance humaine n'y peut rié: & qu'ils

F 5

ne s'adreſſent point à Dieu, qui peut tout: ou bié qu'ils s'y adreſſent, mais de mauuaiſe façó, pour le téter: ou bié que c'eſt de bó cœur, mais l'ayāt delaiſſé en proſperité, ils sót delaiſſez en téps d'affliction : cóme il eſt dict en Hieremie: Si Moyſe, & Samuel me prioyét pour vous à ceſte heure, ie ne les eſcouteroy pas. Ils eſtoyent morts pluſieurs ſiecles auparauant: & auoyent de couſtume, tāt qu'ils viuoyent en ce monde, d'appaiſer l'ire de Dieu par leurs prieres. Et en autre lieu il dit au Prophete, Ne prie point ce peuple ¹ en bien, car ny pour leurs ieunes, ny pour leurs prieres & ſacrifices, ie ne les eſcouteray point, mais ie les cóſómeray de peſte & de famine. Or ils deuoyent neantmoins rompre le ciel, de prieres, & cótinuer en la fiāce de Dieu, qui menace fort, & neātmoins il s'appaiſe ſoudain, cóme dict Ionas, auquel Dieu auoit promis raſer la ville de Niniue dedans quarante iours, le peuple ayāt faict grāde penitéce, ores, qu'il adoraſt les creaturs, cóme le Soleil & la Lune, & qu'il fuſt fondu en toutes ſortes d'Idolatres & Sorceleries, ſi eſt ce que Dieu ſe pētit auſſi: Alors Ionas faſché faiſoit la plainte à Dieu ², Ne ſçauois-ie pas, dict-il, que tu es le Dieu le plus doux, & le plus miſericordieux, & pitoyable, qu'il eſt poſſible, & que ſoudain tu te repends de la vengeance que tu as deliberé de faire. Or celuy qui eſt impatient ſe deſeſpere, & appelle le Diable à ſon ayde: Cóme on voit le Roy Saul, apres auoir demandé conſeil à Dieu, quelle iſſue il auroit contre ſes ennemis,

1. Hie.14.

2. Ionæ.c.4.

mis, & aux Prophetes, & aux Pontifes, & qu'il n'auoit aucune respose de la bataille, il s'adressa à vne Sorciere, pour sçauoir l'issue de ses affaires. Les autres pour trouuer des tresors: qui pour guarir de sa maladie: qui pour iouïr de ses plaisirs, les vns pour paruenir aux honneurs & dignitez, les autres pour sçauoir les choses futures ou absentes, & les plus meschans pour se venger de leurs ennemis appellent aussi le Diable, qui ne respond pas tousiours quãd on l'appelle, & se faict prier biẽ souuent, encores qu'il soit present, & pres de celuy qui le cerche, & celuy qui ne le cerche pas, comme nous dirons en son lieu. Or ceux-là sont les plus detestables Sorciers, qui renoncent à Dieu, & s'adressent au Diable, & luy iurent prester toute obeissance, seruice, suiection, & adoration, par conuention expresse. Mais il y en a qui ont horreur de s'adresser à Satan, pour sçauoir ce que ils demandent, toutesfois ils ne font point difficulté de s'adresser aux Sorciers, sans assister à leurs sacrifices, qui n'est gueres moins offenser Dieu, que s'adresser au Diable mesme: comme il y en a au cas pareil, qui ne voudroyent pas s'adresser à Satan, pour auoir guerison d'vne maladie, mais ils ne font pas conscience de s'adresser aux Sorciers, qui prient le Diable en leur presence, pour leur donner guerison: comme il aduint n'a pas long temps en Vau, qui est vn faux-bourg de la ville de Laon, ou il y eut vne Sorciere, qui osta le sort à vne pauure femme en extremité de maladie: laquelle Sor

2. Leu. 19. & 20. & Deut. 18.

Sorciere se mist à genoux, & puis la face contre terre, priant tout haut, & appellant le Diable plusieurs fois, pour donner guarison à la femme, puis apres elle dit quelques paroles, & bailla vn mourceau de pain à manger à la femme, qui fut guarie. Qui n'est pas moins, que si la femme malade eust elle mesme prié Satan, pour auoir guarison : & vaudroit mieux mourir de la plus cruelle mort qu'on pourroit imaginer, que de guarir en ceste sorte. Il y en a d'autres, qui ne veulent auoir aucune accointance au Diable, ny aux Sorciers, mais ils vsent des moyens Diaboliques executez par les Sorciers, à l'ayde du Diable, lequel assiste tousiours ceux qui vsent de tels moyens, & conduict leurs desseings. Or cela s'appelle, traicter conuention tacite auec Satan, suyuant la definition de sainct Augustin, pour la difference, qu'il y a de la conuention expresse. Et non seulement sainct August. ains aussi S. Thomas d'Aquin, & Durand, Ægidius Romanus, & les autres Theologiens d'vn commun consentement disent, qu'il y a deux pactiós, qu'on faict auec le Diable : l'vne expresse, que font les Necromanciens, & autres Sorciers qui l'adorent : l'autre tacite, ou implicite, qui est en toute sorte d'idolatrie, & obseruation superstitieuse, sciemment, & sans cause naturelle : Voyla leur definition. Vray est que celuy qui pense bien faire de prendre le vol des oiseaux, pour sçauoir si son voyage sera heureux, comme les anciens le faisoyent par forme de religion,

gion, ne se peut appeller Sorcier, & n'a couention expresse ny tacite auec Satan, encores qu'il soit idolatre, & n'offense pas tant que celuy, qui le faict par curiosité, ne sçachant pas qu'il soit defendu de Dieu, & celuy qui le faict par curiosité & ignorāce, n'offence pas tāt que celuy qui le fait, sachant bien qu'il est defendu par la loy de Dieu. C'est pourquoy nous auons mis le mot, Sciemment, en la definition du Sorcier. Mais celuy est coulpable, qui sçait la defense de la loy de Dieu, & toutesfois par mespris d'icelle, s'adōne à telles choses, & doit estre puny comme Sorcier, & non pas toutesfois si rigoureusement que les Sorciers, qui ont conuention expresse auec Satan. Et à fin d'esclarcir le mot de Sorcier, c'est en bon termes, celuy qui vse de Sort, & gette le Sort es actiōs illicites. Car il y a le sort approuué par la loy de Dieu, & le sort approuué par les loix Politiques. Nous voyons que Iosué ietta au sort sur toute l'armee du peuple d'Israël, pour sçauoir qui auoit pris du pillage defendu, en la ville de Hiérico, & par mesme moyen Samuel getta au Sort, quand il fut question d'auoir vn Roy, disant ces mots, Seigneur Dieu, donne le sort, qui estoit la coustume des anciens, pour chasser toute puissance & sort Diabolique: Et alors le sort tomba sur la lignee de Benjamin, qui estoit la derniere, & puis on ietta le sort sur les chefs de la famille, & le sort tomba sur la maison de Cis, puis on ietta le sort sur tous les domestiques de Cis, & le sort tomba sur

κληρομάντεια.

sur Saul, que Dieu auoit auparauant declaré Roy sur le peuple, à fin qu'on ne pensast, que les sceptres, & couronnes soyent donnees fortuitement. Et depuis Saul ietta le sort sur toute l'armee, pour sçauoir, qui auoit rompu le ieusne, & le sort tomba sur Ionathan, qui seul auoit mangé du miel côtre la defence du Roy. Nous voyôs aussi au Leuitique,² que le sort est ietté sur deux boucs, l'vn pour sacrifier à Dieu, l'autre pour Zazel : Les LXXII. Interpretes ne voulant pas descouurir ce secret aux Payens, ont tourné le mot Zazel ἀποπομπαῖον, c'est à dire, *emissarum*, par ce qu'on l'enuoyoit au desert, & ne se trouuoit iamais plus. Ainsi voit on aux Actes des Apostres, le sort auoir esté ietté entre Mathias, & Barnabas. Celà estoit coustumier entre tous les Payens. Et mesmes s'il y auoit tempeste sur mer, qui fust grande, on iettoit le sort sur tous ceux qui estoyent au nauire, & celuy estoit saisi & ietté en la mer, sur qui tomboit le sort, comme fut Ionas.³ Aussi est le sort frequent, & ordinaire, quand il faut partager ⁴ & lotir les successions, & choses communes, & permis par les loix de tous les peuples, & qui sont fort necessaires, pour euiter aux debats & contentions qui ne prendroyent iamais fin. Ainsi faisoyent les Romains, ⁵ qui tiroyent au sort les Iuges és causes publiques, & les magistrats Romains iettoyét les charges & prouinces au sort, si autrement ils ne se pouuoyent accorder, ce que les Latins disoyent, *Sortiri, aut coparare inter se*

pro

3. *Ion. c. 1.*
4. *L. sed cū amb de Iudic. ff. l. si duobus in princip. cōmun. de leg. c. & cap. sors, & ca. bi qui, & c. illud. 26. q. 2. & cap. vlt. de sortileg.*

prouincias. L'occasion de la guerre cruelle entre Marius & Sylla, fut prise, de ce que le sort de faire la guerre à Mithridate tomba à Sylla, & Marius fist presenter requeste au peuple, pour luy oster. Ainsi voit on que le sort de soy est licite, pourueu que la chose le merite, & qu'on die ces mots portez par la saincte Escriture, Seigneur Dieu donne le sort, & non pas appellez Mercure, pour seigneur du sort, comme faisoyent les Grecs, qui mettoyent premierement dedans le vaisseau vne fueille d'oliue, qu'ils appelloyent Herme, c'est à dire, Mercure: & apres ils iettoyent les sorts, & tiroyent tout premier la fueille d'oliue. Et pour corriger ce Paganisme, les Chrestiẽs faisant vn Roy au sort, tirent premierement pour Dieu. Encores n'est-ce pas assez d'appeller Dieu au sort qu'on iette, mais il n'en faut vser sinon en chose necessaire, comme celles que nous auons dit: autrement qui voudroit en choses legeres, ou par curiosité, ou bien mesme en chose d'estat, sçauoir s'il faut entreprendre la guerre, ou autre chose de consequence, il ne faut pas ietter au sort: car ce seroit tenter Dieu, ce qui est bien expressément defendu. Mais en ce cas, Dauid & les saincts personnages demandoyent conseil à Dieu, & lors il faisoit sçauoir sa volonté par les Prophetes, ou par le Pontife, qui portoit l'Ephod, ou Pectoral, duquel nous auons parlé cy dessus: ou bien Dieu reueloit en songe ou vision, à celuy mesme qui demandoit aduis: Et generalement en toutes

S. Asconius in Verrianis.

cho

choses de consequence, les saincts personnages demandoyent conseil a Dieu, lequel encores qu'il ne fist responſe quelquesfois, si est-ce qu'il conduisoit l'affaire à bonne fin, si la chose estoit bonne, & le cœur droict, qui demandoit conseil. Et d'autant qu'il aduint à Iosué de traicter la paix auec les Gabaonites, sans auoir demandé conseil à Dieu, il fut deceu par eux: par ce que, dit l'Escriture, ils n'auoyent pas demandé conseil à Dieu. A plus forte raison doit-on reprouuer les sorts Diaboliques, 4, c'est à dire, où les noms des Dieux estranges sont appellez: comme estoyent anciennement les sorts d'Eliens, Lyciens, Prenestins, Antiatins, qu'il n'est icy besoin d'estre declarez, ains plustost enseuelis. Aussi est le sort illicite de ietter aux dets & osselets, qu'on appelle Astragalomantie, si on doit faire quelque chose ou non, iaçoit que les anciens en vsoyent souuent, & se faict encores à present: comme Cesar escrit, que les Alemans ietterét trois fois au sort, pour sçauoir s'ils feroyent mourir Marc Valere son Ambassadeur, & par le moyen du sort il rechapa: & seroit bien necessaire que tous ieux de sort, ou de hazard, fussent bänis aussi bien en effect, cóme ils sont defendus par la loy Martia, & autres anciennes loix. En cas pareil toute maniere de sort, de laquelle on vse pour sçauoir quelque chose, autrement qu'il a esté dit, est illicite & Diabolique, cóme estoyent anciennement les sorts Homeriques, & Virgilianes, & l'ouuerture d'Homere

4. κληρομαντεία, ἀστραγαλομαντεία.

d'Homere, ou de Virgile au premier vers: Aussi quand on ioüe à l'ouuerture de l'Euangile, comme on faisoit anciennement apres auoir laissé les sorts de Virgile, & d'Homere, & les appelloit-on, *sortes Apostolorum*, reprouuees par sainct Augustin aux Epistres *ad Ianuarium*: Et celuy à present vsité, qu'on appelle *Dodecaëdron*, & le ieu des Bergers pour sçauoir les aduentures, qui sont toutes façons diaboliques & meschantes. Nous mettons aussi entre les sorts illicites, la 5 Geomantie, qui est celle, qui est la plus vsitee, & par liures publiez & imprimez, qui est vn autre art diabolique, & fondé neantmoins sur le hazart, & iet fortuit de celuy qui marque les poincts, desquels les quinze figures resultent. Nous ferons mesme iugemét de la Tephramantie, 6 qui se faisoit en cendre, comme la Geomantie premierement se faisoit en terre, & toutesfois diuerse, & inusitee, & que ie ne declareray point, à fin qu'elle soit aussi enseuelie, aussi bien, que la Brotonomantie 7, & Sycomantie qui sont encores plus ineptes, & ridicules, qui dependoit du get des fueilles agitees du vent la nuict, & selon qu'elles se rencontroyent on faisoit le iugement: Qui est differente de celle, de laquelle parlent Virgile 2, & Tite-Liue 3, quand les Prestres escriuoyent sur quelques fueilles disposees sur des coissins, pour ceux qui alloyent cerchans la verité, apres auoir idolatré: car celle-cy estoit tousiours conioincte auec l'idolatrie expresse, les autres non. Entre lesquelles sont aussi l'O-

5. γεωμαντεία.

6. τεφρομαντεία.

7. βροτομαντεία. συκομαντεία.

2. Lib. 6.
3. Lib. 22.

nomantie & Arithmantie, qui se tiroit par les nombres, portez par les lettres du nom d'vn chacun, & disposez en l'ordre des nombres, selon ce qu'ils pouuoyent signifier: Et celle-cy n'estoit vsitee qu'entre les Latins: Et neantmoins la table des nombres qui s'en trouue, ne se rapporte aucunement à la valeur des lettres Latines, significatiues des nôbres. Car la lettre M, qui signifie mille, ne vaut là que LXXVIII. &, C, qui vaut cét, ne vaut là que six: & neantmoins ceux qui en font cas, interpretent par ces lettres ainsi nombrees, les nombres attribuez à la beste en l'Apocalypse. Quant aux anagramatismes, des lettres du nom & surnom transposees, c'est aussi chose ridicule, attendu que la transposition emporte significations du tout contraires. Le premier autheur est Lycophron de Chalcide, qui est entre les sorts illicites, si on y adiouste foy, encores que cela ne depende pas du sort. Mais il y a vne autre façon de sort, duquel les anciens vsoyent, & l'appelloyent Alectryomantie, prenant le coq, qu'ils disoyent estre l'oyseau du Soleil, Dieu des diuinations. De laquelle vsa Iamblique, pour sçauoir, qui seroit Empereur, apres Valens, & se trouua que le coq auoit designé quatre lettres θεοδ, dequoy estant aduerty l'Empereur, fit mourir plus de cent Sorciers, & Iamblique s'empoisonna des premiers, & fit aussi mourir tous les gens de marque, qui s'appelloyent Theodore, Cheodote, Theodule, & autres semblables. Voila comme le diable

ble paye ſes ſeruiteurs. La façon, ie ne la declareray point, & ſeroit beſoin que les Autheurs de l'hiſtoire l'euſſent oubliee, car cela eſt tout plein d'impieté & defendu expreſſément en la loy de Dieu, où il eſt dict, *non inueniatur in te ſortilegus, quia eſt abominatio Deo tuo.* Il vſe du mot, *Manahes*, qui vient du verbe כ מנה, qui ſignifie Nombrer ou faire caracteres, par ce que tous les ſortileges & manieres de ſorts, qui ſont infinies, dependent des caracteres, & du nombre, prenant pour le nombre vniuerſel de telles ſciences, ce qui eſt le plus vſité. Autremẽt le vray mot de ſort en Hebrieu eſt *goral, pur, ſoles*, qui ne ſont point portez par la defenſe de la loy, pour les cauſes, que nous auons dictes cy deſſus. Et faict bien à noter le paſſage ʒ, qui comprend les ſortes de diuination defendues, qui porte premierement de faire paſſer les enfans par le feu, choſe que le Rabin Maymon dit encores eſtre obſeruee en Egypte par forme de purgation, ſans bruſler les enfans, comme dit le meſme Rabin : ce qui neantmoins fut faict par ſacrifices deteſtables ſous le Roy Manaſſé : & du temps du Roy Hircanus : vn Roy des Idumeens aſſiegé immola ſon fils ſur la muraille deuant les ennemis : leſquels ayans horreur d'vn tel ſacrifice, ſe retirerent, comme nous liſons en Ioſeph. Le ſecond qui eſt defendu par la loy de Dieu, eſt ce qu'elle appelle *diuin quaſ. m*, חסם qui eſt vn mot general, qui ſignifie enſeigner, comme il ſe prend en Michee chap. 3.

5. מנה *ſupputatiõ dent vient le mot Arabeſque, Almenah, c'eſt à dire la ſupputatiõ, comme la lãgue Arabeſque eſt tiree de l'Hebrieu.*
3. *Deut.* 18.

où il dit, que les iuges iugent pour argent, & les Prestres enseignent pour argent. Il use du verbe קסם, & se prend quelquesfois pour vne bonne diuination, côme aux Prouerbes chap. XVI, mais ordinairement il s'entend en mauuaise partie, & signifie toutes sortes de diuinations illicites, comme au 18. du Deuteronome, & 23. des Nombres, & au 13. d'Ezechiel, & en Samuel 15. où ce mot comprend tous les autres, lesquels il specifie: à sçauoir מעונים *megonim*, qui signifie celuy qui respond, quand on est en doubte des choses qu'ils veulent entreprendre: du verbe ענה, qui signifie respondre, que les Interpretes ont appellé Augur: Nos François ayant appris des Iuifs ce mot Hebrieu, appellent les Sorciers Charmeurs, Maistre-gonim, au lieu de Megonim. Le troizieme est celuy, que la loy appelle מנחש *menaches*, qui signifie proprement, Calculateur, duquel nous auons parlé, que les Rabins appellent Sortilege, qui procede par sort & nombres. Le quatriesme est מכשף *mecaseph*, c'est à dire, Prestigiateur, du verbe כשף, qui signifie fasciner les yeux des personnes, qui se faict par le moyen des malins esprits, soubs lequel sont aussi compris les Enchanteurs, qui s'appellēt aussi *malehesim*, du verbe *lahas*, qui signifie Marmoter, & susurrer, & que les LXXII. Interpretes ont tourné ἐπαοιδούς, c'est à dire, enchanteurs, que les Espagnols appellent *Hechiezeros*, que Anthoine de Turque Mede au 3. liure de son Iardin definit ceux, *qui tacitamente inuocan* invocan los Demonios, mescolando la Magia natural, con lo del Demonio. c'est à dire, qui tacitement inuoquent les Demons, & meslent la Magie naturele auec celle du diable. Le cinquiesme est celuy, qu'il appelle *chober* חבר c'est à dire, l'Associé, qui signifie l'associatiõ, qui se faict és danses & assemblees des Sorciers, du verbe חבר qui signifie s'associer: c'est celuy que nous appellons proprement Sorcier: l'Espagnol les appelle *Bruxos*, l'Aleman *Zauber*. La sixiesme espece s'appelle *schoel ob* שאל אב, c'est à dire, Interrogeant les esprits: du mot אב, qui signifie vn baril, ou vaisseau creux. Car les oracles des malins esprits, se prenoyẽt du creux de la terre entr'ouuerte, dont le mot, *Oraculũ*, est venu, qui est vn trou, *ab ore paruo terra hiantis*, que les Latins appellent *Oraculum*. Le septiesme est *Iedehoni* ידעני du verbe ידע, qui signifie sçauoir, tout ainsi que le mot δαίμων signifie Sçauant, comme dit Eustathius sur Homere, quasi δαίμων, les Interpretes ont tourné *Magus*, qui signifie en langue Persique, Sage & sçauant. Mais les Hebrieux, au liure qu'ils intitulent les six cens & treize mandemens de la loy de Dieu, disent, qu'en cest endroict, *Idehoni* signifie celuy qui interroge le diable, caché dedans les os de la beste, qu'ils appellent *Iadoha*, qui tue du regard, & la faut tirer de loing à coups de fleches. Ceste beste est appellee κατοβλέπας en Atheneus, qui recite qu'elle est de la grandeur d'vn veau, qui paist tousiours, & ne peut leuer les yeux, qu'à gran-

G 3

de difficulté, & alors elle faict mourir ceux qu'elle regarde. Marius Consul faisant la guerre en Numidie, ayant perdu plusieurs soldats qui vouloyent en prendre vne, en fin la feit tirer de loing, & enuoya la peau à Rome, qui fut mise au temple d'Hercules, comme dit Athenæus. Ie l'ay remarqué sur mes commentaires du Poëte Oppian, au liure de la Chasse. L'huictiesme est celuy qui interroge les morts המתים דרשאל. C'est le Necromantien, puis apres il est dit, que Dieu abhomine tout cela. En l'Exode les Sorciers de Pharaon sont appellez *quosenium*, qui est vn mot Hebrieu, & tantost *Chartumim*, qui est vn mot Egyptien, que plusieurs ont tourné Genethliaques : Mais les effects des Sorciers d'Egypte, ne respondent aucunemét à l'Astrologie, ny aux Astrologues, qui ne sçauroyent changer les verges en serpens, ny former des grenoüilles. Nous auons dit des sortileges, qui se font par sort, nous dirons par cy apres des autres. Mais il faut aussi noter, que le mot de Sorcier n'est pas proprement dit de ceux qui iettent au sort, pour sçauoir si bien ou mal-heur aduiendra, (combien que c'est vne espece de Sorcelerie) ains principalement pour ceux & celles qui iettent és passages, ou enfouyent soubs l'essueil des estables, certaines poudres malefiques pour faire mourir ceux, qui passeront par dessus. C'est pourquoy le sort tombe souuent sur les amis des Sorciers, ou bien ausquels ils ne veulent point de mal, comme nous dirons en son lieu. Poursuy suyuons maintenant les autres arts, & moyens illicites, & defendus par la Loy de Dieu, pour paruenir à ce qu'on pretend.

De la Teratoscopie, Auruspicine, Orneomantie, Hieroscopie, & autres semblables.

CHAP. VII.

TERATOSCOPIE est l'art qui cõtemple les miracles, & d'iceux cherche les causes, effects, & significations. Orneomantie, qui regarde les mouuemens des oyseaux, pour sçauoir les choses futures. Hieroscopie est la consideration des Hosties & sacrifices, pour sçauoir la verité des choses futures. L'Aruspicine est plus generale: car elle comprend aussi la consideration de l'air, des foudres, tonnerres, esclairs, monstres, & generalement toute la science Augurale, qu'il ne faut pas du tout blasmer, ains il faut distinguer le bien du mal. Car quant aux monstres & signes, qui prouiennent outre l'ordre de nature, on ne peut nier, qu'ils n'emportent quelque signification de l'ire de Dieu, & aduertissement qu'il donne aux hommes pour faire penitence, & se conuertir à luy, & ne suyure pas l'opinion pernicieuse d'Aristote, qui a soustenu que rien ne change, rien ne varie en la nature, & que les monstres n'aduiennent que pour le defaut de la matiere, qui seroit

τερατοσκοπια.
ορνεομαντεια.
id est, diuinatio ex auibus & portentis.

G 4

oster tous les œuures & merueilles de Dieu, qui sont aduenus, & aduiennent côtre le cours de nature. Combien qu'Aristote contraire à soy-mesmes, a faict vn liure περὶ θαυμασίων ἀκουσμάτων, c'est à dire des miracles, & confesse que la terre doibt estre entierement couuerte des eaux, comme plus pesante, & qu'elle est demeuree en partie descouuerte, pour la vie des bestes terrestres, & volatiles. Laquelle confession, sert de tesmoignage contre luy-mesmes, pour la gloire de Dieu, & qui est souuent repeté en la saincte Escriture, quand il est dit pour vn miracle, que Dieu a fondé la terre sur les eaux, sur lesquelles elle nage, comme il a esté verifié de l'isle de Los, & de plusieurs autres : car combien qu'il se trouue de la terre au fonds de la mer, si est-ce qu'en la plus haute mer, les Pilotes ne trouuent plus de terre, quãd ils iettent le plomb : aussi voit-on la mer esleuee comme vne montaigne au bord de la mer: & que Dieu a lié par vne puissance esmerueillable, & posé bornes aux eaux, qui ne passeront point outre. Quant aux Cometes, qui sont & ont tousiours esté signes de l'ire de Dieu, par vne experience de toute l'antiquité, Aristote ne peut nier que ce ne soit chose, outre le cours ordinaire de nature: & les raisons par luy alleguees de la creation des Cometes, lances à feu, dragons de feu, sont trouuees friuoles, & ridicules à toutes les sectes de Philosophes, comme il est tout certain, que la Comete ordinairement ne dure moins de xv. iours, ny gueres

plus

plus de deux mois, les vnes grandes, les autres petites. Les vnes vont le cours du premier mobile comme la derniere, qui aduint au mois de Nouembre 1577. les autres du Midy en Septentrion, comme celle qui apparut l'an 1556. les autres demeurent fixes, comme celle qui apparut en Nouembre 1573. Mais par quelle nourriture ce grand & espouuentable feu est-il nourry? & pourquoy les pestes, ou famines, ou guerres s'en ensuyuent? Aristote n'a rien veu en tout cela. Aussi sont signes de Dieu, & faut que chacun confesse son ignorance, en donnant loüange à Dieu, plustost que par vne arrogance capitale luy voler cest honneur, en recerchant la nourriture d'vn si grand feu, & si durable és fumees & vapeurs, en la purité de la region ætheree. Ioint aussi que les vapeurs & fumees, ne manquent point tous les ans, tous les mois, tous les iours, & les impressions de feu en la region ætheree, ne se voyent pas quelquesfois en dix ans vne seule fois, comme il a esté remarqué des anciens. Et sans parler des choses miraculeuses, & qu'on voit aduenir outre le cours de nature, l'ignorance se cognoist és choses ordinaire, qu'on voit en tout temps, & qui nous sont incogneuës, comme la grandeur des estoilles, la moindre desquelles (outre la Lune & Mercure) est dix fois plus grande que la terre: & sans monter si haut, la plus noble partie des œuures de Dieu: qui sont en l'hôme, a esté & demeure ignoree des hômes. Cóment dóc pourroit-on iuger des œuures &

miracles de Dieu extraordinaires? Au parauant que l'armee de Xerxes de dixhuict cés mil hómes, cóme nous lifons és histoires, passast en Europe il apparut vne Comette notable, & vne autre au parauāt la guerre Peloponesiaque: Vne autre deuant la defaite des Atheniens en Sicile: Vne autre deuant la defaite des Lacedemoniens par les Thebains: & deuant la guerre ciuile de Cæsar & Pompee, les flammes de feu apparurét au ciel, & apres le meurtre de Cæsar, & deuant le massacre des bannis par Auguste & Marc Antoine, il apparut vne grande Comete, qui depuis fut grauee & monnoyee en l'honneur de Cæsar. Et deuant la prise de Hierusalem, il apparut vne flamme de feu sur le téple vn an entier, comme dict Iosephe. Il faut donc confesser, que ce n'est pas chose naturelle ny ordinaire, que les miracles qui aduiennent outre le cours de nature, & qu'ils nous signifient l'ire de Dieu, laquelle on peut preuenir par prieres & penitence. Ainsi peut-on iuger des monstres estranges, qui aduiennent contre l'ordre de nature. Car de dire que c'est pour le vice de la matiere, il faudroit confesser, que les principes & fondemens, entre lesquels est la matiere, sur lesquels Aristote a fondé le monde, soyent vicieux & ruineux: & par consequent il faudroit aussi confesser, que le monde menace ruine, qui est bien loing de l'eternité par luy supposee. Il faut donc confesser, que cela nous est clos & couuert, & qu'il n'y a que Dieu qui en dispose à sa discretion.

tion. C'est pourquoy on voit changer les saisons, le bestail mourir, les famines suruenir, pleuuoir du sang, des pierres & autres choses estranges. Demeurant neantmoins le cours des Astres en leur estat : mais Dieu retire sa benediction tantost de la terre, tantost des eaux, tantost du bestail, & enuoye la famine, la peste, & la guerre sur les hommes. Or la prediction de telles choses, voyāt les miracles, n'est point illicite, pourueu qu'on l'attribue à Dieu, & non pas aux Idoles, comme faisoyent & font encores les Payens. Les Atheniens, dit Plutarque, [3] brusloyent anciennement tous vifs comme heretiques, ceux qui disoyent, que l'eclypse se faisoit par interposition de l'ombre du corps de la terre, ou du corps de la Lune, & appelloyent telles gens μετεωρολεσχεῖς, c'est à dire, trop curieux des choses hautes, & secrets des Dieux. Et mesmes les Romains [3] la nuict precedente la defaite du Roy Perseus, voyant l'eclypse, frappoyent des armes & morions, pour faire venir la clarté de la Lune. Et les Indois pleuroyent, pensant que le Soleil leur Dieu, eust frappé la Lune à sang. Telles superstitions ont presque pris fin par tout, comme aussi les Augures, touchant le vol des oyseaux, dont les liures des anciens sont pleins. Car il ne se faisoit ny assemblee de peuple, ny paix, ny guerre, que les Augures ne fussent appellez, pour voir la disposition de l'air, des oyseaux, & autres vanitez semblables & pleines de superstition, & d'impieté, & defendues

3. in Pericle.

3. Plutarchus in Aemylio, & Tacitus in Druso.

οἰωνιστικὴ, ὀρνιθομάντεις.

par

par la loy de Dieu. Et à ce propos Iosephe [4] recite, qu'il y eut vn Capitaine Iuif, qui tua l'oiseau sur lequel les Augures prenoyent leur prediction, disant, que c'estoit chose bien estrange de demander l'issue de la guerre, à vne beste brute, qui ne sçauoit pas la sienne. Mais il y a bien vne autre raison, pour monstrer la vanité de telles choses. C'est que les Latins tenoyent pour chose honteuse, de voir le vol des oyseaux à senestre, & les autres peuples à dextre, comme Ciceron a remarqué, au liure de la Diuination, qui monstre bien, que ce n'est qu'imposture & mensonge, puis que les principes des vns sont contraires aux autres, tant pour la disposition de l'air, que pour le vol des oyseaux. Car le fondement de la science Augurale estoit de constituer le temple, c'est à dire, la region de l'air, où l'on contemploit, pour sçauoir où estoit la dextre & la senestre du monde: en quoy tous les autheurs Grecs, Latins & Barbares sont differens entre eux, & auec les Hebrieux, côme i'ay remarqué [5] ailleurs. Aussi Hieremie le Prophete, quãd il parle des Arondelles, des Torterelles, & des Cygongnes, dit bien qu'elles sçauent le temps de leur retour, mais il ne dit pas, qu'elles sçachent les yssues des batailles & autres choses semblables. Encores estoit la consideration des hosties, [5] du foye, du cœur, du fiel, des intestins plus estrange, pour sçauoir si la chose qu'on entreprenoit, succederoit heureusement. En quoy il y auoit double impieté, tant pour la recerche de la verité

4. In bello Iudaico.

5. Methodo historia, c. 5

5. ἡ ταυλοσκοπία.

rité en telles choses, que pour le sacrifice fait aux idoles: Vray est qu'on ne peut dire, que ceux qui en vsoyent fussent Sorciers, car ils y alloyent de la meilleure conscience qu'ils eussent, & pensant faire chose agreable à Dieu. Or nous auons dit, que le Sorcier est celuy, qui sciemment vse des moyens diaboliques, pour paruenir à quelque chose, comme seroit celuy qui en vseroit ainsi, cognoissant la defense portee par la loy de Dieu. Disons donc des autres impostures diaboliques, qui estoyent (entre les Payens) plus apparentes en impieté.

DE

DE LA MAGIE EN GENERAL,
ET DES ESPEces d'icelle.

LIVRE SECOND.

CHAPITRE PREMIER.

LE MOT de Magie est Persique, & signifie science des choses diuines & naturelles : & Mage, ou Magicien n'estoit rié autre chose, que Philosophe. Mais tout ainsi que la Philosophie a esté adulteree par les Sophistes, & la Sagesse, qui est vn don de Dieu, par l'impieté & idolatrie des Payens: aussi la Magie a esté tournee en Sorcelerie diabolique. Et le premier qui fust ministre de Satan, pour publier ceste impieté en Perse, fut Zoroaste, & neantmoins elle estoit couuerte du voile de pieté, comme le Diable est coustumier de faire. Car les hommes bien nez, ont tousiours horreur des meschancetez. Pline au xxx. liure, chapitre 1. en parle ainsi *Magica fraudu fraudulentißima artium, plurimùm in toto terrarum orbe, plurimisque saeculis inualuit: authoritatem ei maximam fuisse nemo miretur, quandoquidem sola artium tres alias imperiosißimas humanae mentis complexa, in vnam se redegit. Natam primùm è medicina nemo dubitat, ita blandißimis promißis addidisse vires religionis, ad quas maxime caligat humanũ genus: deinde miscuisse artes Mathematicas.* C'est pourquoy Iãblique, Plotion, Porphyre & l'Empereur Iulian l'Apostat, ont definy la Magie, estre l'inuocation des bons Demons : & la Geotie estre l'inuocation des malins esprits, qu'ils ont reprounee, de laquelle vsent ceux qui võt aux sepulchres la nuict deterrer les morts, & inuoquer les esprits. Et mesme l'aueugle Sorcier, qui fut pendu à Paris l'an M.D.LXXIIII.& qui en accusa cent cinquante, & plus, disoit vn iour à vn gentil-homme qui m'en a fait le conte, qu'il vouloit seulement luy monstrer la Magie blanche, & nõ pas la Magie noire. Comme Leon d'Affrique escrit, que les Sorciers d'Affrique inuoquent les blancs Demons. Aussi voit-on que les liures du grand docteur en l'art diabolique, que ie ne nommeray point, pour le desir que i'ay d'enseuelir son impieté à iamais, au commencemẽt de ses liures ne parle que de Physique, & de Philosophie, de la vertu occulte des eaux, des plantes, des animaux, des metaux, puis des nombres & des astres: Et au quatrieme liure, qui est la clef, qu'il auoit promise, & q̃ ses disciples Sorciers ont publiee, il mesle

S. γ. ἢ πεις ἀπὸ τῶν γοῶν καὶ θρηνῶν πεςὶ τᾶς τάφυς.

sa

sa poison diabolique, des caracteres, & noms de Diables, & des Esprits, & l'inuocation d'iceux. Auicenne & Algazel sont en mesme erreur, en ce qu'ils tiennent, que tout ce qui est fait par les Sorciers, se faict par causes naturelles, qui est le vray moyen pour piper les gentils esprits, & les attirer à toutes sortes de sorceleries: comme en cas pareil ils ont trouué le mot d'Esprit familier, & en Afrique les Demons blancs: & en Greece les Sybilles: & en Alemaigne les blanches Sybilles, & en France les Fees. Dequoy i'ay bien voulu aduertir les lecteurs, à fin qu'ils ne s'abusent soubs le voile de ces beaux mots. Car comment est possible ce qu'escrit ce bon docteur, que chacune Planete, voire chacune estoille ait vn mauuais Demon, aussi bien qu'vn bon Demon, puis qu'il n'y a point de Diables au Ciel, & que tout ce mal est enclos au monde elementaire, qui n'est qu'vne petite particule de ce grand monde, & qui est distante du Ciel de la Lune, de plus de cinquante mil lieuës. Or tous les Theologiens, & Philosophes demeurent d'accord, que chacun a son Intelligence ou Ange, pour le mouuoir. Posons que chacune estoille ait aussi son Intelligence, si n'y eut il iamais Philosophe, qui pensast qu'il y eust des malins esprits au Ciel: & beaucoup moins deux Demons contraires s'accorderoyent en leurs actions, & mesmement au mouuement inuariable, & immuable des corps celestes. Car ce n'est pas ainsi que l'homme, qui est libre à bien
ou!

ou à mal faire, & qui est tantost agité du malin Esprit, quand il se tourne & addonne à meschancetez: tantost du bon esprit, quand il se retourne à Dieu. D'auantage comment est-il possible d'inuoquer le bon Ange, ou blanc Demon des Planetes, qu'on ne commette vne damnable idolatrie, en adorant ou la Planete, ou son Demon, ou les deux ensemble, attendu mesmes la façon des sacrifices ordonnez par ce gentil maistre, qui prend la pierre, la plante, l'animal, le nombre, le caractere, le metal, l'aspect, le temps propre à la Planete, auec les charmes, hymnes & inuocations, qu'on ne commette vne idolatrie damnable? ou de quelle source sont sorties toutes les idolatries de Bahal, qui est le Soleil, & Apollon, & de la Lune Royne des cieux,[2] ainsi appellee par Hieremie, que de ces idolatries là? Or Dieu iure en Hieremie, qu'il destruira à feu & à sang, & par pestes & famines, tous ceux-là qui ont adoré la Royne du Ciel: que le peuples de Septentrion appelloyent & adoroyent en nom masculin, comme font encores à present les Alemans, suyuans l'ancienne superstition de leurs peres, qui pensoyent qu'il n'y auoit que ceux-là maistres de leurs femmes, qui appelloyent la Lune en masculin: comme l'Empereur Caracalla disoit, ainsi que nous lisons en Spartian. C'est pour respondre à Iamblique, Procle, & Porphyre, & à ces maistres Docteurs en l'art Diabologique, qui ont attiré des millions d'hommes en leur impieté, disāt, qu'il faict tout vnir,

2. Hier. 32.

H

& par les creatures elementaires attirer les estoilles, & planetes, & par icelles leurs Demons, & puis les Anges & moindres Dieux celestes, & puis par ce moyen auoir Dieu. Et neantmoins tous ces beaux mediateurs n'attirent que Satan, comme a faict Agrippa, qui a voulu côtrefaire ces anciés Docteurs, & pour ceste cause, le xxvi. article de la determination de la Sorbonne, faicte l'an M. CCCXCVIII. a tranché & condamné l'impieté de ceux qui tiennent, que la puissance & vertu des intelligences celestes decoule en l'ame, tout ainsi que la puissance des lumieres & corps celestes, decoule dedans les corps: mais il faut encores condamner pour impieté detestable, que chacune estoille a vn mauuais Demon: iaçoit que le Philosophe Aphrodisee a reietté c'est erreur, comme aussi ont faict Porphyre, Procle, Iamblique: mais ceux-cy du meilleur sens qu'ils eussent, ieunoyent, & sacrifioyent aux bons Demons, & autres petits Dieux, & demy-dieux, meslant parmy Hercules, Bacchus, Apollon, Æsculape, les Anges, & autres semblables. C'est pourquoy Dieu en sa loy tant de fois a repeté, qu'il ne failloit seruir ny adorer autre Dieu que luy. Car le mot Hebrieu *Thiftanch*, qui est au Decalogue, & le Chaldean *Tifgar*, qui est tout vn, ne signifie autre chose, que s'encliner, que les Latins disent adorer. Gaii, dict Pline, *adorando dextram ad osculum referunt: totúmque corpus circumagunt, quod in lænum fecisse religiosius esse putent, tant.* C'est à dire, que les François tournent le corps en faisant la reuerence, ou adorant & baisant la main dextre : & pensent que c'est vn mauuais presage de se tourner à gauche. Or Dieu preuoyant, que les Payens s'adresseroyent premierement aux Estoilles & Planettes, & autres creatures, il le defend bien expressement sur la vie : Et qui plus est, il defend 4 de faire degrez à son autel, pour y monter : à fin qu'on allast droict à luy, & non-pas par les degrez que les Platoniciens, Pythagoriens, & autres Payens suiuoyent. Et faict bien à noter, que le commandement de ne faire degrez pour aller à l'autel de Dieu, est mis tost apres au Decalogue, & au mesme chapitre, où il n'estoit mention, ny pres, ny loin, de temple ny d'autel : qui monstre bien, qu'il ne doibt pas s'entendre des pierres seulement. Or pour monstrer l'impieté de ceste belle Magie blanche, c'est, que celuy qui se vouloit seruir pour iouyr, & obtenir ce qu'il pretendoit, portoit l'effigie de la Planete, faicte & forgee auec les solemnitez prescriptes : ce que i'ay bien voulu remarquer : par ce que i'ay veu de grands Seigneurs, & mesmes des personnages qui estoyent en reputation, s'amuser à telles impietez, voire bailler à vn des plus grands Princes de la Chrestienté, qu'il n'est icy besoin de nommer, vne image d'or de Iuppiter, forgee par la Theurgie, qu'il portoit sur luy, pour le faire plus grand, & qui luy fut trouuee pendue au col apres sa

4. Exod. 20. c.

mort, qui fut miserable. Aussi auoit il vn Sorcier Neapolitain, qu'il appelloit son Conseruateur, à douz cens liures de gages. Or le commandement de Dieu, qui dict. Tailler ne te feras image, vse du mot Hebrieu, *passel*, פסל, qui signifie toute image moulee, taillee, grauee, burinee, & l'idolatiō en ceux qui portent telles images & caracteres, est plus grande sans comparaison, qu'en ceux qui s'enclinent deuant les images de ces deux que i'ay dit : ce qui toutesfois est defendu par la loy de Dieu, sur peine de la vie. 5 Mais la difference des Pythagoriens, Academiens, & Payens, qui vsoyent de telles choses de la meilleure conscience qu'ils eussent, est notable. Car ils n'estoyent pas Sorciers, encores qu'ils fussent idolatres, pensans adorer Dieu, & dignement le seruir par tel moyen : Mais bien ceux-là sont Sorciers, qui sçauent la defense, & sçauent que le Diable est autheur, & inuenteur de telles meschancetez, & neantmoins en vsent. Poursuyuons donc par le menu, & le plus sobrement que faire se pourra, les moyens qui sont illicites pour s'en garder, & les bien considerer, quand on viendra à iuger de ceux qui en vsent. En quoy ie me trouue bien empesché. Car de monstrer, & toucher au doigt & à l'œil la façon, les moyens, les paroles, desquelles il faut vser, ce seroit enseigner, ce qu'il faut enseuelir d'vne eternele oubliance. Et de passer aussi en vn mot non entendu, l'impieté, qui se commet en tel cas, ce n'est profiter, ny aux ignorans,

5. Exo. 20. c. 11.

qu'il

qu'il faut aduertir de se garder de la fosse, ny aux iuges, qui veulent estre instruicts de merite du forfaict, à fin de ne iuger à veuë de pays. Et mesmement en ce temps icy, que les villes, les villages, les champs, & les elemens sont infectez de telle poison, iusques aux enfans: combien qu'il me seroit impossible, de remarquer la centieme partie des impietez qui se commettent, & que ie ne veux sçauoir, & quand ie les sçaurois, ie les voudrois supprimer: mais bien, ie mettray quelque chose par escrit de ce que i'en ay leu par escrit, ou és procez qui se sont presentez. Combien que les malins espris, à chacune heure inuentent des nouuelles sciences, nouuelles meschancetez: comme dict le poëte: *ibi nomina mille, Mille nocendi artes, &c.* Or VVier qui se faict appeller Defenseur des Sorciers, ne se peut excuser d'vne impieté extreme, d'auoir mis en son liure les plus detestables formules, qu'on peut imaginer, si bien qu'en apparence il mesdit du Diable & de ses inuétions, & neantmoins il les enseigne & touche au doigt, iusques à mettre les caracteres & mots, que son maistre Agrippa, ne voulut publier tant qu'il vescut. C'est pourquoy i'ay le plus qu'il m'a esté possible, couuert & caché, ce qu'il faut enseuelir d'oubliance, & me côtente, que les iuges cognoissent ce qui merite peine, & les ignorans ne tombent és filets que ce bon protecteur a preparé pour les piper, & tirer à la cordelle de Satan. Les moyens que nous auôs deduicts par cy deuant sont tirez du sort, & semble qu'il n'y a rien que le hazard : mais en celles qui s'enfuyuent il y a des paroles, certains mouuemens & images, qui monstrent euidemment la presence du malin esprit, comme faire danser le tamis, qui a esté vsité des anciens à tout propos : comme on peut veoir en Lucian, dont le prouerbe fut pris, Parler au crible ; c'est à dire, κοσκίνῳ μάντευεσθαι, & Theocrite appelle tel deuin, Crible-sorcier, en ce lieu, ἅτε κι ἀγροιῶτ' ἀλαθέα κοσκινομάντις, & plusieurs le font sans se cacher. Et me suis trouué il y a xx. ans en l'vne des premieres maisons de Paris, où vn ieune homme fit mouuoir deuant plusieurs gens d'honneur, vn tamis sans y toucher, & sans autre mystere, sinon en disant certains mots François, que ie ne mettray point, & les reiterant plusieurs fois : Mais pour monstrer que le malin esprit estoit auec cestuy-là, c'est qu'vn autre en son absence le voulut faire, en disant les mesmes paroles, & ne fit rien. Quant à moy, ie souftien que c'est vne impieté : car premierement c'est blasphemer Dieu, que de iurer autre [6] que luy, ce qu'il faisoit : En second lieu, c'est vn moyen diabolique, attendu qu'il ne se peut faire par nature, & qu'il est defendu par la loy de Dieu. Et de dire que la vertu des paroles y faict quelque chose, on voit euidemment que c'est vne piperie diabolique, de laquelle les malins esprits ont accoustumé d'vser, pour attrapper les ignorans, & les acheminer peu à peu à leur escole. Et mesmes Iean Pic,

6. Deu. 19.
Hier. 5. &
12.

Pic, Prince de la Mirande escrit,⁷ que les mots   7. *In positionibus.*
barbares & non entendus, ont plus de puissance en la Magie, que ceux qui sont entendus. Et pour le descouurir encores plus, il n'y a païsant de village qui ne sache, que le moyen d'vn vers des Psalmes, que ie ne mettray point, estant prononcé pendant qu'on faict le beurre, il est impossible de faire rien. Et me souuient, qu'estant à Chelles en Valois, vn petit laquais empeschoit la chambriere du logis de faire son beurre : elle le menaça de le faire fouëtter pour luy faire oster le charme, ce qu'il fit, ayant dict à rebours le mesme vers, aussi tost le beurre se feist : combien qu'on y auoit employé presque vn iour entier. Si c'estoit qu'on y mist du succre tant soit peu, il est bien experimenté, que le beurre ne se peut coaguler : Et celà est vne Antipathie naturele : comme en cas pareil, vn peu de cuyure ietté en la fournaize de fer, empesche que la mine de fer puisse fondre, & se tourne entierement en cendre : c'est pourquoy les forgerons ayant allumé le feu, veillent à cela, que personne n'approche de leur forge, craignant qu'on n'y iette de cuyure. Mais on peut demander, s'il est licite de prononcer vn passage de la Saincte escriture, comme de dire vn verset des Psalmes, quand on se couche, pour s'eueiller à quelle heure on voudra. Et combien que le verset est pour exciter Dauid à prier & chanter les loüanges de Dieu, si est-ce que ie ne le mettray point, parce que c'est mal faict de

donner quelque force aux paroles, quand il n'y auroit autre chose que d'y adiouster foy, c'est tousiours pour passer outre, & par tels commencemens se precipiter en choses superstiticeuses & meschantes. Et à fin qu'on ne soit pipé par les Sorciers, leurs receptes sont pleines de belles oraisons, de Psalmes, du nom de Iesus Christ à tout propos, de la Trinité, de croix à chacun mot, d'eau beneiste, des mots du canon de la Messe, *Gloria in excelsis: Omnis spiritus laudet Dominum: A porta inferi: Credo videre bona Domini, &c.* Qui est chose d'autant plus detestable, que les paroles sainctes sont appliquees aux sorceleries. Et par ainsi ceux qui prennent la hache, & la mettent droict à plomb, en disant quelques paroles sainctes, ou Psalme, & puis nommant les noms de ceus desquels on se doubte, pour descouurir quelque chose, à la prolation du nom de celuy qui est coulpable, que la hache se mouue, c'est vn art diabolique, que les anciens appelloyent Axinomantie. [8] Et en cas pareil, la Dactylomantie auec l'anneau [9] sur le verre d'eau, de laquelle vsoit vne fameuse Sorciere Italienne en Paris, l'an M.D.LXII. en marmotant ie ne sçay quelles parolles, & deuinoit par fois ce qu'on demandoit par ce moyen, & neantmoins la pluspart y estoyent trompez. Ioachim de Cambray recite, que Hierome Moron depuis qu'il fut Chancelier de Milan, auoit vn anneau parlant, ou plustost vn Diable, qui en fin paya son maistre, & le feist chasser de son estat.

Toutes

8. ἀξινομαντια.
9. δακτυλοι μαντια.

Toutesfois il y en a qui appellent ceste sorte Hydromantie, & disent que la Dactylomantie, s'entend des anneaux où les Sorciers portent les esprits, qu'ils appellent familiers, que les Grecs appellent δαίμονας παρέδρους: & quant à l'Hydromantie, & Pagomantie, qui se pratiqua és fontaines, on tient que Numa Pompilius en vsoit. Mais Varron l'entend autrement, quand il dit, qu'vn ieune enfant apperçeut vne image en l'eau (estant employé par les Sorciers) qui prononça cinquante vers de toute la guerre Mithridatique, au parauant qu'elle aduint. Aussi peut on doubter, qu'elle estoit l'Aëromantie, si ce n'estoit partie de la science Augurale, qui deuinoit par la disposition de l'air. Quant à celle qu'on disoit Alphitomantie, ou Aleuromantie, c'estoit aussi vne sorte de diuination par farine, de laquelle parle Iamblique: mais il ne dict poinct comment. Il parle aussi de Lithomantie, par pierres qu'il n'explique point: mais ie l'ay touché cy dessus, interpretant le passage de la loy de Dieu, qui defend d'adorer la pierre d'imagination: où il semble que c'estoit vne pierre exactement polie en forme de miroüer, pour imaginer, & deuiner. Mais bien pourroit-on aussi appeller la diuination, qu'on cerche par la pierre, en portant l'Amethiste au doigt, qui s'appelle אלחלום en Hebrieu, & Arabesque, pour la proprieté naturelle qu'elle a de faire songer, car l'article א est Arabesque, le reste de la diction Hebraïque signifie Songe. Autant

4. ἰδρομαντεία.
ex aquis.

5. παγομαντεία.
ex fontib.

6. ἀερομαντεία.
7. ἀλφιτομαντεία.
ἀλευρομαντεία.
9. Libro 3. cap. 12.
0. λιθομαντεία.
ex lapide.

peut-on dire de la diuination du Laurier, qu'on appelle Daphnomantie, ² qui est la plante dediee anciennement à Apollo, pour l'opinion qu'on a qu'elle faict songer, & qui a grande force en Magie, comme disoit Procle Academicien. I'accorde bien qu'il faict songer, comme aussi faict toute plante odoriferante & toutes fumees: mais ie tien que c'est chose illicite, & diabolique d'en vser, pour sçauoir la verité des choses: car c'est auoir recours à la creature, & laisser le Createur en termes de diuination: ce qui est defendu estroictement. Nous ferons mesme iugement de la Cephalonomantie, ³ qui est la diuination par la teste d'vn Asne, ie n'ay point leu comment celà se faisoit: mais ie croy qu'elle estoit venue des Ægyptiens. Car nous lisons en Iosephe, contre Appion le Grammarien Ambassadeur vers l'Empereur Caligula, qui calomnie les Iuifs d'auoir eu au temple de Dieu vne teste d'Asne. Quant à la Pyromantie, ⁴ & Capnomantie, qui estoit la diuination, qu'on prenoit par feu, & par fumee de certaines semences, elle est plus diabolique que les precedentes: Car elle tire apres soit vne perfumigation & encensement, pour donner le suiet, & corps au malin esprit: & de celle-cy plusieurs ignorans sont pipez par les Sorciers, qui disent que ce n'est que Magie blanche. Il s'en faut mieux garder que de la peste. Quant à la Rabdomantie, ⁵ ie l'ay veu practiquer à Tholoze par vn medecin qui marmotoit quelques paroles

2. δαφνο-μαντεια. à lauro.

3. κεφαλ-ονομαν-τεια. ex capite.

4. πυρομαν-τεια, κα-πνομασ-τεια. fumees.

5. ῥαβδ-ομαντεια. ex virgis.

roles tout bas, pour faire baiſer les deux parties de la verge: mais il ne pouuoit rien faire: diſant que ceux qui eſtoyent preſens n'auoyent point de foy Apres auoir faict cela, ils en prennent deux petits lopins, qu'ils pédent au col, pour guarir de la fieburequarte. Tout cela ne vaut rien, & tels charmés de paroles ne ſe peuuent faire, ſans l'aſſiſtance de Satan. Quant à la Xylomantie, 6 il y a vn docteur Hebrieu, qui en faict mention au liure où il a extraict les ſix-cens & treize commandemens de Dieu, & dit qu'elle ſe practiquoit en Sclauonie, auec des petits lopins de bois. Ie ne ſçay que c'eſtoit, & me ſeroit impoſſible de recueillir tout ce qui en eſt S. Thomas d'Aquin 2 en a recité pluſieurs, & non pas toutesfois la centieſme partie: Mais il ſuffira de ce que i'en ay dit, pour iuger des ſemalables, où il eſt queſtion de paroles ſecrettes, ou caracteres qu'on applique auec les ſimples. Nous dirons en ſon lieu, ſi la parole a quelque effect ſans autre action. Mais de toutes ces ordures, il ny en a point de plus frequentes, par tout, ny de gueres plus pernicieuſes, que l'empeſchement qu'on donne à ceux qui ſe marient, qu'on appelle lier l'eſguillete, iuſques aux enfans qui en font meſtier, auec telle impunité & licence, qu'on ne s'en cache point, & pluſieurs s'en vantent: qui n'eſt pas choſe nouuelle: car nous liſons en Herodote, 2 que le Roy d'Egypte Amaſis, fut lié & empeſché de cognoiſtre Laodicée femme

6. ξυλομαντεία.

2. Thomas. 2.2.diſ.95. & 26.q.4. igitur.& q. 5. nec mitem. & 26. q.2. & Gaſpar Peucer.

iuſques

iusques à ce qu'il fut deslié par charmes, & precatiõs solennelles. Et en cas semblables, les concubines de Theodoric, vserent de mesmes ligatures enuers Herman‑ge, comme nous lisons en Paul Æmyl, en la vie de Clotaire 2. Les Philosophes Epicuriens se moquent de ces merueilles, si sont ils estonnez de ces noüeurs d'esguilletes, qui se trouuent par tout & n'y peuuent iamais donner aucun remede. C'est pourquoy au Canon. *Si per sortiarias* il est dit ainsi, *Si per sortiarias, & maleficas artes, occulto, sed nunquam iniusto Dei iudicio permittente, & Diabolo præparante, concubitus non sequitur, ad Deum per humilem confessionem est recurrendum.* De ce passage on peut retirer quatre ou cinq choses notables : Premieremẽt, que la copulation se peut empescher par art malefique, en quoy s'accordẽt les Theologiẽs, & mesmes S. Thomas d'Aquin, sur le IIII. liure des Sentences, *distinctione* XXIIII. où il est escrit, qu'on peut estre lié pour le regard d'vne femme, & non pour les autres, & au dernier chapitre, *de Frigidis* : En second lieu, que cela se fait par vn secret, & toutesfois iuste iugement de Dieu, qui le permet : En troisieme lieu, que le Diable prepare tout cela : En quatrieme lieu, qu'il faut auoir recours à Dieu par ieusnes, & oraisons. Or ce quatrieme poinct est bien notable, d'autant que c'est vne impieté, de s'efforcer d'estre deslié par moyens diaboliques, comme plusieurs font : Car c'est auoir recours au Diable, & aux superstitions diaboli diaboliques. Encores est il plus estrange, que les petits enfans qui n'ont aucune cognoissance des sorceleries, en vsent, en disant quelques paroles, & noüant vne esguillette. Et me souuient auoir ouy dire à Riolé, Lieutenant general de Blois, qu'vne femme à l'Eglise apperçeut vn petit garçon noüant l'esguillette sous son chapeau ce pendant qu'on espousoit deux personnes, & fut surpris auec l'esguillette, & s'éfuit. Estant aussi à Poictiers aux gràds iours, substitut du Procureur du Roy l'an M.D.LXII. on m'apporta quelques procez de Sorciers, comme ie recitoy le faict du procez à mon hostesse, qui est Damoiselle en bonne reputation, elle discourut comme fort sçauante en telle science, en la presence de Iacques de Beauuais greffier des insinuations: & de moy, estans logez ensemble, qu'il y auoit plus de cinquante sortes de noüer l'esguillette: l'vne pour empescher l'homme marié seulement, l'autre pour empescher la femme mariee seulement, à fin que l'vn ennuyé de l'impuissance de sa partie commette adultere auec d'autres. D'auantage elle disoit, qu'il n'y auoit gueres que l'homme qu'on liat: Puis elle disoit qu'on pouuoit lier pour vn iour, pour vn an, pour iamais, ou du moins d'autant que l'esguillette dureroit, s'ils n'estoyët desliez, & qu'il y auoit vne telle liaison, que l'vn aymoit l'autre, & neantmoins estoit hay à mort: l'autre moyen qu'ils s'aymoyent ardemment, & quand c'estoit à s'approcher, ils s'egratignoyent, & battoyent outrageusement: comme de faict estant à Tholoze, on me dit, qu'il y auoit eu vn homme & vne femme, qui estoyent ainsi liez, & neantmoins trois ans apres ils se rallierent, & eurent de beaux enfans. Et ce que ie trouue plus estrange, est, que la damoiselle disoit, que tandis que l'esguillette demeuroit noüee, on pouuoit voir sur icelle, qu'il y venoit des enfleures, comme verruques, qui estoyent, comme elle disoit, les marques, des enfans qui fussent procrées, si les personnes n'eussent esté noüees: & qu'on pouuoit aussi noüer, pour empescher la procreation, & non pas la copulation. Elle disoit encores qu'il y a des personnes, qu'il est impossible de noüer: & qu'il y en a qu'on peut noüer deuant le mariage, & aussi apres qu'il est consommé, mais plus difficilement: Et passant outre, elle disoit qu'on peut empescher les personnes d'vriner, qu'ils appellent cheuiller: dont il aduient que plusieurs en meurent: comme i'ay sçeu qu'vn pauure garçon en cuida mourir, & celuy qui l'auoit cheuillé osta l'empeschement, pour le faire vriner en public, & se moquer de luy: depuis le maistre Sorcier quelque temps apres mourut furieux & enragé. La Damoyselle nous recitoit aussi les diuerses paroles propres à chacune liaison, qui ne sont ny Greques, ny Hebraïques, ny Latines, ny Françoises, ny Espagnoles, ny Italienes, ie croy qu'elles ne tiennent rien non plus des autres langues, & de quel cuir, de quelle couleur il falloit que fust l'esguillette.

guillette. Iamais tous le docteurs qui ont escrit sur le titre *de frigidis & maleficiatis*, n'ont rien entendu au prix de celle-là. Et d'autant que cela estoit commun en Poictou, le iuge criminel de Nior, sur la simple delation d'vne nouuelle espousee, qui accusoit sa voisine d'auoir lié son mari, la feit mettre en prison obscure l'an 1560. la menassant qu'elle ne sortiroit iamais, si elle ne la deslioit : deux iours apres la prisonniere manda aux mariez, qu'ils couchassent ensemble. Aussi tost le iuge estant aduerty qu'ils estoyent desliez, lascha la prisonniere. Et pour mõstrer que les parolles, ny les esguillettes n'y font rien, ains que tout celà est conduict & mené par l'artifice & malice du Diable, qui s'ayde des hommes, aydant aussi leur meschante volonté, il appert en ce, que les paroles Latines de Virgile, que ie l'aisseray, & le carme qu'il met, pour empescher la conionction, est intelligible, & emporte quatre mots en forme de carme, & ceux desquels on vse sont du tout barbares. Et Virgile veut qu'on face neuf neuds, nos lieurs n'en font qu'vn : Et faict bien à noter, que le diable, ny ses ministres Sorciers, n'ont point de puissance de lier les autres sens, ny empescher les hommes de boire & manger : comme en cas pareil ils n'ont pas la puissance d'oster vn seul membre à l'homme horsmis les parties viriles, ce qu'ils font en Alemaigne, faisant cacher & retirer au ventre les parties honteuses. Et à ce propos Sprgãer recite, qu'vn hõme à Spire, se pensant

priué

priué de ses parties viriles, se fist visiter par les Medecins & Chirurgiens, qui ny trouuerent rien, ny blessure quelconque, & depuis ayant appaisé la sorciere, qui l'auoit offensé, il fut restitué. Il en recite vn autre d'vn de Rauenspurg, qui print la Sorciere pour l'estrangler, qui le restitua par force. Or tous les Hebrieux demeurant d'accord que le Diable, par la permission de Dieu a grand pouuoir sur les parties genitales, & sur la concupiscence, & disent en allegorie, que Satan est porté par le Serpent. Philon & tous les Hebrieux, disent, que le Serpent en ses allegorie, signifie Volupté, qui se traine sur le ventre. Aussi voyons nous en Tobie: [3] qu'vn malin esprit tua sept maris, qui auoyent espouzé la fille de Raguel, la premiere nuict de leurs nopces. Et ne faut pas esmerueiller, si le Diable se sert fort de telles liaisons: car premierement il empesche la procreation du genre humain, qu'il s'efforce tant qu'il peut d'exterminer: En second lieu, il oste le sacré lien d'amitié d'entre le mary & la femme: En troisieme lieu, ceux qui sont liez vont paillarder ou adulterer. C'est donc vne impieté detestable, & qui merite la mort, comme nous deduirons en son lieu: Et neantmoins la plus-part de ceux qui vsent de telles liaisons, n'ont point de conuention expresse auec le Diable, & ne l'inuoquent point, mais il est bien certain, qu'il est tousiours auec telles gens. Disons dõc maintenãt de ceux qui inuoquẽt le Diable: car les Sorciers ne sont pas tous d'vne qualité.

3. cap. 7.

D. 5

Des inuocations tacites des malins Esprits.

CHAP. II.

A DIFFERENCE est bien notable des Sorciers, ce qui est besoin d'estre bien entendu, pour la diuersité des peines. Car ceux desquels nous auons parlé iusques icy, ne font point d'inuocation de malins esprits, & entre ceux-cy la difference est aussi bien grande: car les vns vsent de quelques paroles & mysteres, sans expresse inuocation, & neantmoins tendans à fin que l'esprit die, ou monstre la verité de ce qu'on cerche: les autres vsent d'inuocation expresse. Les plus anciens Assyriens & Chaldeās, vsoyent fort de Lecanomantie, 7 r'emplissant vn bassin d'eau, & y mettant lames d'or & d'argent, & pierres precieuses, portans certains caracteres, & apres les paroles prononcees, on entendoit vne voix subtile, comme vn sifle sortant de l'eau qui rendoit responce, sans inuocation expresse. Et la Gastronomantie 8 se faisoit par vaisseaux de verre ronds, pleins d'eau, & apres auoir allumé des cierges, & marmoté certains mots, on n'oyoit pas la voix, mais on voyoit les responces par marques, & signes. Et en cas pareil la Catoptromantie 9 par miroüers, la Cristallomantie 2 par glaces, ou verres cristallins: comme dit Ioachim de Cābray, qu'il a veu vn

7. λεκανο-μαντεία.
à plus.

8. γαστρομαν-τεία.

9. κατοπτρο-μαντεία.
2. χρυσταλλο-μαντεία.

I

bourgeois de Nuremberg, qui acheta vn anneau de cristallin, par le moyé duquel vn ieune enfant voyoit ce qu'on demandoit: mais depuis l'achepteur se trouua trauaillé du diable, & rópit l'anneau. Celle qu'on dit Onymantie, [3] se faict en frottant l'ongle, ou le cristal de certaines confections, & en disant quelques paroles que ie ne sçay point, puis on faisoit voir à vn ieune enfant, qui n'estoit corrópu, ce qu'on demandoit : car le diable faict à croire qu'il aime la virginité, à fin qu'il puisse par ce moyen atirer les hommes à soy, dez leur tendre ieunesse: en partie aussi pour empescher la procreation du genre humain : & neantmoins il incite les personnes qu'il a gaignees, à paillardises contre nature, & à Sodomies detestables. Quant à la Catoptromantie, de laquelle faict mention [4] Pausanias *in Achaicis*, elle estoit autre que celle, de laquelle vsent les Sorciers. Car si quelqu'vn vouloit sçauoir s'il rechaperoit de sa maladie, il mettoit vn miroüer en la fontaine de Patras, deuant le temple de Ceres, & s'il voyoit la figure d'vn mort, on iugeoit qu'il mourroit, & s'il voyoit vn homme plein de vie, il en rechapoit. Mais il fait bien à noter, comme le diable pipe le genre humain en telles sorceleries: car d'autant qu'il y a des gens de bien, & conscientieux, qui ne voudroyent pour mourir inuoquer le diable, il leur fait croire, que c'est la vertu des paroles, ou des caracteres, ou des herbes, ou des animaux, & par ce moyen il seduit souuent ceux qui pensent estre les plus aduisez:

Et

Et mesmes Virgile, qui estoit en reputation de grand Sorcier, dit,

Carmina vel cœlo possunt deducere Lunam:
Carminibus, Circe socios mutauit Vlyssis.

Et en autre lieu:

Frigidus in pratis cātādo rūpitur anguis, &c.
Atque satas alio Vidi traducere messes. Et,
Hac se carminibus promittit soluere mentes,
Sistere aquā fluuiis, & flumina vertere retrò,
Nocturnósque ciet manes: mugire videbis
Sub pedibus terrā, & descēdere mōtibus ornos.

Et Ouide passe outre, quand il parle de la Sorciere qui disoit,

Cùm volui, ripis ipsis mirantibus, amnes
In fontes rediere suos, concussáque sisto,
Stantia coucutio cantu freta, nubila pello,
Nubiláque induco, ventos abigóque, vocóque,
Viperas rumpo verbis, & carmine fauces:
Et syluas moueo, iubeóque tremiscere montes,
Et mugire solum, manésque exire sepulchris.
Te quoque Luna traho, &c.

Qui seroyent choses bien estranges, si elles estoyēt veritables: mais c'est beaucoup de charmer & fasciner tellement les hommes qu'ils pensent à veüe d'œil, que tout cela soit veritable, encores qu'il n'en soit rien: Et ne se peut faire par la vertu des paroles, quoy que les plus sçauans en telles sciences ayent escrit, mais le diable est seul autheur, & ministre de telles fascinations. Et n'y a point de plus fort argument que celuy que i'ay dit, que le diable en toutes langues trompe les hommes, par le moyen des paroles Greques, Latines, Barbares & incogneües aux hommes, & neantmoins diuersifiant les mots en diuerses nations, pour mesme chose. Cela se peut veoir en Virgile, & Theocrite Poëtes, l'vn Grec, l'autre Latin, & en Marcellus, & Nicolaus Medecins, & en Pline mesme, qui rapporte plusieurs mots pour telles impostures, qui n'ont rien de semblable aux mots qu'on lit és Sorciers : Et mesmes il y a des croix à tout propos, & des hosties, comme il a esté aueré au procez de l'Aueugle, qui fut pendu à Paris auec deux autres conuaincus, & qui depuis confesserent, qu'ils vsoyent des hosties, & des croix & de plusieurs oraisons, qui est le comble d'impieté, que le diable fait seruir ce que les Sorciers estiment le plus sainct, aux choses les plus detestables. Car il semble, que celuy n'est gueres moins coulpable qui se moque, & blaspheme Iuppiter, qu'il pense estre Dieu (comme faisoit l'Empereur Caligula) que s'il se moquoit de Dieu, lequel regarde tousiours la conscience, & la volonté des hommes : tout ainsi que le premier qui fut appellé Sceuola, pensant tuer Porsenna Roy des Hetrusques, tua son Lieutenant, n'estoit pas moins coulpable que s'il eust tué le Roy. C'est donc le but & l'intention du diable, d'arracher du cœur des hommes, non seulement la vraye religion, ains aussi toute conscience & crainte de mal faire : & faire entendre aux simples, que ce n'est pas luy, mais la force des paroles. Icy peut-estre, on dira, que la

Caba

Cabale, qui est la Philosophie des Hebrieux, donne force aux paroles & caracteres, comme on peut veoir en Reuclin, Galatin, & aux positions Cabalistes de Picus. Ie dy que la Cabale a deux parties: l'vne qu'ils appellent de Beroschit, qui est à dire, *in principio*. C'est le premier mot de la Bible, & celle-cy est la vraye Physique & Philosophie naturele, declarant ce grand opifice du monde, & les choses secrettes couuertes soubs allegories, & reprenant les opinions des autres Philosophes contraires à la loy de Dieu. La seconde partie est celle qu'on dit de la Mercana, c'est à dire, du chariot, pour la vision d'Ezechiel, où la Majesté de Dieu accompagné de ses Anges est figuree, qui est haute & difficile: & neantmoins rauissant l'intellect en admiration & contemplation du monde intelligible, que les Hebrieux appellent les eaux surcelestes, & la Physique, les eaux inferieures. On voit és Prophetes & en la loy de Dieu, qu'il y a de grands & beaux secrets des œuures de Dieu, cachez soubs les allegories de la Bible, comme on peut voir en Philon, Leon Hebrieu, Origene: & en Salomon, qui y prendra garde de pres. Et que les saincts personnages, & Prophetes ont laissé de bouche en bouche: mais ils n'ont pas si curieusement espluché ny subtilizé sur les clauses, sur les mots, sur les syllabes, sur les lettres, voire iusques aux poincts & figures de chacune lettre, comme depuis ont faict les derniers Iuifs, qui font merueilles de subtilizer sur le grãd nom de Dieu, duquel ils composent LXXII. noms de Dieu, & autant d'Anges:& puis ils subtilizent aussi sur les nombres, qu'ils appellent Sephiroth, & pensent qu'on peut faire merueilles, auec ces noms & nombres:Mais cela m'est fort suspect, quand ie voy que les Sorciers, comme Agrippa & ses complices, soüillent ce grand & sacré nom de Dieu, en le meslant en leurs caracteres : ausquels, Dauid s'adresse, quand il dit,

a.Psal.49.

Aussi dira l'Eternel au meschant,
Pourquoy vas-tu mes edicts tant preschant,
Et prens mon nom en ta bouche maligne,
Veu que tu as en haine discipline?

Reuclin & Agrippa ont faussement escrit, que Iudas Machabee obtint victoire contre Lysias, & Antioche le noble, pour auoir faict peindre en sa cornette ces quatre lettres. מ ב ב כ. qui signifient מיכמוך אלים יהוה qui est semblable à toy entre les forts, ô l'Eternel? C'estoit bien le mot du guet, qu'il donna à son armee, mais non pas que pour les caracteres il emportast la victoire. Et par ainsi les noms de Dieu en la bouche, és tables, és caracteres, ou de ceux qui le tentét, n'est pas sanctifié, ains pollué & blasphemé. Or il est dit en la loy de

a.Leu.24.

Dieu, que celuy qui prononcera son nom par mesprits, doibt estre lapidé. Ie ne doubte point que les malins esprits n'ayent en horreur ce sacré nom,& qu'ils ne fuyent soudain quãd ils oyent prononcer יהוה. Mais il est certain que le nom יהוה qui signifie l'Eternel, prononcé

LIVRE SECOND.

en toutes langues, à mesme effect. Et le seul nom de Dieu, qui est vulgaire & commun, prononcé à bonne intention, soudain chasse les diables, comme il est aduenu toutesfois & quantes qu'vn Sorcier en l'assemblee des autres, a appellé Dieu à son aide: & qui plus est, la seule crainte & frayeur qu'on a de Dieu, chasse les diables, comme nous dirons cy apres. Et mesmes Paul Grilland[5] qui viuoit l'an M. D. XXXII. escrit, qu'il y eut vn pauure homme Sabin demeurant pres de Rome, qui fut persuadé par sa femme de se gresser comme elle, de quelques vnguens, pour estre transporté auec les autres Sorciers (pensant que ce fust la vertu de la gresse, & quelques paroles qu'on dit, & non pas le diable) se voyant transporté au Conté de Beneuent, qui est le plus beau Domaine du Pape, & sous vn grand noyer, où il y auoit infinis Sorciers qui beuuoyent & mangeoyent, comme il sembloit; il fist comme les autres, & comme il eust demandé plusieurs fois du sel, que les diables ont en horreur, en fin on luy apporta du sel, comme il luy sembloit, alors il dit en son Italien, *Laudato sia Dio, pur è venuto questo sale*, Loüé soit Dieu, puis que ce sel est venu. Si tost que le nõ de Dieu fut proferé toute la compagnie des diables & des Sorciers, & toutes leurs viandes, s'esuanoüirent en rien, & demeura le pauure hõme tout nud, qui s'ẽ retourna au pays, à cent lieües de là, mediant son pain: & de retour qu'il fut, accusa sa femme, qui fut bruslee toute viue

[5] *Lib. 1. de sortilegiis.*

apres auoir confeſſé la verité:& en accuſa pluſieurs autres, leſquelles furent auſſi cóuaincues & bruſlees. Qui eſt bien pour móſtrer, que l'effect des merueilles ne giſt pas aux figures, aux caracteres, aux ſyllabes, aux paroles, mais en la crainte de Dieu : & que le diable pour couurir ſes impoſtures, faict ſeruir les paroles & caracteres & hoſties conſacrees à ſes actions. Nous auons dit, que les diables ont le ſel en horreur, & la raiſon en eſt tres-bonne, d'autant que le ſel eſt la marque d'Eternité, & d'immortalité, par ce qu'il ne pourriſt, & ne ſe corrompt iamais, & garde les choſes de corruption & putrefaction : & le diable ne cerche rien que la corruption & diſſolutió des creatures, comme Dieu la generation. C'eſt pourquoy il eſt commandé en la loy de Dieu, de mettre du ſel ſur la table du Sanctuaire, & generalement [3] en tous ſacrifices: Et ſemble que Platon, qui auoit apris des Hebrieux ce commandement, dit que le ſel eſt aimé des Dieux. Et au contraire par la loy de Dieu, il eſt defendu de mettre vin ny miel aux ſacrifices, comme les Payens : qui ſignifie auſſi, qu'il faut prier Dieu ſans flaterie certaine auec diſcretion, prudence, & ſobrieté. En quoy ſe ſont abuſez ceux qui ont penſé, que la femme [9] de Loth fuſt conuertie en ſtatue de ſel, car c'eſt la façon de parler des Hebrieux, qui ſçauoyent les beaux ſecrets [5] de nature, de dire vne ſtatue de ſel, pour ſtatue perpetuele, & en la loy de Dieu il eſt dit, Ie feray auec vous vne alliance de ſel, c'eſt à dire, perpetuelle.

3. Leuit. 2.
9. Gen. 19.
5. Num. 18.

LIVRE SECOND. 137

tuelle. Si la proprieté des caracteres, ou figures des noms de Dieu auoit mesme effect, les Sorciers n'en vseroyent pas en leurs inuocations: car leurs liures en sont pleins. Et par ainsi nous conclurons que la Cabale, c'est à dire,[2] Sapience receüe de Dieu, par le moyen de ses Anges & Prophetes de bouche en bouche, ne gist pas en caracteres ou figures: qui a esté cause que plusieurs l'ont blasmé, comme on faict toutes choses bonnes pour l'abus: Mais bien en la secrete intelligence des merueilles de Dieu, couuerte d'allegories par toute la Saincte Escriture. Car il n'y a quasi propos ny commandement, qui ne porte double sens, & quelquesfois trois. Soit pour exemple le cōmandemēt[3] qui est faict aux Prestres d'enfermer le ladre quand il cōmence, & qu'on apperçoit la moindre playe, & de sept en sept iours le visiter, iusques à ce qu'il soit guary, ou bien qu'il soit tout couuert de ladrerie blanche, depuis la teste iusques aux pieds, alors il est commandé de le lascher: car dict l'Escriture) il est net: mais s'il a quelque partie de la chair viue, il faut garder de frequenter les autres. Philon Hebrieu s'estonne de ce mandement politic, & sur celà il interprete le sens moral, & dit ce me semble, que celuy qui n'a aucune cognoissance de Dieu, & n'a point de sentiment d'iceluy, ne peut gaster les autres : mais celuy qui a quelque sentiment de la loy de Dieu, & de la verité, & neantmoins d'ailleurs est depraué de mauuaises opinions, il est fort dangereux : car

2. In li. quī inscribuntur capite patrū aut פיהיב אות sæpe legitur Moses accepit, quæ tamen scripta in libris Mosis, nusquā reperiūtur.
3. Leuit. 13 & 14.

I 5

soubs le voile de religion, il entremesle la poison d'impieté, comme font les Sorciers auec les noms de Dieu. Outre le sens politic, qui est escrit en la loy de Dieu, & le sens moral, que dict Philon, il y a vn beau secret de nature que pas vn n'a escrit, c'est, que toute chose qui se corrompt infecte l'air, & ceux qui en approchent, iusques à ce que la corruption soit parfaicte : ce que Theophraste[3] au liure des Odeurs dit en trois mots τᾶν σαπρὸν κακῶδες, *quicquid corrumpitur fœdum exhalat odorem*: comme l'œuf qui est fort plaisant, & bon, tesmoing Horace, qui l'appelle *antiquas regum delicias*, quand il comence à estre coué & corrompu, il est puant à merueilles, & infecte l'air, iusques à ce que la corruption soit parfaicte, & que le poulet en sorte: & qui plus est, le basilic & lauande, que les anciens appelloyent *Nardus celtica*, pource que naturellement elle croist en Languedoc, estât couuerte, & pressee, commence à se corrompre, & put bien fort: mais qu'on la laisse entieremét parfaire sa corruption, il en sort vn huile precieux, & de bon odeur: ainsi la semence corrompue demeurant en sa corruption, cause des chancres, des bosses, & verolles estranges, & par mesme moyen le sang de ladres est bien fort infect, quand il se corrompt, iusques à ce que la masse du sang soit entierement tournee : & pendant qu'elle tourne, il y a bien grand danger d'approcher des ladres : mais estant tournee du tout, le danger cesse. Voyla le sens naturel de la

3. In libro περὶ ὀσμῶν.

la loy. Quelquesfois il n'y a que le sens historial, comme il est dit, que Moyse nombra le peuple, & autres choses semblables. Quelquesfois la loy commande ° de couper le prepuce des cœurs: il n'y a poinct de prepuce au cœur:& seroit impossible de le couper, s'il y en auoit. Mais c'est à dire, qu'il faut retrancher les mauuaises pensees, les appetits de vengeance, l'auarice & autres vices: qui est bien pour monstrer aux ignorans, qui ont blasmé la Cabale, que Dieu nous faict toucher au doigt, & monstre à veuë d'œil, qu'il ne faut s'arrester seulement au sens literal, puis qu'il est vray ce que dict l'Escriture, *Litera occidit, spiritus autem viuificat.* Combien qu'il y a vn tresbeau passage en la loy de Dieu, qui le monstre assez sans celà, où il dict, que Moyse estant descendu de la montaigne, où il auoit demeuré quarante iours, & autant de nuicts, mit vn voile sur sa face, pour parler au peuple:& quād il retournoit parler à Dieu, il ostoit son voile, par ce que le peuple ne pouuoit longuement veoir sa face, tāt elle estoit luysante: c'est à dire, outre le sens literal, qu'il ne pouuoit comprendre les secrets & allegories, portees en plusieurs lieux de la loy de Dieu. Toutesfois il est dit, qu'ils apperceurent, l'ayant veu descouuert, que sa face estoit fort resplendissante. Et ceux qui par vne opiniastreté mal fondee, blasment telles expositions, desquels toutesfois les escrits de sainct Hierosme, sainct Augustin, sainct Basile, principalement d'Origene,

o. circumcidite preputia cordium vestrorum.

2. Corint. 2.

5. Exodi c. 34.

rigene, & generalement de tous les Docteurs Hebrieux sont pleins, font iniure à Dieu & à tous ses Prophetes, qui n'ont iamais parlé autrement: Et qui plus est, les hauts escrits de Salomõ, ne sont autre chose, que paraboles & allegories, qu'il a ainsi appeles expressemét, pour faire cognoistre à vn chacun, qu'il ne faut pas s'arrester au sens literal, que les Hebrieux appellent *sensum passuc*, c'est à dire, le sens du verset, dont les mauuais Latineurs ont pris le mot, *in hoc passu*, & ont faict d'vn vers, vn passage. Or il est escrit, que Salomon a eu le comble de sagesse, & que Dieu luy en a plus donné, qu'il ne fist iamais à homme, & neantmoins pour faire esleuer l'esprit des hommes entendus plus haut que la lettre, il dit, que la cognoissance de Dieu, est le fruict que porte l'arbre de Vie. Ce n'est donc pas vn arbre qu'il faut entendre, cõme ceux qui enseignent la lettre. Or il est aduenu que ces bons interpretes du sens literal ont faict vn million d'Atheistes, lesquels prenant au pied de la lettre le Serpent, qui parle en Genese, vont disant, que les bestes parloyent le temps iadis, comme vn Mareschal de France disputant auec vn Prelat de reputation, apres l'auoir ouy prescher, que Adã pour auoir mangé la pomme, auoit attiré tout le genre humain en eternelle dãnation, horsmis vne petite poignee de Chrestiens: voyant que le prescheur ne le contentoit pas du sens literal, dist qu'on faisoit bien des querelles pour si peu de cas. Or ce blaspheme demeura pour gaige és oreilles

les des courtisans, qui en ont faict vn prouerbe: ce qu'on n'eust pas fait, si luy qui entreprenoit d'enseigner les autres eust entendu, & sagement interpreté ce passage : & pour mesme faute Porphyre, aux liures qu'il a composé contre les Chrestiens, pour auoir pris le sens au pied de la terre, touchant l'arbre de Science du bien & du mal, & l'arbre portant le fruict de Vie, à retiré vn nombre infiny d'hommes de la vraye religion, pour les absurditez qu'il tiroit de l'histoire literale, & qui cessent prenant l'interpretation diuine que Dieu a enseignee à Moyse, & aux Prophetes de bouche en bouche, & qu'on voit en Philon, Leon, Moyse fils de Maymon, Leui fils de Iarrhij, Origene, & autres Theologiens Hebrieux, & Chrestiens. C'est ce que dict la Loy, que non seulement les bestes sont immondes, qui ne ruminent, & qui ne diuisent point l'ongle, ains aussi celles qui ne diuisent point l'ongle encores qu'elles ruminent: ce qu'Origene interprete de ceux qui s'adonnent bien à mediter, & contempler la loy de Dieu, mais ils ne font point distinction du sens literal, au sens mystic, de l'esprit, à la chair. Sainct Hierosme [6] appelle Origene le maistre des Eglises Chrestiennes apres les Apostres, & le premier de tous les Docteurs. Et par ainsi, quand nous lisons en la loy de Dieu, que Pharaon faisoit tuer les masles, & gardoit les filles, les Sages Docteurs outre le sens literal, qui demeure veritable, ont aussi entendu, que le Diable figuré par

6. *In Catalog scriptorum.*

par Pharaon, s'efforce de tuer l'intellect, qui est la partie masculine en l'homme, pour faire viure la concupiscéce. En cas pareil quäd il est dit, qu'Abraham chassa la châbriere & son fils, obeissant à Sara la maistresse, les Theologiens Cabalistes ont sagement interpreté, qu'il faut obeyr à la raison, qui est maistresse, & chasser la cupidité, & le peché engendré par icelle. Quand il est defendu de couper les arbres fruictiers en faisant la guerre, faut aussi entendre, qu'il est defendu de tuer les gés de vertu, & les bons artisans. Quand il est dit, qu'on doit couurir son ordure auec de la terre, pour n'infecter l'air, il faut aussi entédre, que le mal n'est plus excusable estant couuert & caché, & qu'il se faut bien garder d'euenter sa vilannie, pour ne donner à personne mauuais exéple. Quand il est defendu de presenter à Dieu vn mouton, vne brebis, qui ne soit toute blâche sans tache, il faut aussi entédre, qu'il faut auoir l'ame qu'ó veut offrir à Dieu, pure & nette: & ne veut pas qu'elle soit boiteuse, qui signifie qu'il faut marcher droict en la loy de Dieu. Philon Hebrieu est admirable en ses interpretations pour le moral, & Leon, & Maymon pour la nature, & le liure du Zoar, qui n'est encores tourné du Chaldean pour tous les deux. Mais tout ainsi que nous auons dit des predictions naturelles, de l'Astrologie, & autres sciences semblables, aussi faut il bien en la Cabale se garder de l'abus qui se commet, & duquel i'ay parlé cy deuant. Car il n'y a chose si saincte, & si sacree
qui

qui ne soit souillee & infectee par Satan, & ses suposts. Car c'est vne imposture diabolique de prendre l'Escriture saincte, pour en vser comme de charmes : & iamais les anciens Hebrieux n'y ont pensé. Ce qui a donné occasion aux Payens, de calomnier la parole de Dieu, & la Cabale des Hebrieux, de laquelle Pline, au xxx. liure chapitre premier, escrit ainsi: *Est alia Magices factio à Mose, & Iochabella Iudæis pendens.* Il a corrompu le mot de *Cabala*, qui signifie en Grec ἀκρόαμα, c'est à dire, Sciéce apprise en escoutant, & qui ne s'escrit point du mot בבל : par ce qu'il estoit defendu d'enseigner la Cabale que de bouche en bouche, & à ceux qui auoyent passé quarante ans: mais il n'estoit point question de prononcer des paroles, pour faire miracles, comme Reuclin, & Galatin ont voulu, qui est vn abus. Et si on me dit, que prononcer vn certain verset des Psalmes, pour s'esueiller à telle heure qu'on voudra, pour prier Dieu, faire d'autres bonnes actions, ne peut auoir rien de Diabolique : Ie confesseray que c'est le premier fondement de sagesse, de se leuer matin pour prier Dieu, & ceux qui offrent les premiers leurs prieres, il est à croire, qu'ils emportent les premieres benedictions, comme fist Iacob à Esau : & pour ceste cause en toute l'Escriture on voit, que les Prophetes se leuent de grand matin pour louer Dieu, & luy sacrifier les premieres actions, comme disoit Dauid, *In matutinis meditabor in te.* & en autre lieu,
Exurge

Exurge pfalterium, exurge cythara, exurgam diliculo: Et en Hieremie, *Mifi ad vos Prophetas, furgendo manè*: Et femble que Dieu au defert eut principalement foin de faire leuer fon peuple matin: car fi toft que le rayon du Soleil auoit dóné fur le manne, il s'en alloit en fumee, & fondoit foudain, cóbien qu'il ne peuft fondre au feu, à fin, dit Salomon, qu'ils fuffent aduertis de remercier Dieu. Neantmoins ie dy qu'il n'eft pas licite d'vfer de la fainéte Efcriture, pour donner quelque force aux parolles, encores que ce foit à bonne fin. C'eft la refolution des Theologiens. Beaucoup moins d'apparéce y a-il de croire, que les Sorciers en vertu des paroles, ayent puiffance de faire mourir les bleds, & fruicts de la terre: Combien que les loix des douze tables portoyent deffenfes expreffes, d'enchanter les fruicts: *Qui fruges excantaffet aut qui malum carmen incantaffet: &c.* Non pas que les Sorciers par leurs charmes facent mourir les fruicts: mais c'eft à l'ayde de Satan, & par mefme moyé ils font la tempefte (cóme nous dirons en fon lieu) & non pas en vertu des paroles, car vn autre Sorcier ne les fçauroit faire, en prononceant les mefmes paroles. Et me fuis efmerueillé, non pas du menu peuple & des ignorans, mais bien de Caton[7], qui tient qu'on peut renouër les membres difloquez par charmes: & de Cefar, lequel montant en fon coche, prononçoit trois fois vn certain carme, pour garder que fon coche ne verfaft [8], ce qu'il fit pour auoir vne fois

[7] apud Pli. lib. 38. cap. 2.

[8] dé Plin.

vne fois versé: Et neantmoins il eſtoit couſtumier de ſe moquer de telles choſe. Et M. Seruilius Nonianus, des premiers Senateurs de Rome, qui portoit en ſon col vn papier, où il y auoit ces ceux lettres, P, & A, pour guerir du mal des yeux. Si c'eſtoit vne bonne racine, vne herbe medicale, qui par ſon odeur & proprieté naturele peut guarir de telles maladies, il y auroit quelque apparéce, comme il eſt certain & bien experimenté, que la racine de la Piuoine, que les anciens appelloyent Pæonie, pendue au col, ſoulage grandement les afligez du mal caduc: mais de pendre à col vn papier, quoy qu'il y ayt eſcrit, ou des caracteres, ie tien auec ſainct Iean Chryſoſtome, [2] & ſainct Auguſtin, que c'eſt vne pure idolatrie aux ignorans, & ſorcelerie à ceux qui ſçauent la defence, & qui neantmoins y adiouſtent foy & fiance: car meſmes c'eſt idolatrie d'attribuer aux herbes, aux plantes, aux animaux & mineraux la force de guerir, ſi par meſme moyen on n'attribue la loüange à Dieu. Et pour ceſte cauſe les Hebrieux diſent, que le Roy Ezechias fiſt bruſler le liure, auquel Salomon auoit compris la vertu & proprieté de tous animaux, plantes, pierres, herbes, & metaux, à fin que par tel moyen, les hommes ne fuſſent induicts à idolatrie: comme en cas pareil, il fiſt bruſler le Serpent de cuyure rapporté du deſert, que le ſimple peuple adoroit. A plus forte raiſon doibt on iuger idolatrie, d'adiouſter foy aux mots & caracteres, qui ne ſont

2. Hom. 32. in Mathæū ca. 23. licet fiant periapta, cū inſcriptione Agnus Dei Libro primo de cæremoniis, & diſtinctione. 7. cap. 3. de conſecratione.

point formez de Dieu, comme les autres creatures, ains sont inuentez des hommes, ou des malins esprits: qui est non seulement Idolatrie, ains aussi pure Sorcelerie. J'appelle Idolatrie auec sainct Augustin, & tous les anciens & nouueaux Theologiens, se destourner du Createur a la creature: Ils vsent de ces mots, *Auersio à creatore ad creaturam*. Aussi voit-on que les paroles ne viennent iamais à reussir à effect, si l'homme n'y met sa fiance: Alors Satan, qui veille, s'entremet à la trauerse, & pour vn temps guarit l'Idolatre, pour en fin le rendre Sorcier parfaict, comme nous dirons en son lieu. On dira, peut-estre, que la voix, la parole de Dieu, les deux tables escrites de sa main, sont œuures de Dieu, comme le Soleil, & la Lune, & le Ciel, & par consequent qu'elles ont force naturele: c'est l'aduis du Prince de la Mirande, & de Reuclin: Mais ie dy que telles paroles n'ont force, sinon pour l'effect, pour lequel Dieu les a prononcees, & grauees de ses doigts, & non pas pour faire la tempeste, & le beau temps, ou autre chose, mais bien pour donner la vie eternele à celuy qui les mettra à execution, comme il est dit, *Hoc fac, & viues*. Mais les paroles des hommes, ou de Satan, n'ont pas plus de force que des fruicts en peincture, ou des statues, & autres choses artificieles. Mais bien Satan a ceste puissance de Dieu, pour en vser enuers les Payens, & Idolatres infideles, & qui mesprisent Dieu, estans abusez soubs le voile des paroles, & mesmement celles qui

qui ne font point entenduës, *quia (dit Pline) minorem fidem homines adhibent iis, quæ intelligunt.* C'eſt pourquoy Galien au ſixieſme liure des Pharmaques ſimples, reiette & blaſme Xenocrate Aphrodiſien, & vn Pamphile, qui contre-faiſoyent les Medecins, auec telles impoſtures. Pline au XXVIII. liure, aux ſept premiers chapitres, eſt plein de telles ſotiſes. Et iaçoit qu'il dict au ſecód chapitre, que les plus ſages s'en moquent, ſi eſt-ce qu'il dit que Teophraſte, Caton, & Ceſar y adiouſtoyent foy, pour certaines maladies. Mais c'eſt choſe eſtrange, & que toute l'antiquité à remarquée, de charmer les ſerpens. Et de faict Dauid accompare le meſchant, à l'aſpid qui bouche ſes oreilles, de peur d'ouyr la voix de l'enchanteur, qui enchante finement. Mais ordinairement les enchâteurs ſont tuez par les ſerpens. C'eſt pourquoy Salomon dit, que perſonne n'aura pitié du Sorcier tué par les Serpens. Et de faict, vn Sorcier de Satisburg deuant tout le peuple, fit aſſembler en vne foſſe tous les Serpens d'vne lieuë à la ronde, & là les fit tous mourir, horſmis le dernier qui eſtoit grand, lequel ſautant furieuſement contre le Sorcier, le tua. En quoy il appert, que ce n'eſtoit pas le mot Hypokindox, comme dict Theophraſte Paracelſe, ny autres mots ſemblables du Pſalme 91. ny la vertu des paroles, quoy qu'on die. Car comment euſſent ouy les Serpens la voix d'vn homme, d'vne lieuë à la ronde : Et meſmes eſtans les Serpens muſſez au profond de la tette? combiem qu'Aristote à la fin du liure des Merueilles dict, qu'il y auoit vne Sorciere en Tere, ville de Thessalie, qui charmoit le Basilisque. C'estoit donc le Diable, qui a de constume de payer ainsi ses loyaux subiects & seruiteurs. Et par ainsi le Canon, *Nec mirum*, xxvi q.v. & sainct Augustin, qui tiennent que les Sorciers par la force des charmes, ou carmes, infectent & tuent les hommes, s'entend par le ministere du Diable. Car on a mille fois experimenté, que les paroles prononcees par vn autre que vn Sorcier, n'ont aucun effect. Et s'il aduient en choses legeres que les paroles semblent auoir eu effect, comme pour lier, il faut s'asseurer que les Diables, qui sont en tous lieux, sont aussi ministres de la volonté de celuy, qui veut executer quelque meschanceté, & l'executent, pour l'attirer à plus grands malefices & impietez.

Des inuocations expresses des malins Esprits.

CHAP. III.

Evx qui cuidans bien faire inuoquent le malin esprit, pensant qu'il soit Dieu, pour conseil & aduis, ou confort, & ayde, ainsi que plusieurs font encore aux isles Occidentales, & comme faisoyent les anciens Payens, ne sont non plus Sorciers, que ceux qui adoroyent le Soleil & la Lune, & autres

tres creatures. Bié peut-on dire, qu'ils eſtoyent Idolatres. De s'enquerir ſi Dieu a pour aggreable leur bonne conſcience, i'en laiſſe le iugement à Dieu: car c'eſt trop entreprendre ſur les ſecrets de Dieu, comme ceux qui ont auſſi bien damné de damnation eternele Socrate, Phoció, Ariſtide le Iuſte, comme les plus deteſtables Sorciers, & tous à meſme peine. La loy [1] de Dieu dit, qu'il faut decerner la peine, eu eſgard à la grauité du forfait. Mais entre les Payens, ceux qui ſçauoyent la difference des bons & malins eſprits, & faiſoyent non ſeulement ſacrifices de leurs enfans, ains auſſi commettoyent paillardiſes, & Sodomies, & autres ordures abominables, & contre la droicte raiſon naturele que Dieu a grauee en nos ames, pour paruenir à leurs deſſeins, eſtoyent non ſeulement Idolatres, ains auſſi Sorciers: Et tous les Philoſophes & Legiſlateurs, ont condamné ces hommes là. C'eſt pourquoy Dieu diſt à ſon peuple, [2] qu'il arracha de la terre les Amorrheans, & autres peuples qui s'adonnoyent à telles ſorceleries: Et que par arreſt du Senat Romain, les Bachanales, pour les ſorceleries execrables qui s'y commettoyét la nuict, furent bannis de Rome, & de toute l'Italie. Or Satan faict tout ce qu'il peut pour aſſeruir les hommes, & les retirer de la vraye adoration du vray Dieu: Et d'autant que Dieu eſt inuiſible, & que les hommes voyant la beauté admirable du Soleil, & le cours des lumieres celeſtes, leur vertu, leur mouuement eſtran-

1. Deut. 15.

2. Deut. 18.

ge, aisement se sont laissez couler à louër, ou à prier le Soleil, & la Lune, puis apres Iuppiter, & les autres corps celestes. Et au lieu que Noé auoit apris à ses enfans à sacrifier à Dieu en tous lieux, il fut aisé de tourner ses vœux au Soleil, à la Lune, & autres corps celestes, au lieu que Noé & ses successeurs long temps apres sacrifioyét à Dieu. Ce qu'Abraham ayant veu en Chaldee il dit, que c'estoit meschantement faict, aussi fut-il mal traicté, comme Philon, Ioseph & Moyse Maymon sont d'accord : Et alors Dieu le fit sortir de Chaldee, pour cóseruer en luy & en sa posterité la vraye marque de l'Eglise. Depuis que Satan eut gaigné ce poinct la, de faire adorer les corps celestes, peu à peu il fit aussi adorer les elemens, & premierement le feu, que tous les peuples ont eu en grande reuerence : Et puis la terre, comme mere & procreatrice des hommes, & de tous biens, sans regarder plus haut, & redresser le vol, de contemplation intellectuele à Dieu Aucteur, & Createur de toutes choses. Des elemens, on est venu aux autres creatures, adorant specialement les Dieux, qu'ils figuroyent auoir trouué le pain, & le vin, qu'ils ont nommé Bacchus & Ceres : & les Egyptiens le bœuf, comme le plus vtil animal qui soit au monde, soubs le nom d'Apis. Et Satan, pour ayder ceste opinion, se presentoit quelque fois en forme de bœuf, & puis à sa mort on faisoit de grands gemissemens. Et mesmes les Israëlites, ayant la superstitution d'Apis grauee en leur cœur,

LIVRE SECOND. 151

cœur, pour figurer Dieu, qui les auoit tirez d'Egypte, firét vn veau de fonte, cuidans que le Dieu du ciel & de la terre, qu'ils adoroyent, se deuoit figurer en forme de veau. Or Dieu sur la vie leur auoit defendu[2] de luy donner forme, ny figure quelcóque, & pour ceste cause son ire s'embraza, & fit vne grande punition sur le peuple. Satan passa plus outre: car les grands princes (dit Salomon) ayant perdu leurs enfans qu'ils aymoyent ardemment, pour en retenir la memoire, les faisoyent peindre & mouler, & les gardoyent precieusemét iusques à les baiser souuent, & reuerer: comme on dit mesme d'Auguste, qu'en sortant du Capitole, il baisoit[3] l'image de son petit neueu qui estoit mort, & representé en forme de Cupidon. On fit le semblable des grands Princes. Car nous lisons en Herodote, qu'au plus haut de la tour de Babylone, il y auoit vn temple dedié à Belus, Roy d'Assyrie, qu'on nomma Iuppiter: Et depuis que les Assyriens & Chaldeans eurent commencé, ayant la Monarchie sur tout les peuples d'Asie, & bonne partie d'Afrique, leurs sacrifices & superstitions furent publiees & obseruees par tout l'Empire, qui estoit grand à merueilles: c'est à dire, de cent vingt & sept Prouinces ou gouuernemens, dont d'Egypte estoit l'vn, qui est deux fois aussi grand que le Royaume de France, & passa peu a peu en Grece. Et pour ceste cause Dieu parlant en Iesaye, abomine Babylone, pour auoir enuoyé ses sorceleries & superstitions à tous

[2] Exo. 20. *vbi subitur, non facitu me vel meū Deos argenteos, nec Deos aureos facietis vobis. In lib. 2. Sapient.*

[3] *Suetonius in Augusto.*

K 4

les peuples. Car Porphyre escriuant *ad Boë-*
Theodoric & Iamblique demeurent
d'accord, que toutes les superstitions anciennes estoyent venues de Chaldee. Depuis qu'on
eut commencé à deifier les hommes, on for-
gea vn nombre infiny de Dieux. Car il n'y en
auoit pas moins de trente six mil, comme les
anciens ont remarqué, outre les Dieux qu'ils
appelloyent *Manes* les esprits des peres, &
meres, & parens, qu'ils tenoyent pour Dieux,
& ausquels ils sacrifioyent, & mangeoyent aupres des sepulchres : contre lesquels parle l'e-
scriture, detestant telle meschanceté, où il est
dict, *Et comederunt sacrificia mortuorum.* Et
soubs ombre de tels sacrifices, on commença
à inuoquer les ames des morts, qui est la
Necromantie, qui est, peut estre, des premieres & plus anciennes sorceleries. Car on voit
en Iesaye detestant ceste impieté, chacun,
dit-il, ne demandera-il pas conseil aux morts,
pour les viuans ? c'est au chap. VIII. & Saul
voulant sçauoir l'issue de la derniere battaille
qu'il eut contre les Philisties, demanda l'aduis
de la sorciere d'Endor, qui euoqua Samuël, ou
l'image de Samuël, qu'elle seule voyoit, &
Saul n'en voyoit rien. Samuël luy demanda,
pourquoy il troubloit son repos, puisque
Dieu l'auoit laissé, & qu'il estoit son ennemy,
& qu'il auoit donné le Royaume à Dauid, pour
n'auoir obey à la parole de Dieu, & que luy &
ses enfans seroyent le iour suyuant auec luy.
Ie sçay bien que quelques Theologiens tiennent.

4. In lib. de
curatione
Græcarum
affectionū.

νεκρομάν-
τεια.

nent, que c'eſtoit le Diable, & nõ pas Samuël: mais grand partie tien le contraire, & le texte en l'Eccleſiaſtique chapit. XLVI. y eſt formel, où il eſt dict entre les loüanges de Samuël, qu'il a prophetizé apres ſa mort, prediſant la mort du Roy, & la victoire des Philiſtins. Iuſtin Martyr eſt auſſi de meſme aduis, & le Rabin Sædias, & Haias, & preſque tous les Hebrieux : Ioinct auſſi qu'il faict à noter, que la reſponſe faicte à Saul par l'image de Samuël (qu'ils diſent eſtre le Diable) porte cinq fois le grand nom de Dieu *Iehouah*, que les Demons ont en horreur, ſeulement à ouïr. C'eſt pourquoy ie ne puis ſuyure l'aduis de Rabi Dauid Kimhi ſur ce paſſage, ny de Tertulian au liure de l'Ame, ny de ſainct Auguſtin, qui tiennent que c'eſtoit le Diable, & ne veux auſſi reſondre le contraire.

Et puis de damner Saul, pour n'auoir faict mourir le Roy Amalech, & tous les captifs auec le beſtail, comme Dieu auoit commandé, ce que Saul ne fit pas, car c'eſt la ſeule cauſe pour laquelle Dieu ſe faſcha contre Saül, (comme il eſt dit en l'eſcriture ſaincte) [1] c'eſt entrer bien auant au conſeil de Dieu, attendu meſmement qu'il fut bien chaſtié de ceſte faute, tant qu'il veſcut : car il fut fort affligé de Satan, qui le plus ſouuent le metoit en fureur extreme. Or Sainct Paul aux Corinthiens epitre 1. chapitre 15. conſeille de bannir de l'Egliſe celuy qui auoit commis vn inceſte, à fin que ſon corps eſtant deliuré en la puiſſance de

[1] *1. Samuel. capit. 28.*

Satan pour l'affliger, son esprit fut sauué au iour du iugement: à quoy se rapporte ce qui dit Samuel, *cras mecum eris*, tu seras demain auec moy, apres auoir esté iustement affligé & delaissé de Dieu pour sa desobeïssance, de ne auoir fait mourir tous les Amalechites & leur bestail: Comme en cas pareil, au 3. liure des Roys chap. 13. il fut dit au Prophete qui fut enuoyé à Hieroboam, qu'il ne seroit point enterré au sepulchre de ses peres, pour auoir pris son repas en Samarie, contre la defense à luy faicte: tost apres vn lyon le tua, & neantmoins garda son corps sans l'offenser, ny son asne, iusques à ce qu'on l'eust enleué pour l'enterrer. En quoy il appert bien euidemment, que Dieu ne damna pas l'ame du Prophete pour telle desobeïssance, veu mesmes qu'il ne permit pas, que son corps mort fut deuoré du lyon. Et par ainsi laissant la damnation au iugement de Dieu, il se peut faire, que Dieu face aussi bien sçauoir sa volonté par les Sorciers & meschans, que par ses esleuz: comme on voit par les songes de Nabuchodonosor, de Pharaon, & de Balahan: Ce que tiennent les Theologiens sur le passage de l'Euangile, où il est dit, *Expedit vnum hominem mori pro populo*, qu'ils prennent pour vne Prophetie en la bouche de Caïphe. Aussi peut-on dire que Dieu permist, que Samuël vint, pour prophetizer apres sa mort la ruine de Saül, & de son estat. I'ay appris du Sieur de Nouailles, Abbé de l'Isle, & maintenant Ambassadeur à Constantinople, & d'vn Gentilhomme

homme Polonois nommé Pruinski, qui a esté Ambassadeur en France, que l'vn des grands Roys de la Chrestienté voulant sçauoir l'issue de son estat, fit venir vn Iacobin Necromātien, lequel dit la Messe, & apres auoir cōsacré l'hostie, fit trancher la teste à vn ieune enfant de dix ans, premier né, qui estoit preparé pour cest effect, & fit mettre la teste sur l'hostie, puis disans certaines paroles, & vsant de caracteres, qu'il n'est besoin de sçauoir, demanda ce qu'il vouloit: La teste ne respōdit que ces deux mots. *Vim patior*. Et aussi tost le Roy entra en furie, criant sans fin ostez moy ceste teste, & mourut ainsi enragé. Ceste histoire est tenue pour certaine, & indubitable en tout le Royaume, où la chose est aduenue, combien qu'il n'y eust que cinq personnes quand la chose fut faicte. On trouue vne histoire, qui approche de celle-cy, de l'Empereur Theodorich, lequel apres auoir fait trancher la teste à Symmachus, quand on luy seruit à table la teste d'vn gros poissō, il luy sembla voir la teste de Symmachus, & entrant en furie, mourut bien tost apres. Et s'il est ainsi, qui peut doubter que Dieu n'ayt mis en la bouche de c'est enfāt occis, ces deux mots? car il ne sçauoit ny Grec ny Latin, veu la vengeance soudaine, qu'il a prise d'vne meschanceté si execrable. Si ce n'estoit qu'on voulust dire, que l'esprit de l'enfant, ou son ange parla, & tourmenta le Roy pour se venger d'vn tel outrage. Car plus le sang est innocent, plus la vengeance est grande. En quoy on peut veoir vne impieté

pieté execrable, de prendre vne personne innocente, & masle, & premier ne (que Dieu veut en sa loy luy estre sanctifié) & le sacrifier au Diable, pour sçauoir les choses futures: Qui n'est pas vne impieté nouuelle, mais bien fort ancienne, comme a noté Elias Leuite, qui appelle cela en son Hebrieu Theraphim: vray est qu'il dict, qu'on mettoit la teste sanglante sur vne lame d'or, auec le nom du Demon, & quelques caracteres que ie ne mettray point, puis qu'on l'adoroit en disant quelques mots, qu'il ne faut dire, ny escrire, comme i'ay resolu de faire, & neantmoins il est besoing qu'on sçache combien est grande l'impieté de ces hommes damnables, pour s'en garder soigneusement. Les anciens tenoyent que les ames des occis, souuent pourchassent la vengeance des meurtriers. Nous lisons en Plutarque, que Pausanias Roy de Lacedemone estant à Constantinople, on luy fit present d'vne ieune damoyselle, & d'autant qu'elle estoit fille, elle auoit honte d'aller à luy, que chacun ne fut retiré, & lors entrant en la chambre la nuict, elle fit tomber la lumiere, ce qui eueilla Pausanias en sursaut, & pensant qu'on le voulust tuer en tenebres, tout effrayé, il print sa dague & tua la damoyselle, sans cognoistre qui c'estoit: deslors Pausanias fut incessamment tourmenté d'vn esprit iusques à la mort, qui ressembloit, comme il disoit, la Damoyselle. I'ay veu vn ieune homme prisonnier l'an M.D.LXIX. qui auoit tué sa femme en cholere, & qui

1. Omne primogenitum aperies vuluam, sanctum Domino vocabitur.

qui auoit eu sa grace, qui luy fut interinee, lequel neantmoins se plaignoit qu'il n'auoit aucun repos, estant toutes les nuicts batu par icelle, comme il disoit: Et toutesfois on sçait assez, que cela n'aduient pas à tous les meurtriers. Vray est qu'il y en a qui tiennent, que quand celuy qui est tué meurt sans appetit de vengeance, que tel cas n'aduient point. Mais toute l'antiquité a remarqué, & Platon l'a escrit au premier liure des Loix, que les ames des meurtris souuent poursuyuent les meurtriers, ce que Marsil Ficin au seiziesme liure de l'immortalité des ames, chap. 5. & Lucrece, & Virgile au 4. des Æneides, tiennent pour veritable, & les iuges ont approuué par infinis iugemens, que le meurtrier passant sur le corps mort sãs le toucher, soudain la playe saignoit. Plusieurs Docteurs en Ciuil & Canon sont d'accord de ce point:[2] & prennent ceste presumption pour vn argument & coniecture violente contre l'accusé, suffisante pour l'appliquer à la question. Et les homicides souuẽt ont esté auerez par ce moyen: ce que Plutarque escrit aussi de Damon, & Suetone de Caligula: comme en cas pareil ils disent, que l'ame qui n'a point laissé ce monde à regret, & du moins, qui n'a point esté plongee és cupiditez bestiales, ne suit plus le corps mort: comme celuy qui a vescu à la forme des bestes, desquels parloit Horace disant: *atque affligit humo diuina particulã auræ.* C'est à dire, qui attache la partie diuine à la partie terrestre: Et disoyent que

2. *Paris de Puteo in syndicat. in verbo, tortura. Hippol. consil. 24. num. 2. vo. 1. & cõsil. 9. 1. nu. 3. & consil. 91. Nu. 4. & 100. nu. 4. & consi. 100. nu. 4. vol. 2. Angel. in tract. de homicid. 10. de Nenisa in sylna nup. ver. cadau Bocrius decisione. 619. num. 1.*

telles

telles ames sont recerchees par les Necromantiés, & sorciers qui s'en vont autour des sepulchres la nuict, & mangent la chair des corps morts, comme en Thessalie, où il y auoit de Sorciers qui cerchoyét par tout le corps morts: & si le corps n'estoit bien veillé, & diligemment gardé, on le trouuoit tout rongé par le nez, par la bouche, par les ioues, & autres parties.[3] Mais ie croy mieux qu'autrement, que le Diable induict les sorciers a telle meschanceté, leur faisant croire, qu'ils attirent les ames par ce moyen, quoy que les Grecs appelloyent le Necromátien [4] ψυχαγωγὸν, comme qui diroit tire l'ame. Et en Thessalie, & Arcadie cela estoit tout commun, & se faisoit publiquement: là où Pompee voulut sçauoir de la sorciere Erictho, par Necromantie, l'issue de la guerre Pharsalique, où neantmoins il fut defaict, quelque asseurance qu'on luy dónast de la victoire, comme il en a pris à tous ceux qui ont vsé de telles voyes. Aussi lisons nous en Dió & Xeipheilin, que l'Empereur Heliogabale, des plus detestables homme du monde, en vsoit souuent, & fit comparoir par Necromátie son pere, & Commode l'Empereur, ausquels il demanda conseil de son estat: mais il fut tué auec sa mere cruellement, & trainé aux cloaques auec. Il n'y a pas long temps, & de la memoire de nos Peres, que publiquement, quand on vouloit canonizer ceux qui auoyent reputation d'estre saincts on lisoit certain liure plein d'inuocations: & cela se faisoit la nuict, on appelloit ce liure le Grimoire,

marginalia: 3. Apuleius in Asino aureo. 4. ψυχαγωγία.

Grimoire, tenu secret, duquel ie ne feray point de iugement, ny de chose sainctement faicte, & à bonne fin: mais bien ie tiens, que c'est chose damnable d'vser de Necromãtie, & demander au Diable (pere de mensonge) la verité des choses cachees, & mesme du salut des hõmes. Car la pluspart de ces ames, que les Necromantiens pensent attirer par sacrifices, ne sont rien autre chose que les diables: c'est pourquoy ceux qui tiennent des testes des morts, s'ils ne sont medecins, ou chirurgiens, font ordinairement le mestier des Necromantiens, comme dict Ioachimus Cameratius en auoir veu n'a pas long temps, qui faisoyent parler le Diable par vne teste de mort. Or d'autant que les gens bien nourris, & ceux qui estoyent craintifs, auoyét horreur d'aller la nuict aux sepulchres, & vser de telles sorceleries, Satan trouua pour ceux-là d'autres moyens pour se faire adorer, en se mettant au corps de celles qui alloyent aux Temples, parlãt en icelles: ce qui aduenoit le plus ordinairement aux vierges, qui estoyent ieunes Sorcieres & façónees à telles impietez, qui ieunoyent & prioyent en grande deuotion en la cauerne d'Apollon, & y dormoyent la nuict, (car d'autãt plus l'impieté est grãde, plus elle est couuerte du voile de religion & pieté) puis le Diable entroit au corps de celle qui auoit passé ainsi la nuict, & le iour suyuant, elle deuinoit les choses qu'on auoit demandees en paroles & responses: qui auoyent quasi touliours double sens, & s'appelloyent telles femmes me prestresses Pythiennes, & quelquesfois Sybilles: Ainsi appelle Virgile la Sibille Cumane, laquelle apres les prieres faictes à Satan en la cauerne, deuint en furie, escumant & parlãt nouueau langage: & disoit-on alors, que le Dieu estoit venu en elle. C'est pourquoy en la loy de Dieu il est dit, que la femme sera lapidee qui aura l'esprit Pythonic, qui est appellé *obs*, que les 72. interpretes ont tourné ἐγγαςρί-μοθον ἐπαοιδὸν. comme qui diroit, parlant au ventre ou vaisseau, comme font les Sorciers auec leurs bouteilles de verre & bassins. La version cõmune la declaré par la façon des Grecs, qui cerchoyent les oracles Pythoniques d'Appollon, surnommé Pythius. [2] Cælius Rhodiginus dit, auoir veu n'a pas long temps vne garse en son pays, qui auoit vn esprit Pythonic dedãs le corps, qui respõdoit par les parties honteuses, la verité des choses presẽtes, & cachees, & mentoit souuent des choses à venir. Iaçoit que les oracles d'Apollon Delien n'estoyent pas moins recerchez, par ce qu'ils estoyẽt plus clairs, & pour ceste cause s'appelloit Delien. S. Iean Chrysostome escrit, que la prestresse estoit estédue en la cauerne, & qu'elle receuoit l'esprit Pythonic, & lors elle entroit en furie, escumant, & que le Demon le plus souuent parloit par ses parties honteuses, que les Payens pensoyent estre Dieu. Dequoy Origene escriuant contre Celsus Epicurien, se moque bien fort, & mesme Plutarque, quoy qu'il fut Payen, dit que c'estoit vne extreme furie, de penser

2. παρατηνιδα-ναιοθαι.

3. τὸ δηλον. clarum.

penser que Dieu entraft en telles femmes, ains plustost, que la Religion & Diuinité y estoit diffamee & soüillee. Et quant aux Sybilles, ie m'en rapporte au iugement des sages, comme lō dit: Mais il me semble que Lactance, & ceux qui font tāt de cas des Oracles Sybillins, n'ont pas bien regardé de quelle source ils viennent. Car on peut voir en Virgile * que la Sybille Cumane, qu'on dit estre la plus illustre, & la plus fameuse, estoit l'vne des Prestresses Pythiaques & Demoniaques: & la plus-part des Oracles Sybillins ne parlent que de Saturne, Iuppiter, Venus, Neptune. Ioint aussi que toutes les Sybilles estoyent Payennes & infideles, & desquelles iamais la saincte Escriture n'a fait mention, & qui n'ont iamais esté receuës de l'Eglise, ny approuuees de Concile quelcōque, quoy qu'il y ait plus de six cens Cōciles. Mais Lactance, voyant que les Payens ne faisoyent point de compte de la Bible, s'efforça de faire entendre ce qu'il vouloit par les propheties Sybillines, forgees peut estre à plaisir, ausquelles les Payés adioustoyent foy. Et de dire, q̄ les vers Sybillins soyent ceux qui sont imprimez, & tournez de Grec en Latin par Castaliō (Qui comprenent sommairement toute l'histoire de la Bible, & rien autre chose) c'est vn abus assez notoire: car il n'y a pas vn seul vers de ceux qui sont rapportez des Sybilles en Ciceron, en Tite Liue, en Porphyre, Plutarque, & aux autheurs Grecs. Toutesfois on pensoit bien faire, d'attirer alors les Payens à la religion Chrestienne

4. Lib. 6. Aeneid.

en quelque sorte que ce fust, qui est vne opinió reprouuee, & iustement condamnee: car il ne faut mesler les propheties inspirees par la bouche de Dieu, auec les Propheties Sybillines, inspirees aux Payens infideles par Satan. Aristote [5] cerchant la cause, d'où procedoit telle diuination & fureur, s'en estonne fort: en fin il dit, que cela venoit de la vapeur des cauernes, cóme en la cauerne Lebadienne, ou Trophonienne, Corycienne, Pythiaque, & autres: Mais ceste cause-là n'a point de raison. Car pourquoy plustost ceste cauerne-là qu'vne autre? & entre vn million il ne s'en trouuoit pas demi douzaine. Et d'auantage, pourquoy les oracles de ces cauernes-là, eussent cessé cent ou six vingts ans deuant Ciceron, comme nous lisons en son liure *de Diuinatione*: Et neantmoins les cauernes n'ont point changé. Ce qui a meu Plutarque [6] de soustenir que les Demós de ces cauernes-là estoyent morts: D'auátage, qu'elle cause apparente y a-il, que l'esprit entrast dedans le vétre d'vne femme, & parlast dedans son estomach, la bouche close, ou bien par sa bouche la langue tiree, ou par ses parties honteuses? Et neantmoins la verité bien souuét estoit meslee de mensonge: comme quand il fut dit par l'Ocle allegué en Iustin Martyr, & en Eusebe μένοι χαλδαῖοι σοφίην λάχον οἵδ' ἄρ ἑβραῖοι αὐτογένητον ἄνακτα σελασόμενοι θεὸν ἁγνῶς. C'est à dire, qu'il n'y auoit lors que la sagesse des Chaldeans, & la religion des Hebrieux qui adoroyent purement le Dieu eternel. Ie laisse les myste

[5. In lib. de mundo ad Alexandrum.]

[6. In lib. de oraculorum defectu.]

mysteres, & sacrifices qu'on faisoit pour la responce, que chacun peut veoir en Diodore, & Pausanias: Quelquesfois aussi le diable tuoit ceux qui alloyent en ces cauernes-là, s'ils ne demandoyent quelque chose. C'est pourquoy Fernel recite vne histoire d'vn Sorcier, qui auoit appellé vn Demon: & quand il fut venu, il le tua: Son compagnon Sorcier demanda au diable, pourquoy il l'auoit tué, lequel fist responce, que c'estoit pour autant qu'il ne luy auoit rien demandé. Car Satan veut estre requis, prié, & adoré des hommes, & leur dit quelquesfois la verité, pour estre creu quand il mentira. Ou s'il ne sçait la verité, il parlera par ambages, & obscuritez. Mais la loy de Dieu defend, de s'enquerir à autre qu'à luy des choses futures, n'y adiouster foy, encores qu'il aduienne ce que les esprits malins, & deuins auront prophetizé. Non pas qu'il ne sçachent beaucoup de choses: car les esprits sont appellez δαίμονες quasi δαήμονες cóme dit Eusthatius, c'est à dire, Sçauãts, en la mesme signification, q̃ les Hebrieux (maistres de la vraye lãgue naturele) appellent Idebonim, du verbe iadah, nouit, sciuit, cóbien qu'Eusebe dit δαίμονες dici παρὰ τὸ δαιμαίνειν pour la peur qu'ils font aux hommes, combien que tels esprits sont pour la plus part familiers, & que les Grecs pour ceste cause appelloyent δαίμονας παρέδρυς. Nous conclurons donques, qu'il ne faut rien ouïr, ny croire en matiere de Propheties, que la parole de Dieu, ou ce qui est du tout cóforme à icelle

L 2

non pas si l'Ange du ciel l'auoit dit: beaucoup moins si elle est inspiree de Satan. Or combien que les Chrestiens eussent pillé, & rasé les temples des Payens, & mesmement celuy d'Apollon, si est-ce que Satan n'a pas laissé d'exercer sa puissance par nouuelles idolatries, & sorceleries, qui sont autant, ou plus, frequentes que iamais. Vray est qu'anciennement il se faisoit prier soubs voile de Religion, & maintenant il vient trop souuent sans l'appeller, & se lace inuisiblement par tout, pour piper, & ruiner le genre humain. Car combien que celuy qui n'appelle, & n'inuoque le malin esprit, mais le reçoit, se presentant à luy, ne soit pas du tout si meschant que celuy qui l'appelle, & le prie, & reçoit: Si est-ce que l'vn & l'autre est digne de mort, & l'vn & l'autre est vray Sorcier. Et non pas celuy qui n'a poinct inuoqué, ny appellé le diable: ains qui est possedé, & assiegé par iceluy, 7 comme il s'en trouue fort en Italie, & presque toutes femmes & peu d'hommes, qu'il faut lier côme furieuses, & enragees. Et de fait, il s'en trouua à Rome 82. l'an 1554. qu'vn moyne de France de l'ordre de S. Benoist voulut côiurer: mais il s'y trouua bien empesché, M. Fayus 8 Côseiller en Parlement, qui estoit lors à Rome, escrit que le lendemain les diables enquis pourquoy il les auoyent saisies, respondirent que les Iuifs les auoyent enuoyez aux corps de ces femmes (qui estoyêt) pour la plus part Iuifues (despits) comme ils disoyent de ce qu'elles auoyent esté baptizees. Qui fut cause que

7 qui s'appellent. δαιμ. νιόλωπτοι.

8. In lib. Energumê.

que le Pape Theatin, qui hayoit les Iuifs à mort, les vouloit bānir, si vn Iesuite n'eust soustenu, que les hommes n'auoyēt pas la puissance d'enuoyer le diable au corps d'vne personne: qui est chose bien certaine: ny le diable mesme n'a pas ceste puissance, si Dieu ne luy permet: mais par vne permission de Dieu il se peut faire. Cōme peut estre il aduint en Alemaigne au monastere de Kentorp, que les religieuses dudict monastere furent toutes assiegees des malins esprits, qui disoyent que c'estoit la cuisiniere du monastere nommee Elsekame, laquelle le confessa, & qu'elle estoit Sorciere, & que par meschantes prieres, & sacrifices elle auoit enuoyé le diable en leurs corps, & fust bruslee. Mais le diable de Rome, qui accusoit les Iuifs, n'en nomma pas vn. Or il estoit impossible en si grand nombre d'hommes, femmes, & enfans qu'ils fussent tous coulpables: & neantmoins les demoniaques parloyent diuers langages qu'elles n'auoyēt iamais appris. Et quelquesfois le malin esprit parle, comme dedans l'estomach, estant la bouche de la femme close [9], quelquesfois la langue tiree de demy pied hors la bouche, quelquesfois par les parties [10] honteuses, Et en cecy tous les Atheistes, qui nient qu'il n'y a point de diables, demeurent muets. Car ils cōfessent que la bouche fermee, ou la langue tiree & immobile, on ne peut parler, & moins encores par les parties honteuses: & ne peuuent dire aussi que la melācholie aprēne à parler Grec, Hebrieu, Latin, à vne femi-

9. ετρομαδ πιχ.
10. ιςλασις μυδοι.

me, qui n'a iamais rien appris: ce qui se voit en celles, qui sont assiegees des malins esprits. Et à ce propos Fernel, le premier homme de son aage en Medecine, escrit au 16. chapitre *de Abditis rerum causis*, qu'il a veu vn ieune garçon ignorant, & furieux, lequel neantmoins parloit Grec: Il dit alors, qu'il estoit possedé du malin esprit. Il y en a aussi qui sont liees du diable, & qu'il est impossible de deslier, ains il faut rompre ou couper le lien: Et de faict, il y a vne femme au Mesnil madame Rosse, pres Damartin, laquelle commença des l'aage d'huict ans d'estre liee du malin esprit, qui l'attachoit quelquesfois à vn arbre, tantost au pied du lict, tantost à la creche de l'estable, ou bien luy attachoit les deux mains l'vne sur l'autre auec vne corde, ou auec vn ozier, ou de la queüe d'vn cheual, ou de la fillasse: & cela se faisoit si soudain, qu'il estoit plustost fait, qu'on n'auoit ietté les yeux pour veoir, comme il se faisoit. La fille fut menee à Paris l'an 1552. Le docteur Picard, & autres Theologiens la veirent, & firent tout ce qu'ils sçauoyent pour sa deliurance, mais ils n'y profiterent de rien. Puis Hoüillier Medecin, se moquant des Theologiens disoit au commencement, que c'estoit vne maladie melancholique: mais depuis ayant veu le mystere deuant les yeux, auec vne infinité de peuple, & que la fille estant entre deux ou trois femmes, soudain ils voyoyét qu'elle s'escrioit, & aussi tost se trouuoit liee par les deux mains, en sorte qu'il estoit impossible de la deslier,

sans

LIVRE SECOND. 167

sans couper le lien, il confessa qu'il y auoit vn malin esprit. Personne ne voyoit rien hormis la fille, qui voyoit vn nuage blanc, quand l'esprit malin la venoit lier. Et quand les Sorcieres, & Sorciers, confessent la copulation charnelle auec le malin esprit, plusieurs Medecins disent q̃ ce sont Ephialtes, & Hiphialtes, ou Incubes, & Succubes, & enfleures de rate: Et par ce moyen ils dementent la loy de Dieu, & tiennent les hommes en aueuglissement & ignorance, & sont cause de l'impunité des plus grandes meschancetez du monde. Et quant aux diuinatiós, ils disent que ce sont resueries, & neantmoins on en voit les effects si estranges, qu'il n'y a personne qui ne soit rauy en admiration. S'ils auoyent bien leu Platon ils eussent trouué qu'il auoit fait deux sortes de diuination, ou Theomantie : l'vne qui aduient par maladie : l'autre qui est inspiree par les Demons. Et quoy qu'Aristote escrit, qu'il n'y a point de diuination extrinseque : Si est-ce que son opinion a esté moquee de tous les Philosophes, & de l'experience tres-certaine: & luy mesme s'en est departy au liure du Monde, qu'il a dedié au Roy Alexandre le Grand. Il est bien vray que Platon pour n'auoir eu cognoissance de la loy de Dieu (qui n'estoit pas encores traduicte d'Hebrieu en Grec de son temps, & ne le fut de cinquante ans apres) n'a pas distingué la prediction diuine, de celle qui est diabolique : Mais generalement, il appelle la Diuination ou " μαντικὴν vne certaine

11. μαντικὴν κοινόν τε ὄνομα τῆς τε σαυτοῦ τέχνης καὶ πρὸς ἅπαντας καὶ δὲ μικρὸν, τῶν θεῶν αὐτῶν ται φιλίαν.

L 4

C'est à dire que la diuinatiō est le moyen de communiquer entre les Dieux & les hommes : & le seul lié pour les rallier ensemble.

liaison des Dieux & des hommes, ce qui conuiét bien à la Prophetie diuine. Et neantmoins la prediction diabolique se faict quelquesfois par conuention expresse, du consentement du diable, & de l'homme. Quelquesfois aussi l'homme est forcé, & assiegé sãs maladie, & deuine, comme faisoit Saul estant agité du diable, qui le tournoit en fureur, & le faisoit deuiner: l'Escriture vse du mot de Prophetie, comme nous auons dit cy dessus. Et souuent il aduient que si le Sorcier n'obeit au malin Esprit, qu'il le tourmente, & le tourne en furie, & quelquesfois il le tue. Comme i'ay sçeu depuis deux ans, qu'il y a vn Gentil-homme pres Villiers Costerets, qui auoit vn esprit familier en vn anneau, duquel il vouloit disposer à son plaisir, & l'asseruir comme vn esclaue, l'ayant acheté bien cher d'vn Espaignol, & d'autant qu'il luy mentoit le plus souuent, il ietta l'anneau dedans le feu, pensant y ietter l'esprit aussi, comme si cela se pouuoit enclorre : Depuis il est deuenu furieux & tourmenté du diable. I'ay leu le iugement contre vn Sorcier nommé Iaques Iodóc de la Rose, natif de Courtray, rendu au Duché de Gueldres l'an M. D. XLIX. qui auoit vn Demon enclos, comme il disoit dedans vn anneau. Mais il confessa qu'il estoit contraint de cinq en cinq iours parler au Demon, & l'interroger. Or il est aduenu à plusieurs Sorcieres, quand elles ont promis, & iuré alliance auec Satan, si elles s'ennuyent de sa compagnie, & qu'elles se tournent à

Dieu

Dieu auec vne vraye penitence, elles sont battues, & tourmentees la nuict, & ne cerchent que de dormir, comme Iaques Sprenger Inquisiteur de la Foy à Cologne a laissé par escrit, ayant faict executer grand nombre de Sorcieres. Et de ma part ie cognoy vn personnage (ie ne le nommeray point, par ce qu'il est encores en vie) lequel me descouurit qu'il estoit fort en peine d'vn esprit qui le suyuoit, & se presentoit à luy en plusieurs formes, & la nuict le tiroit par le nez, & l'esueilloit, & souuét le battoit, & quoy qu'il le priast de le laisser reposer, il n'en vouloit rien faire, & le tourmentoit sans cesse, luy disant, Commande moy quelque chose, & qu'il estoit venu à Paris pensant qu'il le deust abandonner, ou qu'il peust trouuer remede à son mal, soubs vmbre d'vn proces qu'il estoit venu solliciter. I'apperceu bien qu'il n'osoit pas me decouurir tout. Ie luy demanday, quel proffit il auoit eu de s'assuiettir à vn tel maistre: il me dist, qu'il pensoit paruenir aux biens, & honneurs, sçauoir les choses occultes, mais que l'esprit l'auoit tousiours abusé, & pour vne verité, qu'il disoit trois mensonges: & que l'esprit ne l'auoit iamais sçeu enrichir d'vn double, uy faire iouyr de celle qu'il aymoit, qui estoit la principale occasion, qui l'auoit induit à l'inuoquer? Et qu'il ne luy auoit appris les vertus de plantes, ny des animaux, ny des pierres, ny autres sciences secretes, comme il esperoit, & qu'il ne luy parloit que de se venger de ses enne-

mys, ou faire quelque tour de finesse & meschanceté. Ie luy dis, qu'il estoit facile de se desfaire d'vn tel maistre, & si tost qu'il viendroit qu'il appellast le nom de Dieu à son ayde, & qu'il s'addonnast à seruir Dieu de bon cœur. Depuis ie n'ay veu le personnage, ny peu sçauoir s'il s'estoit repenty. Il appelloit son Esprit, son Petit maistre. Car Satan pour abuser les hommes, a tousiours cerché de beaux mots, comme d'Esprit familier, & blanc Demon, & petit Maistre : par ce que les mots de Satan, & de diable sont odieux : Et la pluspart des Sorciers l'appellent petit Maistre, côme i'ay leu au liure de Paul Grilland Italien, qui en a faict executer plusieurs à mort. Nous auons dit de ceux, qui inuoquent les malins esprits à leur ayde, pour leur commander, & les auoir en leur puissance, ou qui les acheptent pour s'en seruir, combien que les marchans se trouuent asseruis d'vne cruelle seruitude : & qui font les inuocations par ceremonies, sacrifices, & paroles propres à celà, lesquelles ie n'ay voulu mettre par escrit, combien qu'il y en a trop d'imprimez, & par beaux priuileges : au lieu qu'on debuoit faire brusler les autheurs, & leurs ouurages : c'est la cause pourquoy en cet œuure ie me suis efforcé de couurir & cacher, ce qui peut donner la moindre occasion aux esprits curieux, de faire essay de telles meschancetez : ains seulement i'ay declaré, ce qui peut seruir à l'instruction des Iuges, & de ceux qui pourroyent tomber en la
fosse

fosse par les piperies de Satan. Disons maintenant de ceux, qui outre les inuocations renoncent expressement à Dieu leur Createur, & à toute religion, & promettent seruir le Diable: & qui sont marquez de luy.

DE CEVX QVI RENONCENT à Dieu, & à leur Religion par conuention expresse, & s'ils sont transportez en corps par les Demons.

CHAP. IIII.

LA difference d'entre les Sorciers est bien fort notable, & qui doit estre bien entēdue, pour la diuersité des iugemens, qu'il faut donner: mais les plus detestables Sorciers, sont ceux, qui renoncent à Dieu, & à son seruice: ou ils n'adorent pas le vray Dieu, ains qu'ils ayent quelque religion superstitieuse, qui renoncent à icelle, pour se donner au diable par conuention expresse: Car il n'y a religion si superstitieuse, qui ne retient aucunement les hommes és barrieres de la Loy de nature, pour obeir aux peres & meres, & aux magistrats, auec vne crainte de mal faire à personne. Or Satan veut arracher du cœur des hommes toute crainte d'offenser. Et quant à la conuention expresse, elle se fait quelquesfois verbalement, & sans escriture. Et quelquesfois

fois Satan, pour s'asseurer de ses gens, deuant qu'ils puissent obtenir ce qu'ils demandent, s'ils sçauent escrire, il leur faict escrire l'obligation & signer, & quelquesfois leur fait signer de leur sang, à la forme des anciens, qui en vsoyent ainsi pour asseurer les coniurations, & amitiez: Comme nous lisons au second liure de Tite Liue, & en Tacite des Roys d'Armenie: Ainsi fait Satan auec les siens: Comme on recite d'vn certain Theophile, qui s'estoit ainsi obligé au Diable, & l'obligation escrite de son sang. Et n'y a pas long temps, c'est à dire, l'an M.D.LXXI. entre ceux qui furent deferez Sorciers, par l'aueugle qui fut pendu à Paris, il y eut vn aduocat, que ie ne nommeray point, lequel cöfessa qu'il auoit passé obligation au diable renonceant à Dieu, & icelle signee de son propre sang. Encores s'est-il verifié par plusieurs procez, que l'obligation reciproque entre le Diable, & le Sorcier, contient quelquesfois le terme d'vn an, deux ans, ou autre temps: Et tel y a qui demande la puissance de guerir du mal des dents, & l'autre de la fieure quarte, ou d'autre maladie, à la charge de tuer, ou faire mourir les autres, ou de faire autres sacrifices abominables. Si le Diable se desfie de ceux qui se donnent à luy à iamais, pour paruenir à quelque chose, qu'ils ne quittent son seruice, il ne se contente pas de les faire renoncer expressement à Dieu: ains il veut aussi les marquer, comme à noté Daneau, en son dialogue des Sorciers,

mais

2. Liu. lib. 2
Plutarc. in
Valerio Publicola.

mais ceux qui s'addonnent à luy de bon cœur, & qu'il cognoist fermes en leurs promesses, il ne les marque point, comme dit le mesme autheur. Et quant aux marques: c'est bien chose certaine, & que les iuges voyent ordinairement, si elles ne sont bien cachees: comme i'ay sçeu d'vn gentil-homme de Valoys, qu'il y en a qui ont la marque entre les leures, les autres soubs la paupiere, comme escrit Daneau, les autres au fondement, quand ils craignent estre descouuerts: & ordinairement sur l'espaule dextre, & les femmes sur la cuisse, ou bien soubs l'esselle, ou bien aux parties honteuses. Aubert de Poictiers, Aduocat en parlement m'a dict, qu'il auoit assisté à l'instruction du procés d'vn Sorcier, mareschal de Chasteau Thierry, qui se trouua marqué sur l'espaule dextre, & le iour suyuant le Diable luy auoit effacé la marque. En cas pareil M. Claude Deffay, procureur du Roy à Aibemont m'a dict, qu'il auoit veu la marque de Ieanne Heruillier Sorciere, de laquelle il m'a enuoyé tout le procés, & le iour suyuant la marque se trouua effacee. Celuy qui fut condamné par le Preuost de l'Hostel M. D. LXX I. qui s'appelloit Troisechelles du Mayne, ayant obtenu grace, pour reueler ses complices, quand on le menoit és assemblees, il recongnoissoit ceux, qu'il auoit veu aux Sabbats, ou bien par quelque autre marque, qu'ils sçauent entre eux. Et pour verifier son dire, il disoit qu'ils estoyent marquez, & qu'on trouueroit

la

la marque en les despouillant: & de faict on trouuoit qu'ils estoyent marquez comme de la patte ou piste d'vn lieure, qui estoit insensible: en sorte que les Sorciers ne sentent point les poinctures, quand on les perce iusque aux os, au lieu de la marque. Mais il s'en trouua si grand nombre, riches, & pauures, que les vns firent eschapper les autres: en sorte que ceste vermine a tousiours multiplié, auec vn tesmoignage perpetuel de l'impieté des accusez, & de la souffrance des Iuges, qui auoyent la commission, & charge d'en faire le proces. Encore est-il plus estrange que la pluspart des Sorciers ne se contentent pas de renoncer à Dieu, ains encores ils se font rebaptizer au nom du Diable, & nommer par vn autre nom: qui est la raison, pourquoy les Sorciers ont ordinairement deux noms. Et faict bien à noter, qu'il ne faut qu'vn Sorcier, pour en faire cinq cens. Car pour faire chose la plus agreable au Diable, & auoir paix à luy, quand on s'est donné à luy, c'est d'attirer beaucoup de suiets: Et ordinairement la femme y attire son mary, la mere y mene sa fille, & quelquesfois toute la famille continuant plusieurs siecles, ainsi qu'il a esté aueré par infinis procez. Comme aussi anciennement il y auoit des familles en Afrique, & en Italie, qui faisoyent mourir en regardant, ou loüant les personnes; ainsi que Solim, Memphodore, Pline, Gellius, & Isidore escriuent. Ce qu'Aristote a remarqué aux Problemes, xx. section, Probleme XXIIII.

qu'on

qu'on protestoit deuant que loüer, que cela ne peut nuyre à personne. Ce que les Italiens disent aussi, quand ils voyent qu'on loüe quelqu'vn à pleine bouche: *Di gratia non gli diate mal d'occhio*: ce que les Sorciers font à propos, & sans propos. Car tout ainsi que la loüange est propre à Dieu seul: aussi est-il certain, que si l'homme est loüé sans rapporter la loüange au Createur, il aduient que ceux qui sont loüez, par trop s'esgayent en se glorifiant: & lors Satan les transporte à pleins voiles, és precipices de leur ruyne ineuitable. Mais passons outre. Le Docteur Grilland Italien, & les cinq Inquisiteurs, qui ont faict le proces à plusieurs Sorciers en Alemaigne & en Italie, s'accordent aux procez qu'on a fait en ce Royaume, à ceux qui en ont esté conuaincus. Et mesmement à Lyon, à Loches, au Mans, à Poictiers, à Senlis, à Paris. Iean Chartier qui a composé l'histoire de Charles septiesme, dit que Guillaume Edeline, Docteur de la Sorbonne, fut condamné comme Sorcier, la vigile de Noel, M. CCCC. LII. & confessa qu'il auoit esté plusieurs fois la nuict transporté aux assemblees des Sorciers, & illec renoncé Dieu, & adoré le Diable en figure de bouc, le baisant au fondement. Il est besoing de verifier ce poinct par exemples notables, pour faire entendre le canon Episcopi xxvi. q. v. du concile d'Aquilee, sur lequel plusieurs se sont abusez: encores qu'il ne soit pas d'vn Concile general, ny approuué par les Theologiés. Mais pour esclarcir ce que i'ay dit, il n'y a procez plus notable, que le proces de la Sorciere de Loches, qui est de fresche memoire. Car comme il y eut vn pauure homme, lequel apperçeut que sa femme s'absentoit la nuict par fois, & demeuroit bonne partie de la nuict, & sur ce qu'elle disoit aller à ses necessitez, & tantost chez sa voisine pour faire la lessiue, & que son mary l'eust conueincue de menterie, ayāt sinistre opiniō qu'elle se debauchast, la menassa de la tuer, si elle ne luy disoit où elle alloit. Se voyant en danger, elle luy dist la verité, & pour en faire preuue: Si vous voulez, dist-elle, vous y viendrez, & luy bailla de l'onguent, duquel ils se gresserent tous deux: & apres quelques paroles, le Diable les transporta de Loches aux landes de Bourdeaux, qui sont pour le moins à quinze iournees de Loches. L'homme se voyant en la cōpagnie de grand nombre de Sorciers & Sorcieres incogneuës, & de Diables hydeux à voir en figure humaine, commença à dire, mon Dieu où sommes nous? Aussi tost la compagnie disparut, & se trouua tout nud, errant par les chāps iusques au matin, qu'il trouua quelques païsans, qui l'adresserent au chemin. Estant de retour à Loches, il s'en va droict au Iuge criminel, lequel ayant ouy l'histoire, feit prendre sa femme, qui confessa de poinct en poinct tout ce que nous auons dict, & sans contrainte recognut sa faute. Il se trouua aussi à Lyon vne Damoyselle depuis peu d'annees, laquelle se leua la nuict, & allumāt de la chandele print

vne

LIVRE SECOND. 177

vne boüette, & s'oignit, puis auec quelques paroles elle fut transportee. Son paillard estant couché auecques elle, voyant iouer ce mistere, prend la chandele, & cerche par tout, & ne la trouuant point, ains seulement la boüette de gresse, par curiosité de sçauoir la force de l'onguent, fit comme il auoit veu faire, & soudain fut aussi transporté, & se trouua au pays de Lorraine auec la compagnie des Sorciers, où il eut frayeur: mais si tost qu'il eut appellé Dieu en son aide, toute la compagnie disparut, & luy se trouua seul tout nud, qui s'en retourna à Lyon, où il accusa la Sorciere, qui confessa, & fut condamnee à estre bruslee. Il en print autant n'a pas long temps à vn Gentil-homme pres de Melun, qui fut induit par son meusnier, & aussi par curiosité alla à la cõpagnie des Sorciers: & d'autant qu'il trembloit de peur, encores qu'il n'appellast point Dieu, si est-ce que le diable dist alors à haute voix: Qui a peur icy? Le Gentil-homme voulant se retirer, toute la compagnie disparut. Depuis qu'il fut de retour, il voulut accuser le Sorcier, qui en fut aduerty, & s'enfuit. Ce qui est dit touchant la peur, se peut mieux entendre par le procés faict aux Sorciers de Valery en Sauoye, où la fille confessa que son pere & sa mere la premiere fois qu'ils la menerent aux assemblees pour estre transportez soudain, ils luy baillerent vn baston pour mettre entre ses iãbes, en luy disant, q̃ sur toutes choses elle n'eust aucune peur, & soudain elle fut transportee a-

M

uec ses pere & mere. Le procez est imprimé en la derniere impression du liure de Daneau, lequel procez est de l'an M. D. LXXIIII. comme nous dirons tantost. Il y en a qui portent quelque poille, ou autre vaisseau de cuyure, ou d'argent pour mieux solemnizer la feste : à quoy se rapporte vn article au LXVII. chapitre des loix Saliques, où il est dit, *Si quis alterum hareburgium clamauerit, hoc est stioportium, aut qui aeneum portare dicitur, vbi stria concinant, & conuincere non poterit, soluat solidos* LXXII. le mot de *stria*, & *striges*, signifie Sorcieres courantes apres les Diables. Olaus le Grand au liure III. chap. XI. dit que vers les peuples de Septentrió, on voit en plusieurs lieux ces danses de diables & Sorciers. Et Pomponius Mela au liure III. dit que cela est ordinaire au mont Atlas: & Solin au 38. liure chap. 44. & Pline au premier liure chap. 5. I'ay leu quasi chose semblable en Paul Grilland Iurisconsulte Italien, qui a faict le procez à plusieurs Sorciers, lequel escrit, que l'an M. D. XXVI. aupres de Romme, il y eut vn paysant, lequel ayant veu sa femme se gresser la nuict toute nue, & puis ne la trouuant plus en sa maison, le iour suyuant il prend vn baston, & ne cessa de frapper, iusques à ce qu'elle eut cófessé la verité, ce qu'elle fist, requerant pardon. Le mary luy pardonna, à la charge qu'elle le meneroit en l'assemblee qu'elle disoit. Le iour suyuant la femme le feist oindre de la gresse qu'elle auoit, & se trouuerent tous deux allant à l'assemblee, sur chacun vn bouc bien legerement, mét. Mais sa femme aduertit l'hôme se garder bié de nommer Dieu, si ce n'estoit par moquerie, ou en le blasphemant. Car ils demeurent tous d'accord, que le Diable soudain laisse celuy qu'il porte par les chemins, qui monstrent bien, que la gresse n'y fait rien, & que le Diable les trāsporte plus soudain qu'vn traict d'arc, & comme dit sainct Augustin, *Dæmones anium volatus incredibili celeritate vincunt*: Et encores plus les Anges, ausquels pour cette cause la saincte Escriture, pour signifier leur celerité incomprehensible, donne six ailes. Se voyant en l'assemblee, la femme le fist tenir vn peu à l'escart, pour voir tout le mistere, iusques à ce qu'elle eust fait la reuerence au chef de l'assemblee, qui estoit habillé en Prince pōpeusement, & accompagné d'vne grāde multitude d'hommes & de femmes, qui tous firent hommage au Maistre. Et puis il apperçeut apres les reuerences, qu'on fist vne danse en rond les faces tournees hors le rondeau, en sorte que les personnes ne se voyoyent pas en face, cōme és danses ordinaires: à fin peut estre, que les vns n'eussent loisir de remarquer si aisement, & recognoistre les autres pour les accuser, s'ils estoyent pris par iustice. Et quant à ce point, le Sorcier Troiseschelles, à qui le Roy Charles IX. donna la grace pour accuser ses compagnons, dit au Roy, en presence de plusieurs grāds Seigneurs, que les Sorciers estoyent transportez aux assemblees, où il se trouue nōbre infiny de telles gēs, qui adorēt le bouc, & le baisent aux parties de derriere, & puis dansent dos à dos sans se veoir, & apres ils se couplent auec les diables, en figure d'hommes & de femmes. La danse finie les tables furent couuertes de plusieurs viandes. Alors la femme fist approcher son mary, pour faire la reuerence au Prince, & puis il se met à table auecques les autres, & voyant que les viandes n'estoyent salees & qu'il n'y auoit poinct de sel sur les tables, il cria tant qu'on luy apporta du sel, comme il luy sembla à voir, & deuant que l'auoir gousté, il dit: *hor lau dato sia Dio, pur è venuto questo sale*, Or loüé soit Dieu puis que le sel est venu. Si tost qu'il eut dit, loüé soit Dieu, soudain tout disparut, & personnes, & viandes, & tables, & demeura seul tout nud, ayant grand froid, ne sçachant où il estoit: le iour venu il trouua des bergers ausquels il demanda où il estoit, qui luy dirent qu'il estoit au Conté de Beneuent. Qui est le plus beau domaine du Pape soubs vn grand noyer, loin de Rome de cent mil, & fut constrainct mendier pain & habits, & l'huictiesme iour il arriua en sa maison fort maigre & defait, & alla accuser sa femme qui fut prise, & en accusa d'autres, qui furent bruslees toutes viues, apres auoir cõfessé la verité. Le mesme autheur recite encores, qu'il aduint, l'an M. D. XXV. qu'vne ieune fille au Duché de Spolette, aagee de XIII. an fut ainsi cõduicte par vne vieille Sorciere à l'assemblee, & s'estonnant de voir telle compagnie, elle dit: *Dio benedetto, che chosa è questa?* Dieu beneist, qu'est-cecy: Elle

n'eut

n'eut pas sitost dit ceste parole, que tout s'euanouït. Et la pauure fille au matin fut trouuee par vn païsant, auquel elle cóta toute l'histoire, qui depuis la renuoya en son pays, où elle accusa la Sorciere, qui fut bruslee toute viue. Quant à ce qu'il dit, que les assemblees se faisoyent soubs vn grand noyer, i'ay remarqué en plusieurs histoires, & procez que les lieux des assemblees des Sorciers sont notables, & signalez de quelques arbres, ou croix, comme au procez des Sorciers de Poictiers, il fut trouué qu'ils s'assembloyent aupres de certaine croix cogneue en tout le pays, & à laquelle dés cent ans auparauant les Sorciers s'assembloyent, comme le President Saleuert m'a dit, qu'il fut trouué par les anciens registres de plus de cent ans. Et à Mauber pres Beaumont de Lomaigne, à huict lieux de Tolose, il fut verifié que les assemblees des Sorciers se faisoyent à la croix du paste, & dansoyent, comme il font ordinairement és autres lieux, & l'vne d'icelles appellee Beronde, estant sur le point d'estre bruslee: sur ce qu'elle fut confrontee à vne damoyselle qui vouloit nier qu'elle y eust esté, luy dit: *No sabes pas tu, que le derrain cop que nous hemes le haran à la Croux do pastis, tu portaos lo topin des padoux?* C'est à dire. Ne sçais tu pas que la derniere fois que nous fismes la danse à la croix du paste, tu portois le pot des poisons? Ceste Sorciere Beronde fut bruslee toute viue. Et quant aux transport, i'ay leu que celà se faisoit apres les onctions, &

souuent sans onction, tantost sur vn bouc, tantost sur vn cheual volant, tantost sur vn ballet, tantost sur vn baston, tantost sans aucun baston, ny beste, & souuent sans onction, & les vns y vont nuds, comme font la plus part pour se graisser, ainsi que nous auons dit, les autres vestus, les vns la nuict, les autres le iour: mais ordinairement la nuict, & le plus souuent entre la nuict du Lundy & Mardy : nous dirons en son lieu la raison. Et à ce propos, Paul Grilland au liure des Sortileges dit, que l'an M. D. XXIIII. il fut prié par vn Seigneur d'aller au chasteau sainct Paul, Duché de Spolette, faire le procez à trois Sorcieres. La plus ieune, soubs promesse d'eschapper, luy confessa qu'il y auoit XIIII. ans passez, qu'vne vieille Sorciere l'auoit menee en l'assemblee des Sorciers, où il y auoit vn diable, qui luy fist renoncer à Dieu, & à sa foy & religion, promettant auec serment d'estre fidele, & obeïssante à tous les commandemens du diable, touchant sur vn liure, qui contenoit quelques escritures fort obscures : Et qu'elle viendroit tousiours aux festes la nuict, quand elle seroit mandee, & qu'elle y ameneroit tous ceux qu'elle pourroit : Et le diable luy promit vne ioye, & felicité eternele. Elle confessa aussi que depuis elle auoit faict mourir quatre hommes, & plusieurs fois du bestail, & faict gaster les fruicts par la tempeste. Et s'il luy aduenoit qu'elle n'allast aux assemblees aux iours prefix, & qu'il n'y eust excuse veritable, elle estoit si tourmentee la nuict, qu'elle ne pouuoit dormir, ny reposer aucunement. Et quand il falloit partir pour y aller, elle oyoit la voix d'vn homme, qu'elles appelloyent leur petit Maistre, & quelquesfois maistre Martinet: & apres qu'elle s'estoit ointe de certain onguent, elle montoit sur vn bouc, le tenant par le poil, qui se trouuoit tout prest à la porte, & soudain elle estoit transportee soubs le grand noyer de Beneuent, où il se trouuoit vne infinité de Sorciers: & apres auoir faict l'hommage au Prince, on dansoit: puis on se mettoit à table, & en fin chacun Demon se couploit auec celuy ou celle qu'il auoit en garde. Et cela fait, chacun s'en retournoit sur son bouc. Et en outre que particulierement elles adoroyent le diable en leurs maisons. Apres lesquelles confessions elles furent confrontees, & encores d'autres accusees, & confesses furent bruslees toutes viues auec leurs poudres & onguents. Nous lisons vn autre histoire recente au III. liure d'Antoine de la Turquemede Espaignol, entre plusieurs qu'il escrit, qu'vn Sorcier voulant persuader vn sien compagnon, qu'il seroit le plus heureux du monde, s'il vouloit le croire & aller aux assemblees des Sorciers: Le compagnon l'accorda, & la nuict venue, le Sorcier apres quelques paroles le print par la main, & tous deux esleuez en l'air, furent transportez fort loin en vne compagnie, où il y auoit nombre infiny d'hommes & de femmes, & au milieu vn throne, & au dessus vn grand

Bouc que chacun alla baiser (*en la parte ma su-zia que tenia*) ceux qui entendent l'Espagnol sçauent bien qu'elle partie c'est, & qui ne se peut dire honnestement. Ce que voyant le nouueau apprenty, dist à son compagnon Sorcier : Ie perds patience : & commença à crier, dit l'Autheur, (*Dios à muy grande bozes*) c'est à dire qu'il appela Dieu à haute voix. Alors il vint vn tourbillon & tempeste impetueuse à merueilles, & tout disparut, & luy demeura seul, & fut trois ans deuant que de pouuoir estre de retour en son pays. Il n'y a pas long temps qu'au pays du Mayne, plusieurs furent bruslez, qui confessoyent aller aussi souuent au Sabbath la nuict, & faire les mesmes choses que i'ay recitees, dont les registres de la Iustice sont chargez recentement, & le procez enuoyé en plusieurs lieux, que ie retrencheray plus court, pour estre chose assez notoire : parce qu'il n'y auoit pas moins de trétre Sorciers, qui s'entr'accuserent par enuie les vns des autres : Et leurs confessions s'accordoyent au trásport, & à l'adoration du diable : & aux danses, & aux renonciations à toute religion. Nous auons aussi, de fraische memoire, les procez des Sorciers de Valery en Sauoye, faict l'an 1574. duquel Daneau a faict l'extraict assez ample, où l'on peut veoir, que le diable en tout lieu est semblable à soy-mesme : car par la confession des Sorcieres de Valery, & confrontation des vnes aux autres, on voit le transport en corps sur vn baston seulement, sans onction : puis

l'abiu

l'abiuration de Dieu, l'adoration du Diable, les danses, festins, & le baiser aux parties honteuses de Satan en guise de beste, puis l'obligation de faire mille maux, & poudres qu'on bailloit à chacun, & que l'vne auoit faict xxx. ans ce mystere. Et quelquesfois le Diable se monstroit en guise d'homme fort noir, & hideux. Quant aux viandes, & personnes qui s'euanoüissent, nous en auons vn tesmoignage en Philostrate Lemnien, autheur Grec, qu'Apollonius Thianæus estant entré en vne maison, où les Sorciers faisoyent de semblables festins, les menassa aigrement, & soudain tout disparut, tables, viandes, personnes, & meubles, & ne se trouua qu'vn ieune homme que les Sorciers auoyent nouuellement seduict. Et sans aller si loing, plusieurs sçauent qui sont encores pleins de vie, que l'vn de Comtes d'Aspremont traictoit, & receuoit magnifiquement toutes les compagnies qui venoyét en sa maison, & receuoyent vn grand contentement des viandes exquises, du seruice, & de l'abondance de toutes choses: Neantmoins quand les hommes, & cheuaux estoyent sortis de sa maisó, ils mouroyent de faim & de soif. Ce que i'ay sçeu de plusieurs personnes, qui sont encores en vie. Tel estoit le Comte de Mascon, des plus grands Sorciers de son temps, lequel nous trouuons en nos histoires [2] auoit esté appellé par vn hóme lors qu'il traitoit à sa table grande compagnie, & n'osant desobeir à Satan, il trouua vn cheual noir à la porte qui l'attendoit, sur le-

2. *Hugo Elertacem.*

lequel il fut soudain porté auec l'homme, & disparut, sans iamais plus estre veu. Le semblable aduint à Romule, comme recite Plutarque, lors qu'il estoit au champ du Marais de la cheure, il vint vn tourbillon de tempeste, par lequel il fut esleué & ne fut iamais veu depuis, ce qui fut certifié & attesté par les Princes & Seigneurs, qui l'accostoyent en grand nombre : mesmes pour confirmation de son dire il adiouste deux autres exemples semblables : l'vn d'Aristeus Proconesien, & l'autre de Cleomede Astypalecam. Philostrate Lemnien dit le semblable cas estre aduenu à Apollonius Thianæus, qu'il a voulu deifier par ce moyen, quoy qu'il fust en reputation d'estre le plus grand Sorcier de son aage, & d'autant qu'il y en a quelques vns qui se veulent preualoir d'vn Concile national ou Conciliabule d'Aquilee, que nous auons remarqué cy dessus, i'ay bien voulu remarquer les Theologiens[2] qui sont d'accord, que le Diable transporte les Sorcieres en corps. Ie mets beaucoup d'authoritez de plusieurs peuples & nations, à fin que la verité soit mieux esclarcie, & par tant d'exemples si souuent experimentez, non par songes, ny resueries, mais par iugemés cõtradictoires, par coaccusations des cõplices: recriminations, recolemés, cõuictions, cõfrontations, confessions, condénations, executions: Entre lesquelles il y en a d'Alemaigne vne memorable, que recite Ioachim de Cambray, au liure de *Natura dæmonũ*, qui dit, qu'vn bouchei

2. Au li. 10 & 21. de ciui. Dei, Th. Aquin. in summa secũda secũda, qu. 95. art. 5. ti. de supe. & in tract 44. P.P.q.8. tit. de mira. & q.16. art. 5. & 6. & in ti. de Dam. Bonau. in 3 sent. dist. 19. qu. 3. Paul. Grillũ. li. de sor sect. 7. nu. 4. Sylvester Prier in tra. de strigibus dæmon. lib. 1. c. pen. & lib. 2. ca 1. Sprenger in malleo maleficarum.

cher allant la nuict par vn bois, oyant le bruit, & les danses il suyuit, & approcha, où il apperceut des coupes d'argent, qu'il print, & que soudain apres tous les Sorciers, & Diables disparurent, & les porta le iour suyuant au magistrat : lequel fist venir ceux dont le coupes portoyent les marques, & accuserét les autres, qui furent executez. L'autre exemple est encores plus insigne d'vne execution, qui a esté faicte à Poictiers l'an 1574. qui m'a esté recitee, estant sur les lieux, & depuis encores par Saluert President de Poictiers, qui fut appellé au iugement auec Dauenton, alors President de Poictiers, & autres Iuges, & qui est assez notoire en tout le pays : trois Sorciers & vne Sorciere furent condamnez, & bruslez tous vifs, estans conuaincuz d'auoir fait mourir plusieurs personnes & bestes, comme ils confesserent aussi, par le moyen du Diable, qui leur administroit les poudres, pour enterrer sous l'essueil des estables, bergeries, & maisons, & declarerent qu'ils estoyent trois fois l'an, à l'assemblee generale, où plusieurs Sorciers se trouuoyent pres d'vne croix d'vn carrefour, qui seruoit d'enseigne. Et là se trouuoit vn grand bouc noir, qui parloit comme vne personne aux assistans, & dansoyent à l'entour du bouc : puis vn chacun luy baisoit le derriere, auec vne chandele ardente : & celà faict, le bouc se consommoit en feu, & de la cédre chacun en prenoit pour faire mourir le bœuf, ou vache de son ennemy, à l'autre la brebis, à l'autre le cheual,

ual, à l'autre pour faire languir, à l'autre pour faire mourir les hommes: Et enfin le Diable leur disoit d'vne voix terrible des mots, Vengez vous ou vous mourrez: celà faict chacun s'en retournoit à l'ayde du Diable, comme ils estoyent venus. Il faict bien à remarquer qu'ils estoyent tenus d'aller trois fois l'an à faire ce sacrifice au diable, contrefaisant le sacrifice du Bouc porté par la loy de Dieu, au Leuitique, chap. XVI. & le commandement, qui portoit, que tous les masles deuoyent comparoistre deuant Dieu, trois fois l'an aux trois festes solennelles. Le presidét Saluert homme d'honneur, me dist plus, qu'il se trouue és anciens regiſtres, qu'il y auoit cent ans, qu'on auoit condamné des Sorciers pour semblables confessions, & au mesme lieu de la croix portee par les proces. Les deux se repentirent, les deux autres moururent opiniastres. I'ay leu aussi l'extraict du procez des Sorcieres de Potez, qui m'a esté communiqué par maistre Adrian de Fer, Lieutenant general de Laon, qui porte la cófession d'icelles, cóme elles furent transportees aupres de Longny, au moulin Frenquis, en disant certains mots, que ie ne mettray point, auec vn ballet ou ramon, & trouuerent les autres qui auoyent chacun vn ramon en main, & six Diables auec eux, qui sont là nommez. Et apres auoir renoncé à Dieu, elles baiserent les Diables en forme humaine, & toutesfois bien fort hydeux à veoir, & les adorerent, puis elles danserent ayans leurs ramons

en

en main, & en fin se coupletent les diables auec les femmes, & puis elles demanderent des poudres pour faire mourir du bestail, & fut arresté d'y retourner huict iours apres, qui estoit le Lundy apres iour failly, & furent là enuiron trois heures, & puis rapportees. I'auoy oublié de dire, que chacun Sorcier doit rendre compte du mal qu'il a faict, sur peine d'estre bien battu : Et quant à ce dernier poinct, Bounin Bailly de Chasteau Roux estant deputé pour le pays de Berry à Blois, me dist, qu'il auoit fait brusler vne Sorciere, accusee par sa fille, que la mere auoit menee aux assemblees, & l'auoit presentee au Diable pour l'instruire: mais entre autres villenies, elle confessa, qu'elles danserent autour du Bouc, & en fin, que chacun rendoit compte de ce qu'il auoit faict depuis la derniere assemblee, & en quoy il auoit employé la poudre. L'vn disoit auoir tué vn enfant, l'autre vn cheual, l'autre auoit fait mourir vn arbre. Et par ce qu'il s'en trouua vne qui n'auoit rien faict depuis la derniere assemblee, elle eut plusieurs coups de baston soubs la plante des pieds, auecques vne mocquerie & risee de tous les autres : Et disoit qu'il faut auoir souuent de nouuelles poudres. Ce qui est conforme à ce que i'ay leu, en vn autre procés d'vne Sorciere qui confessa, qu'elle n'auoit point de repos, si elle ne faisoit tous les iours quelque mal, quand elle n'eust cassé qu'vn vaisseau : mais vn iour sa maistresse l'ayāt trouuee, cassant vn vaisseau de terre de propos

pos deliberé, elle confessa la verité, & qu'on la fist mourir, par ce qu'elle disoit, qu'elle n'auoit point de patience, si elle ne faisoit mourir quelqu'vn, ou qu'elle ne feist quelque mal. Qui monstre bien que ce n'est pas la poudre, mais Satan, qui ne procure & ne cerche que la ruine du genre humain, & qui veut souuét estre seruy & adoré. Car la poudre bien souuent se trouue vn ou deux pieds soubs terre : Et me souuient que Fournier homme docte, & Conseiller d'Orleans, me disoit, que le bruit commun & notoire estoit, qu'il se faisoit des assemblees des sorciers pres de Clery, où les Diables r'apportoyent tout ce qui auoit esté fait en diuers pays : par ce qu'ils minutent toutes les actions des hommes. C'est le moyen que les Sorciers ont pour deuiner. La sorciere que i'ay dit, n'appella point de la sentence, disant qu'elle aymoit mieux mourir, que d'estre plus tourmentee du Diable, qui ne luy donnoit point de repos : Mais il fait bien à noter, que il ne se faict poinct d'assemblée, où l'on ne danse, & par la confession des sorcieres de Logny, elles disoyent en dansant har, har, Diable, Diable, saute icy, saute là, ioué icy, ioué là : Et les autres disoyent Sabath Sabath, c'est à dire la feste & iour de repos, en haussant les mains & ballets en haut, pour testifier & donner vn certain tesmoignage d'allegresse, & que de bon cœur ils seruent & adorent le Diable, & aussi pour contrefaire l'adoration qui est deüe à
Dieu

LIVRE SECOND. 191

Dieu. Car il est bien certain, que les anciens Hebrieux apportans leurs oblations au Temple, quand ils approchoyent de l'autel, ils dansoyent, cóme a tresbien noté Dauid Kimhi [2] sur le mot, haga חגג qui signifie feste, danse. Et Dauid pour vn grand signe d'allegresse dãsoit, en disant le psalme XLVII. & sonnoit de la harpe deuant l'arche. Et en cas pareil nous lisons, que Samuel adressa Saül à la troupe des Prophetes, qui dansoyent en loüãt Dieu auecques instrumens de musique, laquelle est principalement donnee aux hommes, pour loüer Dieu d'vne pleine ioye & allegresse : mais le mouuement du corps estoit tel, qu'il n'y auoit rien d'insolent : ains le doux mouuement du corps, esleuoit le cœur au ciel, qui est la chose la plus aggreable à Dieu. Car il ne se peut faire que celuy qui chante loüange à Dieu de telle allegresse, qu'il ne soit rauy d'amour & de zele à l'honneur de son Createur : & en tous les endroits des Psalmes, où il se trouue le mot Sela, qui est frequent : ceux qui le chantoyent esleuoyent leur voix auec le corps, comme Dauid Kimhi a noté sur les Commentaires Hebrieux des Psalmes : iaçoit que ce mot signifie Eternité, comme l'interprete le Chaldeau a tourné, & Symmachus & Theodocion ont tourné διάψαλμα, & Abraham Haben Esra tourne אמן, *id est*, *verè* : & neantmoins tousiours les chantres se leuoyent à ce mot. Les processions qu'on faict, monstrent encores, comme il semble, la marque des danses

2. sur le Psal. 41.

ses anciénes. Aussi tous les peuples en vsoyent en leurs sacrifices & festes solemnelles. Et Moyse Maymon escrit, que les filles Persanes adorās le Soleil, dansoyent toutes nués & châtoyent auec instrumés. Mais les danses des Sorciers rendent les hommes furieux, & font auorter les femmes, comme on peut dire que la volte, que les Sorciers ont amené d'Italie en France, outre les mouuemens insolens, & impudiques, a cela de mal-heur, qu'vne infinité d'homicides & auortemens en aduiennent. Qui est vne chose des plus considerables en la republique, & qu'on deuroit defendre le plus rigoureusement. Et d'autant que la ville de Geneue, sur toutes choses hait les danses, Satan auoit apris vne ieune fille de Geneue, à faire dāser, & sauter toute personne qu'elle touchoit, auecques vne verge de fer, qu'il luy auoit baillee, & se mocquoit des Iuges, disant, qu'ils ne sçauroyent la faire mourir, & ne se voulut oncques repentir, qu'elle ne fust condānee à mort. I'ay apris le faict d'vn homme qui estoit present: mais il me disoit, qu'aussi tost qu'elle fut prise, elle fut saisie de peur, & tremblement extreme, disant que son maistre la laissoit, & qu'il luy auoit promis qu'elle ne mourroit point, & n'y auoit qu'elle qui l'apperceust. Quant à la fureur, on voit euidemment, que tous les hommes furieux, & forcenez, vsent de telles danses, & sauts violens : Et n'y a moyen plus expedient pour les guarir, que de les faire danser posément, & en cadence pesante,

pesante, comme on faict en Alemaigne aux incensez qui sont frappez de la maladie qu'on dit de sainct Vitus, & Modestus. Pour la fin de ce chapitre, ie mettray la conclusion de la dispute resolüe deuant l'Empereur Sigismond: que Virich le Monnier a escrit en vn petit liure, qu'il a faict sur ce poinct, où il fut arresté par infinis exemples & iugemens, que Satan transportoit les Sorciers veritablement en corps, & en ame. Aussi seroit-ce se mocquer de l'histoire Euangelique, de reuoquer en doubte, si le Diable transporte les Sorciers d'vn lieu en l'autre : puis qu'il est dit en l'Euangile que Satan transporta Iesus Christ sur le sommet du temple, puis sur vne montaigne: Car la pluspart, & la plus saine partie des Theologiés tiennent, qu'il fut veritablement transporté en corps & ame. Ils confessent aussi, qu'Abacuc le Prophete a esté transporté en corps, & ame, en Babylone : Et sainct Philippe l'Apostre a esté transporté en corps & ame. Sur quoy S. Thomas d'Aquin conclud, que s'il est possible en vn, il est possible en tous de mesme nature, & de mesme poids. Voyla son argument qu'il tire de sainct Matthieu, chap. IIII. Nous lisons pareillement en Philostrate, autheur Grec, qu'Apollonius Thianæus fut transporté en peu d'heure, d'Ethiopie pres la source du Nil, iusques à Romme, qui ne sont pas moins de deux mil cinq cens lieues à droicte ligne : vne autre fois de Romme en Corinthe, vne autre fois de Symirne en Ephese. Et l'an M.CC.LXXV.

Iean Teutonic prestre d'Halbarstard, des plus fameux Sorciers de son aage, chanta trois Messes à minuict, l'vne à Halberstard, l'autre à Magence, la troisiesme à Coulongne. Ce qu'on recite aussi de Pythagoras, qui fut transporté de Thurie en Metapont. Et mesmes Vierus protecteur & defenseur des Sorciers, asseure par vne certitude de science estre veritable, qu'il sçait plusieurs personnes estre ainsi transportez en vn moment d'vne region en l'autre. Voylà ces mots au liure II. chap. VIII. *de Præstigiis Dæmonum*, & au liure 3. chap. 12. d'autant qu'il y en a qui tiennent, que le transport est en esprit seulement, disons aussi du rauissement de l'esprit.

2. Vierus li. 2. cap. 8. de Præstig. & lib. 3. ca. 12.

DE L'ECSTASE, OV RAVISsement des Sorciers, & frequentation ordinaire, qu'ils ont auec les Dæmons.

CHAP. V.

E QVE nous auons dit du transport des Sorciers en corps & ame, & les experiences si frequentes, & si memorables, monstrent comme en plein iour, & font toucher au doigt & à l'œil, l'erreur de ceux qui ont escrit, que le transport des Sorciers est imaginaire, & que ce n'est autre chose qu'vne ecstase: & apportent pour exemple la vision d'Ezechiel, qui fut rauy d'esprit
de

de Babylone en Hierusalem : laquelle vision peut estre vne vraye separation de l'ame, & peut aussi se faire sans separation. Mais les Hebrieux tiennent en leur Theologie secrete, que l'Ange faict oblation à Dieu des ames des esleuz, par astraction, demeurant l'homme en vie. Et à ce propos ils alleguent le passage du Psalme 116. *preciosa in conspectu Domini mors Sanctorum eius*: ce qu'il semble que Platon *in Phædone* appelle Mort plaisante. Mais pourtant ne faut-il pas nier, le vray transport du corps & de l'ame, qui se faict par les esprits, bons & mauuais. Nous produirons l'exemple d'Helie, & d'Henoc, qui ont esté rauis en corps, & d'Abacuc, qui a esté porté en corps par l'Ange, en la fosse des Lyons. Et si le vray transport en corps ne se faisoit aux exemples que nous auons dit, comment se pourroit-il faire, que celuy de Loches se fut trouué de son lict, aux landes de Bourdeaux, & celuy de Lyon en Lorraine, celuy de Plutarque de Grece, en Crotone pres de Naples : où il faut par necessité passer plus de cent lieues de mer, & infinis autres en cas semblables S. Thomas d'Aquin, Durand Herué, Bonauenture de Tarantaise, & Getald Odet, qui ont traicté ceste question sur le second liure, distinction VIII. du Maistre des sentences, tiennent formellement, que les Diables transportent les corps de lieu en lieu, par leur puissance naturele. Combien que ie trouue le rauissement en ecstase, qu'ils disent beaucoup

plus admirable, que le transport corporel. Et si le Diable a ceste puissance, comme ils confessent, de rauir l'esprit hors du corps, n'est-il pas plus aisé d'emporter le corps & l'ame sans distraction, ny diuision de la partie raisonnable, que distraire & diuiser l'vne de l'autre sans mourir? Or combien que nous auons des tesmoignages tres-certains, & demonstrations indubitables de l'immortalité des ames: si est-ce que cestuy-cy me semble des plus forts, & des plus grands, & qui peut suffire estant auesé, comme il a esté par infinies histoires, iugemens, recolemens, confrontations, conuictions, confessions, executions. Il peut, dy-ie, suffire pour conuaincre tous les Epicuriens & Atheistes, que l'esprit humain est esséce immortelle. Car l'hypothese d'Aristote au second liure de l'ame, est par ce moyen tresbien verifiee, & demonstree, en ce qu'il dit, que l'ame est immortele, si elle peut quelque chose sans l'ayde du corps: Et l'autre hypothese, que l'ame est immortelle, si elle est separable du corps. Mais les infideles, qui ne croyent, ny la puissance de Dieu, ny l'essence des esprits, disent que ce que nous appellons Ame, est vne liaison harmonieuse, & forme vniuerselle, resultant des formes particulieres des humeurs, & autres parties du corps humain: qui est vne incongruité bien lourde, de composer la forme de l'homme (que tous Philosophes confessent estre pure & simple) de plusieurs formes. Et quant à l'eestase, ils disent, que c'est vn sommeil melã-
cholic,

cholic, par lequel les forces de l'ame sont enseuelies, en sorte qu'il semble que l'homme soit mort. Mais c'est chose ridicule, attendu qu'il y a plus de Sorciers en Nouerge, & Liuonie, & autres parties Septentrionales, qu'il n'y a en tout le reste du monde, comme dit Olaus le grand: & semble que ce qui est dit de Satan en Iesaye, *Ie monteray sur l'Aquilon, & seray semblable à Dieu*, se peut rapporter à la puissance que Satan a principalement sur les peuples de Septentrion, qui sont fort difamez des Demons & Sorciers, comme en cas pareil par toute l'Escriture saincte nous lisons, que d'Aquilon viendra tout mal. *sapientiæ cap. 2. Esaye. 14. 41. 49. Hieremiæ cap. 34. 6. 13 15. 23. 25. 46. 47. 50. 51. Ezechiel. 8. 48. Daniel. 11. Zachar. cap. 2.* Neantmoins ce peuple là tient moins de la melancholie, que peuple qui soit soubs le ciel: car ils sont tous blons generalement, ou de poil de vache. Il faut donc que ceux-là confessent leur ignorance: car Plutarque escrit d'vn nommé Solens, & Pline d'vn Hermotine Clazomenien, & Herodote d'vn Philosophe de Proconese Atheiste, qu'ils estoyent si bien rauis en ecstase, que leurs corps demeuroyent pour morts, & insensibles. De sorte que les ennemis de Hermotine² trouuant son corps ainsi pasmé, le tuerét & brusletent. Hierosme Cardan a laissé par escript, qu'il estoit par ecstase rauy hors du corps, quand il vouloit, sans qu'il demeurast aucun sentiment au corps. Mais ie tiens que tous ceux, qui souffrent ceste passion

1. *Lib. 1. cap. 52.*
2. *In sua Genes.*

volontairement en veillant, sont Sorciers: Aussi Cardan[3] confesse, que son pere a eu vn Diable familier trente ans. Et ordinairement les peres Sorciers façonnent leurs enfans, pour les rauir en ecstase. A quoy se rapporte ce que dit Virgile au vi. de l'Æneide parlant de la Sorciere, *quæ se promittit soluere mentes*. Car à dire vray, l'ame vegetatiue, vitale & animale demeurent, encores que les sens, mouuement & raison soyent deliez. Nous en auons vne histoire de recente memoire, de la Magie naturelle d'vn Neapolitain, lequel recite auoir fait preuue d'vne Sorciere, qui se frota de gresses toute nue, puis tomba pasmee sans aucun sentiment, & trois heures apres retourna en son corps, disant nouuelles de plusieurs pays, qui furēt auerees. Vray est que l'autheur du liure qui merite le feu, monstre les moyens de le pratiquer. Or Satan en vse enuers ceux qui ne veulēt pas se descouurir, ou qui pour la grandeur de leur maison, ou autres raisons, n'osent se trouuer en telles assemblees. Ie tiens du President de la Tourette, qu'il a veu en Daufiné, vne Sorciere qui fut bruslee viue, laquelle estant couchee au long du feu, fut rauie en ecstase, demeurant son corps en la maison: Et parce qu'elle n'entendoit rien, son maistre frappoit dessus à grands coups de verge, & pour sçauoir si elle estoit morte, on luy fit mettre le feu aux parties les plus sensibles: pour tout celà elle ne s'esueille point. Et de fait le maistre, & la maistresse, la laisserent estendue en la place, pensant qu'elle fut

[3] *In lib. de rerū variet. ad finem.*

fut morte. Au matin elle se trouue en son lict couchee. Dequoy son maistre esbahi, luy demanda ce qu'elle auoit eu. Alors elle s'escria en son langage: Ha mon maistre tant m'auez batue? Le maistre ayant fait le compte à ses voisins, on luy dit qu'elle estoit Sorciere: Il ne cessa qu'elle ne luy eut confessé la verité, & qu'elle auoit esté de son esprit en l'assemblee des Sorciers. Elle confessa aussi plusieurs meschancetez, qu'elle auoit comises, & fut bruslee. Iacques Spranger, Inquisiteur, ayant faict le procez à plusieurs sorciers, escrit qu'elles ont confessé, qu'elles sont rauies en esprit, quand elles veulent : & quand elles veulent, elles sont rauies aussi en corps. Nous auons encores vn exéple de nostre memoire aduenu à Bordeaux, l'an M. D. LXXI. alors qu'on persecuta les Sorciers en France : il y eut vne vieille Sorciere à Bourdeaux, qui confessa deuāt les iuges, qu'elle estoit toutes les sepmaines transportee auec les autres, où il se trouuoit vn grand bouc, qui leur faisoit renier Dieu, & promettre de seruir au Diable, & puis chacun le baisoit aux parties honteuses, & apres les danses chacun prenoit des pouldres. Alors M. Belot maistre des Requestes, voulant faire preuue de la verité par la Sorciere, qui disoit n'auoir aucune puissance, si elle ne estoit hors la prison, la fit eslargir, & lors elle se frotta toute nue de certaine gresse: & apres elle tomba comme morte, sans aucun sentiment : & cinq heures apres elle retourna, & se releuant raconta plusieurs choses de diuers lieux & endroits qui furent auerees. Ie tiens l'histoire d'vn Comte, & Cheualier de l'Ordre, qui estoit present à l'experience qu'on en fit, & qui est encores en vie. Olaus dit, que celà est bien fort frequent és pays Septentrionaux, & que les amis de celuy qui est rauy en ecstase, le gardét soigneusemét, iusques à ce qu'il retourne auec vne grande douleur, & r'apporte vn anneau, ou lettre, ou cousteau de celuy qui est à trois cens lieues de là. I'ay appris vne autre iagemét estant à Nātes, l'an M.D.XLIX. qui n'est pas moins estrange, de sept Sorciers, qui dirent en presence de plusieurs qu'ils r'apporteroyét des nouuelles dedās vne heure, de ce qui se faisoit dix lieues à la ronde, soudain ils tomberent tous pasmez, & demeurerent enuiron trois heures: puis ils se teleuerent, & r'apporterent, ce qu'ils auoyent veu en toute la ville de Nantes, & plus loing à l'entour, ayant remarqué les lieux, les actions, les personnes: & tout sur le champ fut aueré. Apres auoir esté accusez, & conuaincus de plusieurs malefices, ils furent tous bruslez: On pourroit dire, peut-estre, que l'ame n'est point rauie, & que ce n'est qu'vne vision & illusion, que le Diable moyenne: mais les effects monstrent le contraire. On peut bien endormir les personnes auec la mandragore, & autres breuuages narcotiques, en sorte que la personne semblera morte, & neantmoins il y en a qu'on endort si bien, qu'ils ne reueillent plus, & les autres ayant pris tels breuuages, dormét quelques quesfois trois ou quatre iours sans esueiller, comme on faict en Turquie à ceux qu'on veut chastrer, & se pratiqua en vn Gascon du bas Languedoc estāt esclaue, qui depuis fut racheté. Mais les Sorciers ne prénent aucun breuuage: Ioinct aussi que ceux qui ont esté endormis par breuuages narcotiques, n'ont aucune memoire de chose quelconque. Et les Sorciers ont vne viue impression des danses, sacrifices, adorations, & autres choses, qu'ils ont veuës & faictes aux assemblees, & remarquent ceux qui y estoyent, ausquels ils ont esté confrontez, qui l'ont confessé. Et par la cófession des Sorciers, que Iacques Spranger a faict brusler, il recite que les Sorciers confesserent, qu'ils sentoyent en l'ecstase les mesmes choses, que s'ils eussent esté presens en corps. Et S. Augustin auec au XVIII. liure de la Cité de Dieu, recite de Prestātius, que son pere fut plusieurs foys rauy en telle ecstase, que son esprit estant retourné, il afferma auoir esté mué en cheual, & auoir porté la prouuisió au camp auec les autres cheuaux. Et neantmoins son corps estoit estēdu comme mort en sa maison. Qui seroit, peut estre, la raison, pourquoy la Lycanthropie & changement d'hommes en bestes, est si renommee de tous les anciens, & si frequéte encores en tout le pays d'Orient, de laquelle nous parlerons tantost. Il y a bien aussi des maladies, qui rendét l'homme insensible, & presque mort, comme le mal Caduc, & l'Apoplexie. Et de fait, le Pape Iule II. fut deux iours qu'on pensoit qu'il fut du tout mort: & Iean Lescot (comme l'on tient) fut enterré tout vif, iaçoit qu'il semblast mort. Et quand il perdit le souffle, alors il commença à se tourmenter: & quand on apperceut quelque mouuement en le couurant de terre, on le tira, mais on le trouua saignant & rendant l'esprit. Telles maladies de Syncopes, Epilepsies, & Apoplexies ne sont point és Sorciers: car ils sont ainsi disposez quand il leur plaist. Et ne souffrent celà, que pour s'excuser d'aller aux assemblees, craignans estre descouuerts: faisans au surplus hommage au Diable, & parlant à luy en leurs maisons, quãd ils veulent. Et de faict, le Baron de Raiz (qui fut condamné à Nantes, & executé comme Sorcier) apres auoir confessé huit homicides de petits enfans, & qu'il vouloit encores tuer le neufiesme, & le sacrifier au Diable, qui estoit son fils propre, qu'il auoit deliberé tuer au ventre de la mere, pour gratifier d'auãtage à Satan, confessa qu'il adoroit Satã en sa chambre, se mettant à genoux lors qu'il se presentoit à luy en forme humaine, & luy faisoit encensement, qui estoit la forme des sacrifices detestables des Amorreens, & Chananeãs. Le Diable luy promettoit merueilles, & qu'il seroit grand. Toutesfois en fin se voyant captif, & en extreme calamité, il cõfessa tout, & fut executé à mort, & le procez de sa confiscation est encores pendu au croc. I'ay aussi leu en Spranger, qu'en faisant le procez à vne Sorciere, qu'il fit brusler, elle confessa auoir comme sage femme receu plusieurs fois

les

les enfans du ventre de la mere, & iceux presenté au Diable, en les eleuant en l'air, & puis apres leur mettoit vne grosse espingle en la teste, dont il ne sortoit point de sang. Et voyant qu'on les portoit en terre, elle alloit la nuict les deterrer, & les faisoit cuire au four, & mãgeoit la chair, gardãt la gresse pour luy seruir. Et confessa qu'elle auoit fait mourir en ceste sorte quarante petits enfans. E le estoit de Dan, pres de Basle. Et vne autre de Strasbourg, qui en fit mourir, sans nombre, & fut aussi bruslee. I'ay bien voulu aduertir le lecteur de ceste cruauté, & idolatrie, qui m'a semblé la pl° detestable, q̃ iamais i'aye ouy parler, à fin qu'õ préne garde de pres à celles qui reçoiuent les enfans. Quant à mãger la chair humaine, cela est tres-certain, & de toute antiquité, les sorcieres en estoyẽt si friandes, qu'il estoit quasi impossible de garder les corps morts, [4] ny les enfermer si biẽ qu'elles n'y entrassent pour les ronger iusques aux os. Et au chapit. 67. des loix Saliques il est dict, que si la Sorciere a mãgé vn homme, & qu'elle soit conuaincue, elle payera deux cens soldes. Nous lisons en Philostratus Lemnié, qu'Apollonius Tyanæus decouurit, & chassa de Corinthe vne Lamie, qui viuoit ainsi de chair humaine. C'est pourquoy Horace pour vne chose tres-cruelle dict, *Neu pransa Lamia, puerũ viuũ extrahat aluo*: & neantmoins celà estoit ordinaire aux Sorcieres, de se nourrir de telle viande, comme nous lisons en l'histoire d'Arlanus, qu'il a veu vne femme demeurant pres

4. *Apuleius lib. 1. Asini.*

la

la porte de Come, qui fut prise, & mise sur la rouë, pour auoir estranglé, puis deuoré vn petit enfant, & confessé en la torture que le Diable luy auoit persuadé, qu'elle auroit tout ce qu'elle desireroit, si elle vouloit luy sacrifier vn enfant de trois ou quatre ans. Nous lisons aussi en Ammian Marcellin liure 29. que Pollentian Tribun fut conuaincu d'auoir ouuert vne femme enceinte, pour sçauoir de son enfant, qui deuoit estre Empereur. Tous lesquels passages confirment, ce que nous voyons és procez de nostre temps. Et plusieurs Sorcieres ont opinion, que les Demons leur font commettre telles cruautez, pour estre ainsi rauies en esprit ou en corps, ainsi qu'elles voudront. Et sans aller si loin, Rondelet medecin de grãd sçauoir, & reputation, aguetta vne nuict vn Sorcier à Montpellier, qui ne bougeoit autour des sepulchres, lequel alla au sepulchre, où l'on auoit le iour precedent enterré vne femme, & luy coupa vne cuisse, & l'emporta sur ses espaules, mordant à belles dents en la chair d'icelle. Ie tiens l'histoire de l'vn des disciples de Rondelet, qui l'accompaigna. Il disoit que c'estoit la maladie, qu'on appelle. Lycanthropie, qui fait que les hommes deuiennét furieux, & cuident estre changez en loups, & viuent de telle viande. Disons donc, s'il est possible, que les hommes soyent conuertis en loups, & autres bestes, veritablement, ou par fantasie, ou par maladie.

DE

DE LA LYCANTHROPIE,
& si les esprits peuuent changer les hommes en bestes.

CHAP. VI.

NOvs auons monstré cy-dessus par plusieurs exemples, & authoritez diuines, & humaines, & par les accusations, cōuictions, confessions, iugemens, executions, que les hommes, & femmes sont transportez, tantost en esprit & en corps, tantost en esprit seulement, par moyens diaboliques. Et que Satan faict croire aux vns, que c'est la force des paroles, & des onguents qu'il leur baille : Et que le plus souuent il apparoist en bouc : En sorte que nous pouuons dire, que nous auons la demonstration des effects, qu'on appelle, *Quia est*, c'est à dire ὅτι ἐςι qu'il est ainsi. Et combien que telle demonstration par les effects n'est pas si claire, que celle qui procede par les causes, si n'est elle pas moins certaine.[1] Or la confession de nostre ignorance pour les causes, est vne belle loüange de Dieu, contre lequel il ne faut pas arguer d'impossibilité, veu la foiblesse de nostre esprit. Mais c'est biē chose estrage, que Satan, qui a de coustume prendre tel corps que bon luy semble, & le plus souuent, & ordinairement, apres la figure humaine, prend la figure d'vn Bouc, si ce n'est pour estre vne beste puante, & salace.[2] Car en la saincte Escripture on voit, que les diables

1. *In posteriu. analytiçis.*

2. *Iesaye. 13. & 34.*

sont

sont appellez Boucs, comme l'interprete Chaldean sur Isaye tourne ce mot שעיר qui signifie Bouc. Car le Prophete dit, que les dragons & boucs danseront en Babylone, & le Luiton ou Satyre criera apres son compagnon. Le Zoroaste parlant des Boucs entend les Demons, pour la proprieté du Bouc, qui est puant, & lascif. Ce que le prince de la Mirāde a signifié obscurement, en la douziesme position sur Zoroastre, en ces mots, *Quid sit intelligendum per capros apud Zoroastem, intelliget qui legerit in libro Bair, quae sit affinitas capris cum spiritibus.* Or la proprieté des Demons est, d'auoir puissance sur la cupidité lasciue & brutale, comme les Hebrieux ont remarqué, quand ils disent au liure אבנהפיק, que Satan est porté du serpent, que Philon Hebrieu a interpreté la volupté: de laquelle parlant le sage Architas, comme disoit Caton le Censeur, disoit estre le plus capital ennemy du genre humain, *nullam pestem capitaliorem hominibus à natura datam, voluptate,* r'apporté par Ciceron. Et pour mesme cause les Grecs ont signifié les Demons, en figure de Satyres paillards, moytié boucs, & moytié hommes. C'est pourquoy au Leuitique, apres que Dieu a ordonné, que le peuple luy sacrifiast les animaux specifiez, & que le sang fut espandu pres de son autel, en fin il dit: Et ne vous aduienne iamais plus d'aller apres vos boucs & Satyres sacrifier: où le Rabin Moyse Maymon, ayant leu les liures des mysteres & sacrifices des Chaldeans & Sabeens qui r'apporte,

porte, ³ dit que la couſtume eſtoit d'aller aux lieux deſerts ſacrifier aux diables, & faire vne foſſe, puis ils iettoyent le ſang dedans, & autour de la foſſe, ils bancquetoyent, & faiſoyent feſte aux malins eſprits. Et au XVI. chapit. du Leuitique, il eſt commandé au Sacrificateur Aaron, de prendre deux boucs, & ietter le ſort, l'vn pour Dieu, l'autre pour Zazel: & le bouc qui ſera pris au ſort pour Zazel, & ſur lequel le ſacrificateur confeſſera les pechez du peuple, ſera enuoyé au deſert, l'autre ſacrifié à Dieu. Les Hebrieux ont remarqué que ce bouc là, ne ſe retrouuoit iamais Au ³ Deuteronome, qui eſt l'interpretation plus claire de la Loy de Dieu, les malins eſprits ſont appellez en leur propre ſignification, Laſcedin לשעירים, que tous ont tourné, *Demonia*. Et peut eſtre que le mot de Lacedemon eſt compoſé de l'Hebrieu, & du Grec ſignifiant meſmes choſes. Car Ioſeph, eſcript que les Hebrieux ont eu de toute ancienneté alliance auec les Lacedemoniens, toutesfois ie ne m'arreſte pas à ceſte derniere interpretation. Et quoy qu'on die des Satyres, deſquels il eſt parlé ſouuent en la vie des ſaincts Antoine & Paul, Hermites, il n'y a doubte, que c'eſtoyent malins eſprits. Bien ſouuent Satan ſe monſtre en figure humaine, grand & noir, comme i'ay dict de celuy qui apparut à Catherine Daree, à Dion amy de Platon, à Caſſius Parmenſis, au Philoſophe Athenodore, à Magdelaine de la Croix, à Ieanne de Haruillier: laquelle confeſſa, qu'à l'aage de douze ans, ſa

mere

3. libro 3.
מכמרי
הבכק

3. chap. 32.

mere luy môstra le diable en forme d'vn grand homme fort noir, & vestu tout de noir, & tousiours botté, & esperonné parlant à elle, & se trouuant soudain auec elle quand elle vouloit: & que celà luy continua toute sa vie. Mais la chose la plus difficile à croire, & qui est plus admirable, est le changement de la figure humaine en beste, & encores plus de corps en corps. Toutesfois les procez faicts aux Sorciers & les histoires diuines & humaines, & de tous les peuples, font la preuue tres-certaine. Nous lisons au liure des cinq Inquisiteurs des Sorciers, duquel i'ay faict mention assez souuent, qu'vn Sorcier nommé Stasus au territoire de Berne, ayant plusieurs ennemis, souuent au milieu d'eux eschappoit soudain, & ne peust estre tué sinon en dormant. Il laissa deux disciples les plus grands Sorciers d'Alemaigne, Hoppo & Stadlin, qui faisoyent venir (comme il escrit) les tempestes, foudres & orages violens: Et sans aller gueres loing de ce Royaume, nous auons vn procez fait au Parlement de Dole, & l'arrest donné le xviii. Ianuier m. d. lxxxiii. contre Gilles Garnier Lyonnois, qu'il n'est besoing de mettre icy au long, puis qu'il est imprimé à Orleans par Eloy Gibier, & à Paris chez Pierre des hayes, & à Sens: Mais ie mettray les poincts principaux dont il a esté accusé & conuaincu. C'est à sçauoir, que ledict Garnier le iour sainct Michel, estant en forme de Loup garou, print vne ieune fille de l'aage de dix ou douze ans pres le bois de la Serre, en

vn

vne vigne, au vignoble de Chastenoy pres de Dole vn quart de lieüe, & illec l'auoit tuee, & occise, tant auec ses mains semblans pattes, qu'auec ses dents, & mangé la chair des cuisses, & bras d'icelle, & en auoit porté à sa femme. Et pour auoir en mesme forme vn mois apres pris vne autre fille, & icelle tuee pour la manger, s'il n'eust esté empesché par trois personnes, comme il a confessé : Et quinze iours apres, auoit estranglé vn ieune enfant de dix ans au vignoble de Gredisans, & mãgé la chair des cuisses, iambes & ventre d'iceluy : Et pour auoir depuis en forme d'hõme, & non de loup, tué vn autre garçon de l'aage de douze à treize ans, au bois du village de Perouse, en intention de le manger, si on ne l'eust empesché, comme il confessa sans force ny contraincte, il fut condamné d'estre bruslé tout vif, & l'Arrest fut executé. Il se trouue encores vn autre procés faict à Bezançon, par l'Inquisiteur Iean Boin l'an M.D.XXI. au mois de Decembre, & enuoyé en France, Italie, & Alemaigne, & que Vierus defenseur des Sorciers, a mis bien au lõg au liure VI. chap. XIII. des Prestiges. C'est pourquoy ie le trancheray court. Les accusez estoyent Pierre Burgot, & Michel Verdun, qui confesserent auoir renoncé à Dieu, & iuré de seruir au Diable. Et Michel Verdun mena Burgot au bord du Chastel-Charlon, où chacũ auoit vne chandele de cire verde, qui faisoit la flãme bleuuë, & obscure & faisoyent les danses, & sacrifices au diable. Puis apres s'estans oincts, furent re-

O

tournez en loups, courants d'vne legereté incroyable: puis ils estoyent chágez en hommes, & souuent rechangez en loups, & couplez aux louues auec tel plaisir, qu'ils auoyent accoustumé auec les femmes: ils confesserent aussi, à sçauoir Burgot, auoir tué vn ieune garçon de sept ans auec ses pattes, & dets de loup, & qu'il le vouloit manger, n'eust esté que les paysans luy dónerent la chasse. Et Michel Verdun confessa auoir tué vne ieune fille cueillāt des poids en vn iardin, qui fut chassé par le Seigneur de la Cuuee: Et que tous deux auoyent encores mangé quatre filles: & remarqua le temps, le lieu, l'aage particulierement des enfans: Et que en touchant d'vne poudre, ils faisoyent mourir les personnes. Il me souuient que M. le Procureur general du Roy Bourdin m'en a recité vn autre, qu'on luy auoit enuoyé du bas pays, auec tout le procés, signé du Iuge & des Greffiers, d'vn loup qui fut frappé d'vn traict en la cuisse & depuis se trouua en son lict, auec le traict, qui luy fut arraché estant rechangé en forme d'homme, & le traict cognu par celuy qui l'auoit tiré, le temps, & le lieu iustifié par la confession du personnage. Et Iob Fince au liure XL. des Merueilles escript, qu'il y auoit aussi à Padoüe vn Lycanthrope, qui fut attrapé; & ses pattes de loup luy furent coupees, & au mesme instāt il se trouua les bras, & pieds coupez. C'est pour cōfirmer le procés faict aux Sorciers

4. l'ā 1566 de Vernon, 4 qui frequentoyét, & s'assembloyét ordinairement en vn Chasteau vieil & ancien, en guise

en guise de nombre infiny de chats. Il se trouua quatre ou cinq hommes qui resolurent d'y demeurer la nuict, ou ils se trouuerent assaillis de la multitude de chats: & l'vn des hommes y fut rué, les autres bien marquez, & neātmoins blesserent plusieurs chats, qui se trouuerent apres muez en femmes, & bien blessees. Et d'autant que cela sembloit incroyable, la poursuite fut delaissee. Mais les cinq Inquisiteurs ○ qui estoyent experimentez en telles causes, ont laissé par escrit, qu'il y eut trois Sorciers pres Strasbourg, qui assaillirent vn laboureur en guise de trois grans chats, & en se defendāt, il blessa & chassa les chats, qui se trouuerent au lict malades, en forme de femmes fort blessees à l'instant mesme: & sur ce enquises elles accuserent celuy qui les auoit frapees, qui dict aux Iuges, l'heure, & le lieu, qu'il auoit esté assailly des chats, & qu'il les auoit blessez. Pierre Mamor, en vn petit traicté qu'il a faict des Sorciers, dit auoir veu ce changement d'hommes en loups, luy estant en Sauoye. Et Henry de Colongne au traicté qu'il a faict *de lamiis*, tiēt cela pour indubitable. Et Vlhrit le Meusnier en vn petit liure, qu'il a dedié à l'Empereur Sigismond, escrit la dispute qui fut faicte deuant l'Empereur, & dit, qu'il fut conclu par viues raisons, & par l'experience d'infinis exemples, que telle transformation estoit veritable, & dit luy mesme auoir veu vn Lycanthrope à Constance, qui fut accusé, conuaincu, condamné, & puis executé à mort

o. In libro Malles.

apres sa confession. Et se trouuerent plusieurs liures publiez en Alemaigne, que l'vn des plus grands Rois de la Chrestienté, qui est mort n'a pas long temps, souuent estoit mué en loup, & qui estoit en reputation d'estre l'vn des plus grands Sorciers du monde. Toutesfois la Grece, & l'Asie est encor plus infectee de ceste peste, que non pas les peuples d'Occident, comme nos marchands disent, qu'on est contrainct d'enferrer & emprisonner ceux, qui se changét ainsi en loups. Et de faict, l'an M. D XLII. soubs l'Empire de Sultan Soliman, il se trouua si grāde quantité de loups garoux en la ville de Constantinople, que l'Empereur accompagné de sa garde sortīt en armes, & en rengea cent cinquante, qui disparurent de la ville de Constantinople, à la veue de tout le peuple. L'histoire est recitee par Iob Fincel liure 2. des Merueilles: & en cecy tous les autres peuples en demeurent d'accord. les Alemans les appellent *VuerVvolf* & les François loups garous, les Picards loups varous, comme qui diroit *lupos varios*, car les François mettent g, pour v. Les grecs les appelloyent Lycanthropes, & Mormolycies: Les Latins les appelloyent *varios & versipelles*, comme Pline a noté parlant de ce changement de loups en hommes. François Phœbus Conte de Foix, en son liure de la Chasse, dit que ce mot Garoux, veut dire gardez-vous, dequoy le President Fauchet m'a aduerty. Ce qui est bien vray-semblable: car les autres loups naturels courent apres les bestes,
& ceux

& ceux-cy plus souuēt apres les hommes: c'est pourquoy on peut dire, gardez-vous. Pomponatius, & Theophrastre Paracelse, des premiers Philosophes de leur aage, tiennent que la transmutation est tres-certaine d'hommes en bestes. Gaspar Peucerus sçauant homme, & gendre de Philippes Melancthon escrit, qu'il auoit tousiours pensé, que ce fut vne fable: mais apres auoir esté certifié par plusieurs marchands, & gens dignes de foy, & qui trafiquent ordinairement en Liuonie, & que mesmes plusieurs ont esté accusez, & conuaincus, & qui depuis leur confession ont esté executez à mort, alors il dit, qu'il est contraint de le croire, & descrit la façon de faire, qu'ils ont en Liuonie. C'est que tous les ans, sur la fin du mois de Decembre, il se trouue vn belistre, qui va sommer tous les Sorciers de se trouuer en certain lieu, & s'ils y faillent, le diable les y contrainct à coups de verges de fer, si fort que les marques y demeurent: Leur capitaine passe deuant, & quelques milliers le suyuent traguettans vne riuiere, laquelle passee ils changent leur figure en loups, & se iettent sur les hommes & sur les troupeaux, & font mille dommages. Et douze iours apres ils retournent au mesme fleuue, & sont rechangez en hommes. I'ay veu plusieurs fois Languet, natif de Bourgongne, agent du Duc de Saxe, homme fort docte venant traiter auec le Roy de France, pour son maistre, qui m'a recité l'histoire semblable, & dit, que luy estant en Liuonie, a en-

tendu, que tout le peuple tient cela pour chose tres-certaine. Et combien que ce mal-heur soit assez frequent par tout, si est-il tout vulgaire en Liuonie. I'ay encores entre mes papiers la lettre d'vn Alemand pensionnaire du feu Roy Henry 11. escrite au Connestable de France, où il aduertit le Connestable, que le Roy de Moschouie auoit pris le pays de Liuonie, puis adiouste ces mots: *In illis locis Herodotus Neurios collocare videtur, apud quos dicit homines conuerti in lupos, quod est adhuc vsitatissimum in Liuonia:* C'est à dire, c'est le pays où Herodote dit que les hommes sont changez en loups, chose qui est encores à present toute notoire, & frequente. Or la posterité a aueré plusieurs choses escrites par Herodote, qui sembloyét incroyables aux anciens. Car il dit aussi, qu'il se trouua des Sorciers, qui par certaines incisions appaiserent la tempeste, qui ja auoit enfondré plus de quatre cens nauires de Xerxes. Or nous lisons en Olaus le Grand au liure 3. chapitre 18. que les Sorciers de Lappie vendent les vens aggreables, ou tempestueux, en desnoüant certaines cordes, & que cela est tout notoire aux mariniers, pour l'experience ordinaire qu'ils en font. Nous lisons aussi en l'histoire de Iean Tritesme, que l'an neuf cens LXX. il y auoit vn Iuif nommé Bayan fils de Simeon, qui se transformoit en loup, quand il vouloit, & se rendoit inuisible, quand il vouloit. Or c'est chose bien estrange. Mais ie trouue encores plus estrange, que plusieurs ne le peuuent croire, veu que
tous

tous peuples de la terre, & toute l'antiquité en demeure d'accord. Car non seulement Herodote l'a escrit il y a deux mil deux cens ans, & quatre cens au parauant Homere: ains aussi Pomponius Mela, Solin, Strabo, Dionysius Afer, Marc Varron, Virgile, Ouide, & infinis autres. Et à ce propos dit Virgile, qu'il a veu, non pas vne fois, mais fort souuent telle transformation.

--- *has herbas atque hæc ponto mihi lecta venena*
Ipse dedit Mœris: nascuntur plurima ponto.
His ego sæpe lupum fieri, & se condere sylnis
--- *Mœrin.*

Pline[3] estonné que tous les autheurs en estoyent d'accord, escrit ainsi. *Homines in lupos verti, rursumque restitui sibi, falsum existimare debemus: aut credere omnia, quæ fabulosa seculis comparimus.* On voit bien qu'il n'ose l'asseurer, craignant qu'on ne le croye pas. Car il allegue l'authorité d'Euäthes, & des premiers autheurs entre tous les Grecs, qui dit qu'en Arcadie la lignee d'vn nómé Antæus passe certain fleuue, & puis se tournét en forme de loups, & quelque temps apres ils retournent passer le mesme fleuue, & reprennent la figure humaine. I'ay remarqué cy dessus, qu'il ne faut qu'vne Sorciere pour gaster toute vne famille: & Copus, qui a escrit les Olympioniques dit que Demenetus Parrhasien, apres auoir gousté du foye d'vn enfant, qu'on sacrifioit à Iuppiter Lycæus, fut tourné en loup. Ce que Marc Varron, le plus sçauant homme de tous les Grecs & La-

3. li. 8. c. 22.

tins (cóme dit Cicerō) allegue, & tient auſſi cela pour indubitable. L'hiſtoire d'Olaus le Grād parlant des peuples de Pilapie, Narbonie, Fincladie, Angermanie, qui ſont encores Payés, & pleins de malins eſprits, & de Sorciers, dit que ils changent ordinairement d'hommes en beſtes: & qui en voudra veoir vne infinité d'exéples, que ie laiſſe pour les trencher plus court, il ne faut que veoir Olaus, Saxo Grammaticus, Fincel, & Guillaume de Brabant. Ie laiſſe la metamorphoſe d'Ouide, parce qu'il a entremeſlé la verité de pluſieurs fables, mais il n'eſt pas incroyable ce qu'il eſcrit de Lycaon Roy d'Arcadie, qu'il dit auoir eſté changé en Loup.

Territus ipſe fugit, naĉtuſque ſilentia ruris,
Exululat, fruſtráque loqui conatur.

Puiſque de noſtre aage il s'eſt trouué vn Roy qui eſtoit ainſi changé, & que cela eſt encores ordinaire par tout, & meſmes Sigibert diligent hiſtorien, eſcrit que Cayan Roy de Bulgarie, ſe tournoit en toutes ſortes de beſtes. Et ce que dit Homere de la Sorciere Circé, qui changea les compagnons d'Vlyſſes en pourceaux, n'eſt pas fable: car meſmes ſainĉt Auguſtin aux liures de la Cité de Dieu, recite la meſme hiſtoire, encores que cela luy ſemble eſtrāge, & allegue auſſi l'hiſtoire des Arcades: Et dit, qu'il eſtoit tout commun de ſon temps és Alpes, qu'il y auoit des femmes Sorcieres, leſquelles en faiſant manger certain fromage aux paſſans, les changeoyent en beſtes pour porter les fardeaux, puis apres les rechangeoyent en

s. lib. 18 ca. 17. & 18 de ciuit.

en hommes. Or nous lisons vne histoire du tout semblable en Guillaume Archeuesque de Tyr, qui recite la mesme histoire, que Spranger Inquisiteur: qu'il y auoit en Chypre vne sorciere qui mua vn ieune soldat Anglois en forme d'asne, lequel voulant retourner à ses compaignons dedans le nauire, fut chassé à coups de baston, & s'en retourna à la Sorciere, qui s'en seruit iusques à ce qu'on aperceust, que l'asne s'agenouilla dedans vne Eglise, faisant choses qui ne pouuoyent partir d'vne beste irraisonnable, & par suspicion, la Sorciere qui le suyuoit, estant prise par iustice, elle le restitua en figure humaine trois ans apres, & fut executee à mort: Nous lisons le semblable d'Ammonius, Philosophe Peripateticien, qui auoit ordinairement à sa leçon vn Asne. Or il n'y a rien plus frequent en Egypte, à ce que disent nos marchans: & mesmes Belon, en ses obseruations imprimees à Paris, escrit qu'il a veu en Egypte, aux faux-bourgs de la ville du Caire, vn basteleur qui auoit vn asne auec lequel il discouroit, & parloit du meilleur sens qu'il eust: Et l'asne par gestes & signes, à sa voix faisoit cognoistre, qu'il entendoit fort bien ce qu'on disoit: si le basteleur disoit à l'asne, qu'il choisist la plus belle de la cōpagnie, il n'y failloit point, apres auoir bié regardé de tous costez, il alloit la caresser: si le maistre disoit, qu'on apportast de l'orge pour luy, alors il gambadoit, tout autrement que les asnes, & mille autres choses semblables, & apres que Belon en a bien discouru i'en dirois (dit-il) encores d'auantage, mais ie crains qu'on n'y adiouste point de foy: comme ie ne feroy, si ie ne l'auoy veu de mes yeux, en preséce de tout le peuple du Cayre. A quoy s'accorde tresbié ce qu'escript [6] Vincent, qu'il y auoit en Alemaigne deux Sorcieres hostesses, qui auoyét accoustumé de châger quelquesfois ainsi les hostes en bestes: & cóme vne fois elles changerét vn ieune garçon basteleur en asne, qui donnoit mille plaisirs aux passans, n'ayant point perdu la raison, leur voisin l'achepta bien cher: mais elles dirét à l'achepteur qu'elles ne luy garentiroyent pas, & qu'il le perdroyt, s'il alloit à la riuiere. Or l'asne ayant vn iour eschapé courut au lac prochain, où s'estant plongé en l'eau retourna en sa figure. Petrus Damianus des premiers hommes de só aage, s'estant diligemment enquis de la verité, tant du maistre, que de l'asne, & des Sorcieres, qui confesserent la verité, & de tous ceux qui l'auoyent veu eschaper & retourner en figure humaine, en fist le recit au Pape Leon VII. & apres auoir disputé d'vne part & d'autre, deuát le Pape, il fut conclud, que cela estoit possible: qui seroit bien pour confirmer, ce qui est escrit en Lucian & Apulee atheistes, changez en asnes, & qui ont escrit, commét cela leur aduint par les Sorcieres de Larisse, qu'ils estoyent allé veoir, pour essayer, s'il estoit vray. Or l'vn & l'autre fut accusé d'Atheisme, & de Sorcelerie. Et mesmes Apulee a faict ce qu'il a peu en son Apologie, pour se lauer de ceste accusation de sor-

[6] In spe. li. 3.c.109. & Fulgosius. li. 7. c. 11.

forcier & empoisonneur. Mais quand il parle de ce changemét qui luy aduint, il dit vne chose bien à noter en ceste sorte, *Minus Hercule calles prauissimis opinionibus ea putari mendacia, que vel auditu noua, vel visu rudia, vel certè supra captum cogitationis ardua videntur: que si paulo accuratius exploraris, non modò compertu euidentia, verum etiam factu facilia senties.* Et peu apres, *Prius deierabo solem istum videntem Deum, me vera & comperta memorare, ne vos vlterius dubitetis, &c.* Il se peut faire, qu'il a enrichy son histoire de quelques côtes plaisans: mais l'histoire en soy n'est pas plus estrange, que celles que nous auons remarquees. Et quant à la transformation d'Apulee, S. Augustin au XVIII. liure de la Cité de Dieu, chap. XVIII. n'ose le nyer, ny l'asseurer: Bien est-il d'aduis, & luy semble, que c'est vne fascination: les autres disent que cela peut aduenir veritablement, & naturellement, & alleguent les changemens de filles en garçons: Ce que nous lisons en Hyppocrates, *in lib. Epidemion, c.8. Plin.li.7.c.4. Gelli.li.9.c.4. Amatus Lusitanus Centuria 2. curatione 39.* J'en ay remarqué sur mes Commentaires d'Oppian Poëte Grec, *de Venatione,* huict exemples: mais ils sont tous de filles en masles, qui n'est autre chose que les parties honteuses commencent à sortir, ayant esté cachees dedans le ventre. Mais la Lycathropie n'a rien de sêblable ny cause qui soit naturelle, ains le tout supernaturel. Voila doncques la verité du fait en soy, encores qu'il sem-

semble incroyable, & presque impossible en sens humain. Et neantmoins il est bien certain, que cela est confirmé par l'histoire sacree du Roy Nabuchodonosor, duquel parlant le Prophete Daniel dit, qu'il fut conuerty & mué en bœuf, & ne vescut que de foin l'espace de sept ans. Les Arabes tiennent que celà est possible: combien que la Metempsychose Pythagorique est sans comparaison plus estrange, & neantmoins soustenue de tous les Platoniciens, Chaldeans, Persiens, Ægyptiens. Plusieurs medecins voyant vne chose si estrange, & ne sçachant point la raison, pour ne sembler rien ignorer, on dit & laisse par escrit, que la Lycanthropie, est vne maladie d'hommes malades qui pensent estre loups, & vont courans parmy les bois: Et de cest aduis est Paul Eginet: mais il faudroit beaucoup de raisons, & de tesmoings, pour dementir tous les peuples de la terre, & toutes les histoires: & mesmement l'histoire sacree, que Theophraste Paracelse, Pompanace, & mesmement Fernel les premiers Medecins & Philosophes qui ont esté de leur aage, & de plusieurs siecles, ont tenu la Lycanthropie pour chose tres-certaine, veritable & indubitable. 2 Aussi est-ce chose bien fort ridicule, de mesurer les choses naturelles aux choses supernaturelles, & les actions des animaux, aux actions des esprits & Demons. Encores est plus absurde d'alleguer la maladie, qui ne seroit sinon en la personne du Lycanthrope, & nó pas de ceux qui voyét l'homme

2. Fernel. in lib. de Abditis rerum causis.

me changer en beste, & puis retourner en sa figure. Sainct Chrysostome dit, que la Sorciere Circe auoit tellement abesty les compagnons d'Vlysse, par voluptez bestiales, qu'ils estoyent comme pourceaux: où il semble qu'il veut dire, que la raison seulement estoit abestie, & abrutie, & non pas que le corps fust changé. Et toutesfois tous ceux qui ont escrit de la Lycanthropie, anciens, & modernes, demeurent d'accord, que la figure humaine châge l'esprit & la raison demeurant en son entier: comme a tresbien dit Homere en l'Odyssee, οἱ δὲ συῶν μὲν ἔχον κεφαλὰς, φωνήν τε δέμας τε καὶ τρίχας, ἀυτὰρ νοῦς ἦν ἔμπεδος ὡς τὸ πάρος περ, C'est à dire, qu'ils auoyent poil, & teste, & corps de pourceaux, & la raisó ferme, & stable. Ce que dit Boëce disertement, *voce & corpore perditis, sola mens stabilisque, semper mōstra que gemit, patitur*. Et par ce moyen la Lycanthropie ne seroit pas contraire au canon Episcopi XXVI. q. v. ny à l'opinion des Theologiens, qui tiennent pour la pluspart, que Dieu non seulement à crée toutes choses, ains aussi que les malins esprits n'ont pas la puissance de châger la forme, attendu que la forme essentielle de l'homme ne change point, qui est la raison, ains seulement la figure. Or si nous confessons, que les hommes ont bien la puissance de faire porter des roses à vn cerisier, des pommes à vn chou, & changer le fer en acier, & la forme d'argent en or, & faire mille sortes de pierres artificielles, qui combattent les pierres naturelles,

relles, doibt on trouuer estrange, si Satan change la figure d'vn corps en l'autre, veu la puissance grande que Dieu luy donne en ce monde elemétaire? Tout cela est confirmé par Thom. d'Aquin. sur le secód liu. des sentences, où il dit ainsi, *Omnes angeli boni & mali, ex virtute naturali, habent potestatem transmutandi corpora nostra*: C'est à dire, que tous Anges bós & mauuais, ont puissance par leur vertu naturelle, de transmuer nos corps. A quoy se rapporte le lieu d'Isaye, quand il dit, que la ville de Babylone sera rasee, & que là danserót les fées, les luytós, les demons, & ceux qu'il appelle שעירים que l'interpretation cómune de la Bible imprimee à Anuers chez Plantin, a traduit en François, demy hommes & demy asnes : s'il n'y auoit qu'vne maladie, ou bien vne illusion, il ne diroit pas demy homme, & demy Asne. Car tous demeurent d'accord, qu'ils perdent la parole. Et neantmoins il se peut bien faire aussi quelquesfois, que le sorcier par illusion diabolique, face que l'homme semble autre qu'il n'est : comme on peut voir en l'histoire sainct Clement, que Simon le magicien fist tellement que tous les amis de Faustinian le descongneurent : puis il dict à Neron l'Empereur, qu'il luy fist trencher la teste, l'asseurant qu'il ressusciteroit le troisiesme iour : ce que fist Neron, comme il luy sembloit : Et trois iours apres il retourna, dequoy Neron estonné luy donna vne statue en Romme auec telle inscription, *Simoni mago Deo*. Et depuis Neron se donna

9. Dist. 7. art. 5.

1. Cap. 34.

donna entierement aux Sorceleries. Or Simon le magicien auoit tellement fasciné les yeux de Neron, & de toute l'assemblee, qu'ils decollerent vn mouton au lieu de Simon. Apulee recite le semblable de trois hommes qu'il pensoit auoir tuez, qui estoyent trois peaux de bouc, estant fasciné par la sorciere Pamphile: mais telle fascination ne dure qu'vn moment. Et quant au changement de la figure humaine en beste, elle dure quelquesfois sept ans, comme celle de Nabuchodonosor en Daniel. Et puis les actions, le labeur d'vn Asne, que trois hómes bien forts ne sçauroyent porter, la grandeur, les alleures, & qui plus est les viandes de foin, & de chardons, ne peuuent cóuenir au corps humain. Car le Prophete Daniel, & tous ceux qui ont escrit de telle transmutation, sont d'accord, qu'ils ne viuoyent d'autre chose: bien qu'Apulee escrit, qu'il viuoit aussi de viandes humaines, quád il pouuoit en trouuer, n'ayant point perdu la raison. Ioint aussi, que la vistesse des loups, la course, la morsure des dents à croc, ne peuuent conuenir à l'homme: & quant à ceux qui disent, que Satan endort le corps humain, & rauit la fantasie, faisant croire que le corps est changé, comme quelques vns ont pensé, veu que ceux qui ont esté blessez en forme de bestes, se sont apres estre rechangez, trouuez blessez en forme humaine, comme i'ay monstré cy dessus: mais l'vn & l'autre se peut faire par fois: & se peut faire aussi, que Satan au
mesme

mesme instant blesse les corps humains. Et n'y a point d'apparence de dire, que Dieu n'a pas donné ceste puissance à Satan: car c'est chose incomprehensible que le conseil de Dieu, & la puissance qu'il donne au Diable est incognue aux hommes: veu qu'il est dit en Iob, Qu'il n'y a puissance si grande sur la terre, qui luy puisse resister. Et puis il est dit, que les Sorciers de Pharaon faisoyent les choses que faisoit Moyse, c'est à sçauoir, qu'ils changeoyét les bastons en serpens, & qu'ils faisoyent des grenoüilles. Si ce fust esté vn esblouissement des yeux, il n'eust pas dict, qu'ils faisoyent ce que faisoit Moyse: car Moyse ne faisoit rien par illusion. Ioinct aussi que le serpent de Moyse n'eust pas digeré des bastons, si les serpens des Sorciers n'eussent esté que bastons. Et celuy qui veut accomparer les actiós des esprits, aux actions des hommes, est ainsi abusé que s'il vouloit soustenir, que les peintres & autres artizans ne font pas les œuures gentilles, qui cóbattent bien souuent la nature: par ce que les veaux ny les mulets ne sçauroyent faire choses semblables. Car Dieu a departy à chacune de ses creatures ses merueilles, selon leur portee. Et s'il faut rendre quelque raison, pourquoy principalemant les hommes sót pluftost tournez en loups & asnes, qu'en autres bestes, la raison m'a semblé, que les premiers qu'on voit auoir changé de forme en loup, mangeoyent la chair humaine en sacrifiãt à Iuppiter, qui s'appelloit pour ceste cause *Lycæus*, cóme q̃ diroit Louuet.

Louuet. Aussi voit-on que celuy qui fut executé à Dole, qui changeoit d'homme en loup, & ceux de Sauoye, confesserent auoir mangé plusieurs enfans. Et par vn iuste iugement de Dieu il permet, qu'ils perdent la figure humaine, & qu'ils soyent loups comme ils meritent. Car de toute ancienneté les Sorciers & Sorcieres, ont esté diffamez d'auoir mangé telles viandes, iusques à deterrer les corps morts, & les ronger iusques aux os: ce que Pausanias a remarqué, & dit que c'estoit vn Demon terrestre. Mais Apulee dit que c'estoyent les Sorcieres. Et quant à ceux, qui changent en asnes, cela leur aduient pour auoir voulu sçauoir les secrets detestables des Sorciers. Car comme ceux qui s'amourachereent de la Sorciere Circé, furent changez en pourceaux par vn iuste iugement de Dieu: comme ils tiennent en Liuonie, que ceux qui frequentent les Sorciers & Lycanthropes, deuiennent en fin semblables à eux. Et quelque cause que ce soit, les histoires diuines, & humaines, & le consentement de la plus saine partie des Theologiens, auec l'experience des iugemens, & de tant de siecles, & de peuples, & des plus sçauans, contraignent les plus opiniastres à recognoistre la verité, que ie rapporteray tousiours à la plus saine opinion des Theologiens, qui ne s'accordent pas aux Canonistes, és questions que nous traittons. Mais en quelque sorte que ce soit, il appert, que les hommes sont quelquesfois transmuez en bestes, demeurant la forme & raison humaine: soit que cela se

P

faite par la puissance de Dieu immediatement, soit qu'il donne ceste puissance à Satan, executeur de sa volonté. Et si nous confessons la verité de l'histoire sacree en Daniel, qui ne peut estre reuoquee en doute, & de l'histoire de la femme de Loth, changee en pierre immobile, il est certain, que le changement d'homme en Bœuf, ou en pierre est possible, & aussi en tous autres animaux: c'est l'argumét duquel S. Thomas d'Aquin vse, parlant du transport fait du corps de Iesus Christ sur la montaigne, & sur le temple: s'il est possible en vn, il est possible en tous: car il est dit, que cela fut fait par Satan.

SI LES SORCIERS ONT copulation auec les Demons.

CHAP. VII.

AV commencement de cest œuure nous auons dit, que Ieanne Heruillier natiue de Verbery, pres Compiegne, entre autres choses, confessa que sa mere auoit esté códamnee d'estre bruslee toute viue, par arrest du Parlemét, confirmatif de la senténce du Iuge de Senlis, & qu'à l'aage de douze ans sa mere la presenta au diable, en forme d'vn grand homme noir, & vestu de noir, botté, esperonné, auec vne espee au costé, & vn cheual noir à la porte, auquel la mere dit: Voicy ma fille que ie vous

ay

ay promise: Et à la fille, Voicy vostre amy, qui vous fera bien-heureuse : & deslors qu'elle renonça à Dieu, & à la religion, & puis coucha auec elle charnellement, en la mesme sorte & maniere que font les hommes auec les femmes, horsmis que la semence estoit froide. Cela dit-elle continua tous les huict ou quinze iours, mesmes icelle estant couchee pres de son mary, sans qu'il s'en apperceut. Et vn iour le diable luy demanda, si elle vouloit estre enceinte de luy, ce qu'elle ne voulut pas. I'ay aussi leu l'extraict des interrogatoires faicts aux Sorcieres de Longny en Potez, qui furent aussi bruslees viues, que maistre Adrian de Fer, Lieutenant general de Laon m'a baillé. I'en mettray quelques côfessions sur ce poinct icy. Marguerite Bremont, femme de Noel de Lauaret, a dit, que Lundy dernier, apres iour failly, elle fut auec Marion sa mere à vne assemblee, pres le moulin Franquis de Longny en vn pré, & auoit sadite mere vn ramon entre ses iambes disant, Ie ne mettray point les mots, & soudain elles furent transportees toutes deux audict lieu, où elles trouuerent Iean Robert, Ieanne Guillemin, Marie femme de Simon d'Agneau, & Guillemette femme d'vn nommé le Gras, qui auoyent chacune vn ramon: Se trouuerent aussi en ce lieu six Diables, qui estoyent en forme humaine, mais fort hideux à voir, &c. apres la danse finie les diables se coucherent auecques elles, & eurent leur compagnie: & l'vn d'eux, qui l'auoit menee danser, la

P 2

print & la baisa par deux fois, & habita auec elle l'espace de plus de demie heure : mais delaissa aller sa semence bien fort froide. Ieanne Guillemin se rapporte aussi au dire de celle cy, & dit, qu'ils furent bien demie heure ensemble, & qu'il lacha de la semence bien fort froide. Ie laisse les autres depositions qui s'accordent. En cas pareil nous lisons au 16. liure de Meyr, qui a escrit fort diligemment l'histoire de Flandres, que l'an 1459. grand nombre d'hommes & femmes furent bruslees en la ville d'Arras, accusees les vnes par les autres, & confesserent qu'elles estoyent la nuict trãsportees aux danses, & puis qu'elles se couployent auecques les diables, qu'elles adoroyẽt en figure humaine. Iacques Spranger, & ses quatre cõpagnons Inquisiteurs des Sorciers, escriuent, qu'ils ont faict le procez à vne infinité de Sorcieres, en ayant fait executer fort grãd nombre en Alemaigne, & mesmement au pays de Constance, & de Rauenspurg, l'an 1485. & que toutes generalement sans exeption, confessoyent, que le diable auoit copulatiou charnelle auec elles, apres leur auoir fait renoncer Dieu & leur religion. Et qui plus est, ils escriuent qu'il s'en trouua plusieurs qui s'estoyent repenties, & retirees, sans estre accusees, lesquelles confessoyent le semblable : c'est à sçauoir, que les diables, tant qu'elles auoyent esté Sorcieres, auoyent eu copulation auec elles. Héry de Cologne confirmant ceste opinion dit, qu'il n'y a rien plus vulgaire en Alemaigne, & non pas
seule

seulement en Alemaigne, ains cela estoit notoire en toute la Grece & Italie. Car les Faunes, Satires, Syluains, ne sont rien autre chose que ces Demons, & malins esprits: Et par prouerbe le mot de Satyrizer, signifie paillarder. Sainct Augustin au 15. liure de la Cité de Dieu dit, que telle copulation des diables auec les femmes, est si certaine, que ce seroit grande impudence d'aller au contraire: Voicy ses mots: *Et quoniam creberrima fama est, multique se esse expertos, vel ab eis qui experti essent, de quorum fide dubitandum non est, audisse confirmant, Syluanos, & Innos, quos vulgo Incubos vocant, improbos sæpe extitisse mulieribus, & earum appetisse, & peregisse concubitum: Et quosdam Dæmones, quos Galli Dusios nuncupant, hanc assiduè immūdiciem, & tentare, & efficere, plures, talésque asseuerant, vt hoc negare impudentiæ esse videatur.* Geraldus Lilius, & Isidorus in lib. VIII. dit le semblable: mais tous ont failly au mot Dusios: car il faut lire Drusios, comme qui diroit diables Forestiers, que les Latins en mesme sens ont appellé Syluanos. Il est vray semblable ce que dit sainct Augustin, que nos peres anciennement appelloyent ces Demons & diables là Drusios, pour la difference des Druides, qui demeuroyēt aussi és bois. Or Spranger passe encores plus outre, car il dit, que plusieurs fois aux champs & aux bois les Sorcieres se descouuroyent, & auoyent compagnie du diable en plein iour, & souuent auoyent esté veuës denuees par les champs. Et quelquesfois aussi les maris les trouuoyent conioinctes auec les diables, qu'ils penſoyent eſtre hommes, & frapans de leurs eſpees ne touchoyent rien. Paul Grilland Iuriſconſulte Italien (qui a fait le procez à pluſieurs Sorcieres) recite au liure des ſortileges, que l'an M.D.LXXVI. au mois de Septembre, il fut prié d'vn Abbé de ſainct Paul, pres de Romme, faire le procez à trois Sorcieres, leſquelles en fin confeſſerent entre autres choſes, que chacune Sorciere auoit copulation auec le diable. Nous liſons auſſi en l'hiſtoire de ſainct Bernard, qu'il y eut vne Sorciere, qui auoit ordinairemẽt cõpagnie du diable aupres de ſon mary, ſans qu'il s'en apperceut. Ceſte queſtion (à ſçauoir ſi telle copulation eſt poſſible) fut traictee deuãt l'Empereur Sigiſmond, à ſçauoir, ſi de telle copulation pouuoit naiſtre quelque choſe. Et fut reſolu, contre l'opinion de Caſſianus, que telle copulation eſt poſſible & la generation auſſi, ſuyuant la gloſe ordinaire, & l'aduis de ſainct Thomas d'Aquin, ſur le chapitre 7. de Geneſe qui dit, que ceux qui en prouiennent ſont d'autre nature, que ceux qui ſont procreez naturelement. Nous liſons auſſi au liure 1. chap. 28. des hiſtoires des Indes Occidentales, que ces peuples là tenoyẽt pour certain, que leur Dieu Cocoto couchoit auec les femmes : Car les Dieux de ce pays là n'eſtoyẽt autres que diables. Auſſi les Docteurs ne s'accordent pas en cecy: entre leſquels les vns tiennent, que les Demons Hyphialtes, ou Succubes reçoyuẽt la ſemence des hommes, & s'en ſeruent enuers les femmes en

Demons

Demons Ephialtes, ou Incubes, comme dit S. Thomas d'Aquin, chose qui semble incroyable: mais quoy qu'il en soit, Spranger escrit que les Alemans (qui ont plus d'experiéce des Sorciers, pour y en auoir eu de toute anciéneté, & en plus grand nombre qu'és autres pays) tiennent, que de telle copulation il en vient quelquefois des enfans, qu'ils appellent Vechsel Kind, ou enfans chãgés, qui sont beaucoup plus pesans q̃ les autres, & sont tousiours maigres, & tariroyẽt trois nourrices sans engresser. Ce que Martin Luther côfirme en ses colloques disant, q̃ tels enfans ne passent iamais 7. ans, & qu'il en a veu vn qui crioit quand on le manioit, & qui rioit quand il aduenoit quelque meschef en la maison, & qu'en fin il fust esteint par prieres. Et de plus fraische memoire, c'est à dire, l'an 1565. au bourg de Schemir, qui est soubs la seigneurie de Vratislaus de Berustin, les Côsuls & Senat de la ville d'Olimik, ont fait mettre par escrit le procez verbal fait d'vne Sorciere, qui cõfessa auoir plusieurs fois couché auec Satan, en guise de son mary duquel estoit veufue, qui engẽdra vn mõstre hideux, sans teste & sans pieds, la bouche en l'espaule senestre de couleur cõme vn foye, qui rendit vne clameur terrible, quãd on le lauoit: estãt enfouy en terre, la Sorciere pria qu'õ le bruslast, autrement qu'elle seroit tousiours tourmentee de Satan, ce qui fut faict, & alors il sembloit qu'il tõnast autour de la maison de la Sorciere, tant on ouït de bruit, & de clameurs de chiẽs & de chats. Les autres

sont diables en guise d'enfans, qui ont copulation auec les nourrices Sorcieres, & souuét on ne sçait qu'ils deuiennent. Mais quant à telle copulation auec les Demons, sainct Hierosme, sainct Augustin, S. Chrysostome, & Gregoire Nazianzene, soustienneni contre Lactance, & Iosephe, qu'il ne prouient rien, & s'il en vient quelque chose, ce seroit plustost vn diable incarné, qu'vn homme. Ceux qui pensent tout sçauoir les secrets de nature, & qui ne voyent goutte aux secrets de Dieu, & des intelligences, disent, que ce n'est pas copulation auec le diable, mais que c'est maladie d'Opilation, laquelle toutesfois ne vient qu'en dormant, & en cela tous les Medecins en demeurent d'accord. Mais celles q̃ nous auons remarquees par leurs confessions, apres auoir dansé auec les diables à certain iour & lieu, qui estoit tousiours assigné auparauant, ne pouuoyent tomber en ceste maladie. Encores est-il plus ridicule de philosopher ainsi, veu que telle maladie ne peut auoir lieu, quand l'homme Sorcier a copulation auec le diable, cõme auec vne femme, qui n'est pas Incube, ou Ephialte, mais Hyphialte, ou Succube. Car nous lisons en Iacques Spranger, qu'il y auoit vn Sorcier Alemãd à Cõfluẽce, qui en vsoit ainsi deuant sa femme, & ses compagnons, qui le voyoyẽt en ceste action, sans voir la figure de femme, & lequel au surplus estoit fort & puissant. Et mesme Iean François Pic Prince de la Mirãde,[3] escrit auoir veu vn Prestre Sorcier nommé Benoist Berne, aagé de 80. ans,
qui

[3] *Picus Maior in libris de prænotione.*

qui disoit auoir eu copulation plus de 40. ans auec vn Demon desguisé en femme, qui l'accompagnoit sans que personne l'aperceut, & l'appelloit Hermione. Il confessa aussi qu'il auoit humé le sang de plusieurs petits enfans, & faict plusieurs autres meschancetez execrables, & fut bruslé tout vif. Et si escrit, auoir veu encores vn autre Prestre, aagé de 70. ans, qui confessa aussi auoir eu semblable copulation plus de cinquante ans, auecques vn Demon en guise de femme, qui fut aussi bruslé. Martin Luther en ces colloques, tiét pour certain qu'il se trouue de telles femmes incubes. Et de fraische memoire l'an 1545. Magdelaine de la Croix, natiue de Cordoüe en Espagne, Abbesse d'vn monastere, se voyant en suspicion des Religieuses d'estre Sorciere, & craignāt le feu, si elle estoit accusee, voulut preuenir pour obtenir pardon du Pape, & confessa que des l'aage de douze ans vn malin esprit en forme d'vn More noir, la solicita de son honneur, auquel elle consentit, & continua 30. ans & plus, couchant ordinairement auec luy : par le moyen duquel estant dedans l'Eglise, elle estoit esleuee en haut, & quand les religieuses communioyent, apres la consecration, l'hostie venoit en l'air iusques à elle, au veu des autres Religieuses qui la tenoyent pour saincte, & le Prestre aussi, qui trouuoit alors faute d'vne hostie, & quelquesfois aussi la muraille s'entrouuroit pour luy faire veoir l'hostie. Elle obtint pardon du Pape Paul 3. estant repentie comme elle di-

P 5

soit. Mais i'ay opinion qu'elle eſtoit dediee à Satan, par les parens, des le ventre de ſa mere. Car elle côfeſſa, que des l'aage de ſix ans, Satan luy apparut, qui eſt l'aage de cognoiſſance aux filles, & la ſollicita à douze, qui eſt l'aage de puberté aux filles, comme nous auons dit, que Ieanne Heruiller confeſſa le ſemblable, & en meſme aage. Ceſte hiſtoire a eſté publiee en toute la ² Chreſtienté. Nous liſons vne autre hiſtoire de plus fraiſche memoire aduenüe en Alemaigne au monaſtere de Nazareth, Dioceſe de Coulongne, où il ſe trouua vne ieune Religieuſe nommee Gertrude, aagee de 14. ans, laquelle confeſſa à ſes compagnes, que Satan toutes les nuicts venoit coucher auec elle. Les autres voulurent faire preuue, & ſe trouuerent ſaiſies des malins eſprits. Mais quant à la premiere, Iean Vier, qui eſcrit l'hiſtoire, dit qu'en preſence de pluſieurs perſonnages de nô, eſtant au monaſtere le 25. iour de May. 1565. on trouua au coffre de Gertrude vne lettre d'amour, eſcrite à ſon Demon. I'en trouue vne autre hiſtoire, au iardin des fleurs d'Antoine de Torquemede Eſpagnol, qui merite d'eſtre traduict d'Eſpagnol en François, d'vne Damoiſelle Eſpagnolle, qui côfeſſa auſſi auoir eu copulation auec vn Demon, eſtant attiree à l'aage de dixhuit ans par vne vieille ſorciere, & fut bruſlee toute viue ſans repétâce. Celle-là eſtoit de Cerdene. Il en met encores vne autre qui ſe repentit, & fut miſe en vn monaſtere. Maiſtre Adam Martin procureur au ſiege de Laon, m'a dit,

auoir

2 Caſſiodorus Renius.

auoir fait le proces à la forciere de Bieure, qui eſt à deux lieues de la ville de Laon, en la iuſtice du ſeigneur de la Boue, bailly de Vermandois l'an 1556. qui fut condamnee à eſtre eſtrãglee, puis bruſlee, & qui neantmoins fut bruſlee viue par la faute du bourreau, ou pour mieux dire, par le iuſte iugement de Dieu, qui fiſt cognoiſtre qu'il faut decerner la peine, ſelon la grandeur du forfaict, & qu'il n'y a point de meſchanceté plus digne du feu: elle confeſſa, que Satan (qu'elle appelloit ſon cõpaignon) auoit ſa compagnie ordinairement, & qu'elle ſentoit ſa ſemence froide. Et peut eſtre que le paſſage de la loy de Dieu, qui dit, Maudit ſoit celuy, qui donnera de ſa ſemence à Moloc, ſe peut entendre de ceux-cy : & ſe peut entendre auſſi de ceux qui dedient leurs enfans aux diables: car les Hebrieux par le mot זרע ſignifient les enfans: qui eſt l'vne des plus deteſtables meſchancetez qu'on peut imaginer, & pour laquelle Dieu dit, que ſa fureur s'embraſa contre les Amorrheés & Chananeés, qu'il raſa de la terre pour telles meſchancetez. Et ſe peut faire que les familles, deſquelles eſcrit Pline au li. 7. c. 2. qui ſõt en Afrique, & en Sclauonie, & de ceux qu'on appelle Pſiliens, & Ophiogenes, c'eſt à dire, enfans de ſerpens, qui tiennent les ſerpens en leur puiſſance, & qui du regard enſorcelent, & ſouuent font mourir, ſont les enfans dediez & vouez à Satan, des le ventre de la mere, ou ſi toſt qu'ils ſont nez, cõme en Theſſalie, depuis que ceſte vermine y fut portee par Medee la

Sor-

Sorciere, tante de Circé, on ne l'a iamais peu chasser. Car les peres & meres dedioyent leurs enfans, auparauant qu'ils fussent nez, à Satan, & continuoyent de pere en fils telle abomination: & mesmes ils auoyent accoustumé de dedier les premiers nez à Satan, comme escrit Ezechiel chap. 20. les autres les dedient du vêtre de la mere, comme il aduint l'an 1575. qu'vn gentil-homme Alemand se depitant contre sa femme dit, qu'elle enfâteroit vn diable. Elle fist vn monstre hideux à veoir, aussi estoit-il en reputation d'estre vn grand Sorcier. Et au pays de Valois, & de Picardie, il y a vne sorte de sorcieres, qu'ils appellent Coche-mares: & de fait Nicolas Noblet riche laboureur, demeurant à haute-fontaine en Valois, m'a dit, que luy estant ieune garçon, il sentoit souuent la nuict tels Incubes, ou Ephialtes, qu'il appelloit Cochemares, & le iour suiuant au matin la vieille sorciere, qu'il craignoit, ne failloit point à venir querir du feu, ou autre chose, quand la nuict cela luy estoit aduenu. Et au reste le plus sain, & dispos qu'il est possible. Et non pas luy seul, mais plusieurs autres l'afferment. Aussi nous lisons vne sêblable histoire, au liure huictiesme de l'histoire d'Escosse, estât quelqu'vn toutes les nuicts opprimé d'vne sorciere, en sorte qu'il ne pouuoit crier, ny s'en depestrer, en fin il en fut deliuré par prieres & oraisons. Ie mettroy infinis autres exemples, mais il semble qu'il suffit, pour demonstrer que telles copulations ne sont pas illusions, ny maladies.

Mais

Mais difons, fi les Sorciers ont puiffance d'enuoyer les maladies, fterilitez, grefles, & tempeftes, & tuer hommes & beftes.

SI LES SORCIERS PEVVENT enuoyer les maladies, fterilitez, grefles, & tempeftes, & tuer hommes & beftes.

CHAP. VIII.

TOVS les Philofophes, Theologiens, & Hiftoriens font d'accord, que les Demons ont grande puiffance, & les vns plus, les autres moins : les vns plus menteurs que les autres, les vns plus mefchans que les autres, & generalement les anciens ont tenu pour maxime, que les Demons terreftres, & foubterreftres font plus cruels, plus malins, plus menteurs. C'eft ce que dit l'interprete Grec de Synefius *in libro* περὶ ἐνυπνίον· οἱ δὲ χαλδαῖοι ψεύδεις φασὶ τὰς προσγείους δαίμονας, ὡς πόρρω θείας ἀποικισθέσας γνώσεως. C'eft à dire, que les Chaldeens tiennent, que les demons terreftres font menteurs, pour eftre plus efloignez de la cognoiffance des chofes diuines. Mais nous auós dit cy deffus, que tous les Demons font malings, menteurs, impofteurs, ennemis du genre humain, & qu'ils n'ont plus de puiffance que Dieu leur en permet. Et neātmoins les Sorciers penfent eftre tout-puiffans, comme on peut voir en Lucan, de la Sorcière Erictho Arcadienne, & en Apulee de la Sorciere

ciere Pāphile Theſſalienne, *Saga*, dit-il, *Diuini potens cœlum deponere, terram ſuſpendere, fontes durare, montes diluere, manes ſublimare, ſidera extinguere, tartarum ipſum illuminare.* Et peu apres parlant de ſes ennemis qui la vouloyent lapider, il dit, que par prieres, *& ſepulchralibus deuotionibus in ſcrobē procuratis, cunctos in ſuis domibus tanta numinum violentia clauſit, vt toto biduo, non clauſtra perfringi, non fores euelli, non denique parietes ipſi potuerint perforari, quoad deierarent ſe non eis manus admolituros, & ſic illa propitiata, totam ciuitatem abſoluit.* Quant à ce dernier poinct, (il eſt bien vray poſsible) comme dit S. Auguſtin au liure *de Diuinatione*, *Accipiūt ſæpe*, dit-il, *poteſtatē morbis immittere, & aerem vitiando morbidū reddere*: de corrōpre l'air & enuoyer des maladies. Car Dieu a dix mille moyens de chaſtier les hommes, & de grāds threſors de vengeāce, cōme il dit, tantoſt par ſoy-meſme, tātoſt par ſes Anges, tātoſt par les diables, tātoſt par les hōmes, tantoſt par les beſtes. Bref toute la nature eſt preſte à venger l'iniure faicte à Dieu. Mais le fondemēt de toute l'impieté, ſur lequel les Sorciers s'appuyent, & pour lequel ils ſe donnēt au Diable, ſont les promeſſes qu'il leur fait de leur donner ceſte puiſſance, ou leur enſeigner les poudres, les paroles, les caracteres pour ſe faire aymer, hōnorer enrichir, viure en plaiſir, & ruiner leurs ennemis: cōme nous auons dit, qu'il s'eſt trouué par la cōfeſſion de pluſieurs Sorciers. Voilà les promeſſes qu'il leur fait, quand ils renoncent à Dieu.

Dieu. Et d'autāt qu'il est le premier autheur de mensonge, aussi se trouue, qu'il n'y a rien q̄ des impostures en tout ce qu'il promet, horsmis la vengeāce, & sur certaines personnes seulemēt, & tāt q̄ Dieu luy dōne la permission. Nous en auons vn million d'exemples en la S. Escriture, & en voyons l'experience à toute heure. Aussi Dieu au millieu de ses Anges, [2] entre lesquels se trouua Satā, cōme executeur de sa haute iustice, demandāt s'il y auoit hōme plus entier, & craignāt Dieu, q̄ Iob: alors Satā dit, pour neant seroit-il autre, veu q̄ tu as pris sa protection, & as enuirōné de hautes murailles sa personne, sa famille, son bestail, ses maisōs, & tout ce qui est à luy: en sorte qu'il est impossible de luy toucher: mais si tu l'auois laissé tant soit peu, bien tost il te blasphemeroit. Lors Dieu permit à Satā calōniateur, vser de sa puissāce sur ce qui appartenoit à Iob, hors-mis sa persōne: Tout soudain & en vn moment Satan le ruina de tout point, & non pas peu à peu, mais tout à coup, luy ostāt entieremēt tout sō biē, quoy qu'il fust le plus riche hōme d'Oriēt, faisāt ruiner toutes ses maisons, & tuant tous ses enfans, famille & bestail pour l'accabler en vn instāt, & ne lui laissa q̄ sa femme, sō capital ennemi, pour le tourmenter, & se moquer de luy: Et neātmoins Iob dist, Ie suis venu tout nud, ie m'en retourneray tout nud, Dieu m'a dōné des biēs, & les a repetez, Dieu soit loüé du tout. Satan despit d'vne cōstance ferme, & arresté propos de loüer Dieu en telle affliction, il va derechef le calomnier

[2] Iob ca. 1. & 3.

deuant

deuant Dieu, disant qu'il n'y a rien qu'on ne donne pour rachepter sa vie: mais si Dieu l'affligeoit en son corps, qu'il le blasphemeroit bien tost. Alors Dieu luy permist vser de sa puissance contre Iob, pour l'affliger iusques à la mort exclusiuement. Soudain Satan rendit son corps, depuis le sommet de la teste iusques aux pieds, tout en apostumes & rognes puantes à merueilles. Toutesfois il ne luy aduint point de blasphemer Dieu, encores qu'il fist de grands regrets. Et apres que Dieu eut sondé son cœur & integrité, il luy rendit sa santé, force, & allegresse, & deux fois plus de biens qu'il n'auoit eu: Et luy donna sept enfans masles, & trois filles, & le fist encores viure cent XL. ans en paix, & douceur de vie. Or ceste histoire est bien fort considerable, & tout le discours de Iob auec ses amis, & la resolution d'iceluy, qui est le plus beau & le plus diuin discours, qui fut oncques. Car on voit en ce discours, q̃ Satã ne peut vser de sa puissãce, sinon entãt, & pourtãt que Dieu luy permet. Mais si vne fois il luy lasche la bride, on voit de merueilleux exploits de Satã. En quoy plusieurs forment des questions, & font des resolutions, que le Diable ne fait pas les choses qu'on voit à l'œil, & pensent que c'est offenser Dieu de croire, qu'il ait tant & si grande puissance. Les autres disent, que c'est reuoquer en doute la

2. Iob c. 41 parole de Dieu, qui dit, [2] parlant de Satan, il n'y a puissance sur la terre qui luy soit accomparable: qui est vn lieu bien à noter. Or ie tiens,

qu'il

qu'il n'y a point moins d'occasion de louer Dieu, en la puissance qu'il donne à Satan, & aux actions qu'il fait, qu'il y en a en la force & puissance qu'il donne au Soleil, aux estoilles, aux plantes, aux animaux, aux herbes, aux metaux. Et par ainsi l'homme de bien oyant tonner, gresler, foudroyer auec tempestes merueilleuses, & trembler la terre, il ne dira pas que c'est Satan, encores qu'il soit ministre peut estre de telle chose: mais il dira que c'est Dieu, comme faict Dauid, quand il dit:

La voix du Seigneur tonnant
Va sur les eaux resonant:
Parmy les nues des cieux,
S'entend le Dieu glorieux:
La voix du Seigneur tesmoigne,
De quelle force il besoigne.
La voix du Seigneur haucaine
De hautesse est toute plane.
La voix du Seigneur espart
Flammes d'vne & d'autre part,
Et les grands deserts profonds
Fait trembler iusques au fonds.
Mais au temple ce-pendant
Chacun à Dieu va rendant,
En lieu de trembler de peur
Gloire de bouche & de cœur.

Ainsi ferons nous de toutes les œuures que Dieu fait par ses Anges, soyent bons ou mauuais, ou par les astres, & autres choses naturelles, ou par les hômes. Car Dieu beneit, & multiplie ses graces, faueurs, & largesses par ses

Q

bons, & ses fleaux par les mauuais: Et n'est pas moins necessaire en la police de ce grand monde, que Dieu distribue par sa iustice eternele, les peines aux meschans, que les loyers aux bons, & par ainsi quand la Loy dict: *Multi non dubitant magicis artibus elementa turbare, vitam insontium labefactare, & Manibus accitis audent ventilare, vt quisque suos conficiat inimicos*: Il faut attribuer la puissance à Dieu de tout cela, encores que celà soit fait par le ministere des diables, ou autres esprits. Et faut croire qu'il n'est rien fait, soit par les Demons, soit par les Sorciers, qui ne se face par vn iuste iugemét de Dieu, qui le permet, soit pour chastier ceux qui le meritét, soit pour tenter & fortifier les bons. C'est pourquoy Dieu parlant de ses vēgeances, [1] Il n'y a point, dit-il, d'affliction, ny de calamité, qui ne vienne de moy. Or de toutes les actions que les sorciers s'attribuent, il n'y en a gueres de plus signalees, que faire foudroyer, & tempester, ce que la Loy tient pour [2] tout resolu. Et de faict, au liure des cinq Inquisiteurs, il est dit, que l'an M.CCCC.LXXXVIII. Il aduint au diocese de Constance vn orage violent de gresles, foudres, & tēpestes, qui gasta les fruicts quatre lieuës d'estēdue. Tous les païsans accusoyent les sorciers: on prist deux femmes, l'vne Anne de Mindelen, l'autre Agnés: Estant presentees à la question, apres auoir denié, en fin confesserent separément, qu'elles auoyent esté aux champs en mesme iour auec vn peu d'eau, & l'vne ne sçachant rien de l'autre, auoyent fait

[1] *Nullum est malum in ciuitate, quod non fecerit Dominus.*
[2] *d. l. 4. de Malefic. Cod.*

fait chacune vne foſſe, & troublé l'eau dedans la foſſe ſur le Midi, auec quelques paroles qu'il n'eſt beſoin de ſçauoir, inuocant le Diable, & cela fait, ſi toſt qu'elles furent de retour en la maiſon, l'orage ſuruint: elles furent bruſlees viues. Il ſe peut faire que le Diable preuoyant la tempeſte venir naturelement, les incita pour ſe faire craindre & reuerer. Ce qui eſt ordinaire à Satan preuoyant la peſte, ou ſterilité, ou mortalité de beſtail, faire croire aux Sorciers que c'eſt par ſa puiſſance qu'ils font venir, ou chaſſent la peſte, & la tempeſte, & la famine: comme à la verité ſe fait bien ſouuent, mais non pas touſiours. Le meſme autheur eſcrit en vn autre procez, qu'il fit à vne Sorciere du pays de Conſtance, que voyant tous les habitans de ſon village aux nopces, & ſe reſioüir à danſer, deſpitee qu'on ne l'auoit inuitee, ſe fit trãſporter par le Diable en plein iour au veu des bergers, ſur vne petite montaigne, qui eſtoit pres du village, & n'ayant point d'eau pour mettre en la foſſe qu'elle auoit faicte, à fin d'exciter la tempeſte, comme elle confeſſa que c'eſtoit la mode, elle vrina, & mouuant l'vrine dedans la foſſe, dit quelques paroles, bien toſt apres le ciel, qui eſtoit beau, & ſerein, s'obſcurcit, & greſla impetueuſement, & ſeulement ſur le village, & ſur tous ceux qui danſoyent, & puis la Sorciere s'en retourna au village: La voyant on iugea que c'eſtoit-elle, qui auoit fait la tempeſte, & puis eſtant priſe, les bergers depoſerent, qu'ils l'auoyent veüe tranſportee en l'air,

ce qu'elle confessa estant accusee, & conuaincue, & fut bruslee toute viue. Et fait bien à noter, que la gresle ne toucha point les fruicts,
qui est au propos de ce qu'on lict, *in Formicario*,
qu'vn sorcier confessa qu'il leur estoit aisé de
faire la tempeste, par le moyen d'vn sacrifice au
Diable (qu'il n'est besoin d'escrire) Mais il disoit, qu'ils ne pouuoyent nuire par les tempestes à leur volonté, ny gaster les fruicts, combien que les Sorciers (ou plustost Satan a leur
requeste, & Dieu le permettant) font quelquesfois perir les fruicts, non pas tous, ny de
toutes personnes, comme nous dirons tantost,
qui n'est point chose naturele: Car nous lisons
aux douze tables la Loy expresse, *Qui fruges
excantassit, pœnas dato*. Encores la Loy defend
d'attirer la fertilité des fruicts d'autruy en sa
terre, côme il appert en ceste Loy, *Ne alienam
segetem pellexeris incantando*, & en autre lieu:
Ne incantanto, Ne agrum defraudanto. Et pour
ceste cause Furnius fut accusé par Spurius Albinus, lequel n'ayant preuue suffisante, pourquoy ses fruicts estoyent tousiours plus beaux
sans comparaison que les autres (qui estoit
peut-estre vne illusion) il fit venir ses bœufs,
charrettes, & seruiteurs en plein Senat, disant
qu'il n'auoit point d'autres charmes, & fut absous, comme dit Tite Liue. Mais nous lisons
que Hoppo, & Stadlin, les plus gråds Sorciers
d'Alemaigne, se vantoyent de faire venir d'vn
champ en l'autre, la tierce partie des fruicts,
comme escrit Spranger: Et neantmoins par
tous

tous les procez il se trouue, que jamais sorcier n'enrichit d'vn double de son mestier, comme nous dirons tantost. Nous lisons aussi en Fontanus vne histoire memorable, au liure v. que les François se voyans assiegez des Espagnols, en la ville de Selle au Royaume de Naples, lors que tout brusloit de secheresse, & de chaleur: & que les François estoyent reduits a l'extremité par faute d'eau douce, il se trouua là plusieurs Prestres Sorciers, qui trainerent le Crucifix par les rues la nuict, luy disant mille iniures & blasphemes, & le ietterent en la mer, puis ils baillerent vne hostie consacree à vn Asne, qu'ils enterrerent tout vif soubs la porte de l'Eglise, & apres quelques charmes, & blasphemes detestables (qu'il n'est besoin de sçauoir) il tomba vne pluye si violente, qu'il sembloit vn vray deluge, par ce moyen l'Espagnol quitta le siege: lors on dit, *Flectere si nequeo superos, Acheronta mouebo.* Ceste coustume de trainer les crucifix & images en la riuiere, pour auoir la pluye, se pratique encores en Gascoigne, & l'ay veu faire a Tholoze en plein iour par les petits enfans, deuant tout le peuple, qui appellent cela, la Tiremalle: & se trouua quelcun qui ietta toutes les images dedans le puis du Salin, l'an 1557. lors la pluye tomba en abondance, qui est vne signalee meschanceté qu'on passe par souffrance, & vne doctrine de quelques Sorciers de ce pays la, qui ont enseigné ceste impieté au pauure peuple, en chantant quelques chansons, comme firent les prestres de Sesse au Royaume de Naples.

Quant au bestail, ordinairement les Sorcieres le font mourir, en mettant sus le sueil de la porte quelques poudres, non pas que ce soit la force des poudres, qui feroyent plustost mourir les sorcieres qui les portent sur elles, que non pas les animaux qui passent par dessus. Ioint aussi, que les Sorcieres les cachent tousiours vn pied souz terre, mais il n'y a rien que Satan qui en soit ministre. Ie me suis laissé dire, qu'il mourut en vne bergerie de Berry, trois cens bestes blanches en vn moment, par ce moyen. Et non seulement Satan exerce la puissance, que Dieu luy dóne, és tempestes, gresles, & foudres, & sur les fruicts & animaux, ains aussi sur les hommes, & principalement sur les meschans. I'ay dit cy-dessus, que les Sorcieres qui furent bruslees à Poictiers, l'an M.D.LXIIII. confesserét qu'aux assemblees, où elles se trouuoyent la nuict pour adorer le Diable en figure de bouc, pour la conclusion, le bouc en voix terrible disoit, Vengez vous, ou vous morrez. Aussi confesserent-ils auoir faict mourir plusieurs bestes & hommes, & disoyent pour excuse, qu'il n'y auoit autre moyé de sauuer leur vie: car le propre naturel de Satan, c'est destruire, perdre, & ruiner, comme dit Dieu en Esaye, I'ay faict & formé Satan pour ruiner, gaster, & destruire. Ce que toutesfois il ne permet que pour l'execution de sa iustice. Or le plus meschant meurtre entre les animaux, c'est de l'homme, & entre les hommes d'vn enfant innocent,

innocent, & le plus aggreable à Satan, comme celuy que nous auons dit, des sorcieres qui reçoiuent les enfans, & les offrent au Diable, & soudain les font mourir, au parauant qu'on les ait presentez à Dieu, faisant croire aux Sorcieres, qu'il y a quelque partie des petits enfans (qu'il n'est besoin d'estre nommee) par le moyen de laquelle partie, les Sorcieres pensent faire grandes choses. Et pour monstrer l'imposture impudente du Diable, Nider escrit, qu'il a faict le procez à vn nommé Stadrin au diocese de Lausanne, qui confessa auoir tué sept enfans au ventre de la mere, & qu'il auoit faict auorter aussi tost le bestail de ceste maison là: & interrogé par quel moyen, il dit qu'il auoit enterré certaine beste, qui n'est besoin de nommer, soubs le sueil de la porte: laquelle fut ostee, & l'auortement cessa en toute la maison. Nous dirons par cy-apres, s'il est licite d'vser de tels remedes: mais il suffira pour le present monstrer, que ce n'estoit pas la beste, qui fut trouuee pourrie: attendu que les autres ne mettent que certaines poudres que Satan leur baille. Ioint aussi que plusieurs Sorciers se seruent de crapaux, qui est vne beste venimeuse: mais elle ne peut faire auorter ny mourir de sa poudre en la touchant tout pied-nud, ou auec les mains: mais le Diable met en l'esprit des hommes ces meschâtes opinions, pour faire seruir l'homme aux plus sales & ordes bestes. Car il est tout vulgaire que les Sorciers sont ordinairement trouuees saisies des crapaux, qu'elles nourrissent & accouſtrent de liurees: Et les appellent au pays de Valois les Mirmilots. Nous lisons en l'histoire de Monstrelet, qu'il y eut vne Sorciere de Compigne, qui fut trouuee saisie de deux crapaux, baptizez par vn prestre, dont elle vsoit en ses sorcelleries: qui sembleroit ridicule, si on ne voyoit tous les iours l'experience de chose semblable. Et de faict, apres que maistre Iean Martin, Lieutenant de la Preuosté de Laon, eut condamné la Sorciere de Saincte Preuue à estre bruslee toute viue, en la faisant despouiller, on luy trouua deux gros crapaux en ses pochettes. Et pendant que i'escriuois ceste histoire, on m'aduertit qu'vne femme enfanta d'vn crapaut, pres de la ville de Laon: Dequoy la sage femme estonnee, & celles qui assisterent à l'enfantement, deposerent, & fut apporté le crapaut au logis du Preuost, que plusieurs ont veu different des autres. L'histoire de Froissart tesmoigne aussi, qu'il y eut vn Curé à Soissons, qui pour se venger de son ennemy, s'addressa à vne Sorciere, qui luy dit, qu'il falloit baptizer vn crapaut, & le nommer: & puis luy faire manger l'hostie consacree: ce qu'il fit, ainsi qu'il confessa, & autres choses qu'il n'est besoin d'escrire. Depuis il fut bruslé tout vif. Les cinq Inquisiteurs des Sorciers recitent [2] aussi, qu'entre autres ils ont fait le procez à vne Sorciere, qui confessa auoir receu l'hostie consacree en son mouchoir, au lieu de l'aualler, & la mist dedans vn pot, où elle nourrissoit

2. In Malleo maleficarum.

rissoit vn crapaut, & mit le tout auec d'autres poudres, que le Diable luy bailla pour mettre soubs l'essueil d'vne bergerie, en disant quelques paroles, qu'il n'est besoin d'escrire, pour faire mourir le bestail. Et fut surprise, conuaincue, & bruslee toute viue. Or la ruse de Satan n'est pas seulement d'esbloüir les yeux, & oster aux hommes la cognoissance d'vn vray Dieu, ains aussi arracher de l'esprit humain toute religion, toute conscience, & mesmes ce que chacun croit estre le vray Dieu, pour se faire reuerer soy-mesmes, ou pour le moins, faire adorer aux hommes, ce qu'ils sçauét n'estre pas Dieu, & se fier aux creatures, les reuerer, & attendre guarison ou salut d'icelles, & mesmes des plus ordes creatures. Mais pour monstrer de plus en plus, que les crapaux, ny les hosties, ny les poudres diaboliques, ne font mourir les animaux: Il est tout notoire, que les plus grandes sorcieres font quelquesfois mourir, en soufflant au visage, comme Daneau a bien remarqué en son petit Dialogue: mais ie n'approuue pas, que c'est par le moyen des poisons qu'elles ont en la bouche, comme dit Daneau: Car les sorcieres en mourroyent les premieres, qui est vn argument auquel ie ne voy point de responce, & qui peut seruir pour vn certain personnage Italien, qu'on dit auoir esté des plus grands empoisonneurs de son aage, ce que ie ne puis croire, quoy qu'on die, qu'il a fourny de grands parfums à plusieurs personnes, qui mouroyent apres les auoir sentis: car il fut mort tout le premier, veu qu'il faisoit les senteurs, si le diable n'eust tué ceux qu'il auoit charge, par vne iuste permission diuine de tuer, par le moyen de ce sorcier, qu'on appelloit empoisonneur. Et mesmes au procez des sorciers soubs Valery en Sauoye, imprimé, il se trouue qu'en iettant de la poudre sur les plantes, soudain elles mouroyent. C'est pourquoy ie ne puis estre de l'aduis de Ioubert Medecin, qui escrit, qu'il y a des poisons si subtiles, qu'en frottant l'estrier, celuy qui monte à cheual, en meurt. Car il faudroit premierement, que ceux qui composent les poisons si subtiles, en mourussent, & ceux qui tiennent l'estrier, ou qui approchent du cheual mesmes. D'auātage ou voit que le bestail passant sur l'essueil où y a quelques poudres ou serpens, que les sorciers y enterrent, meurent. Ce n'est donc pas la poison, ny les os, ny les poudres enterrees qui font mourir: mais Satan, à la priere des Sorcieres par la iuste permission de Dieu. Et pour le monstrer encores mieux, i'ay vn procez qui m'a esté enuoyé par le sieur de Pipemont, vertueux Gentil-homme, faict contre Barbe Doré, qui a esté condamnee d'estre bruslee par arrest du Parlement, l'onziesme Ianuier, M. D. LXXVII. confirmatif de la sentence du Bailly sainct Christophle les Senlis: apres auoir confessé qu'elle auoit faict mourir trois hommes, en iettant vn peu de poudre en vn papier, au lieu où ils deuoyent passer, en disant au nom de Dieu, & de tous les diables,

diables, &c. ie ne mettray pas les autres paroles. Chacun sçait que le venim, quel qu'il soit, ne peut auoir tel effect, beaucoup moins, la poudre seiche. Aussi la sentence de condemnatiõ porte, que c'est pour les sortileges dont elle a vsé. On voit aussi le blaspheme execrable, de conioindre Dieu auec ses creatures, en telle priere: & dit aussi, quand elle vouloit garder les autres d'estre touchez du sort, qu'elle disoit, au nom du Pere, & du Fils, & Sainct Esprit, quand tu passeras par là que tu ne preignes mal. Or pour monstrer la difference qu'il y a entre les maladies natureles, & celles qui viennent par sortileges, on voit souuent ceux qui sont ensorcellez mourir en langueur: & quelquesfois ietter des ferremens, du poil, des drapeaux, du verre rompu. L'Anglois Medecin des Princes Palatins escrit, que l'an mil cinq cens trente neuf, il y auoit à Vlrich vn nommé Nentlesser, laboureur ensorcelé, auquel on tira de dessous la peau vn clou de fer, & sentoit de si grandes douleurs aux intestins, qu'il se coupa la gorge par desespoir. On l'ouurit deuant tous ceux d'Vlrich, & on trouua en son corps vn baston, quatre couteaux d'acier, & deux ferremens, & vne pelotte de cheueux. Et qui plus est, Nidier qui a faict le procez à vn nombre infiny de Sorciers, dit auoir veu vne Sorciere, laquelle d'vn seul mot faisoit soudain mourir les personnes. Vne autre qui fit tourner le menton de sa voisine dessus dessous: chose hideuse à voir. Il ne faut pas donc trouuer

estrange

estrange, si Pamphile Sorciere Thessalienne fit enfler le ventre d'vne femme, comme si elle eust deu accoucher de trois enfans: & porta huict ans ce fardeau. Telle estoit la Sorciere Martine, qui tua Germanicus, non pas d'vne poison, comme dit Tacite, ou d'vn œuf de coq, que le mesme autheur dit auoir esté en grande estime entre les Gaulois, pour les vertus qu'ils luy donnoyent: Mais d'vne puissance diabolique, comme fit vne certaine Sorciere au Diocese de Constance, laquelle en soufflant, redit vn homme ladre par tout le corps, & qui en mourut tost apres. Spranger & les autres Inquisiteurs la firent brusler toute viue: & qui plus est, Spranger recite, qu'il a faict brusler vne autre sorciere aux confins de Basle & d'Alsatie, laquelle confessa auoir esté iniuriee d'vn bon laboureur: & pource estant despite le Diable luy demanda, ce qu'elle vouloit qu'il fit à celuy qui l'auoit iniuriee: Elle fit responce, qu'elle voudroit qu'il eust tousiours la face enflee. Tost apres le laboureur fut frappé d'vne ladrerie incurable, & confessa au Iuge, qu'elle ne pensoit pas que le Diable le deust rendre ladre: qui est bien pour mostrer, que ce n'est pas par le moyen des poudres, mais par le moyen du Diable qui fait tout celà, s'accommodant au vouloir de ceux qui l'employent, comme si quelqu'vn faisoit tuer son ennemy par son cópagnon: mais Satan veut que ses seruiteurs le prient de ce faire, & qu'ils mettent la main à l'œuure, qu'ils touchet la personne, qu'ils ayent

de

de son poil, ou de ses ongles, ou qu'on prenne de luy certaines poudres pour enfermer és os d'vn homme, & les mettre sous les voutes, ou bien aux quarrefours. Mais sans la paction auec Satan, quand vn homme auroit toutes les poudres, caracteres, & paroles de sorcieres, il ne sçauroit faire mourir, ny homme, ny beste. Et iaçoit que le Diable puisse faire mourir les animaux, par la permissiō diuine, si est-ce qu'en matiere de Sorciers, il veut qu'ils prestent leur consentement, & qu'ils mettēt la main à l'œuure. Soit pour exemple: ce que dit Sprãger, qu'il a fait le procez à vne sorciere qui auoit fait mourir vint & trois cheuaux à vn marchād de Rauensburg: elle dit qu'elle n'auoit fait autre chose qu'vne fosse, dedans laquelle le Diable auoit mis quelques poudres sous l'essueil de la porte: qui estoit mettre la main à l'œuure: comme en cas pareil iceux qui font les images de cire de leurs ennemis, & qui les piquent & poignent, s'estant premierement vouéz à Satan, & renoncé à Dieu, & faict les horribles sacrifices qu'ils ont de coustume: par ce moyen font mourir leurs ennemis, si Dieu le permet: ce qu'il ne fait pas souuent: car de cent, peut estre qu'il n'y en aura pas deux offensez, comme il s'est cogneu par les confessions des sorciers, & toutesfois ce n'est autre chose qu'vn homicide executé par le Diable, & par les prieres du sorcier: comme nous lisons que le procez d'Enguerrand de Marigny, fut en partie fondé sur ce poinct, & vn autre du temps du Roy François 1. en la ville d'Alençon, qui fut bien aueré, & qui est au long recité aux comptes de la Royne de Nauarre: non pas pour compte, mais pour vraye histoire, & les poursuites, qui en furent faictes. Et l'an M. D. LXXIIII. au procez imprimé, qui fut fait à vn certain Gentil-homme, qui fut decapité à Paris, il fut trouué saisy d'vne image de cire, ayāt la teste & le cœur percé, auec d'autres caracteres, qui fut (peut-estre) l'vne des principales causes de sa mort. Et de plus fraische memoire au mois de Septembre dernier, mil cinq cens septante huit, l'Ambassadeur d'Angleterre, & plusieurs François, donnerent aduis en France, qu'on auoit trouué trois images de cire, où le nom de la Royne d'Angleterre & d'autres estoyent escrits, dedans vn fumier, & disoit-on que le Curé d'vn village, qui s'appelle Islinkton à demye lieüe de Londres, les auoit faites. Toutesfois le procez n'estoit pas encores instruit, ny le faict aueré, quand les nouuelles sont venues en France: Mais de toutes les histoires touchant ce discours, il n'y en a point de plus memorable, que celle que nous

s. Tob. li. 11. lisons en l'histoire d'Escosse, de Duffus ² Roy d'Escosse, auquel aduint vne maladie qu'il ne pouuoit dormir la nuict, iaçoit qu'il beust & mangeast fort bien, & que de sa personne il fut allegre & dispos: neantmoins sans autre douleur il seichoit, & toute la nuict fondoit en sueur. En fin il suruint vn bruit que les Moraues, i'entens ceux d'Escosse alors ennemis

des

des Escoçois, & qui sont long temps a, vnis à la couronne d'escosse) auoyent des Sorcieres à gages pour faire mourir le Roy d'Escoce : On enuoye Ambassadeurs en Morauie au bourg de Fores, où les Sorcieres rotyssoyét vne image de cire, portant le nom du Roy, & versant dessus vne liqueur, dequoy Douenald Preuost du lieu, aduerty par les Ambassadeurs, les surprint sur le faict, & apres auoir confessé, elles furent bruslées toutes viues, & au mesme instant le Roy d'Escosse recouura santé. Car le iour fut remarqué : & semble que Meleager fut bruslé en ceste sorte peu à peu, lors que la Sorciere Althea faisoit brusler la souche fatale. Car il sembleroit que ce fust vn songe, si telles images n'auoyent aussi esté pratiquees de toute anciennete. Mais Platon, en l'onziesme liure des Loix, confirme ce discours des images de cire que font les Sorcieres, & ne faut s'esbahir commét celà fut sçeu. Car les sorciers, en leurs assemblees, rendent comte de toutes leurs actions qu'ils font, comme i'ay verifié cy dessus, & de tout ce qui a esté faict en quelque lieu de la terre que ce soit: comme il fut descouuert en Orleans en l'assemblee des sorciers de Clery. Nous lisons en cas pareil en Spranger, qu'il y auoit vn sorcier qu'on appelloit Pumbert, au village de Lendemboug en Alemaigne, auquel Satan auoit appris de tirer à coups de traict le Crucifix, au iour du grand Vendredy, & que par ce moyen, & de quelques paroles qu'il ne faut sçauoir, il pouuoit, tirant en l'air,

tuer

tuer tous les iours trois hômes, les ayant veuz & cognuz, auec vn ferme & arreſté propos de les faire mourir, encores qu'ils fuſſent enfermez en la plus grande fortereſſe du monde. En fin les payſans du village le demembrerent en pieces, ſans forme ne figure de procez, apres auoir eſté commis par luy pluſieurs homicides: c'eſt dit l'an mil quatre cens vingt, lors que les Alemands s'agenouilloyent encores deuant le crucifix. Car il n'y a gueres moins d'impieté, d'offenſer ce que on penſe eſtre Dieu, que d'offenſer Dieu, d'autant que celà ſe fait en deſpit de Dieu, qui regarde le cœur & l'intention, qui eſt le fondement de toutes actions bonnes & mauuaiſes, comme dit S. Thomas d'Aquin. On ſçait aſſez, qu'à parler proprement, Dieu ne peut eſtre offenſé : & tout-ainſi que ceux qui crachent contre le ciel, ne ſouillent point le ciel, ains l'ordure tombe ſur eux: auſſi l'offence qu'on penſe faire à Dieu, tombe ſur la teſte de celuy qui la faict. C'eſt pourquoy tels Sorciers (qu'on appelloit Archers) ne ſe trouuent plus en Alemaigne, depuis que ceux qui les tirent, ne croyent pas que le crucifix ſoit Dieu, ou qu'il ayt quelque diuinité en luy : comme ils faiſoyent au parauant que la religió euſt changé. On peut auſſi doubter, pourquoy les Sorciers de noſtre temps, ne peuuent faire les tours de paſſe-paſſe, & les faits eſtranges que faiſoit vn Simon le Magicien, vn Apollonius de Thiane, vne Circe, vne Medee & autres Sorciers illuſtres. Il me ſemble qu'il y a double raiſon:

LIVRE SECOND. 257

raifon : la premiere, que i'ay leu par vn procés de Senlis, que cela se fait selon le marché qu'on a auec Satan, & à qui le seruira mieux, & qui fera plus d'estranges meschancetez: l'autre, que Dieu ne donne pas telle puissance à Satan sur les peuples qui le cognoissent, que sur les Payens. Nous auons dit au premier liure des moyens diuins, naturels, & humains de preuoir, & preuenir les choses futures, & qui sont permis & licites, & deffendus par la **Loy de Dieu**: disons maintenant les moyens illicites d'obuier aux sorceleries, & d'y remedier, quand le mal est cogneu.

R

LES MOYENS
LICITES D'OBVIER
AVX SORCELERIES.

LIVRE TROISIESME.

CHAPITRE PREMIER.

Es Histoires nous apprennent, que les Sorceleries ne sont pas nouuelles maladies, ains au contraire, qu'il y en auoit anciennement cent pour vne, encores qu'il y en ait beaucoup à present. Car nous voyons en la Loy de Dieu, qui est publiee il y a enuiró trois mille cent cinquante ans, que la Chaldee, l'Egypte, la Palestine en estoyent infectees, & par les plus anciennes histoires on voit, que le païs de l'Asie mineur, la Grece, l'Italie (qui n'estoyent encores qu'à demy peuplez) estoyent ja remplis de ceste vermine. Nous voyons les defenses & peines rigoureuses ordonnees par la Loy de Dieu contre les Sorciers, & les meschancetez execrables, pour lesquelles la fureur de Dieu s'embraza, pour extirper de la terre les Chananeens: nó pas pour les idolatries, ou autres
tres

tres pechez, qui eſtoyent alors commús à tous les autres peuples: mais il eſt expreſſement² dit, que ce fut pour les ſorceleries abominables, dont ils vſoyent. Nous voyons auparauant & depuis la guerre de Troye, qui fut enuiron trois cens ans apres la publication de la Loy de Dieu, les ſorceleries cruelles de Medee, les transformations de Circé, de Prothee, & les Necromanties Theſſaliennes: & qui plus eſt, nous liſons en l'hiſtoire de Tite-Liue. Dionyſ. Halycarnaſſeus, & de Plutarque, que Romule fut transporté en vn tourbillon de tempeſte, & pluſieurs autres que nous auons remarqué cy deſſus. Et ce qui eſt plus eſtrange, ceux qui eſtoyent par les Demons rauis en eſprit, comme nous auons dit, ou emportez en eſprit, & en corps, & ceux que le diable tenoit aſſiegez, ou qui en iceux, eſtoyent par le menu peuple reputez Diuins. On voit comme Hippocrates au liure *de Morbo ſacro*, abomine les Sorciers. On voit que Platon, entre les Payens, en a faict vne tres-belle loy en l'vnzieſme liure des Loix, où il veut, que les Sorciers, qui par charmes, paroles, ligatures, & par images de cire, enchantent & charment, ou qui font mourir les hommes, ou le beſtail, ſoyent mis à mort. Depuis lequel temps, tous les Philoſophes d'vn conſentement ont condamné la Magie, & faict bruſler les liures: comme on peut voir en la Loy *Cætera, familiæ herciſcundæ.ff.* Iamblique, Porphyre, Procle, Academiciens, & les autres Philoſophes Payens s'accordent, qu'il faut fuïr les Sor-

2.Deut.18.

R 2

ciers & malins esprits, comme nous auons dit: en sorte que les sorceleries & Sorciers furent descriez, & furent poursuyuis par iustice soubs l'Empire de Tibere, comme nous lisons en Tacite, & encores plus viuement soubs Domitian l'Empereur, qui en fist recherche diligemment, & puis soubs Diocletan[1]: mais bien plus rigoureusement, quand les Empereurs receurent la foy Chrestienne: Alors les temples & oracles furent rasez, les sacrifices des Payens, & toute la science Aruspicienne & Augurale declarée illicite, auec defenses d'en vser sur peine de la vie, aux[2] Aruspices, & d'estre confinez, à ceux qui demanderoyent conseil aux Augures & Aruspices, qui n'estoyent pas entre les Chrestiens reputez si meschans beaucoup pres que les Sorciers, qu'on disoit Malefiques, qui furét alors condamnez d'estre[3] bruslez tous vifs: & depuis aussi les Aruspices furent condamnez à mesme peine, & les autres exposez aux bestes.[4] Ainsi voit-on, qu'apres la publication de la loy de Dieu, & de la religion Chrestienne, non seulement on commença d'auoir en horreur[5] ce qu'on auoit adoré, ains aussi au parauant la publication de la loy de Dieu, les Payens mesmes, auoyent en horreur les sorceleries & diuinations: car Vlpian, quoy qu'il fust Payen & ennemy capital des Chrestiens, & qui a composé sept liures de la punition des Chrestiens: neantmoins il auoit en horreur la sorcelerie & toute diuination, qu'il appelle illicite, quand il dit que le Deuin qui aura dit de quelqu'vn qu'il a desro

1. l. prima, de Malefi- cis, C.

2. l. nemo a- ruspice, eo C.

3. l. nemo a- ruspex, eo, C.
4. l. multi, eo.

5. in d. l. ité apud La- beo, §. si quis astrol. de in- iuriis.

a desrobé la chose perdue, il ne sera pas quitte pour vne action d'iniure, mais il sera puny selō les ordonnances, qui lors estoyent ja faites cōtre les Deuins. Et jaçoit qu'il y eust vne Sorciere nommee Marthe du temps de Marius, qui promettoit victoire sur les ennemis, par les moyens qu'elle disoit sçauoir: si est-ce que le Senat ne voulut pas qu'elle fut employee, cōme nous lisons en Dion. Et les Perses, qui estoyent plus infectez de ceste vermine, en fin vserent contre les Sorciers des supplices les plus cruels, rompant la teste des Sorciers entre deux pierres, comme dit Plutarque. Mais la publication de la loy Diuine a bien fort diminué la puissance de Satan, & les peuples qui ont longuement demeuré, ou qui sont encores Payés, ont aussi fort long temps esté, & sont encores fort trauaillez des malins esprits iour & nuict, comme au pays de Noruege, Finslandie, Pilapie & autres regions Septentrionales, & aux Illes Occidētales, comme on peut voir en l'histoire d'Olaus le Grand, & en l'histoire des Indes: mesmement au païs du Brezil & autres païs circonuoisins, où ils sacrifient encores, & mangent les hommes. C'est chose estrange (dit l'histoire) comme ils sont tourmentez en toutes sortes des malins esprits: & au parauant que Charles le Grand eust osté d'Alemaigne le Paganisme, elle estoit remplie de Sorciers: comme on peut voir aux Loix Saliques, & aux chapitres de Charlemaigne, & aux Commentaires de Cesar. Et qui voudra diligemment considerer le chapitre quarante & vniesme de Iob, & discuter les allegories des proprietez de Behemoth & de Leuiathan, que tous interpretent les ennemis du genre humain, du corps & de l'ame, il pourra descouurir des beaux secrets touchant la proprieté des esprits malins. Il est dit, que la force de Behemot est en ses reins, en son ventre, & en sa queuë: qui signifie la cupidité & partie bestiale: & comme les anciens Hebrieux disoyent, que Satan a la puissance des voluptez bestiales. Puis il est dit, que Dieu qu'il fait, le frappe de son cousteau, qui est sa parole: & qu'il est veautré entre les marescages, qui signifient les vices & immondicitez, ausquelles Satan se delecte: puis il est dit, que les montaignes, qui signifient en l'escriture, les Princes arrogans & hommes superbes, luy donnent pasture. Et à vray dire, c'est le plus ordinaire gibier de Satan. Il est dit aussi, qu'il s'esgaye sous les arbres feüillus, & aux sausayes. Or en l'escriture les arbres feüillus signifient les hypocrites, qui n'ont rien que la mine: & les sausayes, ceux qui ne portent aucun fruict. Et toutesfois il est dit, qu'il a la veüe hebetee, pour monstrer que la Prophetie veritable, n'est point és oracles de Satan. C'est pourquoy le Prophete Balaham benissant le peuple de Dieu, disoit, O peuple heureux, qui n'as point de Sorciers ny d'enchanteurs, mais à qui Dieu reuele les choses secretes par visions, quand il est besoin, & sans y faillir: D'auantage il est dit, qu'on peut boucher aisément par le nez ceste beste, pour mon monstrer qu'il ne faut pas craindre Satan. Et de Leuiathan, qui ne se côtente pas des corps, ains attente aux ames: Il est dit, Feras-tu traité auec luy pour l'en seruir tousiours. C'est pour ceux qui pensent auoir les esprits familiers en leur puissance, comme esclaues. Quant à ce qui est dit, que Satan cerche les Princes superbes & hommes hautains, cela s'est veu, & voit encores, que les Princes qui ont laissé Dieu, se laissent captiuer miserablement à Satan, par le moyen des Sorciers : & s'en trouue beaucoup qu'il a pipez : sçachant bien que le peuple est tel que le Prince. Et si le Prince est Sorcier, les mignons & courtisans, puis le peuple y est attiré, & par consequent à toutes impietez: Suetone dit, que Neron fut 5. ans bon Prince. Et de faict Traian disoit, qu'il ne trouuoit point son pareil és cinq premiers ans: mais depuis qu'il se fut adonné aux sorceleries, dit le mesme autheur, iamais il n'y eut Sorcier qui en fust plus diffamé: & sa vie aussi fut la plus detestable, & sa fin la plus miserable que de Prince de son aage. Car Pline faisant recit de plusieurs sorceleries, & de la vertu qu'ô leur donne il dit: *Quæ omnia ætate nostra Princeps Nero vana falsáque comperit: primùm imperare Diis concupiuit. Nemo vnquam vlli artium validius fauit.* Puis apres il dit : *Immensum & indubitatum exemplum est falsæ artis, quam dereliquit Nero.* Et peu apres, *Nam homines immolare etiam gratissimum illi fuit.* Il parle de la Magie & Sorcelerie. Or iamais Satan ne faut à donner loyers aux siés tel qu'ils meritét, & les induire à toutes les cruautez, incestes, & particides qu'il peut, tel que fut Neron. Car les Sorciers & Diables luy faisoyent entendre, qu'il falloit faire beaucoup de tels homicides, cruautez, & parricides, pour viure en seureté de son estat: ce que les Sorciers conseillent encores à plusieurs Princes de procurer meurtres & cruautez, & donner grace de toutes meschancetez. Mais ordinairement les Sorciers sont chastiez par les Princes, qui leur demandent conseil: craignans qu'ils parlent trop, ou pour essayer si leurs diuinations sont veritables: cóme fist Domitiã au Sorcier Ascletarion, qui auoit predit à l'Empereur qu'il seroit tué bien tost: l'Empereur luy demanda de quelle mort deuoit mourir Ascletarion: Il respondit qu'il seroit vn iour mangé des chiens: soudain l'Empereur le fit tuer: & fut mangé des chiens casuellement apres sa mort, ce qui espouuenta bien fort Domitian. Vn autre Sorcier de Tibere en vsa plus finement: car cóme Tibere l'eust mené en vn precipice haut & glissant, il demãda au Sorcier, s'il sçauoit bien quand il mourroit: le Sorcier respondit, qu'il estoit au plus grand danger de sa vie qu'il auoit iamais esté: car Tibere auoit deliberé de le faire precipiter soudain, s'il eust respondu autrement, comme dit Suetone. Et quoy qu'il en soit, on a veu souuét, que les Sorciers ont predit & asseuré le iour de leur mort, & la façon. Il y en a mil exemples: mais ie n'en trouue point de plus recent, & qui soit aduenu plus pres d'icy que d'vn Sorcier de Noyon

Noyon, qui estoit familier de l'Euesque de Noyon de la maison d'Haugest, & pesant euiter la mort, il alla le iour que Satan luy auoit denoncé qu'il seroit tué, en la maison de l'Euesque, auquel il dist qu'il deuoit estre tué ce iour là: & apres auoir disné à la table de l'Euesque, sur la fin il suruint quelqu'vn le demāder pour parler a luy: il fist responce qu'il montast, ce qu'il fist, & en parlant à luy, il tua entre deux portes le sorcier. Ie tiens l'histoire de M. Loys Chatelain, Lieutenant de Noyon, & de plusieurs autres, qui me l'ont asseuré. Il faut dōc pour euiter ces malheurs, prescher la **Loy de Dieu** souuent, & imprimer sa crainte aux grands, aux moyens, aux petis, engrauer au cœur sa fiance sur tout: car s'il est ainsi que le nom de ce grād Dieu terrible & tout-puissant, prononcé a bonne intention, & par celuy qui craint Dieu, chasse les troupes des Diables & sorciers, comme nous auons monstré cy dessus estre aduenu plusieurs fois, combien faut-il esperer qu'il s'esloignera oyant prescher, lire, publier, & parler des loüanges & des œuures de Dieu? Voilà donc le plus grand, & le plus beau, & le plus aisé moyē de chasser & Sorciers & Sorcelleries, & malefices, & malings esprits d'vne Republique: car tant que les blasphemes d'vn costé, & l'atheisme d'autre costé aura credit, il ne faut pas esperer de chasser les malings esprits, ny les Sorciers, ny les pestes, ny les guerres, ny les famines: non pas qu'il soit possible de chasser du tout les Sorciers, qu'il n'y en ait toufiours quelques vns, qui font tout ainfi que les crapaux & couleuures en terre, les araignes és maifons, les chenilles, & les moufches en l'air, qui font engendrees de corruption & qui attirent le venim de la terre, & l'infection de l'air. Mais la terre bien cultiuee, l'air purifié, les arbres nettoyez, ne font pas tant fubiets à cefte infection: & fi on laiffe peupler la vermine, elle n'attire pas, ains elle engendre la corruption, & infecte tout. Ainfi le peuple eft tresheureux qui a de fages gouuerneurs, de bons magiftrats, & fur tout de bons pafteurs, qui le fçachent bié inftruire, alors les malins efprits n'y feront pas long fejour: mais il fe faut bien garder d'efcouter ceux qui prefchent, que ce n'eft qu'illufion, ce qu'on dit des Sorciers, comme prefchoit ce Docteur forcier duquel nous auons parlé cy deffus, qui confeffa que le diable l'auoit inftruit à prefcher ainfi. Et tout ainfi que Dieu enuoye les peftes, guerres, & famines, par le miniftere des malins efprits, executeurs de fa iuftice, auffi fait-il des Sorciers, & principalement quand le nom de Dieu eft blafphemé, comme il eft à prefent par tout, & auec telle impunité & licence, que les petits enfans en font meftier. Or toutes les mefchancetez, parricides, inceftes, empoifonnemens, meurtres, adulteres, ne font pas fi grands, ny tant puniffables, à beaucoup pres, que les blafphemes, comme les Theologiens demeurent d'accord. Car les autres mefchancetez font premierement contre les hommes, comme difoit

LIVRE TROISIESME. 267

soit Samuel, mais les blasphemes sont directe- *Samuel. 2.*
ment contre l'honneur de Dieu, & en despit de *cap.*
luy. Car c'est le mot ordinaire duquel on vse.
Et d'autant que ceste impieté là regnoit du
temps de Charles 9. plus que iamais, le Roy
Henry III. à sa venue fist vn Edict tressainct
contre les blasphemeurs: mais l'execution en a
esté mesprisee, au grand des-honneur de Dieu
& impunité des blasphemeurs: ausquels il ne
suffit pas d'auoir audacieusement renié Dieu,
s'ils n'adioustét, que c'est de bon cœur s'il y en
en a quelqu'vn : ainsi a de coustume de blasphemer vn certain Cheualier de Malte, que ie
ne nommeray point, par ce qu'il est assez cogneu : & s'en trouue encores qui blasphement
en rime, comme vn nommé Boursier de Troye
en Champaigne. Il fut print blasphemant le
Védredy sainct l'an mil cinq cens soixāte neuf,
& condamné d'auoir la leure fendue d'vn fer
chaud, & à faire amende honorable, & payer
cinq cens liures d'amende, dont il appella : &
depuis s'enfuit des prisōs : toutesfois Dieu voulut qu'il fut reprins sept iours apres, & par arrest de la Cour, fut dict mal iugé : & en amen-
dant le iugement, il fut condamné à faire amēde honorable en chemise, & auoir la langue
percee d'vn fer chaud, & apres pendu & estrā-
glé. Mais depuis, d'vn million il n'y en a pas vn *Leuit. 24.*
executé : Et toutesfois la loy de Dieu dict, que
celuy qui aura nommé Dieu par mespris, sera
lapidé, qui est la plus cruelle mort de toutes : *3.li.3. Ne-*
cōme dict Moyse Maymon. I'ay bien voulu *more*
remar

remarquer cette impieté, qui est vniuerselle en tout ce Royaume, & toutesfois impunie, combien que Dieu ne laisse iamais les blasphemes impunis, & quelquesfois il en faict la punition sur le champ: côme il aduint en la ville de Vvilisan en Suisse, que Vlrich Schroter se voyant mal'heureux au ieu, il iura que s'il ne gaignoit, qu'il ietteroit sa dague contre le crucifix qui estoit sur la cheminee: mais l'ayant failli, il ietta la dague en haut, qui s'euanoüit, & au mesme instant il fut emporté des diables auec vn si grand bruit, que toute la ville en fut esmeüe, & les deux autres qui iouoyoét auec luy furent pendus, le proces est encores à Vvilisan: car ce fut l'an 1553. comme Iob Fincel & André Muscule ont remarqué. Nos peres disoyent anciennement en toutes leurs actions & entreprinses, s'il plaist à Dieu, & à l'issue des affaires, Loué soit Dieu, & en prenant congé & saluant, Dieu vous gard, au lieu que les Grecs disoyent, χαῖρε resiouissez vous, & les Hebrienx שלום לך, paix soit auec vous: qui est la salutation de tous les peuples d'Asie, & d'Afrique: qui en font le mot Turc & Arabesque corrompu de la langue Hebraique. *Schala malec.* Les Italiens & Espagnols baisent les mains: mais ie ne trouue point de meilleure coustume que la nostre: & qui est de merueilleuse consequence, comme nous auons monstré par trois ou quatre exemples, que ceux qui auoyent esté menez aux sabbats par leurs femmes, ne sçachans que c'estoit, en disant, Hé mon Dieu, qu'est qu'eſt cecy, auroyẽt chaſſé toute l'aſſẽblee des malins eſprits & les Sorciers : mais auſſi il n'y a blaſpheme plus meſchant, que d'appeller Dieu pour faire vn ſortilege, ce que les Sorciers ne font iamais, ſinon en le conioignant auec ſes creatures, ou bien en l'inuoquãt pour faire vne meſchanceté, ou comme quelques Poëtes qui en font vne interiection en choſes vilaines, qui eſt vne blaſpheme contre le nom de Dieu. Voylà en general le moyen d'obuier aux Sorcelleries: mais en particulier chacũ doit inſtruire ſa famille à prier Dieu, matin & ſoir, benir, rendre graces à Dieu deuant & apres le repas : & donner pour le moins vne ou deux heures en vn iour de la ſepmaine, à faire lire la Bible par le chef de famille, en la preſence de toute la famille. La couſtume ancienne de nos Roys, & qui fut mieux pratiquee que iamais par S. Louys en ſa ieuneſſe tendre, eſtoit, que le Roy en ſortant du lict, s'agenouilloit, requerant pardon de ſes pechez, & remerciant Dieu de l'auoir gardé la nuit, & le priant de luy continuer ſa ſaincte garde: celà faict, on liſoit la Bible pendant que le Roy s'habilloit. Celà eſtoit d'vne merueilleuſe conſequence à toute la Republique en general, & à chacune famille en particulier, de faire le ſẽblable. Car le peuple ſuyura touſiours l'humeur de ſon Prince, iuſques aux plus deteſtables pariures, & blaſphemes: comme il y auoit vn Prince qui n'auoit que le Diable en tous les ſermens qu'il faiſoit, qui eſt l'vne des plus meſchantes

cou

couſtumes qui ſoit, d'appeller & de iurer le diable, comme pluſieurs font: & quelquefois le diable les emporte eſtans encores pleins de vie, ainſi qu'il fiſt l'an mil-cinq cens cinquante & vn, en Alemaigne [2] au pays de Vvilſtudie, voyant vne femme qui iuroit le diable inceſſamment, elle fuſt emportee deuant tout le peuple. Vn autre au bourg d'Oſter en Alemaigne, nómé Ian Herman, appellãt le diable, fut emporté à la veüe d'vn chacun, cóme André Muſcule a remarqué. Nous liſons auſſi aux colloques de Martin Luter qu'vne femme appellant le diable, pres de Megalopole en Alemaigne, fut ſoudain demēbree en quatre pieces par le diable. Et en cas ſemblable, comme vn hoſte ayãt deſrobé la bourſe d'vn qui logeoit chez luy, & qui ſe donnoit au diable en plein iugement s'il eſtoit vray, le diable l'emporta, & depuis n'a eſté veu.[3] Fernel [4] en recite vne autre, d'vn ieune enfant qui fut emporté en appellant le diable. Voila quant aux familles, pour clorre la porte nó ſeulement des villes, ains auſſi de chacune maiſon aux Sorciers & ſortileges. Il y a bié encores vn autre remede, c'eſt de ne craindre aucunement Satan, ny les Sorciers. Car il n'y a peut-eſtre, moyen plus grand de donner puiſſance au diable ſur ſoy, que de le craindre: Auſſi c'eſt faire iniure à Dieu, que de craindre le diable. Et pour ceſte cauſe pluſieurs fois en la Loy de Dieu, il eſt expreſſement defendu de ne craindre aucunemét les Dieux des Payens, qui ne peuuent ny bien, ny mal-faire. Et de fait

on

marginalia:
2. *Vier in li. de praeſtig.*
3. *Vier. Ibi.*
4. *de Abditis.*

on a veu souuent, & se voit tous les iours, que la Sorciere ne peut nuire à celuy qui l'accuse, & qui l'a foullee aux pieds, sçachant qu'elle est Sorciere. Il y a bien aussi vn autre moyen que les sorcieres côfessent, que celuy qui est aumosnier, ne peut estre offensé des sortileges, encores que d'ailleurs il soit vicieux. Vierius protecteur des sorcieres, escrit au liure 4. c. 10. que les religieuses de Vverter au Conté de Hornes, furent tourmentees des malins esprits trois ans, & plus: & fut remarqué que l'occasion entre autres vint, de ce qu'on presta à vne pauure vieille sorciere vne liure de sel, qu'on ne pésoit point estre sorciere, à la charge qu'elle en rendroit trois liures deux mois apres: ce que fit la sorciere. Alors les religieuses trouuerent de la dragee de sel semee en leur monastere, & au mesme instant furent assiegees des esprits malins. Nó pas que ce fust la seule occasion: mais estans diffamees de plusieurs vices, encores il se trouua, qu'au lieu de faire aumosne, elles prestoyét à vsure aux pauures. C'est pourquoy les Sorciers qui sont contraincts par Satan de mal faire, tuer, empoisonner hommes & bestes, ou bien estre tourmentez sans relasche, quand ils n'ont point d'ennemis desquels ils se puissent venger, ils vont demander l'aumosne, & celuy qui les refuse, ayant dequoy donner, sera en danger, pourueu qu'il ne sçache qu'ils soyent Sorciers. Car le Sorcier n'a point plus de puissance, sur celuy qui luy donne l'aumosne, s'il sçait qu'il soit Sorcier. Et se faut bien garder mesmes de donner l'aumosne à celles qui en ont le bruit : mais celuy qui ne leur donnera l'aumosne, ne sçachant qu'ils soyent Sorciers, à grand peine eschappera-il qu'il ne soit offensé, comme il s'est verifié souuent. Et de fait, i'ay sçeu, estant à Poictiers aux Grands iours, l'an mil cinq cens soixante sept, entre les substitus du Procureur general, qu'il y eut deux Sorciers fort piteux & pauures, qui demanderent l'aumosne en vne riche maison : On les refusa: ils ietterent la leur sort, & tous ceux de la maison furent enragez, & moururent furieux, non pas que ce fust la cause pourquoy Dieu les liura en la puissance de Satan, & des Sorciers ses ministres: mais que d'ailleurs estãs meschans, & n'ayans pitié des pauures, Dieu n'eut point pitié d'eux. Aussi l'Escriture saincte appelle l'aumosne צדקה, c'est à dire, Iustice: & au lieu que nous disons donnez l'aumosne, ils disent donnez la Iustice, comme estant l'vne des choses qui iustifie plus le meschant. Et à ce propos l'Escriture dict, *Eleemosyna liberat à morte, Tobia 12.* Et en autre lieu, *Hilarem datorem diligit Deus:* & au Psalme cent vnziesme, où il dit, *Dispersit, dedit pauperibus: iusticia eius manet in æternum* : l'interpretation est de mot à mot צדקתו, qui signifie l'aumosne, que les soixante & dix ont tourné Iustice: c'est pourquoy Daniel persuadoit au Roy Nabuchodonosor, qu'il rachetast son ame par aumosne. Et en autre lieu, il est dict, que l'eau froide n'estaint pas si tost le feu, comme l'aumosne

estant

estaint le peché. Bref toute l'Escriture saincte n'est pleine d'autre chose. Voila peut-estre l'vn des plus grãds, & des plus beaux secrets qu'on puisse remarquer, pour oster à Satan, & à tous les Sorciers la puissance de nuire: non pas seulement aux gens de bien, qui sont bien gardez, mais aussi aux meschans, & Payens qui ne cognoissent point Dieu: comme estoit Cornelius, duquel est fait mention aux Actes des Apostres². Toutesfois le plus asseuré moyen, & qui passe tous les autres, c'est de se fier en Dieu, & s'asseurer de luy comme d'vne forteresse treshaute, & inexpugnable: c'est, dit Philon, le plus grand & le plus agreable sacrifice qu'on sçauroit faire à Dieu, & pour lequel Abraham receut tant de benedictions, & duquel l'Escriture dit, qu'il se fia en Dieu, & qu'il luy fut imputé à iustice. Et de fait, tous les Sorciers qui font profession de guarir les maladies, & oster les charmes, demandent premierement à celuy qu'ils veulent guarir, qu'il croye fermement qu'ils le guariront, & qu'il s'y fie. Cela est ordinaire, & qui est vne idolatrie meschante: car c'est donner à la creature la fiance qui appartient au Createur. Aussi Satan employe toutes ses receptes, & sa puissance à guarir celuy qui se fie en luy, ou és creatures. Dequoy Galen estant estonné, quand il parle *de Medicatione Homerica*, & Ogier Ferrier Medecin de Tholose, docte personne, disent que plus on a de fiance aux paroles & ligatures, plustost on guarist. Toutesfois Spranger faisant le procés aux Sor-

s. cap. 10.

S

ciers, a entendu que cela n'a lieu, sinõ aux maladies venues par sortileges. Et que les Sorciers ne peuuent guarir des maladies natureles, non plus que les medecins ne peuuent guarir des maladies venues par sortileges. Il y auoit vn sauetier Sorcier dans Paris, qui guarissoit de cette sorte la fieure quarte, en touchant seulement la main: mais celuy qui ne vouloit pas croire qu'il peut guarir, ne guarissoit point. I'en ay veu vn autre qui estoit de Mirebeau en Anjou, qui guarissoit du mal des dents, en la mesme sorte: Et voyant messire Charles d'Escars Euesque de Langres, & Pair de France frappé d'vne fieure quarte, il luy dit, qu'il cognoissoit vn homme qui le guariroit seurement. Le iour suyuant il luy amena vn homme qui luy toucha la main, & luy demanda comme il s'appelloit: Et apres auoir sçeu son nom, il luy dit, fiez-vous en moy que vous estes guary. I'estoy alors en sa chambre. Et parce que ie me pris à sourire, comme aussi fist le Feure medecin tres-docte, oyant ce nouueau sainct remply de miracles: Non, dit-il, ie gage cent escus à qui voudra, qu'il est guary. Apres qu'il fut party, ie dis à l'Euesque de Langres, que c'estoit la façon ordinaire des Sorciers d'attraire la fiance des hommes, pour les destourner de se fier en Dieu, & de rapporter à sa loüange tout le bien & le mal qui nous aduient. L'Euesque ne laissa pas de continuer en sa fieure, qui luy dura deux ans entiers. L'homme voyant les accez de fieure continuer dit, en rougissant, qu'il auoit autant faict fait pour l'Euesque, qu'il fist iamais pour hôme du monde: mais il ne disoit pas ce qu'il auoit fait. Il y en a qui ont remarqué de toute antiquité, que les malins esprits s'efforcent plus de faire mal en certain temps, & principalement apparoissent la nuict plustost que le iour: & la nuict d'entre le Vendredy & Samedy plustost que des autres iours: comme Lauater liure premier chapitre huictiesme a recueilly des anciens. A quoy ie n'auois iamais pris garde, mais depuis i'ay obserué ce que le mesme autheur a remarqué, q̃ ceux qui lisent le Grimoire, ausquels Satan apparoist, le lisent la nuict d'entre le Vendredy & Samedy : & si ay leu en vn liure imprimé auec priuilege, vne recepte demoniaque, pour offenser ou tuer le larron auec certains mots & charmes, que ie ne mettray point, & ne nommeray point l'autheur, qui merite le feu: mais il est dit, que cela se doibt faire le Samedy matin, deuant le Soleil leuant. Et en plusieurs procez i'ay trouué, q̃ les malefices estoyent donnez ordinairemét le Samedy. Et apres auoir bĩ cherché la raison, i'ay leu aux commentaires Hebrieux d'Abraham Aben-Esra, sur le quatriesme article du Decalogue, que Dieu auoit commandé sur la vie de chommer, & sanctifier le Samedy sur tout, & iceluy beny entre tous: puis il passe outre & tient, que Dieu a donné puissance aux malins esprits, de chastier & nuire la quatriesme & la septiesme nuict: & qu'il se faut bié garder d'offenser, ny de faire œuure quelcóque le Samedy.

Gen. 2. c.
Exod. 12.
Deut. 5.
Exech. 22.
23.

Secretum & tesseram vocat inter Deum & hominem.

Mais il rend vne raison d'Astrologue, qui m'a semblé plus estrange, c'est à sçauoir, que Mars & Saturne, que les Astrologues appellent Malefiques, ont puissance ces deux iours là. Or s'il estoit ainsi, il deuoit pluftost dire, la troisiesme & septiesme (s'il n'y a faute aux nombres) car, tous sont d'accord, que la nuict est premiere que le iour; aussi est-il dit : *Factum est vesperè & manè dies vnus*: & que la nuict d'entre le Vendredy & Samedy est du Samedy : où la planete de Saturne, qui est la plus haute, donne le nom à la premiere heure de la nuict, & au iour suyuant : & s'appelle ceste planete en Hebrieu, Sabthai, qui signifie reposant, & le mot Sabbath signifie repos : & par la Loy de

y. Leuit ca. 33. Exod. cap. 31.

Dieu il est dit, qu'il faut chommer la feste du sainct iour tost apres le Soleil couché : Il faudroit donc conclurre, que c'est la nuict d'entre le Lundy & Mardy, qui est la troisiesme: & puis la septieme, celle d'entre le Vendredy & Samedy. Et de faict, i'ay veu quelque procés où les Sorciers deposoyent, qu'ils s'assembloyent la nuict d'entre le Lundy & Mardy, comme celuy de Longny en Potez, où les Sorciers confesserent qu'en dansant auec les diables, leuans en haut leurs ramons, disoyent, Har, Har, Sabbath Sabbath: & en vn autre de Berry. Toutesfois ie ne suis pas encores bien informé, si les assemblees des Sorciers se font aussi le Samedy. Mais pour monstrer que c'est pluftost le troisiesme iour que le quatriesme, que Dieu donne ceste puissance aux malins esprits, d'offenser

ser & chastier les meschans, il est escrit au liure du Leuitique, que les Prestres en leur conseration deuoyent estre purifiez le troisiesme, pour estre sanctifiez le septiesme iour. Et au liure des Nombres, chap. dixneuf & tréte & vn, il est dit, que celuy qui ne sera purifié ce troisiesme iour, ne sera poinct sanctifié le septiesme. Ioinct aussi que la planete de Mars commence la premiere heure du Lundy, au soir apres le Soleil couché, comme celle de Saturne la premiere heure de la nuict du Samedy, apres le Soleil couché du Vendredy au soir. Car si on prend la plus digne planete, qui est le Soleil, la premiere heure de la creation du monde, qu'on appelle encores *Diem Solis*, en contant XXIIII. heures, la Lune se trouuera la premiere heure de la nuict suyuant, qui est du Lundy, & Mars à la nuict du Mardy. I'ay aussi leu aux mesmes commentaires d'Abraham Aben-Esra sur le decalogue, que Dieu depart ses benedictions principalement ce iour-la, que l'antiquité se marqué se monstrer ordinairement beau serein: de sorte qu'entre les erreurs populaires que Ioubert Medecin a recueilly, il y en a vn qui porte, que iamais Samedy ne passa qu'on ait veu le Soleil. Ce que ie n'ay iamais experimenté Aussi ne faut-il pas s'enquerir curieusement, pourquoy Dieu a beni & sanctifié le septiesme iour plustost que les autres: mais tout ainsi que les Iuifs chommenne Samedy, & les Mahometistes le Vendredy, nous en suyuant la Loy Chrestienne & les anciennes Constitutions de l'Eglise, sanctifions, ou pour mieux dire, deuons sanctifier le Dimanche, lequel neātmoins est souillé de toutes les desbauches & folies dont on se peut auiser, au grand deshonneur de Dieu, qui n'a rien commandé plus estroitement que chommer le iour du repos:& sur peine de la vie. Disons maintenant si les Sorciers peuuent faire que les hommes soyent sains, alaigres, riches, puissans, victorieux, honnorez, & qui iouïssent de leurs plaisirs, comme plusieurs pensent.

SI LES SORCIERS PEVuent asseurer la santé des hommes alaigres, & donner guarison aux malades.

CHAP. II.

IL ne faut pas s'estóner, s'il y a des Sorciers par le monde, veu les promesses que Satan fait à ceux qui se sont voüez & dediez à son seruice, de les faire riches, puissás, honnore, & iouïr, de ce qu'ils desirent. Et jaçoit que es hommes entendus descouurent soudain l'imposture, & que les Sorciers sont belistres pour la pluspart, bestes & ignorans, mesprisez d'vn chacun, si d'ailleurs ils n'ont biens, honneurs, & richesses : si est-ce qu'il y a des personnes si miserables, qu'ils se iettent du

meil

meilleur sens qu'ils ont aux filets de Satan: les vns par curiosité, les autres pour faire preuue de ses belles promesses, estimás qu'ils s'en pourront retirer quãd ils voudrõt: mais depuis qu'ils y sont, de cent il n'y en a, peut-estre, pas la dixiesme partie qui s'en depestrent, encores que plusieurs de ceux qui sont dediez à Satã, & qui ont renoncé à Dieu, puis ayans cogneu les impostures de Satan, n'en tiennent plus conte: & neantmoins ils ne renoncent point à Satan, & ne se recõciliẽt point à Dieu. Et de ceux là il ne faut pas douter, que le diable n'en soit en bõne possessiõ & paisible, encore qu'ils ne l'apperçoyuẽt aucunemẽt. Et d'autant qu'il n'y a rien plus precieux apres l'ame, q̃ la santé du corps, plusieurs estans affligé de maladie, ont demãdé cõseil au diable s'ils rechaperont, cõme fist le Roy Ochozias: mais Elie ayãt rencontré ses Ambassadeurs leur dit. Allez dire à vostre maistre, qu'il y a vn Dieu au Ciel, à qui il faut demãder aduis: & pour l'auoir demandé à l'oracle de Baal, qu'il en mourra. Les autres pressez de douleur se sont vouëz au diable pour guarir, cõme vn certain aduocat de Paris, que ie ne veux nõmer, qui fut deferé l'an mil cinq cens septante vn, & de faict il confessa, qu'estant malade à l'extremité, il se donna au diable pour guarir, & luy-mesme escriuit & signa la sedule de son sang: ceste excuse vraye ou faulse luy seruit alors. Les autres ne se donnent pas au diable, mais bien ils ne font point difficulté de se laisser guarir aux Sorciers, desquels, comme sainct Iean Chrysostome au livre *de Fato*, cha. VII. dit, qu'il faut fuïr la voix comme pestifere. Or on voit des Sorciers qu'on appelle en Espagne *Salidoras*, qui font mestier de guarir: & se trouua en Anjou vne vieille Italienne qui guarissoit des maladies, l'an mil cinq cens septante trois: & sur ce que le Iuge luy defendit de plus se mesler de mediciner les maladies, elle appella & releua son appel en la Cour de Parlement, où M. Iean Bautru Aduocat en Parlement, Sieur des Matras mon collegue & concitoyen, plaida sa cause disertement & doctement: mais on monstroit que les moyens par lesquels elle guarissoit, estoyent contre nature: cõme de la ceruelle d'vn chat, qui est vne poison, de la teste d'vn corbeau, & autres choses semblables: qui monstre bien que ce n'est pas en vertu de quelques bonnes huiles & ongués salutaires, comme font plusieurs gens de bié & charitables enuers les paures gens: mais par moyens contre nature, ou par charmes. *Iodocus Darmundanus in Praxi crim*. chapit. XXXVII. escrit, qu'il y auoit aussi vne Sorciere à Bruges en Flandres, qui estoit reputee Saincte. Car elle guarissoit vne infinité de maladies: mais premierement elle gaignoit ce point, qu'il falloit fermement croire qu'elle pouuoit guarir: puis elle cõmandoit qu'on ieunast, & qu'on dit certaines fois *Pater noster*, ou qu'õ allast en voyage à S. Iacques où à S. Arnoul. En fin elle fut conuaincue de plusieurs sorceleries, & punie comme elle meritoit. Mais Philon Hebrieu au liure livre *de Specialib. Legib.* parlãt de sorciers dict, que les maladies donnees par sortileges, ne peuuent estre guaries par medecines naturelles, ce que l'Inquisiteur Spranger dit en cas pareil auoir sceu par les confessions des sorcieres: ce que Barbe Doré de Senlis, qui fut bruslee par arrest de la Cour, l'an 1574. confessa. Aussi ie croy bien que les Sorciers peuuent quelquesfois oster le malefice & maladie, que les autres Sorciers, ou bien eux mesmes ont donné : mais non pas tous, ny touliours, & si faut ordinairement, comme ils ont deposé, qu'ils donnent le sort à vn autre: autrement ils ne peuuent eschaper que le mal ne tombe sur eux : Mais quant aux maladies, qui aduiennent autrement que par sort, les sorciers confessent qu'ils n'en peuuent guarir. Et pour sçauoir si c'est sort, Spranger escrit qu'ils en font la preuue, mettant du plomb fondu en vn vaisseau plein d'eau, sur le patient. Et neantmoins il escrit aussi, qu'il y a des malefices donnez par les vns, que les autres ne peuuent oster, ny quelquesfois eux-mesmes : & pour certain exemple ie mettray Ieanne Haruillier, qui fut bruslee viue, comme i'ay dit cy dessus. Elle confessa qu'elle auoit ietté le sort, pour faire mourir vn homme qui auoit battu sa fille, & qu'vn autre passa par dessus, lequel soudain & au mesme instant se sentit frappé aux reins, & par tout le corps: & sur ce, qu'on luy dist, que c'estoit elle qui l'auoit ensorcelé, par ce qu'elle auoit le bruit d'estre telle, elle promist le guarir, & se

S 5

mist à le garder: elle confessa qu'elle auoit prié le Diable, & vsé de plusieurs moyés qu'il n'est besoin d'escrire, pour le guarir:& neantmoins que Satan auoit fait response qu'il estoit impossible. Alors elle luy dit, qu'il ne vint donc plus à elle. Et que le Diable luy fist response, qu'il n'y viendroit plus. Bien tost apres le malade mourut, & la sorciere s'alla cacher: mais elle fut trouuee. De ce point ie conclus, qu'il n'est pas en la puissance des sorciers de guarir tousiours ceux qui sont malades par malefices, veu qu'ils ne peuuét pas guarir tousiours ceux là, qu'ils ont eux-mesmes ensorcelez. En secód lieu on tient, que si les Sorciers guarissent vn homme maleficié, il faut qu'ils donnent le sort à vn autre. Cela est vulgaire par la confession de plusieurs sorciers. Et de faict, i'ay veu vn sorcier d'Auuergne prisonnier à Paris, l'an 1569. qui guarissoit les cheuaux & les hommes quelquesfois: & fut trouué saisi d'vn grád liure, plein de poils de cheuaux, vaches, & autres bestes de toutes couleurs:& quand il auoit ietté le sort pour faire mourir quelque cheual, on venoit à luy, & le guarissoit en luy apportát du poil, & donnoit le sort à vn autre, & ne prenoit point d'argent : car autrement, comme il disoit, il n'eust pas guari: aussi estoit-il habillé d'vn vieil saye composé de mille pieces. Vn iour ayant donné le sort au cheual d'vn gentil-homme, on vint à luy, il le guarit & dóna le sort à son homme: on vint à luy, pour guarir aussi l'homme: Il fist response, qu'on demádast
au

au gentil-homme lequel il aymoit mieux perdre, son homme, ou son cheual: le gentil-homme se trouua bien empesché: & ce pendāt qu'il deliberoit, son homme mourut, & le Sorcier fut pris. Et faut noter, que le Diable veut tousiours gaigner au change, tellement que si le Sorcier oste le sort à vn cheual, il le donnera à vn autre cheual qui vaudra mieux : Et s'il guarit vne femme, la maladie tombera sur vn homme, s'il guarit vn vieillard, la maladie tombera sur vn ieune garçon : & si le sorcier ne donne le sort à vn autre, il est en danger de sa vie: bref si le diable guarit le corps, il tue l'ame. I'en reciteray deux exemples. L'vn que i'ay entendu de M. Fournier Conseiller d'Orleans, d'vn nommé Hulin Petit, marchand de bois d'Orleans, lequel estant ensorcelé à la mort, enuoya querir vn qui se disoit guarir de toutes maladies, suspect toutesfois d'estre grand Sorcier, pour le guarir, lequel fist responce, qu'il ne pouuoit le guerir s'il ne donnoit la maladie à son fils, qui estoit encores à la mamelle. Le pere consentit le parricide de son fils : qui faict bien à noter pour cognoistre la malice de Satan. La nourrice ayant entendu cela, s'enfuit auec son fils, pédant que le Sorcier touchoit le pere pour le guarir. Apres l'auoir touché, le pere se trouua guery : Mais le sorcier demanda où estoit le fils : & ne le trouuant point, il commença à s'escrier, ie suis mort, où est l'enfant? Ne l'ayant point trouué, il s'en va : mais il n'eust pas mis les pieds hors la porte,

porte, que le Diable le tua soudain. Il deuint aussi noir que si on l'eust noirci de propos deliberé. I'ay sceu aussi qu'au iugement d'vne Sorciere, qui estoit accusee d'auoir ensorcelé sa voisine en la ville de Nantes, les iuges luy commanderent de toucher celle qui estoit ensorcelee, chose qui est ordinaire aux iuges d'Alemaigne, & mesmes en la Chābre Imperiale cela se faict souuent: elle n'en vouloit rien faire, on la contraignit, elle s'escria, ie suis morte. Elle n'eust pas touché la femme qu'elle auoit ensorcelee, que soudain elle ne guarit, & la sorciere tomba roide morte. Elle fut condamnee d'estre bruslee mor.e. Ie tiens l'histoire de l'vn des iuges qui assista au iugement. I'ay encores appris à Tholose, qu'vn escolier du Parlement de Bordeaux, voyant son amy trauaillé d'vne fieure quarte à l'extremité, luy dist, qu'il donnast sa fieure à l'vn de ses ennemis : il fist responce qu'il n'auoit point d'ennemis. Donnez la donc, dit-il, à vostre seruiteur : Le malade en fit conscience : en fin le sorcier luy dist, Donnez la moy : le malade respondit : Ie le veux bien. La fieure prend le sorcier, qui en mourut, & le malade reschapa. Or ce n'est pas chose nouuelle : car nous lisons en Gregoire de Tours, liure sixiesme, chapitre trentecinq, que la femme du Roy Childebert fut aduertie que son petit fils estoit mort par malefice, & de rage feminine elle fist prendre grand nombre de sorcieres qui furent bruslees, & mises sur la rouë : Elles confesserent, que pour sauuer la vie à
Mumol

Mumol grand Maistre, elles auoyét faict mourir le fils du Roy. Alors ont print Mumol, qui fut mis à la torture, & confessa auoir eu des sorcieres certaines gresses & breuuages pour auoir, comme il pensoit, la faueur des Princes: & dit au bourreau qui le gennoit, qu'on dist au Roy, qu'il ne sentoit aucun mal. Alors le Roy le fist estendre auecques poulies, & ficher des pointes entre les ongles des pieds & des mains, qui est la forme de bailler la genne en tout l'Orient sans fracture des membres, & auec douleur insupportable. Quelques iours apres estant connfié en son pays de Bourdeaux, il mourut. Ce que i'ay noté pour monstrer, que Satan veut tousiours gaigner au change, ayant les sorciers confessé, pour sauuer la vie au grãd preuost, auoir tué le fils du Roy, que le pere & la mere adoroyent. Or c'est chose vulgaire, que ce qui est le plus aymé est plus tost perdu, par vne iuste vengeance de Dieu qui veut chastier par ce moyen ceux, qui font leurs Dieux de ce qu'ils aiment. & sur ceux là Satã a plus de puissance que sur les autres. Mais on tient, que les Sorciers ne peuuent oster la maladie qui est venue naturellement, & non par malefice. Et de faict, l'inquisiteur Spranger recite vn exemple, qu'en faisant le procez aux Sorciers de la ville d'Ispurg en Alemaigne, il y eut vn potier sorcier, lequel voyãt vne pauure femme sa voisine affligee extrememẽt, cóme si on luy eust donné des coups de cousteaux aux entrailles, ie sçauray, dit-il, si vous estes ensorcelee, & ie
vous

vous guariray. Et prenāt du plomb fondu, il le verſa dedins vn plat plein d'eau, le tenāt ſur la femme malade: Et apres auoir dit quelques paroles, que ie ne mettray point, il apperçeut au plomb glacé certaines images, par leſquelles il cogneut, qu'elle eſtoit enſorcelee. Cela faict, il meine le mary de cette femme, & tous deux enſemble vont regarder ſous le ſueil de la porte, où ils trouuerent vne image de cire, de la grandeur d'vne paume, ayans deux aiguilles fichees des deux coſtez, auec d'autres poudres, graines, & os de ſerpens, & ietta tout dedans le feu: & la femme guarit, ayant engagé ſon ame à Satan, & aux ſorciers, auſquels elle demanda guariſon. Le meſme autheur dit, que le ſorcier entretenoit vne ſorciere, qui auoit donné le mal à ſa voiſine: tellement qu'il ſe peut faire, que le ſorcier auoit appris le ſecret de ſa ſorciere. Toutesfois ie ne ſçay s'il eſt beſoin de donner touſiours le ſort à vn autre quand le mal vient de malefice. Mais ie penſe bien que Satan eſt ſi malin, qu'il ne ſouffre point qu'on face bien, ſi on ne fait vn plus grand mal, c'eſt à ſçauoir, de demander ſanté à vn ſorcier, qu'on ſçait eſtre tel, ou participer à ſes prieres, ou faire quelque ſuperſtition, ou dire quelques paroles, ou porter quelques billets, ou autres choſes qui ne ſe peuuent faire ſans idolatrie, pour deſtourner l'homme de la fiance, qu'il doit auoir en Dieu ſeul. Car ie tien pour maxime, que iamais Satan ne fait bien, ſi ce n'eſt à fin qu'il en puiſſe

reuſ

reüssir vn plus grand mal: qui est en cela du tout contraire à Dieu, qui ne souffre iamais aucun mal estre fait, sinon à fin qu'il en adviéne vn plus grand bien. Hippocrate au liure de *Morbo sacro* escrit, que de son temps il y auoit des Sorciers, qui faisoyent profession de guarir du mal caduc, qu'ils appelloyent maladie sacree, en disant quelques prieres, & faisant quelques sacrifices, & acqueroyent la reputatió d'estre saincts personnages. Mais il dit qu'ils estoyent detestables & meschans, & que Dieu estoit blasphemé par telles gens, qui disoyent que les Dieux auoyent telles maladies. Vray est que Hippocrate ne veut pas confesser apertement, que les Demons saisissent les personnes, ains il dit, que c'est le mal caduc: Mais toute la posterité a cogneu qu'il y en a des malades du mal caduc, qui sont quelquesfois guaris par medecines naturelles: les autres saisis des Demons, que les Sorciers guarissent soudain, par intelligence qu'ils ont auec ques Satan, ou bien en faisant quelques sacrifices ou idolatries, que Satan mesme commande. Nous conclurons donc que les Sorciers, à l'ayde de Satan, peuuent nuire & offencer, non pas tous, ains seulement ceux que Dieu permet par son iugement secret, soyent bós ou mauuais, pour chastier les vns, & sonder les autres à fin de multiplier en ses esleuz sa benediction, les ayant trouuez fermes & constans: et neantmoins pour móstrer que les Sorciers par leurs maudites execrations sont detestables, sont ministres de la vengeance de Dieu, prestans la main & la volonté à Satan, ie reciteray vne histoire estrange, publiee, & dont la memoire est recente. Au Duché de Cleues pres du bourg d'Elten sur le grand chemin, les hómes à pied & à cheual estoyent frappez & batus, & les charrettes versees: & ne se voyoit autre chose qu'vne main, qu'on appelloit Ekerken. En fin on print vne Sorciere, qui s'appelloit Sybile Dinscops, qui demeuroit és enuirons de ce pays là: Et depuis qu'elle fut bruslee on n'y a rien veu: Ce fut l'an mil cinq cens trente cinq. Et par ainsi nous pourrons conclure que les Sorciers vsans de leur mestier, à l'ayde de Satan, peuuét faire beaucoup de mal par vne iuste permission de Dieu, qui s'en sert comme de bourreaux: car tousiours la sagesse & iustice de Dieu, faict bien, ce que l'homme fait mal: Et neantmoins on voit, que les Sorciers ne peuuent oster que les maladies aduenues par leur faict, & ne les ostét iamais qu'ils ne blessent & vlcerent l'ame, ou qu'ils ne facent vn autre mal. Nous dirons tantost, s'il est licite d'auoir recours à eux, pour auoir santé: Mais disons aussi, s'ils peuuent auoir la faueur, & la beauté, tant desiree des laides femmes, & les plaisirs, honneurs, & richesses, pour lesquelles les hommes se precipitent bien souuent en ruine.

SI LES SORCIERS PEVVENT
avoir pour leur mestier, la faueur des personnes, la beauté, & les plaisirs, les honneurs, les richesses & les sciences, & donner fertilité.

Chap. III.

CE qui attire les mal-heureux au precipice glissant du chemin de perdition, & de se vouër à Satan, est vne opinion deprauee qu'ils ont, que le Diable donne richesses aux pauures, plaisir aux affligez, puissance aux foibles, beauté aux laides, sçauoir aux ignorās, hōneur aux mesprisez, & la faueur des grāds. Et neantmoins on cognoist à veuë d'œil, qu'il n'y a point de plus miserables, de plus belistres, & plus hays, de plus ignorans, de plus tourmētez que les sorciers, comme nous auons mōstré cy deuant. Et à ce propos Plutarque dit, que la Royne Olimpias mere d'Alexandre le Grand, estant aduertie que Philippe Roy de Macedoine son mary, estoit si affolé de l'amour d'vne ieune dame, qu'il en mouroit sur les pieds, & qu'elle l'auoit ensorcelé, elle voulut la veoir: & apres auoir cōtemplé sa beauté admirable, & sa bonne grace, elle fut toute rauie, & ne luy fit aucun desplaisir. C'est, dit, elle, ceste beauté & bonne grace, qui a charmé mō mary,

T.

& qui pourroit charmer les Dieux. Et à vray dire, les beautez qu'on voit en tout ce móde & en ses parties, sont les rayons de la beauté diuine, & ne peut la beauté venir q́ de Dieu. Mais on n'a iamais veu sorciere qui ait peu par charmes, ny autrement desguiser son visage, pour se faire pl⁹ belle qu'elle n'estoit: ains au cótraire, on dit en commun Prouerbe: Laide cóme vne sorciere: & de fait Cardan, qui a esté en reputation d'estre grád sorcier, a remarqué, qu'il n'en a point veu qui ne fust layde, ce que ie croy bié. Car mesmes Cardã n'a pas né que son pere, ne fust grád sorcier, & qu'il ne fust en ecstase quád il vouloit, qui est plus que son pere n'auoit faict: Il dit aussi, que les esprits malins sont puans, & le lieu puant là où ils frequentent: & croy que de là vient que les anciés ont appellé les sorciers *fœtentes*, & les Gascós *fetilleres*, pour la puanteur d'icelles qui vient comme ie croy de la copulatió des Diables, lesquels peut estre, prennent des corps de pendus, ou autres semblables pour les actions charneles & corporeles: comme aussi Vvier a remarqué, que les personnes demoniaques sont fort puantes. Et de faict, Manili⁹ en son liure du recueil, escrit que trois personnages parez de riches vestemens demandoyent la fille d'vn riche Bourgeois, lequel auoit appellé vn Theologien pour leur tenir compagnie au disner, qui parloit sainctement de la parole de Dieu: mais ces amoureux ne le voulant ouyr, l'hoste leur dit, allez vous en contempteurs de Dieu: aussi tost les corps

Lib. de Sub. 20.

morts

morts de pédus tóberent par terre, qui estoyent puans à merueilles. Et combié que Hippocrate pensast que les Demoniaques fussent frappez du mal caduc, si est-ce qu'il dit, qu'ils sót puás: en quoy on peut iuger que les femmes, qui de leur naturel ont l'haleine douce beaucoup plus que les hommes, par l'accointance de Satan en deuiennent hideuses, mornes, laides & puantes outre leur naturel. Et quant aux plaisirs desirez par elles, & de ceux qu'elles aiment, nous auós móstreé cy dessus, de plusieurs qui ont esté prises & conuaincues d'estre sorcieres par leurs confessions, qu'elles ont aussi confessé, qu'elles sont abandónees à Satan par copulation charnelle, & auec de plaisir, trouuans, ie ne sçay quelle seméce fort froide, cóme elles ont deposé. I'ay cotté les depositions cy dessus. Spranger escrit, qu'il a faict les procez à vne infinité de sorcieres, q toutes ont cófessé auoir copulatió auec Satã, & sans en estre enquises. Il n'est pas à presumer si elles trouuoyét mieux, qu'elles s'adónassent à tels amoureux, qui les tourmétent iour & nuict, si elles ne cótinuent au seruice de leur maistre. Quãt à la faueur qu'ó desire auoir des personnes, il est bié certain qu'elle vient de Dieu, cóme il est dit, que Dieu dóna la grace & faueur des Egyptiés à son peuple, pour obtenir tout ce qu'ils demandoyent: & à Ioseph, il dóna la faueur du Roy d'Egypte. Et au contraire, on voit que les sorciers sont fuis & hays à mort. Et me souuient que Trois-echelles Máceau, estant en la presence du Roy de France, Henry III.

T 2

fit vn trait de son mestier qui estonna le Roy, à vray dire: car il faisoit sortir les chainons d'vne chaine d'or de loin, & les faisoit venir dedans sa main, côme il sembloit, & neantmoins la chaine se trouua depuis entiere. Mais aussi tost le Roy le fit sortir, & ne le voulut onques veoir: tellemét qu'au lieu d'estre fauory, on luy fit son procez, & fut condamné comme sorcier par le Preuost de l'hostel: comme nous auons dit cy-dessus. Quant aux hôneurs & dignitez, on voit qu'il n'y a gens plus mesprisez, ny plus abominez, que ceux-là: Aussi lisons nous en Samuel vn traict, que les anciens Hebrieux ont bié remarqué, où Dieu parle ainsi: Celuy qui me contemnera, ie le feray mespriser & vilipender. Ce n'est pas la parole d'vn hôme, c'est la parole de Dieu, qui est plus certaine q̃ toutes les demonstrations du môde. O si les hommes ambitieux sçauoyent ce beau secret, combien ils magnifiroyent la gloire de Dieu, pour estre loüez à iamais, & côbien ils craindroyent de deshonorer Dieu, pour n'estre mesprisez & diffamez: Suetone dit, que Neron fut vn des plus grands sorciers du monde. Dion escrit le semblable de l'Empereur Heliogabale, qu'il appelle Necromantien, mesprisant toute religion: y eut-il iamais hommes plus mesprisez, plus vilipendez, plus cruellement traitez que ceux-là? Car Dieu non seulement les precipita en la fleur de leur aage du haut lieu d'hôneur, où il les auoit colloqué au parauant qu'ils fussent sorciers, ains aussi, quant à Neron, il fut delaissé de tous ses amis,

Sa. ca. 2. in librii.
טירעי
צברה

Suet. in Ner.

amis, gardes, & feruiteurs, & condamné à eftre fleftri tout nud à coups de baftō, tant & fi longuemēt, que la mort s'en enfuiuift: & pour euiter vne mort fi cruelle, il fut contrainct de fe tuer foymefme. Mais quel mefpris, quel deshōneur, qu'elle villanie plus deteftable peut-on imaginer, que celle que fouffrent les forciers, eftans cōtrains d'adorer Satan en guife de bouc puant, & le baifer en la partie, qu'on n'ofe efcrire, ny dire honneftement: ce qui me fembleroit du tout incroyable, fi ie ne l'euffe leu és confeffions, & cōuictions d'infinis forciers executez à mort. Icy dira quelcun, que depuis Sylueftre fecond iufques à Gregoire feptiefme inclufiuement, tous les Papes ont efté forciers, comme nous lifons en Naucler & Platine. A quoy ie refpons, que le Cardinal Benon, qui a remarqué les Papes forciers, n'en trouue que cinq, à fçauoir, Sylueftre fecōd, Benoift neufiefme, Ieā vintiefme, & vint-vniefme, & Gregoire feptiefme. Encores de tous ceux-là Auguftin Onophrie chambrier du Pape, qui a recueilly diligemment du Vatican, & des anciens regiftres l'hiftoire des Papes, n'en met que deux, à fçauoir Sylueftre II. & Benoift IX. Et toutesfois Benoift fut chaffé du fiege, auquel il eftoit paruenu par la faueur de deux oncles Papes. Et quāt à Sylueftre, qui fappelloit Gilbert, c'eftoit vn moyne de Fleury fur Loyre, qui auoit fi bien eftudié en fa ieuneffe, qu'il fut Pedagogue de Robert Roy de Frāce, de Lotaire Duc, & d'Othon 3. Empereur, qui le firent Pape, & non pas

Satan, cóme pésent ces miserables Sorciers: & neātmoins Syluestre se repétit, suppliāt à la fin de ses iours, qu'on luy coupast la langue & les mains, qui auoyét sacrifié aux diables. Or il cófessa qu'il ne s'estoit voüé au Diable, que depuis qu'il fut Archeuesque de Rheims. Il faut donc cóclure que toute puissance, hóneur, & dignité viét de la main de Dieu: & que le vray plaisir & cótentemét asseuré de la trāquillité de l'esprit, que Dieu le dóne à ceux qui se fient en luy: duquel plaisir les esprits possedez de Satā, ne sentirét onques vne estincelle, estās cruelement & assiduelemét tyrānisez en leur ame. Quant aux richesses, on sçait assez qu'il y a de grāds thresors cachez, & que Satan n'ignore pas les lieux où ils sót, cóme il est tout certain. Et neātmois il n'y eut onques sorcier qui gaignast vn escu à son mestier, cóme ils sont d'accord. Or on voit ordinairemét que les riches, qui se font sorciers pour enrichir d'auātage, declinét en pouureté: & ceux qui sont poures demeurent belistres toute leur vie. Aussi est il bien certain que les biés en l'Escriture s'appellent benedictiós: parce que Dieu les donne. Ainsi disoit Iacob à son frere Esau, prens de la benedictiō que Dieu m'a dónee, luy faisant present de ses troupeaux que Dieu luy auoit iustemét acquis. Mais pourquoy Satan ne depart de ses thresors cachez en terre à ses esclaues? pourquoy les laisse-il mourir de faim, & mendier miserablement leur pain? Il faut bien dire que Dieu ne le veut pas, & que le diable n'a pas la puissance. Car par ce moyen

il sem

il séble qu'il attireroit beaucoup d'hómes à sa cordele. Et de faict, estāt à Tholoze, Oger Ferrier medecin fort sçauant, print à loüage vne maison pres de la Bourse, bié bastie, & en beau lieu, qu'on luy bailla quasi pour neant l'an mil 1558. d'autant qu'il y auoit vn esprit malin qui tourmétoit les locataires: mais luy ne s'en soucioit nō plº que le Philosophe Athenodore, qui osa demeurer seul en la maison d'Athenes, qui estoit deserte, & inhabitee par le moyé d'vn esprit, oyāt ce qu'il n'auoit iamais pésé, & qu'on ne pouuoit aller seulemēt en la caue ny reposer quelquesfois: il fut aduerty qu'il y auoit vn ieune escolier Portugais, qui estudioit lors à Tholoze, & qui faisoit veoir sur l'ongle d'vn ieune enfant les choses cachees: l'escolier vsa de son mestier, & la fille enquise dit, qu'elle voyoit vne femme richemēt paree de chaines & dorures, & qui tenoit vne torche en la main pres d'vn pillier: le Portugais dit au Medecin, qu'il fist foüir en terre dedans la caue pres du pillier & qu'il y trouueroit vn thresor. Qui fut bien aise, fut le Medecin, qui fit foüir: mais lors qu'il esperoit trouuer le thresor, il se leua vn tourbillō de vent qui souffla la lumiere, & sortit par vn souspiral de la caue, & rompit deux toises des creneaux qui estoyēt en la maison voysine, dōt tomba vne partie sur l'osteuant, & l'autre partie en la caue par le souspiral: & sur vne femme qui portoit vne cruche d'eau, qui fut rompue. Depuis l'esprit ne fut ouy en sorte quelconque. Le iour suyuant le Portugais aduerty du faict,

Pli. Iunior. in Epist.

dit q̃ l'esprit auoit emporté le thresor, & qu'il s'esmerueilloit qu'il n'auoit offésé le medecin, lequel me conta l'histoire deux iours apres, qui estoit le quinziesme Decembre 1558. estant le ciel serein & beau comme il est ordinaire aux iours Alcyoniens: & fus voir les creneaux de la maison voisine abbatus, & l'osteuãt de la boutique rompu. Les anciens Hebrieux ont tenu, que ceux qui cachent les thresors en terre, & mesmement ceux qui sont mal acquis, souffrẽt la damnatiõ & iuste peine de leur impieté, pres de leurs thresors, estans priuez de la vision de Dieu: & pour ceste cause, qu'il y a vne malediction en l'Ecclesiastique contre ceux là, qui cachent les thresors en ruine. Philippe Melancthon recite vne histoire quasi semblable: qu'il y eust dix personnes à Magdeboug tuez de la ruine d'vne tour, lors qu'ils fossoyẽt pour trouuer les thresors que Satan leur auoit enseignez. Et Georges Agricola au liu. qu'il a fait des Esprits subterrains, escrit que à Aneberg, en la mine nommée Couronne de roze, vn esprit en forme de cheual tua douze hommes: tellement qu'il fit quitter la mine pleine d'argent, que les Sorciers auoyent trouué à l'ayde de Satan. I'ay apprins aussi d'vn Lyonnois, qui depuis fut chappellain de l'Eglise nostre Dame de Paris, que luy auec ses compaignons auoyent descouuert par Magie vn thresor à Arcueil pres de Paris: mais voulant auoir le coffre où il estoit, qu'il fut emporté par vn tourbillon: & qu'il tomba sur luy vn pan de muraille, dont il est, &

sera

LIVRE TROISIEME. 297

sera toute sa vie boiteux. Et n'y a pas lōg temps qu'vn Prestre de Norenberg, ayant trouué vn thresor à l'aide de Satā, & sur le point d'ouurir le coffre, fut accablé de la ruine de la maisō de la maison. Ce n'est pas chose nouuelle de chercher les thresors par sorceleries : car mesme la Loy dit, que les thresors n'appartiennent pas à ceux, *qui puniendis sacrificiis, aut alia quauis arte prohibita scrutantur*. Ce sont les termes de la Loy: & desend pour mesme cause d'obtenir lettres & permission du Prince pour fouyr en la terre d'autruy. I'ay sçeu aussi d'vn praticien de Lyon, que ie ne nommeray point, combien qu'il le contoit tout haut en bonne compagnie, qu'ayant esté auec ses compaignons la nuict pour cōiurer & cercher vn thresor, comme ils auoyent commencé de fouyr en terre, ils ouyrent la voix comme d'vn homme, qui estoit la roüé pres du lieu, où ils cerchoyent, criant espouuentablement, aux larrons: Ce qui les mit en fuite. Et au mesme instant les malins esprits les poursuyuirent batans iusques en la maison, d'où ils estoyent sortis, & entrerent dedans, faisans vn bruit si grand, que l'hoste pensoit qu'il tonnast. Depuis il fit serment qu'il n'iroit iamais cercher thresor. Ainsi voit-on, que les malins esprits ne veulent pas, ou pour mieux dire, que Dieu ne souffre pas, que personne par tels moyens puisse enrichir. Aussi les Hebrieux disent, que ceux qui sont morts à regret, insensez d'vn amour furieux d'eux mesmes, souffrent leur enfer, comme on dit, au

T 5

sepulchre, ou autour de leur charogne, à fin que par la Iustice de Dieu eternele, chacun soit puny en ce qu'il a offencé. Et qui plus est, les souffleurs Alchimistes pour la pluspart, voyās qu'ils ne peuuent venir à bout de la pierre Philosophale, demādent conseil aux esprits, qu'ils appellent familiers. Mais i'ay sçeu de Constantin, estimé entre les plus sçauans en la Pyrotechnie, & art metallique, qui soit en France, & qui est assez cogneu en ce Royaume, que ses compaignons ayans long temps soufflé sans aucune apparēce de proffit, demanderent conseil au Diable s'il faisoyent bié, & s'ils en viendroyent à bout. Il fit response en vn mot, Trauaillez. Les souffleurs bien aises continuerent, & soufflerent si bien qu'ils multiplierent tout en rien, & souffleroyēt encores, n'eust esté que Constātin leur dit, que Satan rēdoit tousiours les oracles à double sens, & que ce mot, trauaillez, vouloit dire, qu'il falloit quitter l'Alchymie, & s'employer au trauail, & honneste exercice de quelque bonne science, pour gaigner sa vie, & que c'estoit vne pure folie de penser contrefaire l'or en si peu de temps, veu que nature y employe mille ans. Et par mesmes moyens il faut dire à ceux qui veulent auoir les sciences par art diabolique, Trauaillez, ou comme nos peres, Tres-veillez: ainsi disoit Lucilius, *noctes vigilate serenas*, & prier Dieu qu'il donne heureux succés à nostre labeur, qui est le point principal. Dequoy nous aduertit Salomon au commencement du liure de Sagesse, où
il inui

il inuite vn chacun, & leur declare le plus beau secret qui fut iamais: & le vray moyen d'aquerir sagesse, c'est, dit-il, de la demander à Dieu de bon cœur, se fier en luy, & ne le téter point. Et si adiouste l'oraison qu'il fit à Dieu. Aussi Moyse Maymon tient pour vne demonstration tres-certaine, que iamais hôme ne cognoistra sagesse Diuine (qui tire apres soy la science, & les vertus morales, comme dit Salomõ au chapitre huitiesme de la sagesse) s'il ne s'humilie deuant Dieu sans feinte. Or nous auons monstré cy dessus, qu'il n'y a point d'hommes plus ignorans que les sorciers, & qui meurent ordinairement furieux & enragez: & ne sont iamais plus insensez, que alors que Satan les possede. Si on dict que Satan est sçauãt pour auoir longuement vescu, ainsi que dit Sainct Augustin, comme de faict les diables descouurent quasi ce qui se faict icy bas, & sçauent tresbien iusques au moindre peché remarquer, voire calomnier la vie des saincts personnages: Quand i'accorderay qu'ils sçauent la vertu des plantes, des metaux, des pierres, des animaux, le mouuement & la force des Astres, si est-ce que leur but est de nourrir les hommes en erreur & ignorance extreme, comme le seul comble de tous malheurs. C'est pourquoy ils donnent tousiours des bourdes & menteries à leurs seruiteurs, ou des paroles à double sens. C'est la façon des tyrans de nourrir les subiects en extreme ignorance & bestise, craignant sur tout qu'ils ouurent les yeux, pour se

depestrer

depestrer de tel maistre. Or s'il est ainsi, comme la verité est telle, que le Diable ne peut enrichir, ne donner les thresors cachez, ny la faueur des personnes, ny la iouïssance des plaisirs, ny la science, ains seulement la vengeance contre les meschans, & non toutesfois contre tours: quel malheur peut estre plus gråd, que se rendre esclaue de Satan, pour si peu de recompence en ce monde, & la damnation eternele en l'autre? Mais deuant que conclure ce chapitre, ie mettray encores vne histoire memorable, de fraische memoire. Il se trouua vn signalé Sorcier à Blois, l'an mil cinq cens septante sept, au mois de Ianuier, qui estoit de Sauoye, & se faisoit nommer le Comte, & neantmoins il n'auoit ne seruiteur, ne chambriere. Il presenta requeste au Roy, qui fut renuoyée au priué Conseil, par laquelle il promettoit faire multiplier les fruicts à cent pour vn (au lieu que la meilleure terre de France ne rapporte que douze pour vn) engressant les semences de certaines huiles qu'il enseigneroit, à la charge que le Roy luy donneroit la disme, & l'autre disme demeuroit au Roy pour estre (comme il disoit) incorporee au domaine inalienable. Il promettoit aussi enseigner l'Arithmetique en peu de temps. I'estoy lors à Blois aux Estats: la requeste fut enterinee par le priué Conseil, & lettres patentes expediees aux Parlements pour estre publiees & enregistrees. I'en ay apporté la copie à Laon, que i'ay communiquee à plusieurs. La Cour de Parlement
de

de Paris n'en fit comte, non plus que les autres Parlemens. Mais il falloit, ce me semble, decerner prise de corps contre le sorcier, & luy faire & parfaire son procez. Car il estoit vray Sorcier, comme il fut descouuert par l'vn des commis de Phisez Secretaire d'estat, auquel il vouloit monstrer le moyen de cognoistre les cartes sans les veoir. Mais il tournoit à toutes questions contre la muraille à l'escart, marmotant auec le Diable, & puis disoit les points des cartes. Or il fait bien à remarquer, que Satan vouloit faire profit de la fertilité, & abondance des biens de l'annee M. D. LXXVIII. qui a esté des plus belles qui fut de dix ans auparauant, à fin que le monde ostast la fiance qu'il a en Dieu, que c'est luy qui enuoye la fertilité, & la famine: qui me faict croire, que les Diables peuuent aussi par mesmes moyens, preuoyans les tempestes & famines, faire croire aux Sorciers qu'ils font venir la tempeste & famine. C'est pourquoy Ouide disoit.

Carmine, læsa Ceres sterilem vanescit in herbam.

Ilicibus glandes, cantatáque vitibus vua Decidit, & nullo poma mouente fluunt.

On me dira, si ceux qui iouent à la prime & aux flux, sçauoyent le secret des cartes, ils seroyent riches. Ie respons, que tous ceux qui ont escrit & faict le procez aux sorciers, tiennent pour maxime indubitable, que toutes les souplesses & tours de passe à passe, que le Diable leur apprẽd, ne sçauroyẽt les enrichir d'vn escu:

& se

& se trouue souuent par la confession des Sorciers, qu'au lieu que Satan leur ayant remply la main d'or, ou d'argent, qu'ils mettoyent en leur bourse, ils y trouuoyent du foin. Vray est que les Sorciers feront rire, & non pas tous, & donneront estonnement à ceux qui les voyent, comme fit vn iour le Sorcier Trois eschelles, qui dit à vn Curé deuãt ses parroissiens: Voyez cest hypocrite qui fait semblant de porter vn breuiaire, & porte vn ieu de cartes: Le Curé voulant monstrer que c'estoit vn breuiaire, trouua que c'estoit vn ieu de cartes, ce luy sĕbloit: & tous ceux qui estoyent presens le pensoyent aussi, tellement que le Curé ietta son breuiaire, & s'en alla tout cõfus en soy-mesme. Tost apres il suruint quelques autres qui amasserent le breuiaire, qui n'auoit ny forme, ny semblance de cartes: en quoy on aperceut que plusieurs actions de Satan se font par illusions, & neantmoins qu'il ne peut pas esbloüir les yeux d'vn chacun. Car ceux qui n'auoyent point esté au commencement, quand le Sorcier esbloüit les yeux des assistãs, ne voyoyent qu'vn breuiaire, & les autres voyoyent des cartes figurees: comme il aduient aussi que s'il y a quelque homme craignant Dieu, & se fiant en luy, le Sorcier ne pourra luy desguizer les poincts des cartes, ny faire ses illusions en sa presence: Bref pour monstrer quelle yssue les sorciers doiuent esperer, il ne faut q̃ voir l'issue des plus grands Sorciers qui furent onques: comme de Simon le Magiciẽ, qui fut precipité par

cap. 8. sapient.

par Satan, l'ayant esleué en l'air: de Neron & Maxence, les deux plus grands Sorciers qui furent entre les Empereurs, le premier se tua, se voyant condamné, l'autre se noya: la Royne Iesabel Sorciere signalee fut mangee des chiés: Methotis le plus grand Sorcier de son aage, en Nouerge fur desmembré par le peuple, comme escrit Olaus: Et vn Comte de Mascon emporté par Satan, deuant tout le peuple: & le Baron de Raiz bruslé comme plusieurs Sorciers, & en nombre infiny ont esté bruslez tous vifs. Ainsi donc pouuons nous recueillir que Satan ne peut faire de soy-mesme rien qui vaille: Mais qu'il peut, par la permission de Dieu nuire, offencer, tuer, meurtrir hommes & bestes. Brief qu'il n'a rien que la vengeance, & sur certaines personnes, comme i'ay notté cy dessus d'vn Practicien suiuy du Diable à la trace, & qui n'auoit point de repos: qui me confessa franchement que le Diable ne luy auoit iamais rien appris, ny faict gaigner vn escu, ains seulement à se venger. Mais disons si les Sorciers peuuent nuire à toutes personnes indifferemment, & aux vns plus qu'aux autres: par ce qu'il me semble, que ce point n'est pas assez bien esclarcy.

SI LES SORCIERS PEVVENT
nuire aux vns, plus qu'aux autres.

CHAP. IIII.

Es Theologiens font plusieurs questions, & trois entre les autres sur le faict des Sorciers. La premiere, pourquoy les Sorciers ne peuuent enrichir de leur meftier. La seconde, pourquoy les Princes, qui en ont à leur suitte, ne s'en peuuent seruir pour tuer & deffaire leurs ennemis. La troisiesme, pourquoy ils ne peuuent nuire à ceux qui les persecutent. Quant à la premiere, nous l'auons touchee au precedent chapitre. Quant à la seconde, les Theologiens disent que les Anges, que Dieu a choisis pour la conseruation des Roys, & Royaumes, empeschent l'effort des malefices, & que les victoires sont en la main de Dieu, qui s'appelle le grand Dieu Sabaoth: c'est à dire, Dieu des armees, non seulement pour la puissance qu'il a sur les Astres & Anges celestes, qui s'appellét armees en l'Escriture, ains aussi sur les armees des Princes. Et tant s'en faut que les Princes qui se seruét de Sorciers, puissent vaincre leurs ennemis, que les anciens ont remarqué pour maxime indubitable, que s'il y a deux Princes en guerre, celuy qui s'aidera des Sorciers, sera vaincu. Et le Prince qui s'enquiert au Diable de son de son estat & de ses successeurs, perira miserablement auec tous les siens. Car Dieu les voit,& en prendra la vengeance. Et ne faut pas dire comme le traducteur du premier Psalme. *Et pour autant qu'il n'a ne soing ne cure des malviuans.* Mais il faut, ce me semble, traduire ainsi,

Et pour autant que les malins n'ont cure
Du Dieu viuant, le chemin qu'ils tiendront,
Eux & leurs faicts en ruine viendront.

Laquelle traduction est conforme au Psalme trente quatriesme, où il dit:

Dieu tient son œil fiché
Sur les meschans, & sur leurs faicts:
A fin que du monde à iamais
Leur nom soit arraché.

I'en pourroy mettre mille exemples: mais ie me contenteray de deux, ou trois. Pompee le Grand auoit tout l'Empire des Romains, & tous les plus grands Princes & Rois à sa deuotion, & trente legions pour cinq ou six qu'en auoit Cesar, quand il luy donna la bataille, lors qu'il estoit reduit à telle extremité, que son armee mouroit de faim, ayant la mer & toutes les villes closes contre luy: Neantmoins Pompee se voulut encores aider des Sorciers:& de fait, on luy addressa Erichtho Arcadienne, la plus grande Sorciere de son aage, comme on peut veoir en Lucan. Chacun sçait l'issue miserable, qui luy aduint tost apres, ayant toute sa vie esté victorieux en Europe, en Asie, en Afrique, & plus encores sur toute la mer Mediterranee.

V

Ariouiste General de l'armee Tudesque, qui n'estoit pas moindre de quatre cens mil hommes, prenant conseil des Sorciers d'Alemaigne, (car de tout temps ce pays-là en a esté remply) fut ruïné de tout poinct par Cesar, qui se moquoit des Sorciers. Ie laisse Neron, Heliogabale, Maxence, Domitian, & infinis autres, qui tous ont eu miserable fin pour mesmes causes. Mais ie ne puis laisser vn grand Prince de nostre siecle, lequel ayant voulu veoir les armees de ses ennemis par moyens illicites, & sçauoir d'vn Deuin l'issue de la bataille, Satan luy donna vn Oracle à double sens, sur lequel s'estant arresté, fut miserablement deffait. Ie tiens aussi de bon lieu, quãd son petit fils estant malade à l'extremité, on demanda lors à vn Sorcier, ce qu'il en aduiendroit : il dit, qu'il falloit enuoyer querir de plus grands maistres que luy en Alemaigne, pour sçauoir ce qui en aduiendroit : car entre les diables, & entre les Sorciers, il y en a qui sont plus habiles les vns que les autres. Bien tost apres les Sorciers vindrent, & quelque bonne esperãce de guarison qu'ils donnassent, si mourut-il. Et ceux qui s'en sont seruis, n'ont laissé d'estre ruinez miserablement. Or si les Sorciers & leur maistre auoyent puissance de nuire à toutes personnes, les Rois en se iouant auec des images de cire, ou des sagettes tirees en l'air, ou d'vne parole, ou du vent de leur espee tueroyent leurs ennemis. Mais tous demeurent d'accord par l'experience de toute l'ãtiquité,

tiquité, que le Prince, quand il auroit tous les Sorciers du monde, ne sçauroit faire mourir les Princes estrangers, ny ses ennemis, soyent bons, ou meschans. Il y a bien plus, les Sorciers ne peuuent aucunement nuire à ceux qui les persecutent¹. Et quant à ce point, Spranger & Nider qui en ont faict brusler vne infinité, demeurent d'accord, que les Sorcieres ne peuuent nuire aucunement aux officiers de Iustice, fussent-ils les plus meschans du monde. Et sur ce interrogees, elles deposoyent: qu'elles auoyent fait tout ce qu'elles pouuoyent, pour faire mourir les Iuges: mais qu'il leur estoit impossible. Et de faict, i'ay les interrogatoires de Ieanne Haruillier, ayant assisté au iugement rendu contre elle: Au sixiesme article elle confessa, que depuis qu'elle estoit és mains de Iustice, le diable n'auoit plus de puissance sur elle, ny pour la tirer de prison, ny pour luy sauuer la vie. Toutesfois Spranger & Daneau escriuent, que le diable ne laisse pas de parler & communiquer auec les Sorciers, & leur donner conseil de ne rien dire: & qui plus est, il leur oste les fers des pieds & des mains: ce que i'auoy leu en Philostrate, d'Apollonius Thianeus, qu'on estimoit le plus grand Sorcier de son aage, qu'il osta ses fers estans à Rome en prison, au veu des prisonniers: Et pour ceste cause, Domitian l'Empereur le fit razer de tous costez, comme il se fait encores en Alemaigne: & le fist depoüiller tout nud, quand il commanda qu'on l'amenast eu iugement: mais ie ne pou-

1. *August. lib. 10. de Ciuitate Dei. Thomas in secunda secunda. q. in tit. de 95. artic. 5. & mir.*

uoy entendre que le diable peuſt deferrer vn Sorcier, & ne peut le tirer de priſon: ſi maiſtre Iean Martin, Lieutenant de la Preuoſté de Laon, ne m'euſt aſſeuré, que faiſant le procez à la Sorciere de ſaincte Preuue, qu'il fiſt bruſler toute viue, il luy demanda, pourquoy elle n'eſchapoit: elle fiſt reſponce, qu'elle oſteroit bien les fers: mais qu'elle ne pouuoit ſortir des mains de Iuſtice. Et de faict deſtournant la veüe de l'autre coſté, elle oſta les fers de ſes bras: ce qui eſtoit impoſſible par puiſſance humaine. C'eſt pourquoy Daneau en ſon petit Dialogue eſcrit, qu'il ne faut pas laiſſer la Sorciere ſeule en priſon, à fin qu'elle ne communique auec le diable, ou que Satan ne luy donne le charme de ſilence, c'eſt de ne rien confeſſer: duquel charme pluſieurs Sorciers accuſez d'homicide & autres crimes, ſe ſont ſeruis. I'en ay leu vn execrable imprimé par priuilege, & que ie ne mettray point icy, à fin que perſonne ne puiſſe prendre la moindre occaſion, de faire ſon mal-profit du ſuiet que ie traicte. Encores eſt-il plus eſtrange, que les Sorcieres ne ſçauroyent ietter vne ſeule larme des yeux, quelque douleur qu'on leur face: & tous les Iuges d'Allemaigne tiennent ceſte marque pour vne preſomption tres-violente, que la femme eſt Sorciere: car on ſçait, combien les femmes ont les pleurs à commandement: & neantmoins on a apperceu, que les Sorcieres ne pleurent iamais, quoy qu'elles s'efforcét de ſe moüiller les yeux de crachat. Encores
y a-il

y a-il chose estrange que Spranger Inquisiteur a remarqué, c'est à sçauoir, que la Sorciere, bien qu'elle soit prisonniere, peut encliner le Iuge à pitié, si elle peut ietter les yeux sur luy la premiere. Et de faict, le mesme autheur escrit, que les Sorcieres qu'il tenoit prisonnieres, ne prioyent les geoliers d'autre chose, sinon qu'elles peussent veoir les Iuges, auparauant qu'ils parlassent à elles. Et par ce moyen tous ceux d'entre les Iuges, qui auoyent esté veuz, auoyent horreur de les condamner, encores qu'ils en eussent condamné plusieurs, qui n'estoyent sans comparaison à beaucoup pres si coulpables. Mais bien tous demeurent d'accord, que les Sorcieres ne peuuent nuire aux officiers de Iustice : toutesfois plusieurs sergens prennent les Sorcieres par derriere, & les esleuent de terre : mais les autres sans crainte les vont chercher iusques dedans leurs tasnieres. C'est donques vn merueilleux secret de Dieu, & que les Iuges deuroyent bien poiser, que Dieu les maintient sous sa protection, non seulement contre la puissance humaine, ains aussi contre la puissance des malins esprits. C'est pourquoy nous lisons en la loy de Dieu : Quand vous iugerez, ne craignez personne : car le iugement est de Dieu : Et Ioram Roy de Iuda, recommandant aux Iuges le deuoir de leur charge : Regardez bien, dit-il, à ce que vous iugerez, & vous souuienne que vous exercez le iugement de Dieu. Encores en tout l'Orient, les parties prennent le bout de la rob-

be, de ceux, qu'ils veulent appeller deuant les Iuges sans ministere de sergent, & disent : Allons à la Iustice de Dieu. Les anciens Hebrieux tiennent que les Anges de Dieu sont presens : & mesmes François Aluarez escrit qu'en Ethiopie les iuges se mettent aux sieges bas, & laissent douze chaires hautes vuides : & disent que ce sont les sieges des Anges. On me dira, peut-estre, que les Sorcieres prisonnieres peuuent estre rauies en ecstase, & se rendre insensibles, comme nous auons dit cy dessus : Ie responds qu'il n'est possible, veu qu'elles ne peuuent euiter le supplice. Ie mettray encores cest exemple aduenu à Cazeres, pres de Thoulouse, où il y eut vne Sorciere, laquelle ayant presenté le pain benit à l'offrande, s'en va ietter dedans l'eau, elle fut tiree : & confessa qu'elle auoit empoisonné le pain benit, qui fut ietté aux chiens, & moururent soudain. Estant en prison, elle tomba pasmee plus de six heures, sans aucun sentiment, puis se releua s'escriant qu'elle estoit fort lasse, & dit des nouuelles de plusieurs lieux, auec bonnes enseignes : mais estant condamnee, & sur le poinct d'estre executee, elle appella le diable, disant qu'il luy auoit promis qu'il feroit tant pleuuoir, qu'elle ne sentiroit point le feu : elle ne laissa pas de brusler toute viue. Et par ainsi les Iuges ne doiuent craindre de proceder hardiment, contre les Sorciers : comme il y en a qui fuyent & tremblent de peur, & n'osent mesmes les regarder : combien que les Sorciers ne
tuent

tuent pas la dixiesme partie de ceux qu'ils voudroyent: & de faict, Nider escrit, qu'vn Sorcier luy confessa par ses interrogatoires, qu'il auoit esté prié de tuer son ennemy, & qu'il emploia toute la puissance de Satan, qui luy dit, qu'il estoit impossible de nuire à cestuy-là. Ainsi voit-on que les Sorciers n'ont pas la puissance d'offenser les meschans, si Dieu ne le permet. Comment donques pourroyent-ils offenser celuy, Psal. 91.

Qui en la garde du haut Dieu
    Pour iamais se retire :
En ombre bonne & en fort lieu,
    Retiré se peut dire.
Conclus donc en l'entendement,
    Dieu est ma garde seure,
Ma haute tour & fondement,
    Sur lequel ie m'asseure, &c.
Si que de nuict ne craindras point
    Chose qui espouuante:
Ny dard, ny sagette qui point,
    De iour en l'air volante:
N'aucune peste cheminant,
    Lors qu'en tenebres sommes:
Ny mal soudain exterminant,
    En plein midy les hommes.
Quand en ta dextre il en cherroit
    Mille & mille à senestre.
Leur mal de toy n'approcheroit,
    Quelque mal que puisse estre,
Et tout pour auoir dit à Dieu,
    Tu es la garde mienne,

Et d'auoir mis en si haut lieu
La confiance tienne.
Mal-heur ne te viendra chercher,
Tiens-le pour chose vraye,
Et de ta maison approcher
Ne pourra nulle playe:
Car il a faict commandement,
A ses Anges tres-dignes.
De te garder soigneusement
Quelque part que chemines.

Par ces mots, dard, & sagette en l'air volante, & cæt. N'aucune peste cheminant: Salomon Theologien Hebrieu, interpretant le mot קטב & le mot דבר escrit que le mot Deber signifie le Demon, qui a puissance d'offenser la nuict: & Cheteb, qui offense en plein midy. Toutesfois Satan est iour & nuict aux escoutes: Et nuit aussi bien le iour que la nuict: Iaçoit que tous les anciens demeurent d'accord, qu'il a plus de puissance la nuict: Comme il tua au point de minuict tous les aisnez des hommes, & des bestes, en tout le Royaume d'Egypte. Cela nous est signifié au Psalme CIII. où il est dit, que le Lyon & les bestes sauuages sortent la nuict des tanieres cherchans la proye, & s'en retournent cacher le iour venu. Ce qui est aussi entendu par le prouerbe de Zoroaste, où il dit, Ne sors pas quand le bourreau passe: non pas que Dieu n'afflige aussi ses esleuz: ce qu'il fait quasi assez souuent: mais tout cela leur tourne à grand fruict, profit & honneur, comme nous auons dit en Iob.

Et

Et iamais n'abandonne ceux qui se fiét en luy. Aussi Iob disoit: Encores que Dieu me tuast, si est ce que i'auray tousiours esperance en luy. Et Salomon au liure de la Sagesse, parlant des meschās qui tuent les iustes pour veoir si Dieu les gardera, il dit, que les iustes deliurez de ce monde, pour peu de douleur, iöuissent du fruit de la vie eternelle. Ce que i'ay bien voulu remarquer, par ce que Moyse Maymon tient, qu'il n'aduient point d'affliction sans peché, ny de peine sans coulpe: qui est l'opinion de Baldad & d'Eliphas au liure de Iob, reprouuee par le iugement de Dieu, lequel affligea Iob, encores qu'il luy donnast loüange d'estre droict & entier. Et la mesme opinion est reprouuee au liure de Iob, par Elyphas, qui merite d'estre bié entendue. Vray est que les afflictions des iustes sont bien rares: car qui est semblable à Iob? qui est celuy qu'on peut appeller iuste? c'est pourquoy telles afflictions s'appellent verges d'amour: car combien que sainct Ambroise tient, que Dieu ne laisse pas en ce monde les forfaicts du tout impunis, afin qu'on ne pēse qu'il n'y a point de Dieu, ou qu'il fauorise les meschās? & ne les punist pas tous aussi, afin qu'on n'estime qu'il n'y a point d'autre vie apres celle cy: toutesfois les Hebrieux ne se contentent pas de ceste raison: mais ils tiennent comme vne doctrine tres-certaine & indubitable, que les afflictions qui aduiennét aux gens de bien, seruent à faire preuue de leur fermeté, & à redoubler leurs felicitez & benedictions: ou bien

Lib. 3. nemo re haweboquia.

pirque aboiz. יסורין של אהבה

elles feruét de purgations en ce mode, pour les pechez qui font comis par les plus faincts perfonnages: afin qu'ils puiffent iouyr d'vne entiere felicité apres cefte vie: Et les plaifirs & richeffes que Dieu dóne quelquesfois aux mefchans, eft pour loyer du bien qu'ils font en ce mode: car il n'y a fi mefcháts hómes, dót Dieu ne tire fa gloire, & qui ne facét quelque bien, à fin qu'ils foyent tourmentez apres cefte vie des peines que ils meritét: & que par ce moyen les offenfes foyent punies, & q̃ les vertus reçoiuét leur plein & entier loyer: qui eft ce beau fecret de la S. Efcriture: c'eft à fçauoir, que Dieu faict Iuftice, iugement, & mifericorde. Iuftice, quád il donne le vray loyer aux bónes œuures: Iugement, quand il decerne la peine felon le vray merite du forfaict: & Mifericorde, quád il donne le loyer plus grand que la vertu, & la peine moindre que le forfaict. On peut donc tenir pour maxime indubitable, que l'affliction des bós, leur tourne à grand bien: & que le loyer du mefchát, luy tourne à fa ruine. Ce que les Stoïciés difent en vn mot, Qu'il ne peut rien aduenir de bien aux mefchás, ny de mal aux gens de bié. Et quelquesfois le plus mefchát n'eft efleué en honneur, que pour feruir à la gloire de Dieu au iour de la vengeance, comme dit Salomon. Apres auoir parlé des moyés pour preuenir & empefcher les malefices des Sorciers licitement, difons maintenant des moyens illicites, defquels on vfe pour preuenir le malefice, ou de le chaffer, s'il eft donné à quelqu'vn.

DES

DES MOYENS ILLICITES,
desquels on vse pour preuenir les malefices, & chasser les maladies,
& charmes.

CHAP. V.

Este questiõ est des plus difficiles qu'ō peut former en ce Traicté, & qui n'est pas resolue entre les Theologiens, Canonistes. & Iuriscõsultes. Car ceux-cy tiennét qu'on peut chasser les malefices par moyés supersticieux, & de cest aduis sont aussi les Canonistes, & mesmemét Hostiense, Panorme, & Goffred Hubertain, & autres : & quelques Theologiens, cõme l'Escot Theologien subtil liu. 4. d. 34. où il est dit, que c'est superstition de penser, qu'il ne faut pas chasser le malefice par superstition. Mais les autres Theologiens, & la plus grande & saine partie tient, que c'est idolatrie & apostasie d'vser de l'ayde des Diables & Sorciers, pour empescher ou chasser les malefices. Cõme il est determiné au second liure des Sentences, distinct. 7. Et de cest aduis est S. Thomas d'Aquin en la mesme distinction, & Bonaduenture, & Pierre Albert, & Durand: soit qu'on oste malefice par malefice, par le moyen d'vn Sorcier : soit que celuy qui oste le malefice le donnant à vn autre, par moyens superstitieux, ne fust point Sorcier, soit qu'on

L. eorum de malefi. C. Raymõdus de villa Noua scripsit remedia cõtra maleficia.

qu'on inuoque le diable expressement, ou tacitemét:& sont d'aduis, qu'il vaut mieux souffrir la mort. Or ceste opinion est tressaincte, & l'autre damnable & defendue en la Loy de Dieu: comme nous dirons cy apres : Et sainct Basile sur le Psalme 45. deteste grandement ceux qui ont recours à Satan, & aux sorciers, & qui vsét de tels prestiges pour guarir. Et sainct Chrysostome en l'Homelie 8. sur l'Epistre des Collossences dit ainsi, *Citius mors homini Christiano subeunda : quàm vita ligaturis redimenda.* Mais les Theologiens le tranchent trop court, à mó aduis. Car ils ne parlent que des plus hauts poinct de sorcellerie : Et neantmoins il est certain, que tous les moyés de preuenir les maux, pestes, guerres, famines, maladies, calamitez, soit en general, ou en particulier, où il y a de la superstition, sont illicites : Ie dy superstitió : car les moyens naturels & diuins, que Dieu nous a donnez pour preuenir & chasser les maux, sont & seront tousiours loüables, & permis. Mais d'autant que nous lisós en Iob, qu'il n'y a puissance en terre que Satã craigne, c'est vne superstition de pédre de la squille sur vne porte, pour empescher les charmes & sorceleries. Mais bié peut-on vser des creatures auec les prieres diuines, faictes à celuy qui est tout-puissant en ce monde. Comme on voit ⁹ que l'Ange vse de foye d'vn poisson, & de parfums, & auec prieres chasse le malin esprit, qui auoit tué sept maris de la femme qui espousa Tobie. Et combié que les Diables ont le sel en horreur, comme le

9. Tob. c. 5.

le Symbole d'Eternité, & que Dieu commãde qu'é tous sacrifices on y mette du sel, pour destourner, peut-estre, son peuple de sacrifier aux Diables : si est-ce que ceux qui portent du sel, ne seront pas garantis des embusches de Satan, si la fiance de Dieu n'y est : autrement de porter le sel, ou le noyau de date poly, comme Pline dict au liure XIII. chap. IIII. pour empescher ou chasser les malins esprits sans prieres, c'est idolatrie. Les latins appellent *amuleta*, les preseruatifs pour preuenir le mal, & *remedia*, ce que les medecines font pour chasser le mal. Et pour monstrer que Satan est ministre, autheur, & inuenteur des amuletes & preseruatifs, ou contrecharmes, desquels on vse, & des remedes pour chasser le sort, & malefice, les Anciens, & mesme les Romains, auoyent accoustumé de pendre ou col des enfans la figure d'vn membre, que par honneur on doit cacher, qu'ils appelloyent, *fascinum*, pour contrecharme, à fin d'empescher les sortileges, & mesmement s'il estoit d'ambre. Ce que Pline a signifié au chapitre III. liure XXXVII. qui estoit vn villain moyen & Diabolique, pour inciter les personnes à lubricité. Et quand les Espaignols se firent maistres des Isles Occidentales, ils trouuerent aussi qu'on portoit pendu au col vne image de Pederastie, d'vn Pedicon, & d'vn Cynede, pour contre-charme, qui estoit encores plus villain. Aussi ces peuples là estoyent fondus en Sodomies & ordures detestables, & en toutes sortes de sorceleries, & qui ont

Leuit. c. I.

Plinius sæpe, ab amoliendis.

ont esté presque tous exterminez par les Espagnols. Chacun sera d'accord que c'est vne inuention diabolique. Il y en a d'autres qui ne sont pas si ordes, mais elles ne sont pas moins illicites, de porter des ligatures escrites, & billets pour preseruatifs: dequoy S. Augustin parlant au iure, *de Doctrina Christiana*, dit ainsi, *Ad hoc genus pertinent ligaturæ execrabilium remediorum, siue votis, siue quibusuis aliis rebus suspendendis & ligandis*: en tant qu'on y adiouste fiance, c'est idolatrie, & chose illicite. Barbe Doré qui fut bruslee par arrest de la Cour, confirmatif de la sentence du Preuost S. Chrestofle les Senlis, le xix. Iauier, MDLXXVII. confessa auoir guari quelques vns qu'elle auoit ensorcelez, apres auoir fendu vn pigeon, & mis sur l'estomac du patiét, en disant ces mots, qui sont portez par son proces, au nom du Pere, du Fils & du S. Esprit, de monsieur S. Antoine, & de monsieur S. Michel l'Ange, tu puisses guarir du mal, enioignant de faire vne neufuiesne par chacun iour, à l'Eglise du village. Le plus catholique du monde trouuera ceste recepte fort belle & bonne: mais ie tiens, quád elle seroit bonne en soy, que c'est vne blaspheme contre la maiesté de Dieu, de la prendre de Satan, ou du Sorcier qui la tient de Satan: ioint aussi que toutes ces oraisons, qui viennent de Satan, doiuent estre en horreur à chacun: car elle cófessa que Satan luy auoit appris ce remede, comme il se trouue par son procez, que le Sieur de Pipemont gentil-homme d'hon d'honneur m'a enuoyé. En cas pareil de prendre & faire, ce qu'il ne faut dire, par l'anneau de son espousee pour se deslier, c'est chose illicite. Car en cela on met son ayde & secours, en se destournant du Createur, & n'y a doute, que le diable n'y preste la main. Il y en a qui derechef se remarient estans liez, auec les mesmes solemnitez qu'ils ont espousé, & se trouuent desliez. Il y en a en Allemaigne d'autres qui mettent en vn pot bouillir du laict de la vache, que la Sorciere aura tarie : & en disant certaines paroles, que ie tairay, & frappant contre le pot des coups de baston, au mesme instant ils disent, que le diable frappera la Sorciere par le dos, autant de coups, c'est chose illicite. Car c'est suyure l'intention & volonté de Satan, qui par ce moyen attire celle qui n'est pas Sorciere, pour en estre aussi, voyant chose si estrange. Nous ferons mesme iugement, des antidotes d'Apulee pour perdre la figure d'vn asne, qu'il faut manger des rozes fraisches, ou bien de l'anis, & des fueilles de laurier auecques eau de fontaine. Spranger est luy mesme en cest erreur, que l'homme tourné en beste, perd la figure bestiale estant baigné en eau viue. Le Prophete Helisee guerit bien Naaman Syrien, l'ayant faict baigner sept fois en l'eau viue du Iourdain. Mais ce fut la grace de Dieu, & non pas l'eau. Et par semblable remede, quand on veut sçauoir qui est la Sorciere qui a redu vn cheual impotent, & maleficié en Allemaigne, on va

querir

querir des boyaux d'vn autre cheual mort, en le trainant iusques à quelque logis, sans entrer par la porte commune, ains par la caue, ou par deſſoubs terre, & là font bruſler les boyaux du cheual. Alors la Sorciere qui ietté le ſort, ſent en ſes boyaux vne douleur colique, & s'en va droict à la maiſon où lon bruſle les boyaux, pour prendre vn charbon ardent, & ſoudain ſa douleur ceſſe: Et ſi on ne luy ouure la porte, la maiſon s'obſcurcit de tenebres auec vn tonnerre effroyable, & menace de ruine, ſi ceux qui ſont dedans ne veulent ouurir : comme Spranger eſcrit auoit veu ſouuent practiquer en Alemaigne. I'ay auſſi apprins de Maiſtre Antoine de Laon, Lieutenãt general de Ribemont, qu'il y eut vn Sorcier, qui deſcouurit vn autre Sorcier auec vn tamis, apres auoir dit quelques paroles, & qu'on nommoit tous ceux qu'on ſoupçonnoit. Quand on venoit à nommer celuy qui eſtoit coulpable du crime : alors le tamis ſe mouuoit ſãs ceſſe, & le ſorcier coulpable du faict, venoit en la maiſon, comme il fut aueré, & depuis il fut condamné. Mais on deuoit auſſi faire le proces à celuy qui vſoit du tamis. Tout celà ſe faict par art Diabolique, à fin que ceux qui voyẽt ceſte merueille, paſſent plus outre, pour ſçauoir toute la ſorcelerie, Car Satan eſt ja aſſeuré de la Sorciere, qu'elle eſt ſienne, & en veut touſiours gaigner d'autres. Il me ſouuient que Monſieur Bourdin Procureur General du Roy, me diſoit vn iour, que tout ſõ beſtail, qu'il auoit en vne maiſtrairie pres de Meaux,

Meaux, se mouroit, iusques à ce qu'on dit à sa femme qu'il falloit tuer vne certaine beste, que ie ne mettray point: & la pendre les pieds contre-mont soubs l'essueil de l'estable, & dire quelques paroles, qu'il n'est besoin de mettre: ce qui fut fait: & depuis il ne mourut aucū bestail. En quoy Satan gaignoit ce point là, qu'on luy faisoit sacrifice pour l'appaiser, qui est vne vraye idolatrie. Spranger recite aussi, que pour empescher les Sorcieres de sortir, quand elles sont entrees en l'Eglise, ils ont de coustume en Allemaigne, de g esser les souliers d'oinct de porc à quelques ieunes enfans: cela faict, si les enfans ne bougent de l'Eglise, celles qui seront Sorcieres ne pourront sortir sans leur cógé: & si dit, qu'il se peut faire aussi par quelques paroles, que ie ne mettray point. Icy dira quelqu'vn, n'est-ce pas chose tres-bonne de descouurir les Sorciers pour les punir. Ie le cōfesse, & les larrons & meurtriers aussi: mais il ne faut iamais faire mal, à fin qu'il en puisse reüssir bien, comme dit sainct Paul: & moins en matiere de sorcelerie qu'en toute autre chose. Or Satan en cela gaigne doublement: car il destourne les Sorcieres d'aller au lieu, où elles puissent ouïr la parole de Dieu, & attirent la ieunesse tendre par telles impostures, pour s'équerir au diable de la verité des choses secretes. Nous lisons en Pline,[2] beaucoup de contre-charmes & amuletes ridicules, & semblables à ceux-cy: comme d'oindre de gresse de loup le surseil & posteaux des huis, quád les nouueaux

[2] *libro 18. cap. 19.*

mariez vont coucher enſemble pour empeſ-cher les charmes & ligatures. Et au liure xxxvii. chap. ix. il dit, que le Saphir blanc, où le nom du Soleil & de la Lune ſoit graué, & pendu au col auec du poil de Cynocephales, ſert auſſi contre tous charmes, & donne faueur enuers les Rois: mais il faut trouuer les Cynocephales, qui ne furent onques. Et au meſme liure, chapitre ſuyuant, il dit, que la pierre Antipathes bouillie au laict, eſt propre contre les charmes: mais il faut qu'elle ſoit noire, & luiſante, qui eſt vne autre impoſture encores plus inepte: Et en cas pareil que l'herbe Anthirrinon, ſert contre toutes poiſons, ſorceleries, & contre-charmes, & qu'elle donne grace & faueur: Et que l'herbe Euplea donne la reputation: & que l'Armoiſe ſert côtre tous charmes: qui ſont toutes impoſtures auerees : & me ſuis emerueilié comment les Empereurs Chreſtiens ont publié par loix & par edits, qu'il eſt licite par telle ſuperſtitions chaſſer les tempeſtes, & maladies, veu que les Romains, lors qu'ils eſtoyent encores Payens, puniſſoyent capitalement ceux, qui auoyent par ſorceleries deſcouuert ſeulement vn larron: & ne vouloyent pas qu'on y adiouſtaſt foy. C'eſt la loy ² *item apud Labeonem. §. ſi quis Aſtrologus. de iniuriis.ff.* Ie paſſeray plus outre, qu'il n'eſt pas licite de chercher ſoubs l'eſſueil des portes pour oſter les images de cire, & autres graines, & oſſemens, que les Sorciers y mettent, pour faire mourir, comme ils penſent, les hommes & le beſtail.

2. *l. item §. apud. de iniuriis.*

beſtail. Car c'eſt ce que demande Satan, qu'on adiouſte foy, qu'il donne telle puiſſance à la cire, & aux poudres: ains il faut auoir recours à Dieu: & tenir pour tout reſolu ce qui eſt dit au Cantique, qu'il donna à Moyſe: Que c'eſt luy ſeul qui enuoye la mort & les maladies: & n'y a mal ny affliction qui ne vienne de luy. Et parce que ceſt abus eſt ordinaire, & tres-agreable à Satan, la Sorbonne a ſagement condamné d'hereſie ceux, qui penſent que le malefice vient de telles poudres. Et de faict, ſainct Hieroſme parlant de la vie de ſainct Hilarion dit, que Satan tenoit vne ieune fille demoniaque, en laquelle il parloit, diſant que il ne ſortiroit point, qu'on n'oſtat vne lame de cuyure, que l'amy de la fille auoit mis ſoubs la porte, Hilarion n'en voulut rien faire, & par prieres à Dieu deliura la fille. Il y en a d'autres qui flamboyent les petits enfans, & les font paſſer par le feu, pour les preſeruer de mal, qui eſt vne abomination des Amorrheens remarquee en l'Eſcriture ſaincte: & ſemblable à celle que les Sorciers font faire à quelques ſottes, qui portent leurs enfans entre deux croix, pour eſtre heureux: ce que i'ay veu pratiquer aux proceſſions. Il faut donques auoir recours à Dieu ſeul. C'eſt pourquoy la faculté de Sorbonne a reſolu & arreſté, que c'eſt vne pure hereſie, de chaſſer les malefices par malefices: la determination eſt du xix. de Septembre M.CCC.XCVIII. où il n'eſt pas dit que Satan & ſes ſuiets ne puiſſent chaſſer vn malefice par malefice: mais de chercher tels moyens, c'est impieté. Car si Satan guarit la playe du corps, il laisse tousiours vne vlcere à l'ame. I'en mettray vn exemple que M. Iean Martin, Lieutenant du Preuost de la Cité de Laō (car la verité ne peut mieux estre cognuë, que par les Iuges bien experimentez en telles choses, par le moyen des procez qu'ils font) m'a dit, quand il fist le procez à la Sorciere de saincte Preuue, qui auoit rendu vn maçon impotent & courbé, en sorte qu'il auoit la teste presque entre les iambes, & auoit opinion que la Sorciere luy auoit faict ce mal. Il fist dire à la Sorciere, comme Iuge bien aduisé, qu'il n'y auoit moyen de sauuer sa vie, sinon en guarissant le maçon. En fin elle se fist apporter par sa fille vn petit paquet de sa maison, & apres auoir inuoqué le diable, la face en terre, marmotant quelques charmes, en presence d'vn chacun, elle bailla le paquet au maçon, & luy dit, qu'il se baignast en vn baing : & qu'il mist ce qui estoit dedans le paquet en son baing, en disant ces mots, Va de par le diable: autrement qu'il n'y auoit moyen de le guarir. Le maçon fist ce qu'on luy dit, & fut guary. On voulut sçauoir ce qu'il y auoit au paquet au parauant que de le mettre au baing, ce que toutesfois elle auoit deffendu : ou trouua trois petits lezars vifs. Et pendant que le maçon estoit dedans le baing, il sentoit comme trois grosses carpes, & puis on rechercha diligemment au baing : mais on n'y trouua ny carpe ny lezard.

La

La Sorciere fuſt bruſlee viue, & ne voulut iamais ſe repentir. Or on voit l'idolatrie & blaſpheme tout enſemble de faire choſe quelconque, au nom & à l'inuocation du diable. Les autres Sorciers ne ſont pas ſi impudens, mais plus meſchans: car ils parlent ſainctement & font ieuſner les perſonnes, comme le noble Sorcier de Normandie l'an 1572. I'en ay leu vn autre au troiſieſme liure du Iardin d'Anthoine Turquemede, d'vn Sorcier voyant vn païſant mordu d'vn chié enragé, il luy dit, qu'il eſtoit *Salutadores*: c'eſt à dire Sauueur, *Porque no perdais la vita*: c'eſt à dire, à fin que tu ne perdes la vie. Puis il le piqua trois fois au nez iuſques au ſang, & fut guary. On voit que ceſt impoſteur s'appelloit ſauueur, qui eſt vn blaſpheme pour oſter la fiance en Dieu, qui n'eſt pas moins abominable que s'il inuoquoit Satā. Or Dieu parlant en Ieſaye. Ie ſuis, dit-il, le grand Dieu eternel qui enuoye la vie, la mort, la ſanté & maladie: & n'y a point de ſalut ſinon en moy ſeul. Au meſme temps que i'eſcriuoy ce liure M. Charles Martin, Preuoſt de la Cité de Laon, aduerty qu'il y auoit vne pauure femme enſorcelee par vne ſa voiſine en Vaux, qui eſt fauboug de Laon, ayant pitié de ceſte pauure femme enſorcelée, menaſſa la Sorciere de la faire mourir, ſi elle ne guariſſoit la maladie de ſa voiſine. Elle craignant, promiſt de la guarir. Et de faict elle ſe mit au pied du lict, la face cōtre terre, ioignant les mains, & appellant le grand diable a haute voix, reïtera pluſieurs fois ses prieres, marmotant quelques paroles incogneuës, puis elle bailla vn morceau de pain à celle qui estoit malade, qui commença à guarir. Cela faict, le Preuost s'en retourna en sa maison, auec resolution de faire prendre, & brusler tost apres. Mais depuis elle n'a esté veuë par deçà. On voit euidemment que la malade n'a pas moins inuoqué, ny moins adoré le diable, que la Sorciere. Or il vaut mille fois mieux mourir, que d'essayer vn remede si detestable, qui guarit le corps, & tue l'ame. Encores voit-on la contenance de la Sorciere mettant la face contre terre, qui est la façon que les anciens Prophetes Moyse, Iosué, Elie, auoyent, quand ils vouloyent appaiser l'ire de Dieu. Mais outre cela, les plus detestables Sorcieres font des fossettes, mettans la face dedans, pour testifier que l'inuocation se fait à Satan, & non pas à Dieu. Et appellent Satan à haute voix. A quoy se rapporte ce que dit Apulee, parlant de Pamphile la Sorciere de Larisse, pour faire ses horribles coniurations, il dit : *Deuotionibus in scrobem procuratis.* C'est à dire, faisant ses prieres & deuotions en vne fosse. Les autres ne veulent pas inuoquer, ny assister aux inuocations diaboliques, mais ils ne font point de difficulté d'aller aux Sorciers, pour auoir guarison. I'en reciteray vn exemple qui est recent, que i'ay apprins du President de Vitri le François, homme d'honneur, qui fut deputé à Blois aux Estas l'an 1577. lors que nous auions besoin de luy, pour nous aider

der les vns les autres en la charge commune: Ie le priay bien fort de ne sortir point que les Estats ne fussent finis. Il me dit qu'il y auoit vn sien amy au lict de la mort qui l'auoit mandé, & fait son heritier, lequel auparauant auoit esté 5. ou 6. ans malade & estropiat, & que son pere fut aduerty qu'il y auoit en Flandres vn homme qui guariroit son fils: Ce pere y alla soudain. Le Sorcier de Flandres luy dit la maladie de son fils, qu'il n'auoit iamais veu: & l'enuoya iusques en Portugal à vn autre Sorcier qu'il luy nomma, qui estoit à la suite de la Cour. Ce pauure homme print patience, & alla iusques en Portugal, où le Sorcier luy dit, auant que le pere ouurist la bouche: Mon amy, vostre fils sera bien tost guary. Allez vous en en France: & vous trouuerez à vingt lieües de vostre maison pres Noyon, vn nommé maistre Benoist, (il y en a plusieurs de ce nom) qui guarira vostre fils. Le pere estonné d'auoir tant voyagé pour chercher ce qu'il auoit pres de sa maison, préd courage: & s'en va à ce maistre Benoist, qui dit au pere, Vous auez bié pris de la peine d'aller en Flandres, & en Portugal pour guarir vostre fils: allez luy dire qu'il vienne à moy: c'est moy qui luy donneray guarison, le pere respond qu'il y auoit cinq ans ou plus qu'il n'auoit bougé du lict, & qu'il ne pouuoit seulement se mouuoir. On fit tant que le malade luy fust amené, qui le guarit à demy: & toutesfois il ne la fit pas longue depuis: car Satã ne veut rien perdre. Cóme en cas pareil, on voit

X 4

souuent que les Sorciers pour guarir la playe d'vn homme blessé ne demandent que le pourpoint, & apliquent vne emplastre à l'ouuerture d'iceluy, où la playe a esté faite, & commandent au patient de mettre de l'eau claire sur sa playe quelques iours, & cela fait il guarit: mais aussi à la premiere blesseure il mourra. Et ne faut pas s'estonner si les ignorās vōt quelquesfois cherchans tels remedes: car on le permet publiquement sous ombre de quelques loix & opinions deprauees de certains Canonistes, directement contraires à la Loy de Dieu: qui n'est pas chose nouuelle. Car nous lisons en Suidas, qu'il y auoit dés le temps de Minos des hommes, qui par paroles & sacrifices guerissoyent les maladies: Et en Homere, on voit Antylocus guary du flux de sang par paroles. Et mesmes Hippocrate au liure *de Morbo sacro* escrit, qu'il y auoit plusieurs imposteurs qui se vantoyent de guarir du mal caduc, disans que c'estoit la puissance des Demons: en fouyant en terre, ou iettant en la mer le sort d'expiatiō, & la pluspart n'estoyent que belistres: Mais à la fin il met ces mots: *Sed Deus qui sceleratissima quaque purgat, nostra est liberatio.* C'est à dire, qu'il n'y a que Dieu, qui efface les pechez, qui soit nostre salut & deliurance. I'ay mis les mots de celuy que nous appellons Payen, pour nous enseigner d'auoir en horreur telles impietez. Et à ce propos Iacques Spranger Inquisiteur des Sorciers escrit, qu'il a veu vn Euesque d'Alemaigne, lequel estāt ensorcelé, fut

aduer

aduerty par vne vieille Sorciere, qu'il eſtoit enſorcelé: & que ſa maladie eſtoit venue, par maleſice: & qu'il n'y auoit moyé de la guarir, que par ſort, en faiſāt mourir la ſorciere qui l'auoit enſorcelé. Dequoy eſtant eſtonné, il enuoye en poſte à Rome aduertir Nicolas 5. Pape, qu'il luy donnaſt diſpenſe de guarir en ceſte ſorte: ce que le Pape luy accorda, aymant vniquement l'Eueſque: & portoit la diſpenſe ceſte clauſe (pour fuir de deux maux le plus grand) La diſpence venue la Sorciere diſt? Puis que le Pape & l'Eueſque le vouloyent, qu'elle s'y employeroit. Sur la minuict l'Eueſque recouura ſanté, & au meſme inſtant la Sorciere, qui auoit enſorcelé l'Eueſque, fut frappee de maladie, dont elle mourut, Ainſi voit-on que Satan fiſt que le Pape, l'Eueſque, & la Sorciere furent homicides: & laiſſa à tous trois vne impreſſion de ſeruir & obeir à ſes commandemens: & ce pendant la ſorciere qui mourut ne voulut oncques ſe repentir. ins au contraire, elle ſe recommandoit à Satan pour guerir. On voit auſſi le iugement de Dieu terrible & ineuitable, qui venge ſes ennemis par ſes ennemis comme il dit en Hieremie. Car ordinairement les Sorciers deſcouurent le maleſice, & ſe font mourir les vns les autres: d'autant qu'il ne peut challoir à Satan par quel moyé, pourueu qu'il vienne à bout du genre humain, en tuant le corps, ou l'ame, ou les deux enſemble. I'en mettray vn exemple aduenu en Poictou l'an 1571. Le Roy Charles 9. apres diſner

commanda qu'on luy amenaſt Troiſ-Eſchelles, auquel il auoit dóné ſa grace pour accuſer ſes complices. Et confeſſa deuant le Roy en preſence de pluſieurs grãds Seigneurs, la façon du tranſport des Sorciers, des dances, des ſacrifices faicts à Satan, des paillardiſes auec les diables en figure d'hommes & de femmes: & que chacun prenoit des poudres pour faire mourir hommes, beſtes, & fruits. Et cóme chacun s'eſtonnoit de ce qu'il diſoit. Gaſpard de Colligni lors Admiral de Fráce qui eſtoit preſent, diſt qu'on auoit prins en Poictou peu de moys au parauant vn ieune garçon, accuſé d'auoir fait mourir deux Gentils-hómes, il cófeſſa qu'il eſtoit leur ſeruiteur, & les ayãt veu ietter des poudres aux maiſons, & ſur bleds, diſans ces mots, Malediction ſur ces fruicts, ſur ceſte maiſon, ſur ce pays. Ayant trouué de ces poudres, il en print, & en ietta ſur le lict où couchoyent les deux Gétils-hómes, qui furét trouuez morts en leur lict, tous enflez & fort noirs. Il fut abſous par les iuges. Et Leouicer au theatre, dit que deux ſorcieres ayãt mis à part deux bouteilles en l'hoſtelerie où elles eſtoyent vn iour arriuees, cóme l'hoſte les eut entendu parler de faire mourir les bleds, & les vignes, il print les deux bouteilles, & verſa l'eau ſur le lict où elles eſtoyent, & ſoudain elles moururent. Troiſ-Eſchelles alors en raconta beaucoup de ſemblables: & faut croire que ſi le Roy, qui eſtoit d'vne forte cóplezion & robuſte, euſt faict bruſler ce maiſtre ſorcier & ſes cóplices, il eſt à
preſu

presumer que Dieu luy eust donné pour telles executiōs, heureuse & lōgue vie. Car la parole de Dieu est tres-certaine, que celuy qui fait eschapper l'homme digne de mort, verse sur luy mesme la peine d'autruy, cōme le Prophete dit au Roy Achab, qu'il mourroit, pour auoir donné grace à l'homme digne de mort. Or iamais n'auoit esté ouy qu'on donnast grace pour les Sorciers. Vray est qu'on peut dire, que c'estoit pour accuser ses complices, qu'on luy donnoit grace, mais tous eschaperent. Et pour retourner à nostre propos, Sprāger (qui a faict executer vne infinité de sorcieres, & cogneu leurs secrets) escrit, qu'il y a des malefices incurables, des autres qui ne peuuēt estre ostez, qu'en donnant le sort à vn autre. Les autres en dōnant le sort à celuy qui l'a donné, les autres ne guerissent que d'vne maladie, les autres de plusieurs, les autres ne guerissent pas, si ce n'est deux lieües à la ronde de leur maison, & certaines personnes : les autres n'ostent iamais le sort, si ce n'est du consentement de celuy qui l'a donné. En voulant sçauoir des sorciers pourquoy tout cela : les sorciers respondoyent que tout se faisoit, selon le marché qu'ils auoyēt fait venāt au seruice de Satan, & par conuentions expresses. Et cela estoit si vulgaire en Alemaigne de son aage, comme il a esté de tout tēps, qu'il escrit, que le seigneur du village de Rictifhaffen, territoire de Cōstance, prenoit vn impost de ceux qui venoyēt à vne sorciere de son village, pour estre desforcelez, & par ce moyen le Seigneur
du

du village, & Satan auoyent bonne intelligéce & obligation reciproque: & les pauures ignorans pipez du Diable, auquel ils s'adreſſoyent, en lieu qu'ils deuoyent s'adreſſer à Dieu, cóme diſoit le grãd Elie au Roy Ochoſie: & dit qu'il y en auoit pluſieurs Seigneurs en Allemaigne, qui en vſoyent auſſi, encores que les Sorciers ne pouuoyent rien, s'ils prenoyent argent. Il eſt aſſez notoire qu'il ſe trouua à la Rochelle vn hóme frappé à mort, en ſorte que tous les chirurgiens l'abandonnerent: mais il vint vn Sorcier qui fiſt marcher, & parler le patient quelques iours, qui n'eſtoit autre choſe que Satan qui le portoit: & touſiours pour donner credit aux Sorciers ſes ſubiets: & Melancthon eſcrit, qu'il y eut vne fille de Boulogne, laquelle a eſté veuë deux ans apres ſa mort frequenter les cópagnies, qui eſtoit fort paſle: & que vn Sorcier la voyant, dit qu'elle eſtoit morte, & qu'il luy oſta le charme qu'elle auoit ſur l'eſpaule dextre, & que auſſi toſt le corps tomba par terre, & confirme l'hiſtoire par le teſmoignage de Sigiſmond Gelen, & de Charles le Gros. Et Martin Luther en ſes Colloques met vne hiſtoire ſemblable à celle cy. Mais c'eſt choſe eſtrange que Pierre Mamor eſcrit, que les os d'vn cheual rópus empeſchent qu'on puiſſe oſter le ſort. Il n'y a pas grande apparence: ny pareillement en ce que dit Albert le Grand au liure *de animalibus*, qu'il y a des oyſeaux par leſquels on peut oſter les charmes, qui ſeroit le moyen de reduire les hommes aux augures des Payens. Mais ie tiens que

que tout celà est illicite, & induit les hommes à idolatrie, & à reuerer les pierres: car la parole de Dieu ne peut faillir qui dit, qu'il n'y a puissance sur la terre qui puisse resister à la puissance de Satan : Comme il est dit en Iob 4 à fin qu'on ait recours à Dieu seul & non à autre: & bien vser des creatures & medecines ordónees de Dieu auec prieres, comme fist Tobie, & non autrement. S. Thomas d'Aquin passe 5 plus outre : car il tient que tous remedes & preseruatifs qui ne peuuent par raison vray semblable guerir, chasser, ou empescher le mal, sont illicites. Et S. August. au 10. liure de la Cité de Dieu, disputant contre Porphire & Iamblique, qui pensoyent attirer les puissances celestes auec les choses elementaires, deffend toutes sortes de remedes & preseruatifs contre le Diable, hors-mis la priere & penitence, & tiét que tous les remedes de paroles, characteres, ligatures, & autres choses vaines, sont les filets de Satan. C'est aussi le texte formel du canó,6 afin qu'on ne s'areste pas à l'opinion de l'Escot, ny d'Hostiense, où il dit *Vana vanis contundere licet*: ny à la glose qui interprete le mot *vana*, qui ne sont point illicites: qui est chose impossible: & par ainsi la superstition Payenne de ceux qui chassoyent les esprits en prenant certain legume en la bouche, que ie ne mettray point, & le iettant par derriere, ayans les pieds nuds, apres auoir prié neuf fois à la mode qu'ils faisoyent, est damnable & pleine d'impieté : Car c'est en bons termes adorer Satan, pour n'estre point

4. cap. 41. & c. si quis per sorciarias 23. q. 1. & 26. q. 97. ca. admoneant.

5. In secunda secúda, q. 96. ar. 2.

6. in can. ad moneát. 26 q. 7. & in d. cá si quis per sorciarias. 23. q. 1.

mal

mal traicté. Les anciens Latins faisoyent cela par 3. iours au moys de May: & appelloyēt cela *Placare Lemures* ou *Remures*: par ce que la chose print origine pour l'homicide de Remus: apres la mort duquel les esprits trauailloyent les habitans du lieu, & pour monstrer que telles choses sont vaines & illicites, outre ce qui est cy dessus deduit, nous lisons qu'il est estroictemēt defendu de faire passer les enfans par le feu. Moyse Maymon, qui est entre les Theologiés Hebrieux le plus estimé, escrit, que les Amorrheens entre autres choses auoyent accoustumé de faire passer leurs enfans par la flāme, 4 estans sortis du ventre, & auoyent opinion, que cela les garantissoit de beaucoup de calamitez: & mesmes il dit auoir veu 7 en Egypte, que les nourrisses gardēt encores ceste superstition. Or s'il est ainsi, que Dieu ait en horreur ceste superstition, combien pensons nous qu'il deteste les charmes, & remedes cōtre les malefices, desquels on vse? On peut veoir en Moyse Maymon qui descrit plusieurs superstitions, comme il a trouué es anciens liures, desquels vsoyent les Amorrheens, que la loy de Dieu n'a pas voulu taire du tout, ny specifier par le menu, à fin de n'enseigner ce qu'il faut enseuelir: & neantmoins par quelques exēples proposez, les meschans n'auront point d'occasion de pretendre cause d'ignorance de leur meschanceté, ny les Iuges de l'auoir ignoré. On voit vne superstition ordinaire par tout, de faire mettre les enfans sur vn ours, pour les as-
seu

4. Reg. l. 4. c. 21. & 3. & Paralip. l. 2. c. 28 & 33.
7. Libro 3. Nemore ha meloquina.

seurer de la peur : & lier les arbres de fouarre pour garantir les fruicts, cóme ils font en Valois : qui font toutes pernicieufes fuperftitions: car c'eft toufiours vne auerfion du Createur, & fiáce en la creature. Et pour cefte caufe Mahomethaben Taulon Sangiach d'Egypte fit brufler, n'a pas long temps, vn Crocodile de plomb, qu'on auoit mis foubs la porte d'vn temple d'Egypte : par ce que les habitans du lieu penfoyent par ce moyen eftre garantis des Crocodiles. Voila quant aux moyens illicites pour obuier aux fortileges. Difons auffi s'il y a moyen de chaffer les efprits malins de ceux qui en font affiegez.

DE CEVX QVI SONT ASSIE-
gez, & forcez par les malins efprits : &
s'il y a moyen de les chaffer.

CHAP. VI.

Ovs auós parlé de ceux qui volontairement par conuentions tacites, ou expreffes, ont part auec les malins efprits : difons maintenant de ceux qui font affiegez, & forcez par iceux, & s'il y a moyen de les chaffer. Ie ne mets point en difpute s'il y a des perfonnes affiegees par les malins efprits : car toutes les hiftoires diuines & humaines en font pleines: mefmement en l'Euágile, & aux Actes des Apoftres, ch. feiziefme. Il y auoit vne ieune fille efclaue qui auoit vn efprit qui

qui parloit en elle, que l'Escriture appelle ἐγϛαϛερίμυθον, qui disoit les choses cachees, & d'aduenture à plusieurs: & pour vne verité, dix mensonges. Elle dist, que S. Pierre & S. Paul preschoyent la voye de salut: & par ce moyen son maistre gaignoit: & le Diable attiroit les personnes à demander la verité au maistre de mensonge. Sleidā recite aussi, qu'en la ville de Munster en Vvestphalie, lors que les Anabaptistes tenoyent la ville, apres la publication de la communauté de biens, il failloit que chacun raportast les deniers en commū: & parce qu'il y en auoit qui reccloyent leurs escus, il se trouua deux ieunes filles qui reueloyent tout. Mais on voit la preuue de ceux qui sont possedez du Diable, qui parlēt diuers langages, qu'ils n'ont iamais appris. Il y en a peu en France, si est-ce qu'il s'en voit: & depuis vn an en çà vn ieune enfant aagé de douze ans, nommé Samuel, du village de Vvantelet pres ceste ville de Laon, fils d'vn gentil-homme, seigneur des Landes, vn moys apres la mort de sa mere fut saisi d'vn esprit, qui le trauailloit fort, & luy bailloit des soufflets, & quelquesfois luy entroit dedans le corps: & si on vouloit oster l'enfant, il le retiroit par force. Le pere, pour la religion qu'il tient, ne voulut pas qu'il fust exorcizé. Ie ne sçay si depuis il fut deliuré. On a veu aussi depuis 12. ou 13. ans vne femme de Veruin, qui estoit possedee d'vn malin esprit, & fut exorcizee en ceste ville de Laō: que ie passeray, parce qu'il y en a plusieurs liures imprimez. L'Italie &

lie & l'Espagne en a grand nombre, qu'il faut enferrer, & qui parlent Grec, Latin & autres langage sans les auoir appris: ou pour mieux dire l'esprit parle en icelles. Car l'esprit de celle de Veruin, lors qu'elle tiroit la langue iusques aux larynges, parloit disertement. Melanchthō escrit, qu'il a veu en Saxe vne femme demoniaque, qui ne sçauoit ny lire, ny escrire: & neantmoins elle parloit Grec & Latin, & predict la guerre cruelle de Saxe en ces mots, ἔσαι ἀνάγκη ἐπὶ τῆς γῆς, κ̀ ὁρμὴ ἐν τῶ λαῶ τȣ́τῳ. C'est à dire, qu'il y aura de terribles choses en ce pays, & rage en ce peuple. Fernel au liure *de Abditis rerum causis*, dit auoir veu aussi vn ieune garçon demoniaque, qui parloit Grec, encores qu'il ne sçeust pas lire. Et Lazare Bonami, professeur de Boulongne la grasse, interrogea vne fille demoniaque pour sçauoir quel vers de Virgile estoit le meilleur, elle qui n'auoit iamais appris mot de Latin, respond, *Discite institiam moniti, & non temnere diuos.* Hippocrate au liure de *Morbo sacro*, pensoit que ce ne fut que le mal caduc: mais la difference a esté bien remarquee par la posterité: & en Grece mesmes depuis qu'on apperceut les diuerses langues & diuinations des assiegez qu'on appelloit δαιμȣ́ρτας: qui ne sont point en ceux qui ont le mal caduc. Et la marque est aussi euidente, & plusieurs symptomes tous differés: & ceux qui en veulent faire la preuue, i'entens les Sorciers, il disent en l'oreille du patient, *Exi Dæmon, quia Ephimolei tibi præci-*

piunt, soudain le patient demoniaque tombe comme pasmé, & puis quelque temps apres il se releue, & dit des nouuelles de loing, veritables & incognues: & cela faict, il est deliuré du Demon: Mais si c'est le mal caduc, cela n'aduiét point. Les autres qui ont le Diable au corps sont Sorciers, qui ne sont point vexez qu'on aperçoiue, ou ceux qui par deuotion pensans bien faire, sont saisis des Demons pour vn temps: comme estoyent les prestresses Pythiaques en Grece. On pensoit que Dieu possedoit leurs personnes, & appelloyét cela Enthousiasme: quand les Sybilles & prestresses d'Apollon, apres auoir couché en la cauerne de Delphes, ou de Delos, estoyent ainsi saisies, & le Diable parloit en elles, qu'ils appelloyent le Dieu Apollô, lesquelles estoyent peu apres deliurees: mais ceux qui estoyent vrayes demoniaques, estoyent deliurees quelquesfois par certaines superstitions, dont Hippocrate parle au liure *de Morbo sacro*. Mais les Sorciers souuent chassoyent, comme font encores, les Demons. Les Chrestiens de la primitiue Eglise vsoyent des prieres, & puis coniuroyent les cathecumenes, & energumenes, les exorcizanes, encores que celuy qui presentoit pour estre baptizé, fust en aage, sage & prudent, & qu'il n'y eust aucune apparence de malin esprit en luy. Ce qui a tousiours esté gardé, & se garde encores és baptesmes des enfans, qui sont baptisez à la religion Catholique. Car ie n'ay à traiter icy que de ceux, qu'on voit assiegez du malin esprit,

prit, qui ne sont point Sorciers: ains au contraire les Sorciers demeurent d'accord par infinis procez, que si vn Sorcier ayant fait profession & conuention expresse auec le diable pour iamais, quitte son seruice, & qu'il se repéte de ce qu'il a fait sans prier Dieu, il sera mal traité, tourmété & batu, si Dieu par sa grace ne le preserue. I'ay remarqué cy deuant que i'en ay veu vn, lequel estoit suyuy par tout du malin esprit, & ne s'en pouuoit defaire, & au plus profond de son sommeil le Diable l'esueilloit, luy tirāt le nez, & les oreilles, & luy demādant, s'il ne vouloit pas luy demander quelque chose. Sprāger dit, qu'il a cōdāné plusieurs Sorcieres, qui estoyēt biē aises qu'ō les faisoit mourir, disans qu'elles estoyent battues du Diable, si elles ne faisoyēt ses cōmandemens, & qu'autrement elles n'auoyent point de repos. I'ay aussi remarqué vn gentil-hōme demeurāt pres de Villiercosterets, auquel vn soldat Espaignol auoit védu vn malin esprit auec vn anneau: & d'autant qu'il n'obeïssoit pas au gentil-homme, cōme il esperoit, il ietta l'anneau dedās le feu: & depuis n'a cessé de le trauailler. Il y en a aussi qui ont esté Sorciers, & ont renōcé Dieu, & iuré alliance auec Satan: cognoissans ses impostures n'en tiennent comte: ausquels toutesfois Satan ne fait rien: car il se contente qu'ils sont à luy. Il y en a d'autres qui semblent estre fols seulement, & qui rient, & sautēt sans propos: cōme estoit celuy duquel parle Philostrate, qui fut descouuert par Apollonius Thianeus maistre

Sorcier, estre assiegé d'vn malin esprit, & deliuré par iceluy: & à dire vray, si la folie de l'homme ne prouient de maladie, c'est l'vn des signes que la personne est possedee du malin Esprit. On en voit aussi qui ne sont point autrement fols: neantmoins ils vont en dormant, comme s'ils veilloyent : qu'est vne lethargie, ou autre maladie de cerueau, qui aduient quelquesfois aux plus sages: I'en ay veu trois malades de ceste maladie, qui n'auoyent aucune douleur: & mesmes Galen confesse qu'il a esté malade en ceste sorte vne fois en sa vie, & alla demy quart de lieüe tout dormant, iusques à ce qu'il rencontra vne pierre qui le fit tomber, & le reueilla: mais il y en a qui vont fort souuent la nuict les yeux clos, & montent sur les maisons, sur les Eglises, & hauts lieux inaccessibles, où le plus vigilant, & le plus sage homme du monde ne sçauroit monter : & si on les appelle par leur nom, soudain ils tôbent par terre. Spranger dit en auoir veu tomber en ceste sorte en Orleans. Il y en eut vn aussi agité la nuict, qui fut suyuy par son compagnon, qui couchoit auec luy : & le voyant aller en la riuiere, il ne voulut pas le suyure: mais de peur qu'il n'allast trop auāt: il l'appella par son nom : tout soudain il tomba tout dormant, & fut noyé. Il est à presumer que le malin esprit l'agitoit: toutesfois ie n'en suis pas asseuré: car il se peut faire que l'homme oyant son nom s'esueille en sursaut, qui suffit pour le faire tomber : mais ie ne trouue point d'apparence de monter en
dormant

dormant aux lieux inaccessibles, & precipices dangereux, & s'en retourner sans chopper ny s'offencer. Et en quelque sorte que ce soit, il faut estimer que celuy qui est assiegé du malin esprit, & tourmenté par iceluy, n'est pas hors la voye de salut, comme les saincts personnages ont iugé. Et de faict sainct Paul en la premiere des Corinthiens, parlāt de celuy qui auoit abusé de sa belle mere : Il est, dit-il, expedient que cest homme là soit liuré à Satan, à fin que son esprit soit sauué au iour du iugement : Il est à croire qu'il entendoit l'excommunication, de laquelle on vse encores. Mais il est a remarquer que les Demons & Demoniaques se font principalement cognoistre, aux changemens de religions, comme en la primitiue Eglise on ne voyoit autre chose, & en Allemaigne apres l'interim, cōme aussi en France à present. Et celà aduient pour l'Atheïsme & la Sorcelerie, qui prend pied, lors que l'ancienne religiō est mesprisee, & la nouuelle n'est pas encores fondee: alors il suruient vn mespris de toute religion, & les malins esprits prennent possession des personnes ou par force, comme és Demoniaques, ou de gré à gré, comme des Sorciers, qui obeïssent & seruent aux Diables. Reste à veoir les moyens de chasser les malins espris, soit des personnes, soit des bestes, soit des maisons. Car S. Thomas d'Aquin [3] est d'accord, qu'on peut aussi coniurer vne beste irraisonnable, comme estant icelle agitee par Satan pour offenser les hommes : & per cōsequent il suppose

[3] In lib. de ceremoniis. Eccle. Rom.

qu'ō en peut chasser les malins esprits. Et quant aux moyens de chasser les Demons, Alexandre 1. Pape institua l'eau beniste. Quant aux coniurations elles sont assez notoires. *Exorcciso te N. per Deū vinum, &c.* Et puis l'oraison, *Deus misericordiæ, &c.* & apres l'execration, *Ergo maledicte Diabole, &c.* puis autre oraisō, & derechef l'execration, iusques à trois coniurations : bruslans tous les sorts & poudres malefiques, qui se trouuent en la maison de celuy qui est possedé du Diable, qui est directement contre l'aduis de Sainct Hilarion, & de Sainct Hierosme, comme nous auons dit cy-deuant. Ils adioustent aussi les confessions, les Sacremens, les estoles, & beaucoup d'autres choses semblables. Et neantmoins les malins esprits ne sortent pas souuent pour tout cela. I'ay faict mention cy deuant de celle qui estoit possedee d'vn malin esprit, & qui demeure encores au Menil, pres Dammartin, qui estoit liee ordinairement d'vn esprit depuis l'aage de huict ans : & ne luy faisoit autre mal. Le docteur Picard & plusieurs autres l'exorcizerent en la ville de Paris, l'an mil cinq cens cinquante & deux, comme i'ay dit : mais celà ne seruit de rien. Et neantmoins i'ay entendu d'autres, lesquels voulans exorcizer le Diable, en sont saisis eux mesmes, comme nous lisons és Actes des Apostres de deux disciples, qui vouloyent chasser l'esprit malin du corps d'vne personne, disans ces mots, *Adiuro vos per Iesum quem Paulus prædicat, &c. respondens autem*

4. In lib. de ceremoniis. Eccl. Rom.

tem Spiritum nequam dixit eis: Iesum noui & Paulum scio, vos autem qui estis? Et soudain le Diable se saisit de tous deux, & laissa celuy qu'il vexoit. Nous auons vne histoire semblable en Sainct Gregoire au premier dialogue, qu'il y eut vn Prestre, lequel voyant vne femme saisie du Diable, il print vne estole, & la mist sur la femme: soudain le Diable se saisit du Prestre & quitta la femme. Nider recite aussi, qu'il y auoit en Coloigne vn moyne Sorcier facetieux, qui auoit grande reputation de chasser les malins esprits. Vn iour le malin esprit luy demanda où il iroit, Va, dit-il, en mon priué, Le Diable n'y faillit pas, & la nuict le batit tant comme il alloit à son priué, qu'il fut à vn doigt pres de la mort. Quelquesfois les Diables s'en vont par commādement des Sorciers, comme on dit d'Apollonius Thyaneus, qui chassoit les Diables, ou plustost qui luy obeïssoyent pour luy donner credit de se deifier, comme il taschoit, & trouua force disciples, qui en faisoyent plus de cas que de Iesus-Christ: en sorte qu'Eusebe a esté contrainct d'escrire huict liures contre Philostrate, Euangeliste du Sorcier Apollonius. Simon Magus faisoit le semblable: Car il n'y a finesse ny subtilité, dont Satan ne s'aduise, pour faire idolatrer les hommes: en quoy sa puissance n'est pas ruinee, mais bien establiee. Spranger inquisiteur en met vn exemple d'vn Bohemien, nommé Dachons prestre, qui fut long temps possedé du Diable: & fut mené à Rome: lequel difoit qu'il hayoit à mort les chofes que Satan ayme plus. Il recite auſſi que à Magdebourg il y auoit vn autre preſtre, qui fut poſſedé du Diable ſept ans:& quand on demandoit, au Diable pourquoy il auoit cõmencé à tourmenter le preſtre depuis trois mois, il dict, qu'il ne l'aiſſoit pas d'eſtre auparauãt dans le corps du preſtre, & quand l'exorciſte demanda au Diable, où il ſe couchoit quand le preſtre prenoit l'hoſtie ſacree, i'eſtois dit il ſouz ſa langue, & l'exorciſte l'iniuriant diſoit, pourquoy ne t'enfuis tu de la preſence de ton Createur, le Diable reſpondit, & pendant que vn homme de bien paſſe ſur le pont, pourquoy vn meſchant ne paſſera-il, ſoubs le meſme pont. Voyla de mot à mot les propos de Spranger.[2] Inquiſiteur. Et quelquesfois le Diable faict des plaintes, comme s'il enduroit grãde douleur, & diſent eſtre l'ame d'vn tel ou d'vn tel, pour tenir touſiours les hommes en erreur. Nous en auós aſſez d'hiſtoires:& Pierre Mamor en recite vne qui aduint en France, à Confollent ſur Vienne, en la maiſon d'vn nommé Caplãd l'an 1458. d'vn Diable qui ſe diſoit l'ame de la defuncte, qui gemiſſoit & crioit, en ſe cõplaignãt biẽ fort: & admoneſtoit de faire pluſieurs prieres & voyages, & reuela beaucoup de choſes veritables: mais quelcũ luy dit, ſi tu veux qu'on te croye, dy *Miſerere mei Deus ſecundùm, &c.* mais il dit qu'il ne pouuoit. Alors les aſſiſtãs ſe moquerent de luy, & s'enfuit en fremiſſant. Le ſemblable aduint à Nicole Auberi, femme natiue

[2] *In malleo maleficarũ.*

tiue de Veruin, de laquele M. Barthelemy Faye, Conseiller en Parlement a escrit l'histoire, où il dict, que Satã s'apparut à elle, priant sur la fosse de son pere, comme sortãt du sepulchre, & luy dit, qu'il falloit dire beaucoup de messes, faire quelques voyages specifiez, & apres tout cela, il ne laissa pas de tourmenter ceste pauure femme, combien que au commencement il dit, que c'estoit son ayeul: neantmoins à la fin il dit qu'il estoit Beelzebut. I'ay dit plusieurs fois ce qui est escrit en Iob, qu'il n'y a puissance en terre que Satan craigne: Et l'opinion de Iosephe historien Hebrieu, que i'ay remarqué cy dessus, est pernicieuse, en ce qu'il dit, qu'il a veu vn Iuif de sa nation, lequel mettant vn anneau au nez de celuy qui estoit assiegé, que soudain le Diable s'enfuyoit. C'estoit pour induire les hommes à reuerer la creature, la pierre, l'anneau. Il ne dit pas que l'anneau portast vn Diamãt: car il s'en est trouué de ceste opinion, qui ont dit que ceste force est au Diamant, qu'il garantist de songes friuoles, & des malins esprits, comme dit vn Poëte sans nom. *Et noctis lemures, & somnia vana repellit.* Mais ils ne disent point quelle sorte de Diamant. Car il y en a six fort differens, 7 & la sixiesme espece est le Diamant Arabic, qui vient à gros tas és monts Pyrenees, & qu'õ foule aux pieds, en sorte que le quintal ne couste que trois escus sur les lieux: Il est figuré & poli par nature d'vne beauté, que tous les artisans ne sçauroyét si bien contrefaire, à six costez esgaux, & les

7. Plin. li. 3.

deux bouts en pointe, & forme conoïde : & s'en trouue de plusieurs couleurs. Les anciens tenoyent aussi que les Diables craignent fort les tranchans des espees, & glaiues : mesmes Platon, & plusieurs autres Academiciens sont de cest aduis, que les esprits souffrent diuision. Et me souuient que l'an 1557. vn malin Esprit foudroyant à Tholose, tomba auec le tonnerre dedans la maison de Poudot cordouannier, demeurant pres du Salin, qui iettoit des pierres de tous costez de la chambre : on ramassoit les pierres en si grand nombre, qu'on en emplit vn grand coffre, que la maistresse fermoit à clef, fermant portes & fenestres. Et neantmoins l'esprit apportoit soudain d'autres pierres, & toutesfois sans faire mal à personne. Latoni, qui estoit lors quart President, fut veoir que c'estoit : aussi tost l'esprit luy fist voler son bonnet d'vne pierre, & le hasta bien de fuyr. Il y auoit esté six iours, quand M. Iean Morques conseiller du Presidial, m'en vint aduertir pour aller voir ce mystere, où ie fus deux ou trois heures sans rien apperceuoir. Quelcun, lors que i'entray, dit, Dieu soit ceans : & apres auoir entendu l'histoire, dit au maistre qu'il priast Dieu de bon cœur, & puis qu'il feist la rouë d'vne espee par toute la chambre. Ce qu'il fist. Le iour suyuant la maistresse luy dit, qu'ils n'auoyent depuis ouy aucun bruit, & qu'il y auoit sept iours qu'ils n'auoyent reposé. Les anciennes histoires sont frequentes de tels esprits ietteurs de pierres :

&

& mesmes Guillaume de Paris escrit, que l'an 1447. il y en auoit vn à Poëtiers en la Parroisse Sainct Paul, qui rompit voirres & voirrieres, & frappoit à coups de pierres sans blesser personne. Encores dit-on, qu'il faut en chassant les malins esprii, les enuoyer en certain lieu, comme en l'Euangile, Iesus-Christ les enuoyoyt aux troupeaux de pourceaux. Et en Tobie, l'Ange ayant chassé le malin esprit, le lia en la haute Egypte: où il semble que Dieu a limité, non seulement la puissance, ains aussi le lieu ou les malins esprits sont reclus. Et de fait Cæsarius en son dialogue escrit, que la fille d'vn Prestre de Coloigne estant tourmentee d'vn malin esprit Incube, deuint phrenetique. Le pere fut aduerty de faire aller la fille par dela le Rhein, & changer de lieu. Ce qu'il fit. Le Diable par ce moyen laissa la fille: mais il battit tant le pere, qu'il en mourut trois iours apres. Aussi lisons nous que les malins esprits ne sont pas frequens dedans les villes, comme és villages, ny aux villages, comme aux lieux deserts & aquatiques, comme il est escrit en Iob quarante & vniesme chapitre. C'est pourquoy les malins esprits, qu'on appelle Feuz fols, la nuit apparoissans, fuyuent les eaux, & souuent font noyer les personnes. Or pour les chasser, ie croy bien que les creatures, auec la crainte & parole de Dieu y peuuent seruir, & sans la crainte de Dieu, rien du tout. Ie mettray pour vn exemple la musique, qui est l'vne des choses qui plus a de force contre les malins

malins esprits, comme il est escrit de Saül, que le malin esprit le laissoit tandis que Dauid touchoit sa harpe. Vray est que Dauid auoit alors le S. Esprit, & neantmoins il dit que le tourment de Saül ne cessoit sinon au son de la harpe, soit que la Musique est chose diuine, & que le diable n'aime que les discords: soit que l'harmonie conspirant auec l'ame, reduit la raison esgaree à son principe, comme les anciens ont remarqué, que la Musique guarist le corps, par le moyen de l'ame, tout ainsi que la medecine guarist l'ame, par le corps. Et de fait il y a vne espece de furieux en Allemaigne, qui ne guarissent sinon au son de l'instrument, quand le Musicien accommode sa Musique au branfle des furieux: & puis il fait peu à peu, que le furieux s'accommode à la cadence du Musicien posément, & en ceste sorte il guarist, le faisant reposer: on l'appelle la maladie S. Vitus. Nous lisons aussi que le Prophete Michee estant appellé par Achab Roy de Samarie, & en la presence du Roy de Samarie, deuant que prophetizer de l'issue de la bataille, fit entonner vn instrument de Musique: alors l'esprit de Dieu le saisit, & prophetiza: & mesmes Samuël ayant consacré Saül. Va dit-il, en tel lieu, où tu trouueras vne troupe de Prophetes qui descendent de la montagne, qui sonnent des instrumens. Alors l'esprit de Dieu te saisira, tost que Saül eust approché des Prophetes qui sonnoyent leurs instrumés, l'esprit de Dieu le saisi,, & se trouua tout changé:

gé: combien qu'il est à croire que l'esprit de Dieu, duquel la trouppe des Prophetes estoit remplie, non seulement embraza Saül de l'esprit diuin, ains aussi chassoit les malins esprits de tous costez: comme de faict Saül estant laissé de Dieu & de son Ange, fut saisi du malin esprit: & comme il auoit resolu tuer Dauid, il enuoya par deux fois des meurtriers pour l'assasiner en la compaignie de Samuël, mais si tost qu'ils auoyent approché, ils estoyent saisis de l'esprit de Dieu, & au lieu de tuer Dauid, ils benissoyent & loüoyent Dieu. Dequoy Saül aduerty, y vint en personne, soudain il se trouua tout changé, prophetizant & loüant Dieu. Car les anciens Hebrieux ont remarqué pour vne demonstration tres-certaine, & indubitable, qu'il n'y a rien plus aggreable à Dieu, que sa loüange chantee d'vn cœur entier & ioyeux, comme il est dit au Psalme XXXIII.

Loüange est tres-seante & belle,
En la bouche de l'homme droit, &c.

Aussi n'y a il rien qui plustost chasse les malins esprits, & les force de sortir: mais c'est la loüange du Createur, & non pas des creatures. Comment donc, dira quelqu'vn, est-il possible, que le Sorcier Apollonius chassast les Demons, & comment les Sorciers de nostre temps ont-ils encores ceste puissance de chasser soudain les malins esprits? Ie respondray ce qui a esté resolu en la Sorbonne l'an 1398. *Haretici sunt, qui putant Dæmones maleficiis cogi posse, qui se cogi fingunt,* C'est à dire, que ceux là sont heretiques

tiques, qui croyent que par charmes, on puisse contraindre Satan, qui fait beau-semblant d'estre contraint. Et par ainsi quaud on voit les Sorciers chasser les malins esprits, ce n'est pas chasser ny forcer de sortir, mais c'est de gré à gré: comme nous lisons en Leon d'Afrique, que les Sorciers qu'ils appellent *Muhazimim*, en faisant quelques cercles & caracteres au front du demoniaque, apres auoir interrogé le Demon, luy commandent de sortir, & soudain il sort. Ce que pareillement escrit Iacques Spranger des Sorciers d'Allemaigne. Martin Luter en ses colloques dit auoir veu vn Sorcier moyne, qui contrefaisoit le sainct en la ville de Amelburg, lequel parlant aux Demons qui estoyent au corps des personnes, disoit va t'en Demon quand tu orras sonner la cloche, & au son de cloche le Demon sortoit. En quoy faisant, Satan commence à posseder paisiblement l'ame, au lieu qu'il ne possedoit que le corps par force & violence. En en cas pareil, quand on vse de superstition & idolatries, alors l'esprit malin s'en va, & faint qu'il est contraint de ce faire, pour attirer les ignorans à continuer en leur idolatrie. Et en Allemaigne s'il y a quelque Demoniaque ou maleficié, qui ait suspicion de quelque sorciere, qui luy ait enuoyé le malin esprit, ou donné autre malefice, les Iuges, & mesme la chambre Imperiale fait dire ces mots à la Sorciere en presence du maleficé, *Benedico tibi, in nomine patris & filij & spiritus sancti, in tuis bonis, sanguine & armenta mento.* Et soudain les maleficiez sont deliurez: ce que le plus homme de bien de ce pays-là en disant les mesmes paroles ne peut faire: qui mõstre bien l'intelligence du malin esprit auec le Sorcier: comme les sorciers faisoyent sortir les diables du corps des hõmes du temps mesmes d'Hippocrate, cõme on peut veoir en son liure *de Morbo sacro.* Aussi voit-on grand nombre de personnes demoniaques: & mesmement en Espaigne, Italie, & Allemaigne, qui tiennent quelques fois dix ans, ou vingt ans les personnes, qu'on ne les peut chasser, comme de fait l'an 1556. il se trouua en la ville d'Amsterdam, trente ieunes enfans demoniaques, qui n'ont peu estre deliurez pour tous les exorcismes qu'on y a faicts. Et fut resolu, que c'estoit par sortileges & malefices, d'autant qu'ils iettoyent des ferremẽs, des lopins de voire, des cheueux, des aiguilles, des drappeaux & autres choses semblables, que les personnes malades par sortileges rendent ordinairement. Et Paul Diacre escrit, qu'il se trouua fort grãd nombre d'hommes, & femmes, & enfans assiegez de Satã, qui deuindrent enragez, & puis ayant perdu la voix humaine abayoyent comme chiẽs, qu'on ne peut guarir. Et Iob Fincel au liur. 3. des merueilles escrit, qu'aupres de Ioachim Val vne fille fut assiegee du Diable, & souuent iettee contre terre, qui parloit tantost la voix d'vne pie, puis d'vn corbeau, tantost d'vn coquu, & neantmoins elle tiroit vne palme de langue hors la bouche, la face tournee au dos, & parloit

loit quelquefois en ceste sorte fort disertement, se moquant d'vn chacun, & demandoit deuant que sortir du corps de la fille, du poil, ou des ongles de la fille: en fin il sortit de la bouche vn essein de mousches. I'ay dict cy dessus, que l'an 1554. il y auoit 80. filles & femmes demoniaques à Rome, qui furent exorcizees par vn moyne S. Benoist, que le Cardinal Gondy, depuis Euesque de Paris y auoit mené: lequel n'y fist pas grande chose, encores qu'il y fust six mois. Il interrogea Satan, pourquoy il auoit saisi ces pauures filles. Il respondit que les Iuifs l'auoyent enuoyé, despits de ce qu'on les auoit baptisez, pour ce qu'elles estoyent Iuifues pour la pluspart. On pensoit que Satan dit cela, parce qu'il estima que le Pape Theatin feroit mourir les Iuifs: d'autant qu'il les hayoyt à mort: mais vn Iesuite soustint deuant le Pape, que les hommes n'ont pas ceste puissance. Ce qui est bien certain, ny Satan aussi: mais si Dieu le permet aux vns & aux autres, cela se peut faire: & d'entrer au Conseil de Dieu, c'est chose incomprehensible. Non pas que ie pense que Satan fust enuoyé par les Iuifs: car ceux de leur religion en seroyent plustost possedez, que ceux qui se font baptiser, & renoncent à leur loy. Mais au monastere de Kendrop au costé de marche en Allemaigne, où les religieuses furēt vexees des malins esprits d'vne façon estrange, l'an M. D. L I I. Les sorciers & les Dames interrogees respondirent, que c'estoit la cuisiniere du Monastere nommee Else Kame, qui

le

confessa, qu'elle estoit Sorciere, disant qu'elle auoit prié Satan, & faict des sortileges pour cest effect. Elle fut bruslee viue auec sa mere. Ces Demoniaques estoyent esleuees en l'air par chacun iour, & quelquesfois à chacune heure, & retomboyent sans douleur: puis elles estoyét chatoüillees dessous les pieds, & rioyét sans cesse:& tantost se frappoyent les vnes les autres:& quand il s'y trouuoit quelque personnage de vertu, faisant sa priere, ou parlant de Dieu serieusement:elles estoyent vexees. Et si elles disoyent leurs heures en latin, & menus suffrages, ou qu'on leur parlast de ioüer, ou de follastrer, elles ne sentoyent plus de douleur se trouuans fort aliegees, & toutes rendoyent vne haleine fort puante:au mesme temps il se trouua plusieurs Demoniaques aux villes & villages prochains: qui fut cause, qu'on print plusieurs Sorcieres qui furét executees. Et au monastere de Nazareth, au diocese de Coloigne, par vne ieune Sorciere nommee Gertrude, qui auoit accointance auec vn Demon par chacune nuict depuis l'aage de douze ans, toutes les religieuses furent assiegees des malins esprits. Nous lisons aussi en Fernel au liure *de Abditis rerum causis*, qu'on le mena voir vn ieune Gentil-homme demoniaque parlant Grec, encores qu'il fust sans lettres: & disoit à son pere, qu'il ostast le collier de l'ordre de son col, & l'esprit interrogé quel il estoit, dit que c'estoit vn personnage, qu'il ne vouloit pas nommer, qui l'auoit enuoyé dans son corps. On peut bien iuger que c'estoit l'vn de ses bons subiets: non pas que Satā, ny tous les Sorciers ayét aucune puissance sur les hommes, si Dieu ne la permettoit: comme il est aduenu n'a pas long temps en Flandres vne chose estrange, & a depuis esté publiee par toute la Chrestienté. Anthoine Suquet, Cheualier de L'ordre de la toison, & Conseiller du Conseil priué de Brabant auoit vn bastard, qui auoit quelque temps au parauant que de s'estre marié, conuersé familierement auec vne autre femme, qu'on disoit estre Sorciere, laquelle estant ialouse d'vne ieune Damoiselle qui espousa le Gentil-homme, fist en sorte auec Satan, que la ieune Damoiselle fust saisie d'vn malin esprit, qui la tirassoit en pleine compagnie, & l'esleuoit en haut contre toute la puissance humaine, puis la iettoit çà & là. Lors qu'elle fut sur le point d'accoucher, pendant qu'on alloit querir la sage femme, la Sorciere que la Damoiselle craignoit & hayoit à mort, entra, & soudain la Damoiselle tomba pasmee & endormie, & quelque temps apres elle se sentit deliuree de son fruict. La Sorciere s'en va, & la sage femme venue ne trouua que l'accouchee, mais l'enfant ne s'est iamais trouué depuis. Chacun iugeoit que la Sorciere ialouse, auoit enuoyé Satan au corps de la Damoiselle, mais cela ne s'est point faict que par vn secret iugement de Dieu. L'histoire qu'on recite estre aduenue en Lorraine, d'vne femme enleuee par Satan pour auoir son fruict, approche ehe de celle-cy : mais on tient que le pere estoit Sorcier, qui auoit voué son petit enfant à Satan. Et quelquesfois l'appetit bestial de quelques femmes, fait croire que c'est vn Demon, comme il aduint en l'an mil cinq cens soixante & six, au Diocese de Coloigne. Il se trouua en vn monastere vn chien qu'on disoit estre vn Demon, qui leuoit les robes des Religieuses pour en abuser. Ce n'estoit point vn Demon comme ie croy : mais vn chien naturel. Il se trouua à Toulouse vne femme qui en abusoit en ceste sorte : Et le chien deuant tout le monde la vouloit forcer. Elle confessa la verité, & fut bruslee auec le chien. Il y en eut vne autre qui fut amenee prisonniere à Paris l'an mil cinq cens quarante, conuaincue de mesme cas. Et me semble que la Loy de Dieu pour l'abomination & meschanceté, ne s'est pas contentee de prohiber cela sur la vie : ains encores elle deffend d'offrir à Dieu le loyer de la paillarde, & le pris d'vn chien en vn mesme article. Il se peut bien faire aussi que Satan soit enuoyé de Dieu, comme il est certain que toute punition vient de luy par ses moyens ordinaires, ou sans moyen, pour venger vne telle vilanie : comme il aduint au Monastere du Mont de Hesse en Allemaigne, que les Religieuses furent demoniaques : & voyoit-on sur leurs licts des chiens qui attendoyent impudiquement celles qui estoyent suspectes d'en auoir abusé, & commis le peché, qu'ils appellent le peché muet. Dequoy i'ay bien voulu aduertir e lecteur, à fin qu'on prenne garde de ne force la volonté des ieunes filles, qui n'ont point d'affection au vœu de chasteté. Mais c'est merueille des exorcismes desquels plusieurs vsent, veu que iamais les saincts Prophetes n'en ont vsé:& eussent eu horreur d'interroger, ou de rien demander à Satan, ny rien faire de ce qu'il commandoit: ains la presence des saincts personnages chassoit les malins esprits, en la loüange d'vn seul Dieu. Et au temps de la primitiue Eglise, on faisoit venir les Demoniaques en l'assemblee, & tout le peuple prioit Dieu, comme nous lisons en sainct Iean Chrysostome [2], & en sainct Clement [3], qui baille vne belle oraison, & en Theodore Lecteur [4]. Nous lisons que le Roy de Perse en la primitiue Eglise, commanda de chasser les Demons: on fit prieres en l'Eglise, & les Demons estoyent chassez. Et en Theodoret [5] nous lisons, que l'Euesque d'Apamee faisant sa priere à Dieu, la face touchant terre, chassa le Demon, qui estoit au temple de Iuppiter. C'est pourquoy la Loy de Dieu [9] commande expressement de raser les temples, où les Payens faisoyent prieres à leurs images: à fin que le nom de Dieu n'y fust souillé, ny contaminé, ny prié en sorte quelconque. Et en sainct Augustin, [6] & en Sozomene [7] nous lisons qu'on ne faisoit rien que prier Dieu pour chasser les Demons, sans familiariser, ny plaisanter auec eux, & sans aucunement interroger Satan, comme il est aduenu à quelques vns en Allemaigne: lesquels mes-

2. lib. de incomprehensibili Dei naturitate.
3. li. 8. c. 32.
4. Lib. 2.
5. Lib. 5.

9. Deuter. cap. 12.

6. l. 22 de Ciuitate.
7. lib. 9. ca. 28.

mesmes ont creu aux paroles de Satan, & les autres ont executé ses mandemens, qui est vne detestable & damnable impieté. Sainct Denis en la Hierarchie, Theod. *de sacra synaxi*, escriuent qu'en la primitiue Eglise, on ne bailla iamais hostie aux demoniaques. Et sainct Hierosme en la vie de sainct Hilarion, escrit qu'vn ieune Sorcier ne pouuant gaigner le cœur d'vne ieune fille, ietta soubs sa porte vne lame de cuyure, où il y auoit quelques characteres grauez, & tost apres la fille fut assiegee du Demon, parlant comme furieuse: & disoit le Demon, qu'il ne sortiroit point du corps de la fille, qu'on n'eust osté ceste lame. Neantmoins Hilarion defendit qu'on l'ostast, & par ses seules prieres sans hostie, ny autres adiurations, ny aucuns interrogatoires faicts aux diables, chose qu'il auoit en horreur, deliura la fille. Iean Vuier recite [8] qu'il a veu vne fille demoniaque en Allemaigne: Et sur ce qu'vn certain exorciste l'interrogeoit, Satan respondit qu'il failloit que la fille allast en voyage à Marcodure, ville d'Allemaigne, & que de trois pas l'vn elle s'agenoüillast, & qu'elle fist dire vne Messe sur l'Autel saincte Anne, & qu'elle seroit deliuree, predisant le signal de sa deliurance à la fin de la Messe. Ce qui fut faict, & sur la fin de la Messe, elle & le Prestre veirent vn image blanc, & fut ainsi deliuree. Et l'an M.D.LIX. le XVII. Decembre, au village de Leon au Comté de Iuilliers, le Curé osa bien interroger le diable, qui tenoit vne fille assie-

[8]. *Libro 5. cap. 14.*

gee, si la Messe estoit bonne, & pourquoy il poussoit & contraignoit la fi... d'aller soudain à la Messe, quand on sonnoit la cloche: Satan respondit, qu'il vouloit y aduiser, c'estoit reuoquer en doubte le fondement de sa religion, & en faire Iuge Satan. Or Pylocrates parlant de ces beaux interrogatoires dit ainsi: *Mali dæmones faciunt sponte, quod inuiti videntur facere: & simulant se coactos vi exorcismorum, quos fingunt in nomine Trinitatis, eósque tradunt hominibus, donec eos crimine sacrilegij, & pœna damnationis inuoluant.* Nous auons vn autre exemple de Philippe Vvosolich, religieux de Coloigne, en l'Abbaye de Kuecten, lequel fut assiegé d'vn Demon l'an mil cinq cens cinquante: & qui respondit à celuy qui l'interrogeoit, qu'il estoit l'ame de Matthias Durense, Abbé precedent: lequel n'auoit payé le peintre qui auoit peint si bien l'image de la vierge Marie, & que le religieux ne pouuoit estre deliuré, s'il n'alloit en voyage à Treues, & à Aix la chappelle: ce qui fut faict: & le religieux ayant obey fut deliuré. L'histoire est imprimee à Coloigne. M. Barthelemy Faye President des Requestes en Parlement, escrit que Nicole Auberi natifue de Veruin, priant sur la fosse de son ayeul, il se leua comme sortant de terre vn homme enuelopé de son drap, disant à la ieune femme qu'il estoit son ayeul, & que pour sortir des peines de Purgatoire, il falloit dire plusieurs Messes, & aller en voyage à nostre Dame de liesse: Et apres auoir faict cela, il se descouurit, & sembla estre

estre l'ayeul d'icelle & continua de faire dire force Messes: & quand on cessoit de dire Messes: la ieune femme se trouuoit tourmentee: En fin que Satan dit qu'il estoit Beelzebud. Et d'autant que l'histoire est notoire à toute la France, ie n'en diray autre chose. Mais il y en a vne autre plus recente, notoire aux Parisiens, & non imprimee, qui est aduenue en la ville de Paris en la rue sainct Honoré au Cheual rouge, vn Passementier auoit retiré sa niepce chez luy, la voyant orpheline: vn iour la fille priant sur la fosse de son pere à sainct Geruais, Satan se presenta à elle seule en forme d'homme grand, & noir, luy prenant la main, & disant, m'amie ne crains point, ton pere & ta mere sont bien: mais il faut dire quelques Messes, & aller en voyage à nostre Dame des vertus, & ils iront droict en Paradis: parce que Satan est fort soigneux du salut des hommes: la fille demanda qu'il estoit. Il respondit qu'il estoit Satan, & qu'elle ne s'estonnast point. La fille fist ce qu'il luy estoit commandé. Cela faict, il luy dit qu'il falloit aller en voyage à sainct Iacques: Ie ne sçaurois dit-elle aller si loin. Depuis Satan ne cessa iamais de l'importuner, parlant familierement à elle en faisant sa besongne, lors qu'elle estoit seule, luy disant ces mots: tu es bien cruelle, elle ne voudroit pas mettre les cizeaux au sein pour l'amour de moy: ce qu'elle faisoit pour le contenter, & s'en depescher: mais cela faict, il demandoit qu'elle luy donnast quelque chose, iusques à luy demander de ses cheueux, elle luy en dóna vn floquet: quelquesfois il voulut luy persuader qu'elle se iettast en l'eau, & tantost qu'elle s'estranglast, luy mettant la corde d'vn puis à l'entour du col, voulát l'estrangler, si elle n'eust crié. Combien que son oncle voulant vn iour la reuancher fut si bié battu, qu'il demeura au lict malade plus de quinze iours. Vne autre fois Satan la voulut forcer, & la cognoistre charnellement, & pour la resistence qu'elle fit, elle fut battue iusques à effusion de sang. Entre plusieurs qui ont veu la fille, vn nommé Choiny, Secretaire de l'Euesque de Valence, luy dit, qu'il n'y auoit plus beau moyen de chasser l'esprit, qu'en ne luy respondant rien de ce qu'il diroit: encores qu'il cómandast de prier Dieu, ce qu'il ne faict iamais, si ce n'est en le blasphemant, & le conioignát tousiours auec ses creatures par irrision. Et de faict, Satan voyant que la fille ne luy respondoit, & ne faisoit chose quelconque pour luy, il la print & la ietta contre terre, & depuis elle n'a rien veu. Monsieur Amiot Euesque d'Auxerre, & le Curé de la fille n'y auoyent sceu remedier. Ceste recepte me semble fort bonne. Car comme il est dit au douziesme article de la determination de la Sorbonne contre les Sorciers, faicte l'an 1398. Satan commande des ieusnes, prieres, & oraisons, & iusques à employer l'hostie pour deceuoir les ignorans. I'en ay remarqué cy deuant vne histoire de Pierre Mamor au liure des Sorciers, qu'il a composé il y a six vingts ans: où il escrit

escrit, que Satan se disoit l'ame d'vn defunct à Consolam sur Vienne, en la maison d'vn nommé Caplant, l'an 1458. qui gemissoit comme s'il eust souffert grand douleur, admonestant qu'on fist dire grand nombre de Messes, & qu'on fist des voyages : reuelant beaucoup de choses occultes & veritables : mais on luy dit, si tu veux qu'on te croye, dy, *Miserere mei, Deus, secundum magnam misericordiam tuam*: ce qu'il ne voulut faire, &
s'en fuit, en fremissant
de depit d'estre
mocqué.
.

Z 5

DE L'INQVISI-
TION DES SOR-
CIERS.

LIVRE QVATRIESME.

Chapitre premier.

Ovs auons parlé des moyens de chasser les malins esprits: mais pour neant on les chasseroit si les Sorciers les rappellét. Car tousiours Satan est aux escoutes, pour venir quand on l'appelle : & bien souuent sans qu'on l'appelle. Nous auons declaré les moyens doux, & medecines aysees à prendre, qui est d'instruire le peuple en la Loy de Dieu: & de l'induire à son seruice. Et si tout cela ne peut retenir les meschans en la crainte de Dieu, ny destourner les Sorciers de leur vie detestable, il y faut appliquer les cauteres & fers chaux, & couper les parties putrifiees: cóbien qu'à dire verité, quelque punition qu'on ordonne contre eux à rostir, & brusler les Sorciers à petit feu, si est-ce que ceste peine là n'est pas

pas à beaucoup pres si grande, que celle que Satan leur fait souffrir en ce monde, sans parler des peines eternelles qui leur sont preparées: car le feu ne peut durer vn heure, voire demie, que les Sorciers ne soyent morts. Mais de tous les pechez qui tirent leur peine apres eux, comme l'auarice, l'enuie, l'yurognerie, la paillardise, & autres semblables, il n'y a point qui punisse plus cruellement son homme, ny plus longuement que la sorcellerie, qui se venge de l'ame & du corps: comme fist vn Milanois pour se venger de son ennemy, l'ayant en sa puissance, luy mist la dague sur la gorge, menassant de la luy couper, s'il ne vouloit renier Dieu. Ce qui fut faict, & non content il luy fist renier Dieu de bon cœur, & repeter cela plusieurs fois. Cela faict, il le tua, disant: Voila se venger du corps, & de l'ame: ainsi faict le Diable à ses suiets. Nous auons monstré que leur mestier ne les peut enrichir, ny leur donner plaisir, ny sçauoir, ains seulement le moyen de faire les villaines ordures, & meschancetez, en quoy Satan les employe: Et pour loyer en ce monde, il les contrainct de renoncer à Dieu, & se faict adorer & baiser le derriere en guise de bouc, ou autre animal infect: & au lieu de reposer, il transporte ses esclaues la nuict, pour y faire les ordures que nous auons deduit. Et par ainsi, la peine de mort ordonnee contre les Sorciers, n'est pas pour les faire souffrir d'auantage qu'ils souffrét, en les punissant, ains pour faire cesser l'ire

de

de Dieu sur tout vn peuple, en partie aussi pour les amener à repentence:& les guarir, ou pour le moins s'ils ne veulent s'améder, de les diminuer, & estonner les meschans, & conseruer les esleuz. C'est donques chose bien fort salutaire à tout le corps d'vne republique, de recercher diligemment, & punir seuerement les Sorciers: autrement il y a danger, que le peuple ne lapide & magistrats & Sorciers: côme il est aduenu depuis vn an à Haguenoye pres ceste ville de Laon, que deux sorcieres qui auoyent merité iustement la mort, furent condamnees, l'vne au foüet, l'autre à y assister: mais le peuple les print, & les lapida, & chassa les officiers. Vne autre sorciere fort diffamee demeurant à Verigni, & y est morte au mois d'Auril dernier, qui receuoit les enfans, apres auoir esté accusee de plusieurs sorcelleries fut absoute: mais elle s'est si bien vengee, qu'elle a faict mourir des hommes & du bestail sans nombre: côme i'ay sceu des habitans. Et me suis esmerueillé, pourquoy plusieurs Princes ont institué des Inquisitions, & decerné commissaires extraordinaires pour faire le proces aux latrons, aux financiers, aux vsuriers, aux guetteurs de chemins:& ont laissé les plus detestables & horribles meschancetez des Sorcieres impunies. Vray est, que de toute ancienneté, il s'est trouué des Princes Sorciers, ou qui se sont voulu seruir de Sorciers, par lesquels neantmoins ils sont tousiours precipitez du haut lieu d'hôneur, au gouffre de toute misere & calamité. Car s'ils s'enquierent aux Sorciers

ciers s'ils auront victoire, Dieu les rend vaincus: s'ils demandét à Satan qui sera leur successeur, Dieu fait leurs ennemis, leurs successeurs: s'ils demandent aux Sorciers s'ils gueriront de leurs maladies, Dieu les faict mourir, comme nous auons monstré par infinies histoires. En ceste sorte Dieu chastie les Princes Sorciers, que les magistrats ne peuuent chastier. Quelquefois aussi Dieu faict rebeller les suiets contre les Princes Sorciers, & ordinairement il les chastie par les Sorciers mesmes: d'autant que Satan, & les Sorciers iouent leurs mysteres la nuict, & que les marques des Sorciers sont cachees & couuertes, & que la veüe au doigt & à l'œil ne s'en peut ayfément faire, l'inquisition & la preuue en est difficile: qui est la chose qui plus empesche les Iuges de donner iugement, ou tenir pour conuaincues les personnes d'vn crime si detestable, & qui tire apres soy toutes les meschancetez qu'on peut imaginer: comme nous auons monstré cy dessus. Il faut donques en tel cas, où les crimes si execrables se font si couuertement, qu'on ne les peut descouurir par gens de bien, les auerer par les cóplices & coulpables de mesme faict: ainsi qu'ó fait aux volleurs, & n'en faut qu'vn pour en accuser vne infinité. Cela fut verifié soubs le Roy Charles neufiesme, lors que Trois-eschelles se voyant conuaincu de plusieurs actes impossibles à la puissance humaine, & ne pouuāt donner raison apparente de ce qu'il faisoit, cófessa que tout cela se faisoit à l'aide de Satan: &

supplia

supplia le Roy luy pardonner, & qu'il en deferetoit vne infinité. Le Roy luy donna grace, à la charge de reueler ses compaignons & complices. Ce qu'il fit : Et en nomma grand nombre par nom & surnom qu'il cognoissoit, & quant aux autres qu'il auoit veu aux Sabbaths, & qu'il ne cognoissoit que de veuë, pour les cognoistre il se faisoit mener aux assemblees publiques:& faisoit regarder l'espaule, ou autre partie du corps humain de ceux qui en estoyēt, où lon trouuoit la marque, & cognoissoit aussi entre deux yeux ceux qui n'estoyent point marquez, desquels le Diable s'asseuroit, & luy estoyent plus loyaux suiets. Et toutesfois la poursuytte & delation fut supprimee, soit par faueur ou concussion, ou pour couurir la honte de quelques vns qui estoyent (peut estre) de la partie, & qu'on n'eust iamais pensé: soit pour le nombre qui se trouua, & le delateur eschappa. Au cas pareil, quand l'aueugle des Quinze Vingts fut pendu à Paris, auec quelques vns de ses complices, & qu'il s'en trouua pres de cent cinquante deferez: mais ceux qui furent pendus, furent conuaincus d'auoir plusieurs fois vsé de l'hostie consacree en leurs sorcelleries. Depuis peu à peu on a ouuert les yeux : & mesmement depuis la mort du Roy Charles neufiesme, les Iuges n'ont plus faict les difficultez que on faisoit soubs le regne de Charles neufiesme, & que iamais on n'auoit faict au parauant le Roy Henry secōd. De quoy s'est plaint en ses œuures. M. Barthe

thelemy Faye, President des requestes. Or il y a plusieurs moyens de proceder à la punition des sorciers: soit par Iuges ordinaires, soit par commissaires. Car outre les Iuges ordinaires, il est besoing d'establir commissaires à ceste fin, pour le moins vn ou deux en chacun gouuernement. Mais ie n'entens pas pour cela, que la cognoissance soit ostee aux Iuges ordinaires d'en cognoistre, soit par preuention, ou concurrence, à fin que les vns prestent la main aux autres à vn œuure si sainct. Anciennement les Iuges d'Eglise en auoyent la cognoissance, priuatiuemét aux Iuges laics. Et s'en trouue arrest du Parlement rendu à la poursuyte de l'Euesque de Paris, mil deux cens octante deux. Mais depuis la cognoissance fut attribuee aux Iuges laics, priuatiuement aux gens d'Eglise par arrest du mesme Parlement, l'an mil trois cens nonante, qui fut sainctement ordonné. Depuis Poulallier Preuost des Mareschaux de Laon, ayant prints plusieurs Sorciers, voulant attirer cela à sa cognoissance, en fut debouté par arrest de la Cour. C'estoit alors que Satan fist si bien, qu'on auoit opinion que ce n'estoit que fable tout ce qu'on en dit. Et à fin que les Iuges n'attendent pas qu'on en face plainte, ou que les Procureurs du Roy se reueillent, ils doiuent de leur office [2] faire informer des suspects, qui est la plus secrette voye, & peut estre, la plus seure. Mais d'autant que les vns craignent, & les autres ne veulent pas s'in-
gerer

2. *Bart. in l. 2. § publico de adult. l nullum de test. l. si quis in hoc de Episcopis clericis. C.*

gerer d'en faire eux mesmes la recerche, il est bien besoin que les Procureurs du Roy, & substituts se facent parties: qui est le second moyen: Car c'est proprement leur charge de vaquer sur tout, & soigner à la poursuytte des forfaicts. Et d'autant que les Procureurs du Roy sont bien souuent plus negligens en leur charge que les Iuges, il est expedient que chacun soit receu accusateur en ce crime, le Procureur du Roy ioint: & s'il ne se veut ioindre, qu'il soit permis neantmoins aux particuliers d'accuser pour la vindicte publique de ce crime, & sans s'arrester, s'il y va de l'interest particulier, ou nõ, cõme il est requis en ce Royaume en tous autres crimes: pourueu qu'en ce cas on y garde les solemnitez requises de droict commun, portees en la Loy, *qui accusare, de publicis iudicys. ff.* qui est la troisiesme forme de proceder qu'on pourra tenir. La quatriesme se fera par delations, sans que les Procureurs du Roy soyent contraints de nommer les delateurs, si la calomnie n'est bien fort euidente: & que l'accusé soit absouls à pur, & à plain, suyuant l'edict de Moulins, & non pas si le prisonnier est eslargy *quousque*, ou qu'il soit dit, qu'il en sera plus amplement enquis: comme il se doibt faire s'il y a indices, ou presomption. Et d'autant que ceste peste de Sorciers est plus ordinaire aux villages, & aux faux-bourgs des villes, que dedans les villes, & que les pauures simples gens craignent les Sorciers plus que Dieu, ny tous les Magistrats, & n'osent se porter

ter pour accusateurs, ny pour delateurs, il est necessaire de mettre en vsage, en la recherche de ce crime si detestable, la coustume loüable d'Escosse, practiquee à Milan, qu'on appelle Indict: c'est à sçauoir, qu'il y ait vn tróc en l'Eglise, où il sera loisible à vn chacun de mettre dedans vn billet de papier le nom du Sorcier, le cas par luy commis, le lieu, le temps, les tesmoins. Et que le tronc en presence du Iuge, & du Procureur du Roy, ou Fiscal, qui auront chacun vne clef du tronc, fermant à deux serrures, sera ouuert tous les quinze iours, pour informer secrettement contre ceux qui seront nommez: qui est la cinquiesme, & la plus seure forme de proceder. La sixiesme se doibt faire par monitoires, qui est vne voye bien necessaire pour contraindre ceux qui n'osent, ou qui ne veulent accuser, ny deferer, ny se plaindre. La septiesme sera de receuoir les complices accusateurs de mesmes crimes contre les autres, & promettre impunité à l'accusateur, & luy tenir promesse, pourueu qu'il se repente, & renonce à Satan. C'est l'opinion de Iean Durand des plus grands Iurisconsultes de son aage, au tiltre *de accusat.* qui est d'aduis, que ce priuilege doit estre donné au complice des Sorciers. Iaçoit que de droict commun les consors ne sont pas receuables accusateurs: encores que la loy *Tullia, de ambitu*, donast mesmes prerogatiues aux competiteurs, de conuaincre l'vn l'autre au crime de corruption, pour paruenir aux estats: & pour loyer le vainqueur

2. *In specu.*

auoit impunité, & emportoit l'estat de son cópetiteur. Encores que le Sorcier soit preuenu au parauant que d'accuser, si est-ce qu'il faut tousiours promettre impunité, & diminuer la peine de ceux qui confesseront sans torture,& qui accuseront leurs consorts, qui est vn moyen bien seur pour paruenir à la cognoissance des autres. Car il est bien certain, qu'il n'y a que la crainte de la mort, qui empesche de cófesser la verité: & au suiet qui se presente il fut cogneu, quand le Roy Charles neufiesme eust donné la grace à Trois-eschelles condamné à la mort, comme Sorcier, à la charge qu'il accuseroit ses complices. Il en descouurit vne infinité, comme i'ay dit cy dessus. Et si par ce moyen on n'y peut paruenir, il faut prendre les ieunes filles des Sorcieres. Car le plus souuent il s'est trouué, qu'elles estoyent instruites par leurs meres, & menees aux assemblees : & en l'aage tendre elles seront aisees à persuader, & redresser auec promesses d'impunité, que l'aage, & l'induction des meres doibt impetrer. Alors elles nommeront les personnes, le temps, le lieu d'aller aux assemblees, & ce qu'on y faict. Par ce moyen Bounin Bailly de Chasteau-Roux sceut tout ce qui se faisoit, par vne ieune fille, que la mere auoit seduicte. Et celles de Longny en Potez, dont nous auons faict mention cy dessus, furent descouuertes par vne ieune fille. Et si elles craignent dire la verité deuant plusieurs personnes, il faut que le Iuge face cacher deux ou trois

per

personnes derriere vne tapisserie, & ouïr les depositions sans escrire: puis faire retirer les confessions, & les escrire. Et d'autant que les Iuges qui iamais n'ont faict le procez aus Sorciers, ou qui n'en ont point veu, ou qui ne sçauent leur suiet, s'y trouueront empeschez: il faut premierement, & le pluſtoſt que faire ce pourra, commencer à interroger la Sorciere: & si cela est tres-vtile en tous crimes, il est necessaire en cestuy-cy: car il s'est veu tousiours, que si tost que la Sorciere est prise, aussi tost elle sent que Satan l'a delaissée, & comme toute effrayee, elle confesse alors volontairement ce que la force, & la question ne sçauroyent arracher: mais si on la laisse en prison quelque temps, il n'y a doute que Satan ne luy donne instruction. Il faut donc commencer par choses legeres & dignes de risee, comme des tours de passe-passe, & sans Greffier, & dissimuler l'enuie qu'on a d'estre de la partie, qui est la chose que plus volontiers elles oyent, & peu à peu s'enquerir si leur pere & mere ont esté du meſtier. Comme ie fus d'aduis, qu'on s'enquiſt diligemment de la mere de Ieanne Haruillier, de laquelle nous auons parlé cy deuant. On enuoya à Verberi expressément, pays de sa naissance, & il se trouua qu'elle auoit esté condamnee d'estre bruſlee plus de trente ans auparauant, & Ieanne Haruillier sa fille, lors bien fort ieune, condamnee au foüet. Car il n'y a rien plus ordinaire que les meres seduisent leurs filles, & les dedient à Satan: &

souuent si tost qu'elles sont nees. Et de faict, la fille de Ieanne Haruillier voyant sa mere prisonniere, s'en fuit, & depuis on sceut qu'elle en estoit aussi: & les filles de Barbe Doré aussi tost que leur mere fut prise pour les sorcelleries, s'en fuirēt, sans estre accusees, ny recherchees, & depuis l'vn des Sorciers familier de ladicte Doré, deposa que toute la race en estoit. Le second poinct doibt estre, à sçauoir, dequel pays est la Sorciere, & si elle a point changé de pays. Car il se trouue ordinairement que les Sorcieres changent de place en place, & d'vn village en autre, si les biens ne les retiennent en vn lieu: ce qu'elles font craignans estre accusees, quand elles se voyent descouuertes, & sçauoir l'occasion pourquoy elles ont changé de lieu, & prendre garde soigneusement à leur visage: car telles gens n'oseroyent regarder les personnes entre deux yeux, & n'oublier rien, au procez de leur façon, contenance & propos. Or il a esté experimenté, que les Sorcieres ne pleurent iamais, qui est vne presomption bien grāde, d'autant que les femmes iettent larmes, & souspirs à propos & sans propos. Mais Paul Grilland & Spranger, Inquisiteurs disent qu'ils n'ont iamais sceu faire pleurer vn seul Sorcier: & faut aussi prendre garde de pres aux variations, & reiterer plusieurs fois vn mesme interrogatoire par interualles. Mais il faut, s'il est possible, faire interrogatoires de toutes les charges sans discontinuer, à fin que Satan ne les destourne de dire la verité: & pour ceste cause

cauſe Daneau dit tres-bien en ſon petit Dialogue, qu'il ne faut iamais laiſſer la Sorciere ſeule quand elle eſt priſonniere: parce que, dit-il, elle parle au diable qui la deſtourne de dire la verité, ou la faict departir de ce qu'elle a confeſſé, & touſiours luy promet qu'elle ne mourra point, dont il aduient pluſieurs inconueniens. Car il s'en eſt trouué qui penſoyent voller, eſtans dedans la priſon, comme ils faiſoyent hors la priſon, & ſe rompoyent le col. I'ay ſçeu de M. Adam Martin Procureur en ceſte ville de Laon, que la Sorciere de Bieure, qu'il iugea & fiſt executer à mort, luy dit, qu'elle eſtoit condamnee à mourir, & qu'elle ſeroit bruſlee toute viue, combien que pas vn ne luy auoit dit, hors-mis Satan. Et ce qui plus eſtonna les Iuges, fut, qu'ils l'auoyent condamnee d'eſtre eſtranglee & puis bruſlee, & neantmoins le bourreau n'ayant peu bien executer le mandement, la fiſt bruſler toute viue. Il y en a d'autres, auſquelles Satan promet qu'elles ſeront bien heureuſes apres ceſte vie, qui empeſche qu'elles ne ſe repentent, & meurent obſtinees en leur meſchanceté. Les autres qui ſe tuent eſtant ja condamnees, comme il eſt ſouuent aduenu: les autres qui ſe deſdiſent de ce qu'elles ont confeſſé en la torture, & mettent les Iuges en telle perplexité, que par faute de preuue ſuffiſante, ils ſont contrains leur faire ouuerture des priſons. Mais celuy qui a confeſſé les meſchancetez ſans torture, s'il ſe deſdict, doibt neantmoins eſtre condāné, ſi la confeſſiō est aidee d'autres presomptions & indices. Et d'autant que les Sorciers exercent leur meschanceté sur leurs ennemis, il faut diligemment s'enquerir, si celle qu'on presume tuee, ou ensorcelee, a eu inimitié contre la Sorciere, qui en est suspecte, & interroger diligemment la Sorciere sur chacun point d'inimitié. Il faut aussi pour tirer la verité de celles qui sont accusees, ou soupçonnees, que les Iuges facent contenance d'auoir pitié d'elles, & leur dire que ce n'est pas elles, ains le diable qui les a forcees & contrainctes de faire mourir les personnes. Et pour ceste cause qu'elles en sont innocentes. Et si on voit que les Sorciers ne confessent rien, il faut leur faire changer d'habits, & leur faire raser tout le poil, & alors les interroger. Et s'il y a demie preuue, ou de violentes presomptions, il faut appliquer la torture. Car tous sont d'accord, que les Sorciers portent des drogues de taciturnité, combien que c'est le diable qui les conforte, & les asseure : & neantmoins ayans perdu la drogue, ils ont opinion, qu'ils ne pourront iamais soustenir la question, qui faict que bien souuent ils disent la verité sans question : comme i'ay leu de l'Inquisiteur Cumanus, qui fit brusler quarante & vne Sorcieres au territoire Varniser, sur les marches de Milan, l'an mil CCCC. LXXXV. qui confesserent toutes sans question, apres qu'on les eut faict raser, & changer d'habits : ce que fist Domitian l'Empereur au Sorcier Appollonius de Thyanee, qu'il fist

des

despoüiller tout nud & raser, ainsi que nous lisons en Philostrate L'emnien: car Spranger Inquisiteur escrit, si le Sorcier a sur soy le sort de silence, qu'il ne sentira douleur quelconque en la question, & ne confessera iamais la verité. A quoy se rapporte ce qu'escrit Gregoire, Archeuesque de Tours, que Mumol grand Preuost de l'Hostel, duquel nous auons parlé cy deuant, alors qu'il estoit à la question, enuoya dire au Roy Childebert, qu'il ne sentoit douleur quelconque. Alors le Roy le fist estendre auec poulies, & le tirer de telle force, que les bourreaux estoyent las, encores qu'on luy mist des pointes entre les ongles & la chair des pieds, & des mains: qui est la plus excellente gehenne de toutes les autres, & pratiquee en Turquie. Car les membres ne sont point rompus, & sans peine ny trauail on tire bien tost la verité pour la douleur violente. Paul Grilland au traicté de quæst. q.4. nu.14. & Hippolyte de Marsil escriuent, que souuent on a trouué le Sort de taciturnité entre les cheueux des Sorciers, qui sembloyent alors qu'on les gehennoit, qu'ils fussent endormis sans douleur: tellement que Paul Grilland en ayant veu plusieurs, fut aduerty qu'il falloit dire *Domine labia mea aperies, &c.* & qu'on sent alors la douleur, & qu'on dit la verité, ce que ie ne voudroy pas faire, ny chercher la verité par charmes de paroles: mais il faut deuant qu'appliquer à la question, faire contenance de preparer des instrumens en nombre, & des cordes en quantité, & des seruiteurs pour les geyner, & les tenir quelque temps en ceste frayeur & langueur. Il est aussi expedient auparauant que faire entrer l'accusé en la chambre de la questiō, de faire crier quelqu'vn d'vn cry espouuentable, comme s'il estoit geyné, & qu'on die à l'accusé que c'est la question qu'on donne: à fin de l'estonner par ce moyan, & arracher la verité. I'ay veu vn Iuge qui mōstroit le visage si atroce, & la voix si terrible, menassant de faire pendre si on ne disoit la verité, qui par ce moyen estonnoit si fort les accusez, qu'ils confessoyent soudain, comme ayans perdu tout courage: cest expedient est bon enuers les personnes craintifues, & non aux impudens. Il faut aussi mettre des espions accorts & bien entendus, qui se disent prisonniers pour cas semblables que le Sorcier accusé, & par ce moyen tirer sa confessiō. Et s'il ne veut rien dire il luy faut faire croire que ses cōpaignons prisonniers l'ont accusé, encores qu'ils n'y ayent pensé: & alors pour se venger il rendra, peut-estre, la pareille. Tout cela est licite de droit diuin & humain, quoy que sainct Augustin au liure *de Mendacio*, & sainct Thomas d'Aquin soyent d'aduis, qu'il ne faut iamais mentir de huict sortes de mensonges, qu'ils mettent bien au long [2]: mais les Iuges ne suyuent pas ces resolutions. [3] Aussi voit-on, que les sages femmes d'Egypte, & l'hostesse Rachab, receurent loyer de Dieu pour auoir menty. Et tel merite d'estre pendu, qui dit la verité: comme si on cele vn homme innocent

au

2.cap. omne genus & si quis ad te dist. 22. q. 2. & c. quæritur. eodē. 3. can. vti-li. 22. q. 2.

au meurtrier, qui s'enquiert de celuy qui le cherche. Aussi la solution des Canonistes, qui disent, qu'Abraham ne côseilloit pas à sa femme de mentir, pour empescher que luy ne fust tué: mais qu'il vouloit que Sarra ne dist pas la verité, est bien friuole. Car, *mentiri est contra mentem ire*, comme disoit Nigidius Figulus, & celuy qui dit autrement qu'il ne pense, il est bien certain, qu'il ment, comme fist Abraham, Isaac, Sarra, & autres infinis. Il faut donc confesser par necessité, que c'est chose vertueuse, loüable & necessaire de mentir pour sauuer la vie à l'innocent, & damnable de dire la verité, pour le faire assasiner. C'est pourquoy Platon, & Xenophon, ont permis aux Magistrats de mentir, pour gouuerner vn peuple, ainsi qu'on faict aux malades, & aux petits enfans. Ainsi faut-il faire en Iustice pour auoir la verité des meschancetez cachees. Or de toutes les meschancetez du monde, il n'y en a point de plus seignalee, ny plus detestable que celle des Sorciers, comme nous auons monstré cy dessus. Disons donc des preuues requises, pour aue-rer telle mes-chance-tez.

Aa 5

DES PREVVES REQVISES
pour auerer le crime de Sorcelerie.

CHAP. II.

ENTRE les preuues, sur lesquelles on peut asseoir iugement, il y en a trois qu'on peut dire necessaires & indubitables. La premiere est, de la verité du faict notoire, & permanent. La seconde, de la confession volontaire de celuy qui est preuenu & attaint du faict. La troisiesme, de la deposition de plusieurs tesmoings sans reproche. Quant à la preuue de la renommée publique, de la confession forcee des presomptions de droit, ou autres semblables, on peut dire que ce sont presomptions plus grandes les vnes que les autres, & non pas preuues indubitables. Quant à la verité du fait notoire & permanent, c'est la preuue[2] la plus claire. Car il y a notorieté de faict : notorieté de droit : & notorieté de presomption violente : mais proprement il n'y a que la notorieté du faict permanent : laquelle notorieté est plus forte, que tous les tesmoings du monde, voire mesmes, que les confessiõs volõtaires des accusez : comme si on produict au Iuge cinquante tesmoings, qui tous d'vn consentement testifient que Pierre est mort & ensorcelé, par le faict de ce

2. Bal. in l. Deo nobis de Epis. & Clericis. C. coll. 3. per cap. quod autem 27. q. & Inno. in ca. proposuisti, de probat.

de celuy qui est accusé de l'homicide, & neantmoins qu'il se trouue plein de vie deuant le Iuge: alors le Iuge ne doibt auoir aucun esgard aux tesmoings, ny à leurs depositions: encores qu'ils ne soyent reprochez, & que l'accusé s'en fust rapporté à leur dire. Car ils sont reprochables de droict, lequel doibt estre suppleé par le Iuge. Aussi est telle preuue plus forte que la confession mesme volontaire & iudiciaire de l'accusé: comme nous en auons exemple en Valere Maxime au liure huictiesme, que vn esclaue fut executé à mort, sur la confession volótaire, qu'il fist d'auoir tué vn homme, qui estoit absent, qui depuis se trouua plein de vie. C'est pourquoy Pison le Consul, fut blasmé d'vne cruauté notable, sous ombre de seuerité militaire. Car comme vn soldat fut retourné au camp sans son compaignó, Pison le condamna à la mort, comme ayant tué son compaignon. Le soldat remonstre qu'il venoit apres luy: Nonobstant cela, le Proconsul commande à vn Centenier qu'il execute à mort le condamné. Sur le point qu'il estoit d'estre executé, l'autre compaignon se presente plein de vie. Alors le Centenier tint l'execution en surseance, & represente les deux soldats au Proconsul, lequel irrité, ou despit d'auoir si temerairement condamné vn homme à mourir, il fist executer à mort le Centenier, pour n'auoir obey: & le soldat códamné, par ce qu'il estoit condamné: & le troisiesme, pource qu'il estoit cause de la mort des deux autres: tellement

ment que trois hommes furent condamnez, & executez à mort pour l'innocence d'vn. L'histoire est en Seneque. Il faut donc s'arrester à la verité du fait permanent, que le Iuge voit, ou cognoist, ou touche, ou perçoit par l'vn des cinq sens, laquelle preuue n'est iamais excluse ny par edits, ny par sentence, ny par coustumes. Et iaçoit que, apres publication d'enqueste, on ne soit receu à faire preuue, si est-ce que la preuue est receuë, qui est fondee sur vn faict permanent, cóme tiennent les docteurs. Et si par edict, ou par coustume il estoit defendu de receuoir aucune exception, si est-ce que l'exception d'vn faict euident est tousiours receuable, & ne se peut reietter, comme dit la glosse l.1.§. hoc interdictum, in verbo imperfectũ, euidentia, de de tabulis exhibendis. ff. & Balde en la loy, ex prædiis, de euictionibus C. A plus forte raison en matiere de crimes, où il n'y a iamais forclusió de preuues, l'euidence du faict est tousiours receuable. Et par ainsi quand les poisons & sortileges sont trouuez sur la Sorciere, qui en est saisie, ou en son cabinet, ou coffre, ou qu'on la trouue fouyr sous l'essueil d'vn estable, & que là se trouuent les poisons qu'on luy a veu mettre, & le bestail mourir, on peut dire au cas qui s'offre, que c'est vn faict euident & permanent: Si on trouue celle qui est accusee d'estre sorciere, saisie de crapaux, d'hosties, de mébres humains, d'images de cire transpercees d'aiguilles, au crime qui s'offre, sont faicts permanens. En cas pareil, si on trouue la sorciere suspe

LIVRE QVATRIEME. 381

suspecte d'estre telle tuant vn enfant: comme il est aduenu à Cœures le second iour de Feurier M. D. LXXVII. vne Sorciere, non furieuse, coupa la gorge à deux filles, & fut surprise sur le faict: on peut dire que c'est vn faict euident pour la conuaincre d'estre Sorciere, ores qu'elle n'eust confessé (comme elle fist) que le Diable luy fist faire, attendu qu'elle n'estoit point furieuse. Elle s'appelloit Catherine d'Arce: car il n'y a rien plus ordinaire aux Sorcieres que de meurtrir les enfans. Si on voit que la Sorciere menasse son ennemy estãt sain & dispos, ou qu'elle le touche, & que à l'instant il tombe mort, ou qu'il deuienne ladre, ou qu'il deuienne soudain contrefaict, ou estropiat, ou frappé de maladie soudain, comme nous auõs monstré par plusieurs exemples: c'est vn faict euident, & permanent, si d'ailleurs le bruict est qu'elle est Sorciere. Si le Iuge voit que la Sorciere oste le sortilege, & charme par prieres faictes au Diable, l'appellãt à claire voix, c'est vn faict notoire de notorieté de faict, au Iuge, & autres, si cela s'est faict en presence du Iuge, qui doibt proceder en ce cas à la condamnation de mort, sans autre inquisition. Et si cela s'est fait en l'absence du Iuge, present tesmoings, il faut proceder par recolemens, & confrontations, si le faict est denié. Si on trouue l'obligation & paction mutuelle du Sorcier auec le Diable, signee de luy, en son coffre, cõme i'en ay remarqué cy dessus, c'est vn faict permanent, si le seing du Sorcier est par luy recogneu.

4. *Cursus senior in re pet l admonendi*, coll. 89 *de Iure iurando ca rol. Ruinus conf. 138.*
3. *Bal in l. si quis testi. ad finem & ibidem Salicetus coll. vlt. de testi.*
c. Roma. in rope. l si veré §. de viro solut matr. ff. Stephan. Betrandi conf. 337. de arbitr. colli.
9. *Alex. consil. 63 l. 3. Ias. conf. 21 coll. 2. lib. 1.*

cogneu. C'est doncques la preuue la plus claire, & la plus forte, qui met en veuë la verité qu'on cherche des choses sensibles. Au & peut-on mettre pour exemple d'vn faict euident, si la sorciere parle au Diable, & que le Diable, ores qu'il soit inuisible luy respōde: Car l'ouye n'est pas moins, ains beaucoup plus certaine que la veuë, & d'autant plus certaine, que l'ouyë peut estre moins abusee que la veuë, qui s'abuse souuent. C'est aussi vn faict euident, si la Sorciere en vn instant se trouue absente de son lict, & de sa maison, les huis fermez, s'estant couchee le soir au mesme lict, & qu'apres elle se trouue en son lict, omme nous en auons monstré assez d'exemples cy-deuant, en tous ces cas, & autres semblables de faits euidens apparoissans aux Iuges, ils peuuēt asseoir iugement de condamnation selon la diuersité des faits, comme nous dirons cy apres: ores que la Sorciere ne vouslust rien confesser, à plus forte raison, si auec le fait euident, la cōfession du Sorcier est concurrente, & encores plus, s'il y a tesmoings sans reproche. C'est aussi vne preuue euidēte & trescertaine, si le Sorcier fascine ou esblouïst les yeux, ou charme de paroles, ce que la loy de Dieu a bien expressement remarqué, quand elle dit, Celuy qui esblouïst les yeux, soit mis à mort, vsant du propre terme Hebrieu Mescaphat. Car la loy de Dieu a determiné ceste preuue, comme trescertaine & suffisante, pour cōuaincre le sorcier, d'auoir paction expresse auec Satan, & par mesme moyen

yen celuy qui charme les hommes, ou les beſtes & les fruits: comme celuy qui monte en l'air, qui fait parler vn chien, qui coupe les membres, & fait ſortir le ſang, & puis raſſemble les membres, c'eſt vne preuue euidente. Le ſecond moyen de preuue claire & certaine eſt, s'il y a pluſieurs teſmoings ſans reproche, qui depoſent des choſes ſenſibles, par les ſentimés, & des choſes inſenſibles, par diſcours & raiſons certaines. Car l'euidence d'vn faict notoire doit apparoir aux Iuges, & autres preſens, & ne ſuffiſt² d'apparoir au Iuge, ou autres ſeulement, & la preuue des teſmoings ſans reproche des actions tranſitoires, n'eſt pas notoire de faict permanent, comme ſi les teſmoings rapportent auoir veu la Sorciere faire vn, ou pluſieurs actes de Necromantie, ou inuoquer Satan, ou s'eſtre abſentée inuiſiblement, & puis retnurner les huis clos, ſont actions tranſitoires, & auſquelles les Iuges ne peuuent pas ſouuent aſſiſter. Et d'autant plus la preuue eſt forte, ſi les teſmoings depoſent de pluſieurs actes, & qu'ils s'accordent du temps, du lieu, des perſonnes & autres circonſtances, que les³ docteurs appellent *Conteſtes*, & plus encores ſi la Sorciere en preſence du Iuge & autres, faict quelque inuocation à Satan: c'eſt notorieté de faict, & telle preuue eſt des plus fortes pour eſtre procedé à la condemnation. ⁴ Et ſi la confeſſion de l'accuſée eſt concurrente auec la depoſition des teſmoings, la preuue eſt encores beaucoup plus

2. l. reſcripto. §. ſi quu accuſatorē, de muneribus & honorib ff. 3. Bal. en l. ſuper, colla. 5. de bonorũ poſſeſſionib. Inno c. qualiter de accuſ Deciusin l. qua extrinſecus, de verb. obl. ff. Alex conſ. 47. l. 2. n 6. cornaeus conſ. 149 l. 2. 4. 2. q. 1. cap. prohibētur, c peruenit c. conſuluit, ca. cum ſpeciali de appel.

plus certaine : 5 & neātmoins elle ne laisse d'estre bien certaine sans la confession des actes que i'ay remarquez, ou semblables : car il ne suffiroit pas que plusieurs tesmoings deposassent quelque temps apres les menaces de l'accusee faictes à son ennemy, qu'il seroit tōbé en maladie, Bien seruiroit cela d'vne presomptiō pour ayder la preuue, & si soudain & à l'instāt que la sorciere a menacé, ou touché quelqu'vn il est tombé mort, les Iuges font difficulté de condamner la Sorciere, s'il n'y a autre preuue, ny presomption, ny confession : & ne voudroy pas cōclure à la mort en tel cas: mais bien aux autres peines corporelles : car tous les peuples d'vn commun consentement ont receu, que la punition doit estre aggrauee, ou moderee, selon la preuue plus ou moins, & que la forme des anciens 6 d'absoudre l'accusé, si la preuue n'est claire & entiere de tout point, est abolie. Mais nous dirōs par cy apres des peines. Quād i'ay dit plusieurs tesmoings sans reproche, la loy dit deux 7 pour le moins. Et ne faut pas chercher grand nombre de tesmoings en choses si detestables, & qui se font la nuict, ou és cauernes, & és lieux secrets. Mais ḡ dirōs nous, si trois tesmoings deposent de trois faicts tous differens? c'est à sçauoir, que le premier depose auoir veu le Sorcier cauer, & foüir soubs l'essueil d'vn huis, ou en quarrefour : car c'est ordinairement où les Sorciers mettent leur sort: Et puis que les hōmes, ou le bestail y soit mort. L'autre depose que le mesme Sorcier ayant

tou

5.l.qui sentiam, de panis. c.

6.l. Qnj accusare, de accusat. c. l. si autē de prob. ff.
7.l. tibi numerus, de test. ff.

touché quelqu'vn est tombé mort soudain: L'autre, qu'ayant menacé son voisin, il est tombé en langueur. Ie tiens que ces trois tesmoins sans reproche, auecques quelque autre presomption, suffisent pour asseoir iugement de mort: iaçoit que les tesmoins soyent singuliers chacun en son faict: Car ils sont vniuersels au crime de Sorcelerie: auquel cas tous les Docteurs [8] tombent d'accord, que la preuue est suffisante en crimes couuerts: comme la concussion, l'assasinat, l'vsure, l'adultere, & autres crimes qui se font tousiours le plus couuertement qu'on peut, & mesmement les Sortileges. Si donques trois tesmoins en tel cas suffisent pour prouuer l'vsure, ou la concussion, ou l'adultere, à plus forte raison doiuent suffire, pour le crime le plus detestable, & le plus couuert qui soit de tous le crimes qu'on peut imaginer. Et non seulement telle preuue est suffisante, comme les Docteurs alleguez en sont d'accord: ains aussi Bartole passe plus outre. Car il est d'aduis en crimes si occultes, que la presomption & la preuue coniecturale suffist: & n'est pas seul de son aduis. Vray est qu'il ne suffiroit pas pour asseoir iugement de mort, mais de toute autre peine iusques à la mort, exclusiuement. Et non seulement les docteurs en droict Ciuil, ains aussi les Canonistes [2] sont de mesmes aduis, & entre les Papes, le plus

7. *Acc. in l. ob carmen.* §. *vlt. de te. spe. de inquisitionib.* §. 1. *Iacobus Butrigarius in l. Ar. de har. c. Bac. in l. actor. de prob. C. & in l. 1. de testa. Doc. in l. inter pares, de re ind. ff. Ale. copiosé l. 7. Consi. 3. nu. 24. Et côs. 7 2 lib. 1. 9. in l. de pu.* §. *si quis ipsi de oper. noui. q. 8. Alex. in d.* §. *si quis ipsi, n. 22 & Ias. nu. 10. & Bar. in l. si quis ex argenta.* §. *an verò, nu. 3. de edendo. & ibi laté Ias.*

sub §. *Prat. nu. 18. Alex. côs. 89. visa, per totum lib. 2. Dicius consi. 577. viso. nu. 12 Socinus cons 32 Hippoc. consi. 61. reditum nu. 3. l. 2. Innoc. in cap. qualiter de accus. Immol. in cap. cum opporteat, de accusatio.*

grand Iurisconsulte Innocence. IIII. Et la raison est pertinente: d'autant que les tesmoins s'accordent au cas vniuersel, & crime general, en sorte que la singularité n'est pas incompatible ny repugnante, ains elle ayde & conforte la preuue. Ce que Balde[3] appelle singularité adminiculatiue, qui est bien differente de la singularité contradictoire & repugnante à soy-mesmes, qu'il appelle obstatiue: quand vn tesmoin destruict la preuue de l'autre, pour la diuersité du lieu, ou du temps, ou autres circonstances semblables. Car en ce cas la preuue n'est pas suffisante: mesmement quand il y va de la vie, ou de punition corporelle: où il faut que la preuue soit bien plus forte qu'en matiere ciuile. C'est pourquoy en matiere criminelle le serment suppletif de preuue n'est pas receuable, comme il est en cas ciuil és choses legeres, & n'est aussi receuable la conuention de se rapporter à vn tesmoin, pour asseoir iugement de l'honneur, ou de la vie, comme il est en cas ciuil [4] du consentement des parties. Et par ainsi, quand on dit que vne preuue imparfaicte ne se peut ioindre auec vne autre imparfaicte, [5] cela s'entend de deux preuues, ou de deux tesmoins, ou de deux presomptions, ou de deux crimes differens: comme si vn tesmoing depose d'vn homicide, & l'autre depose d'vn adultere, l'autre d'vn larcin: cela faict bien preuue d'vn homme sceleré: mais non pas qu'il soit prouué adultere, ny homicide, ny larron pour y asseoir

seoir condemnation de peine corporele. Car la loy de Dieu ne veut pas que la deposition d'vn tesmoin face preuue, pour asseoir iugement de condemnation: ny les loix Ciuiles ne veulent pas qu'on puisse asseoir la moindre condemnation pecuniaire. Et en cecy tous les Iurisconsultes & Canonistes sont d'accord, quelque dignité, saincteté, & reputation que puisse auoir le tesmoing. [7] Et iaçoit que Iean André, & le Docteur Alexandre soyent d'aduis, [8] qu'vn bon tesmoing sans reproche suffit pour condemner à la question: si est-ce qu'ils ne sont pas suyuis: & pour ceste cause le Roy Louys XII. par ordonnance expresse l'a defendu en ce Royaume: mais il suffira bien pour presenter l'accusé en la question en tous autres crimes: & s'il y a quelque presomption auec vn tesmoing sans reproche, il suffira pour appliquer à la question és cas qui meritent peines capitales ou corporeles. Mais en ce cas si enorme & si occulte, ie seray bien d'aduis, que l'opinion d'Alexandre, & de Iean André soit suyuie, & que pour appliquer à la question, il suffise d'vn tesmoing homme de bien, & sans reproche, ny suspition quelconque, duquel la deposition soit accompaignee de raison, ou de sens: i'entends ceux là, contre lesquels on ne peut rien dire, que les docteurs disent *Omni exceptione maiores*: mais ceux qui n'ont point souffert condemnation portāt infamie, [9] & nō pas s'ils sont reprochez

[7] *l. vbi numer. de testi. Doct.*
[8] *Ioan. Andreas in ad. ad speculū, tit. de præsumptio. §. Species versu, violent. l. Alexan. consil. 77. lib. 1. nn. 1.*
[9] *Ex l. infamem. de publicis iudiciis. ff.*

pour estre homicides, adulteres, incestueux, ou attains d'autres crimes, qu'on appelle infames de faict: & toutesfois leur tesmoignage est bon auec d'autres, comme il se pratique en tout ce Royaume, sãs auoir esgard à l'infamie du faict, ny aux canons 4 pour ce regard, qui veulent qu'on reçoiue telles reproches, ce qui ne doit estre faict. Car si on reçoit les faits de reproches, contre les tesmoins non condemnez, il faudroit faire le procez à tous les tesmoings sur les faicts des reproches, & par ce moyen les meschans eschaperoyent, & les gens de bien seroyent souuent calomniez. Et iaçoit qu'vn tesmoing soit attainct, voire conuaincu & condamné de crime public portant infamie, & non pas d'vne iniure verbale, qui ne porte point d'infamie de droit canon 3 pratiqué pour ce regard, iaçoit que la loy le tient 4 pour infame, si est-ce que le tesmoing códemné & infame, est receuable en tesmoignage, s'il y a appel, & ne sera point reproché pour ceste cause, si le iugement n'est cófirmé: comme dict la loy, & 5 toutefois le Iuge ne doit appliquer à la question pour vn tesmoing infame de faict, encores qu'il ne soit condemné: mais bien si ce tesmoing est aydé d'autres tesmoings, ou de presomptions violentes: autrement il faut attendre le iugement dernier du tesmoing reproché: & si on dit que le Iurisconsulte ¹ ne reçoit pas le tesmoignage d'vne femme accusee d'adultere, & neantmoins absoulte, le Iurisconsulte dit, *Puto notam obesse*, & ne parle que des femmes

o. l. Lucius de iis qui notantur inf. ff. 4. Gl. & Pan.in cap. sup. eo.s. de testibus Felin. ibid.
3. c.cum te, de sentétiis & re indicata.
4 l. s de iis qui notantur. ff.
5. l. furti, de iis qui notantur infamia ff.
7. Iac. Butrig. Bar & Cuneus in l. furti de iis qui notatur infamia, vult valere testimoniũ etiã si sententia confirmata sit, quia nō debet negligentia accusatio obesse procedenti. l. s. Palam §. quæ de ritu nuptiarum. ff.

LIVRE QVATRIESME. 389

mes qui sont tousiours moins croyables que les hommes : & de faict par les ordonnances de Venise, de l'an M.D.XXIIII. & de tout l'Orient, il faut tousiours deux femmes pour le tesmoignage d'vn homme, & quatre femmes pour deux tesmoings. Comme aussi les femmes n'estoyent par les loix des Romains receuables à tesmoigner en testament,[3] ou en obligation par corps. Et mesmes de droict[4] Canon, les femmes en matiere criminelle ne sont pas receuables à tesmoigner, pour l'imbecillité & fragilité du sexe. Mais les Iurisconsultes & Empereurs ont aduisé, que les plus grandes meschancetez demeureroyent impunies, si cela n'auoit lieu : Et pour ceste cause, ils ont sagement pourueu,[5] à ce que les crimes fussent testifiez par toutes personnes, & la raison est peremptoire. Car és actes legitimes on a moyé de prendre des tesmoings tels qu'on veut, & aux crimes tels qu'on peut. C'est pourquoy en ce Royaume, & en toute republique bien ordonnee, le droict Canon n'a aucun lieu pour ce regard, & le droict Ciuil est suyuy. Et au faict qui s'offre il est bien necessaire d'adiouster foy aux femmes, encores qu'elles soyent infames de faict, comme disent nos docteurs, ou bien ignominieuses [7] comme parlent les Iurisconsultes & autres auteurs latins, comme seroit vne femme impudique. Car les Iurisconsultes reçoiuent les femmes en tesmoignage, à fin que les forfaits ne demeurent impunis : qui est vne raison fort grande & conside-

3. l. qui testamento §. mulier, de testamẽt. 4. ca. foras de verb. signi. cap. & can. mulier. 32. quaest. 5. 5. l. ex eo de test. ff. noulla leonis philosoph. 48.

9. Festus Pōpeius. & Nonius ex l 4. de rep. Ciceronis l. infamen. §. qua de ritu nuptiarum, l. cognitionum de vario cognitionibus. 7. l. Ita vulneratus, ad l. Aquil. ff.

Bb 3

rable, comme dit le Iurisconsulte. Il faut pour mesme raison & beaucoup plus grande receuoir les personnes infames de faict, & de droict, en tesmoignage contre les Sorciers: pourueu qu'il y en ait plusieurs concurrens auecques indices: autrement il ne faut pas esperer que iamais ceste impieté si execrable soit punie. Or tous [8] sont d'accord, & les Iuges le sçauent tresbien pratiquer, que les complices du mesme faict de volerie, ou assasinat sont preuue les vns contre les autres, quand on ne peut autrement tirer la verité du faict, non seulement contre les autres qui ont commis vn semblable assasinat, qui est la limitation de Pierre Ancaran [9] ains aussi du mesme assasinat dont le tesmoing est conuaincu, mesmement si le tesmoing se charge luy mesmes. Et de faict, il me souuient que M. Gelee, Lieutenant Criminel de Paris, ayant condemné par l'aduis des Iuges Presidiaux du Chastelet de Paris, trois voleurs accusez & conuaincus par leur propre confession de plusieurs voleries & assasinats, ils en accuserent vn qui ne vouloit rien confesser à la question. Et neantmoins, auec les presomptions, & les tesmoignages des complices, il fut condemné, & puis executé sur la rouë. Et iaçoit qu'il declarast qu'il mouroit innocent, comme ils disent presque tous, & voulant blasphemer Dieu, pour couurir son honneur deuant le monde, si est-ce qu'il declara à son confesseur, qu'il estoit aussi coupable que les autres, le priant de n'en riē dire: mais le iuge fist

8. *Doct. in c. quoniam de testi. Bartri Panor. Fel. ibi Aretin. consil. 61. gloss. in l. vlt. de accus. C.*
9. *In consil. 24. & sequit. Grammati. consil. num. 15. & 16.*

fist appeller le confesseur, qui declara ce qui en estoit. En Allemaigne ils ont vne tres-mauuaise coustume de ne faire mourir le coulpable s'il ne confesse, quoy qu'il soit conuaincu de mille tesmoings: vray est qu'ils appliquent la question si violente & si cruelle, que la personne demeure estroupiat toute sa vie. Or tout ainsi que cecy n'a lieu sinon és crimes exceptez, & non és autres, comme disent les Docteurs[1] qui ne veulent pas mesmes que les complices tesmoings auec presomption soyent suffisans pour appliquer à la question, aussi faut-il que és crimes exceptez, comme est le poison & la sorcellerie,[2] le crime de lese Maiesté, & d'assasinat, les complices du mesmes faict soyent receuables à faire preuue suffisante, s'il n'y a reproche pertinente: comme si le complice est ennemy capital de celuy, qui accuse d'auoir eu part au malefice. Et ne faut auoir esgard si c'est le pere ou le fils. Le tesmoignage desquels ne doibt pas estre receu l'vn contre l'autre, pour autres crimes, encores qu'il n'y eust autres tesmoings pour la reuerence du sang:[3] mais cestuy-cy est singulier: Et faut ouyr la fille contre la mere en ce crime de sorcellerie: par ce qu'il s'est cogneu par vne infinité de iugemens, que la mere sorcieré meine sa fille en perdition ordinairemét. Bounin Bailly de Chasteau-Roux, depuis trois ans en fist brusler vne toute vifue, q auoit mené sa fille aux assemblees, & qui depuis reuela tout, comme i'ay dict cy-dessus. Les sorcieres

1. gloss. & Dec. in l. fi. de accus. C. & in c. 1 de confessio. in l. quoniam liberi, de testib. c. l. s. §. diu° d qua. doct. in ca. sunt ca. veniens. c. person. io de tes. specu. tit. de test. § 1 ver sic ité quod est socius. cū nus, Petr. salic. in l. final. de acc. Alex. consil. 89. l. 4. & consil. 169. li. 2. & consil. 128. lib. 4. Marsil in pract. crim. § diligēter. num. 59. in singul. 209. Dec. consil. 230. 175. 180.
2 gloss. in l. final de accusat. C. & in l de malefic. C.
3 l. parentes de testibus. C.

de Logny en Potez, furent aussi accusees par vne fille, que la mere y auoit menee : & si le pere & le fils en crime de lese Maiesté sont receus à tesmoigner, & accuser l'vn l'autre, & mesmes si les loix decernent loyer à qui tue son pere, venant pour ruiner sa patrie (comme la loy dit que tous sót d'accord en ce poinct là) pourquoy ne seront-ils receus l'vn contre l'autre en vn crime de lese Maiesté diuine, & en vne meschanceté qui emporte toutes les autres? Il ne faut donc pas s'arrester aux regles ordinaires de proceder, reprocher, ou receuoir tesmoins en vn crime si detestable, que cestuy-cy. Et à fin que les consciences craintiues s'asseurent en iugeant de ce faict icy, nous auons vn exemple notable en Exode, où Moyse, ayant veu que le peuple auoit faict le veau d'or, Ceux, dit-il, qui sont departys de Dieu, qu'ils s'approchent de moy : les Leuites se presenterent : ausquels il fist commandement de prendre les armes, & tuer chacun son frere & son prochain, qui auoyent idolatré apres le veau d'or. Ce qui estant excuté iusques au nombre de trois mille hommes, Moyse leur dit, qu'ils auoyét cósacré leurs mains à Dieu, pour receuoir sa benediction : & de faict, Dieu choisit ceux là, ausquels il donna le droict d'ainesse, & la prelature pour assister à iamais deuant Dieu, & iuger le peuple. En quoy l'on voit, combien l'idolatrie fut desplaisante à Dieu, & qu'il ne voulut pas, que pour venger l'iniure faicte à Dieu, on eust aucú esgard à la proximité de sang : encores que le

marginalia: o. doct. vi- dict a. l. Parentes. & in l. quisquis, ad leg. Iuliam maiestatis. c. 4. l. minimo de relig. ff.

o. l. 3. §. lege de testib. ff.

s. chap. 32.

peu

peuple n'eust autre intétion que d'adorer Dieu, qui les auoit tirez d'Egypte, comme il est dit au texte: mais ils formerent vn veau d'or à son honneur contre la defence à eux faicte. Combien est plus deplaisant à Dieu d'adorer le Diable? Il ne faut donc pas s'arrester aux voyes ordinaires, qui defendent d'ouyr en tesmoignage le fils contre le pere, ny le pere côtre le fils, car ce crime passe tous les autres. Or il est certain en termes [6] de droict, où il y a peril & necessité, & chose exorbitante, qu'il ne faut pas s'arrester aux regles de droict: ains au côtraire c'est droictement proceder selon le droict, de laisser l'ordre de droict, *ca. tua nos, & cap. vestra, de cohabita. clericor*. Et par ainsi, le tesmoing qui se ra presenté sans estre appellé, pour deposer contre vn Sorcier, il doit estre ouy, iaçoit qu'en autre chose il ne soit pas receuable. [7] I'excepteray seulement le reproche d'inimitié capitale, procedant d'autre cause que de sorcelerie. Car qui est l'homme de bien qui ne haisse les ennemis de Dieu & du genre humain, d'autant que l'inimitié priuee [8] pour autre cause, pourroit induire la calomnie contre l'innocent. Et iaçoit que le tesmoin en autres causes soit conuaincu de pariure, & qu'il doiue estre [9] reietté, si est ce qu'en ce crime, il sera receu auec d'autres, s'il n'a hayne capitale côtre l'accusé. Et ia-

[marginalia:]
6. *Alexander & Iaso in l. de pup. §. si quis vi nos de opera noui. & in l. 1. & ibi. Decim de of. es' tui ff. & ca. pro necess. 1. q. & inc cum cessante de opp. & in l. que propter de reg. iuris tex. in casus & ibi. Bal. & Salicet. in 1. notab. c. de te. vbi propter necessitatē dispositio iuris suspēditur. l. filio. §. hi aūt de iniusto rup. ff. An in l. nemo carcerē. de exactor. tribut. c.*
7 *Bar. in l. post legati. §. His de iis quib. vt in*

dignit. Alex. conf. 72 lib 2. 8. Bal in l. 3. de test. & authen si dicatur. eo d. c. & ib: Sal. Inn in c. cū Ioan de re Iud. Pa. & Fel in c. quoties de testib. 9. c. test. monjū de test. can. si sacr. 90. d Bal. & Sal. in l. si ex falsis de transactiō. 1 Ex l. mand. de test. ff. c. Rom. eo. & is a iud. arresto Pars si 1356.

çoit que l'Aduocat & le Procureur ne puissent, & ne doyuent estre contrains de deposer au faict de leurs parties: si est-ce qu'ils doyuent estre contrains en ce crime icy, combien que plusieurs ont tenu, qu'ils peuuent estre contraints de deposer sur le faict de leurs parties, ce requerant la partie aduerse, soit chose ciuile, ou criminele. Et combien que les complices ne facent pas preuue necessaire és autres crimes, si est-ce que les complices Sorciers, accusans ou testifians contre leurs complices, font preuue suffisante, pour estre procedé à la condemnation, mesmement s'ils sont plusieurs. Car on sçait assez, qu'il n'y a que Sorciers qui puissent testifier d'auoir assisté aux assemblees, où ils vont la nuict. Aussi voit-on en Spranger, que les Iuges d'Allemaigne procedent à la condemnation des Sorciers, sur le tesmoignage des complices, encores que les accusez le denient. Paul Grilland escrit le semblable des Iuges d'Italie: & s'est tousiours pratiqué en ce Royaume iusques à ce temps miserable, qu'on a voulu cacher l'ordure de quelques vns, qui estoyent de la partie. Et n'y faict rien que on n'est pas receuable d'alleguer & descouurir sa turpitude: car cela s'entend contre ceux qui en veulent tirer profit, & non pas contre eux-mesmes, quand ils s'accusent les vns les autres. Vray est que tout ce qui est, & qu'on peut dire des tesmoings, & quelle foy ou non, gist plus en faict, qu'é droict. Et à ce propos, on doit remarquer ce que dict Callistrate.

2. Bar. in l. deferre. §. idē de iure fisc. indicatū. Gratianop. 1454. 3. ca. vltimo de test. Bal. in l. quoniā liber. cod. C. & lib. 2. & gloss. in c. 1. in verbo, ad testimoniū, Alex. consil. 120. lib. 7. n. 3. & consil. 69. col. 89. l. 3. nu. 10. Soc. consil. 95. coll. 2. lib. 3. textus est in l. vl. de accusat. C. Bartil. in l. 1. §. si seruum, de quaestionib. Alex. consil. 160. lib. 6. nu. 8. 4. l. cū profitearis, de reuocandis donationib. C. & in l. si creditorib' de seruo pignori. C.

5 Que

Quæ argumenta probanda cuique rei sufficiant, nullo certo modo satis definiri potest, & peu apres. *Alias numerus testium, alias dignitas & atrocitas, alias veluti consentiens fama confirmat rei,de qua quaritur, fidem.* C'est pourquoy l'Empereur Adrian disoit, qu'il faut croire aux tesmoings, non pas aux tesmoignages. Car le Iuge bien exercé en sa charge, & bien entendu, iugera le tesmoignage à la veuë du tesmoing, à la face, à la qualité, & infinies autres circonstances. Mais il faut bien prendre garde, que le crime de sorcelerie ne doibt pas estre traicté en la sorte des autres : ains il faut suyure vne voye tout autre & extraordinaire, pour les raisons que i'ay deduites. Nous auons dit de la premiere & seconde preuue euidente, disons de la troisiesme, qui est la confession.

l.3.§.qua de testib.ff.

DE LA CONFESSION volontaire & forcee, que font les Sorciers.

CHAP. III.

SOVVENT les Iuges se trouuét empeschez sur les confessions des Sorcieres, & font difficulté d'y asseoir iugement, veu les choses estranges qu'elles confessent, parce que les vns cuident que ce soyent fables de ce qu'elles disent : les autre craignent que telles personnes desesperees ne cherchent qu'à mourir. Or il ne faut pas croire celuy qui veut mourir

mourir, comme dit la loy.[6] Et me souuiét auoir leu en Tertullian, que l'Huyssier d'vn Proconsul d'Afrique, demandant tout haut en l'audience, s'il y auoit point là de Chrestiens pour les punir, selon la coustume qui estoit alors: soudain plusieurs leuerét la main, disans qu'ils estoyent du nombre, à fin d'estre executez pour mourir en Martyrs. Le Proconsul les voyant resolus de mourir, Allez, dict-il, vous ietter en la mer, qui est deuant vos yeux, & vous precipitez des montagnes, & des maisons, ou vous pendez aux arbres, & cherchez qui vous condemnera. Iulian l'Empereur voyant vne ieune femme Chrestienne auec son petit enfant pendu à la mammelle, qui couroit au supplice pour estre martyree, il fist defence d'executer à mort les Chrestiens: non pas pour garder celle qui couroit à la mort, mais pource qu'il disoit, que les autres Chrestiens les faisoyent Dieux apres leur mort. Il y en a d'autres qui ne veulét pas mourir pour l'hóneur qu'ils esperent, mais pour vn desespoir, ou douleur extreme, & ne les faut pas ouyr encores que la loy les excuse, & que Platon trouue beau de faire sortir l'ame deuant qu'on la chasse, ce qu'il appelle ἐξάγειν ἑαυτόν. Mais Spranger recite auoir veu des Sorcieres qui confessoyent leur meschanceté, & supplioyent le Iuge de les faire mourir, autrement qu'elles se tueroyent, par ce que le Diable les tourmentoit si elles ne luy obeïssoyét, comme elles disoyét. Or en ce cas, la loy [7] qui dit, *in confitentem nullæ sunt partes iudicantis*, &c. ne peut

6. l. absentem. d. pænis. l. 2. cum gloss. de iis qui ante sententiã mortem ibid.

7. leg. 1. de confessis.

peut auoir lieu. Et ne faut pas que le Iuge suyue le vouloir de telles personnes. Car on tiét pour certain que la Sorciere, que le Diable afflige & tourmente, est repentie, & est en voye de salut, & par ainsi il faut la tenir en prison, & l'instruire, & vser de peines moderees & salutaires. Mais si on voit qu'elle ne veuille se repentir, il faut proceder à la códemnation de mort, encores que la Sorciere supplie qu'on la face mourir. Et quant à celles qui se sont confessees, & repenties deuant que d'estre accusees, il ne faut pas que le Iuge en préne cognoissance, s'il n'apparoist des homicides par elles confessez, pourueu toutesfois que cela soit faict sãs fraude, & que celle qui s'est repentie n'eust preueu l'accusatió ineuitable : comme fist Magdeleine de la Croix Abbesse de Cordoüe, de laquelle i'ay faict métion cy-dessus, se voyant diffamee, & grãdement suspecte, elle s'accusa d'auoir eu xxx. ans accointance auec Satan. Or il y a double confession : l'vne volontaire, l'autre forcee. Et l'vne & l'autre peut estre en Iugement, ou hors iugement. Et celle qui se faict hors iugement, peut estre deuant plusieurs personnes, ou vn seul, soit amy, parent, ennemy, ou cófesseur. Et toutes ces circonstances sont à remarquer: non pas que la verité soit plus veritable en iugement, que hors iugement, ny deuant vn confesseur: ains au contraire la pluspart desguise en public, ce qu'il confesse en particulier, soit de honte, ou de crainte. comme il se voit souuent des voleurs, qui descouurent au confesseur ce qu'ils qu'ils ne veulent iamais dire en iugement. Mais toutesfois la preuue n'est pas si forte d'vne confessiõ extraiudiciaire, que iudiciaire: ny forcee, que volontaire : Et entre les confessions volontaires, celle qui se faict deuant qu'on soit interrogé, a plus d'efficace. Car quelquesfois le Iuge trompe celuy qu'il interroge, & quelquefois il luy faict la bouche & la leçon, comme fist Auguste à vn ieune homme accusé de particide, l'interrogeant en ceste sorte, Ie m'asseure, dit-il, que tu n'as point tué ton pere. Et quelquesfois le Iuge meslera deux ou trois faits ensemble, desquels l'vn sera veritable, les autres non. Surquoy les Iurisconsultes sont en debat, si la confession, ou negation se doit prendre pour tous les faicts : & les vns [8] disent que la negation ou confession s'entend pour tout. Il est bien certain en termes de Dialectique, que tous les faicts sont articulez par disionction (ou) le tout est vray, si vne partie est vraye, encores que tout le reste soit faux : mais si les faicts sont articulez par la conionction (Et) tout est faux, si l'vn des faicts est faux. Mais ceux qui sont en iustice, sont au Temple d'equité & de Verité : Il faut donc que celuy qui est interrogé de plusieurs faicts, desquels il a cognoissance, diuise les vns des autres : & qu'il confesse les vns & denye les autres, selon la verité de ce qu'il sçait, qui est l'aduis de Bartole, [9] & de Panorme. [1] Ce qui a esté confirmé par arrest de la chambre Imperiale, [2] rapporté par Monseigneur Sena

8. *Ioã. Andr. ad Speculat. tit. de litis contest. parte 2*
9. *In l. 1. §. si stipulãti de rer obligatio ff.*
1. *Paner in c. 1. de plu. petio. 2. lib. 2. c 55. anno 1554. octob 27.*
3. *l. qui iurasse. §. penult. de iureiurando. & cap ad hoc de testi.*

Senateur, ³ contre la Comtesse de Frise Orientale. Mais c'est à faire au Iuge prudent & entendu en son estat, de diuiser les faicts en faisant l'interrogatoire. Et ne faut pas s'arrester à l'opinion de ceux qui tiennent, ⁴ que le Iuge ayant les faicts posez par l'accusateur, y adiouste, que la confession sera prise, comme estant faicte hors iugement. Ce qui n'a point d'apparence, car les interrogatoires sont actes iudiciaires. Et pour ceste cause le tiltre porte, *de interrogationibus in iure faciendis.* Ioint aussi que la confession de la partie deuant le Iuge, sans interrogatoire, n'est point sur les faicts articulez, & neantmoins elle est plus forte, que si elle estoit sur les interrogatoires, comme dict la loy. ⁵ Et en matiere criminele, & mesmement en ce crime de sorcellerie, la voye ordinaire des accusations ⁶ ne doibt pas estre suyuie: au contraire, le Iuge par tous les moyens qu'il peut imaginer, doibt tirer la verité. Or la responce de l'accusé est certaine, ou incertaine: & celle qui est certaine, est affirmatiue, ou negatiue, ou bien l'accusé dit qu'il ne sçait que c'est. La response est incertaine, ⁷ quand l'accusé respond par ambages & en doubtant, qu'il pense, qu'il croit, ou par equiuocation, si l'accusé afferme ⁸ vne chose fausse, ou qu'il denie ⁹ chose vraye, il n'est pas, si coulpable que celuy qui respõd par ambages. Car en ce cas, il faut tenir pour cõfessé la respõce equiuoque à son preiudice: car chacun doit estre certain de son fait, & ne peut ⁰ seruir

4. *Innocentius in c. cũ Bert. de iudicata. Alexã. in l. cũ de iuris. ff. s. l. si fin. §. 1. de interrogatorijs actio. & c. quoniã cõtra de probationi.*
6. *l. Ordo, de publicis iudi. ff.*
7. *vt. l. Sancimus de in re deliberandi. §. 1. similique modo. c. l. vlt. de condict. indeb.*
8. *l. si quis in iure, & l. de ætate, de interrogatoriis. ff. 9. l. non alienũ, eod. r. d. l. de ætate. §. nihil.*
0. *l. 1. §. 1. de interrogatoriis actio. ff. cap. ad excommunicacõ. de rescript.*

l'excu

l'excuse d'erreur en ce cas, s'il ne respond à propos. Mais la difficulté est, si on doit tenir l'accusé² pour confessé, s'il ne veut respondre chose quelconque, comme il y en a quelque fois. Quant au ciuil, cela n'a point de difficulté, que les faits ne soyent tenus pour confessez³ à son preiudice, en matiere d'interrogatoires, & pour deniez és escritures. Mais quand il y va de la vie, on ne doit pas tenir les faits pour confessez, s'il n'y a preuue par tesmoins. Mais s'il y a preuue, la taciturnité emportera effect de confession, en la personne de celuy qui est accusé, pour proceder à condemnation, ainsi que le cas meritera : & non pas toutesfois, si la taciturnité procede d'vn tesmoin, qui doit estre contrainct⁴ par amandes, & prisons à deposer : & neantmoins le Iuge doit auparauant proceder par tortures, selon la qualité des personnes, contre l'accusé de sorcellerie, qui ne veut rien respondre, & qu'il ayt vn bon tesmoin, ou plusieurs presomptions : & s'il ne veut rien dire en la torture, le crime sera à demy confessé, & puny selon la grandeur de la preuue, comme nous dirons cy-apres. Et en cas pareil, celuy qui de propos deliberé obscurcist sa responce, est tenu pour confessé. Et iaçoit que telle responce par interpretation de droict ne suffit pas pour la preuue des autres crimes, où il y va de la peine corporele, s'il n'y a tesmoins : (ce qui n'est pas necessaire en la confession claire & volontaire) si est-ce qu'é ce crime si couuert & si detestable, elle suffist auec les autres presōption.

Et ia

Et iaçoit que les Docteurs ont mis la confession pour d'vne des preuues necessaires & indubitables, comme il est vray en matieres ciuiles: si est-ce que la difference est bien notable, pour les circonstances des lieux, du temps, des personnes, & du crime: comme la confession d'vn enfant, & d'vn homme aagé: d'vn sage ou d'vn fol: d'vn homme, ou d'vne femme, & d'vn amy ou d'vn ennemy: en iugement ou hors iugement: d'vne iniure, ou d'vn parricide: en la torture, ou sans la torture. Laquelle varieté doit estre bien poisee par vn Iuge sage & entendu. Et ne faut pas prendre la Loy premiere, de *Confessis*, pour les autres crimes qui empottent peine capitale: que celuy qui est confessé, soit tenu pour condamné [5] s'il n'appert d'autres presumptions suffisantes, & comme dit la Loy, [6] *Si nulla probatio religionem indicantis instruat*: & mesmement si la confession est faicte en la torture, [7] ou estant presenté à la torture: car la Loy tient telle confession faicte au pied de la torture, semblable [8] à celle qui est faicte en la torture. D'autant que la peur [9] du tourment est vn tourmét. Et en matiere des Sorciers qui ont paction expresse auec le diable, & qui confessent auoir esté aux assemblees, & autres meschancetez, qu'on ne peut sçauoir que par leur confession, ou de leurs complices: telle confession hors la torture faict preuue, [4] si elle est faicte par celuy qui est preuenu, mesmement s'il est soupçonné, & tenu pour tel, encores qu'il n'apparoisse qu'il ait faict mourir homme, ny be-

5. *l. de confessis C. nec reuocabilis est l. si is de confessis. ff. sed non in atrocibus.*
l.1 §. si quis vltro, de quæstio. ff.
6. *l.1. §. diuus de quæstio. ff.*
7. *arg. l. ex incendio & l. padius, de incendio.*
8. *l.3. quorū appellato non recipiūtur. C. l item apud §. adij ciūtur vers. quæst.*
9. *l. metum autem, de eo quod metus. ff.*
4. *l qui sententiam de pœnis C. Axo. in summa de quæstio.*

stail. Car ceste meschanceté-là est plus detestable, que tous les parricides qu'on peut imaginer. Et si on dit, qu'il ne faut pas s'arrester à la confession d'vne chose contre nature, comme disent quelques vns, il ne faudroit donc pas punir les bougres sodomites, qui confessent le peché contre nature: mais si on veut dire contre nature pour chose impossible, cela est faux: car ce qui est impossible par nature, n'est pas impossible: comme sont toutes les actions des intelligences, & les œuures de Dieu contre le cours de nature, qu'on voit souuent, & que mesmes Hippocrate a remarqué, que toutes les maladies populaires viennent de Dieu, ou, comme il dit, ont quelque chose de diuin, & contre le cours & ordre des causes naturelles, où les medecins ne cognoissent rien. C'est donc vne pure Sophisterie, de dire, ceste meschanceté est impossible par nature, elle est donc impossible: comme qui diroit d'vn meschāt homme, il est bon chantre, il est donques bon. Or nous auons monstré par authoritez diuines & humaines, & par la preuue de toute l'antiquité & par les loix diuines & humaines, experiéce, iugement, conuictions, confrōtations & cōfessiōs, le trāsport des sorciers: & que la sterilité, & tempestes se font par leur moyen: Il est donc possible. Et par ainsi quand on dit, que la confession pour y adiouster foy, doibt porter chose qui soit possible, & veritable: & qu'elle ne peut estre veritable, si elle n'est possible: & que rien n'est possible de droit, que ce qui est possible

5. l. confession l. si cuius de interrogatoriis. ff.

6. l. inde Necatus ad l. Aquil. ff. c. final. de cōfess. l. 6. Bal. in l. 1. de cōfess. c.

sible par nature 7. C'est vn argument Sophistic & captieux: & neantmoins l'assomption d'iceluy est fausse. Car les grandes œuures & merueilles de Dieu sont impossibles par nature, & toutesfois veritables: & les actions des intelligences, & tout ce qui est de la Metaphysique, est impossible par nature, qui est la cause pourquoy la Metaphysique est du tout distincte & differente de la Physique, qui ne touche que la nature: Il ne faut donc pas mesurer les actions des esprits & Demons aux effects de nature. Combien que s'il est ainsi, qu'en vne minute d'heure le premier mobile faict plus de cinq cents mille lieues, par demonstration naturele: il est aussi possible, qu'en peu de temps le malin esprit porte le corps d'vne Sorciere tout autour de la terre, qui n'est qu'vn poinct, eu esgard à ce grand ciel. Ie dy donc que la confession des Sorciers d'estre transportez, est possible & veritable: & encores plus, que les Sorciers à l'aide & inuocation des malins esprits tuent les hommes, & les bestes: ainsi que nous auons en la saincte Escriture, qu'en Egypte à l'heure de minuict en vn moment, le diable tua tous les aisnez des hommes & des bestes. Le Royaume auoit deux cêts lieües de largeur, quatre cents en longueur, comme Strabon & Pline sont d'accord, & le mieux peuplé, & le plus riche, qui fust soubs le ciel. Or l'Escriture dit, que Dieu ne voulut pas que le destructeur Satan entrast aux maisons de son peuple. Ce faict là par nature est impossible: Et toutes-

7. l. 1. §. silius, de condit. instit. ff. ibi gloss

veritable que la lumiere du Soleil. Combien qu'Auicenne & Algazel disent, que telles actiós des esprits sont natureles, & possibles par nature, qui seroit tolerable s'ils entendoyent que les esprits ont telle puissance par la permission de Dieu, comme le feu de brusler: mais cela ne se peut entendre des causes naturelles & ordinaires, comme nous auons dit cy dessus. Or pour conforter la preuue des Sorciers, il faut les rapporter à la côfessió des autres Sorciers: Car les actiós du diable se rapportēt tousiours en tous pays, comme vn singe, est tousiours singe, habillé de toille ou de pourpre. C'est pourquoy on voit les confessiós des Sorciers d'Allemaigne, d'Italie, de Frāce, d'Espaigne, des anciés Grecs & Latins, estre semblables: & le plus souuent les Sorciers sont accusez les vns par les autres, comme nous auons dit cy dessus, de celuy de Loches qui accusa sa femme, & côfessa y auoir esté à la suasion de sa femme, laquelle depuis confessa tout, & fut bruslee viue: mais il suruint à Chastelleraut quasi vn semblable faict, où le mary & la femme furent accusez par vn tiers, qui estoit conuaincu d'estre Sorcier. Le mary dit, qu'il auoit esté aux assemblees des Sorciers vne fois seulemēt, pour sçauoir où sa femme alloit paillarder la nuict, & depuis qu'il n'y auoit esté: & la femme confessoit en estre aussi, & que son mary y auoit esté. La difficulté fut, si on deuoit prendre la confessió du mary à sa descharge sās la diuiser, cóme plusieurs docteurs [3] sont d'aduis, qu'il faut prendre la confession entiere

tant

tant à la charge comme à la descharge du cō-
fessant, soit que la confession fust portee par vn
article ou plusieurs. Et leur raison principale
est, que le sermēt est indiuiduel, qui est vne raison bien froide. Car par mesme moyen cinquāte stipulations en vn contract qui ne porte que
vn serment, seroyēt prises pour vne stipulation.
Chose notoirement fausse & absurde, attendu
qu'il y a autāt de stipulations que de clauses: &
autant de sentēces que de chefs, qui peuuent se
diuiser [4] en appellāt d'vn chef & laissāt l'autre:
& en cas pareil, plusieurs Docteurs sont d'aduis que la confession se peut diuiser [5], & que du
tēps de Iacques de Rauenne ceste question fut
disputee & resolüe, que la confessiō se doit diuiser: cōme il a esté iugé depuis par plusieurs arrests [6]: & se pratique tant és causes ciuiles que
criminelles: en sorte que si l'accusé cōfesse auoir
occis: mais qu'il a fait estant assailly, le premier
chef de sa confession, sera tenu pour verifié par
preuue indubitable: le second, qui fait à sa descharge, ne sera tenu pour verifié, ains il faudra
que l'accusé verifie ses faits iustificatifs: autrement il doit estre condamné [7]. Qui n'est pas en
bons termes, diuiser la confession: Car si elle e-
stoit diuisee & reiettee, l'accusé ne seroit pas
receu en son faict iustificatif. Mais quād il n'y a
point de preuue, & qu'il est impossible d'ē auoir
comme des assemblees nocturnes des Sorciers,

4. l. in hoc iu-
dicio famil.
herscisc. Bal.
& Florentī-
ibi. p l. Ctrn.
de iure pa-
tronat? Bal.
in l. 2. de re
iud. C. Felin
in c. cū inter
prima falsō.
de re iudic.
5. ex l. perfe-
cta de do-
nat. C. & ex
l. publia. §.
vlt. depositi,
& ibi Ac-
curs. Ange.
Salic. Bar.
Pan. in c. bo-
na memo-
ria. ver. ext.
de post pra-
lat. Capola
cautel. 184
si matuam
leg. 3. §. 1. de
Iureinr. Fe-
lin in c. cum
dilecti, de ac-
cusat. fine.
6. Bœrius p-
ses in decisio-
ne Burdeg.
243. num.
7. 4. l. si non

conuitij, de iniurijs. C. si non conuitij. consi. te aliquid iniuriosum dixisse
probare potes fides vers à calumnia te vindicabis. idem in l. 1. de si-
car. C.

sçauoir s'il faut prendre toute la confessiõ pour veritable, tant ce qui faict à la charge, comme à la descharge de l'accusé. Car il semble que c'est le cas auquel on doit prendre toute la deposition, ou la reietter du tout, comme en cas semblable le Iurisconsulte Alexandre [7] est de cest aduis. Car quand le Iuge demanda au mary, pourquoy il n'auoit accusé sa femme, il fist responce, qu'il vouloit sauuer son honneur, & l'honneur de sa famille. Et quant à la femme, elle disoit que son mary n'y auoit esté que ceste fois-là. Mais il n'estoit pas excusable, attendu qu'il enduroit que sa femme demeurast soüillee de la plus horrible, & detestable paillardise qu'ó peut imaginer: & s'il faut dire, il estoit conuaincu de tel maquerelage. Car nous auons mõstré cy dessus, que toutes les Sorcieres ont ordinairement copulatiõ auec le diable. Ioint aussi que celuy est conuaincu de leze-Maiesté, qui a sceu la cõiuration, & ne l'a pas reuelee, encores qu'il n'ait presté aucun consentement aux coniurez. Cela est vulgaire [8]. A plus forte raison celuy est coulpable, qui a sçeu le crime de leze-Maiesté diuine [1] & humaine, & le plus detestable qui peut estre, & la recele. Nous dirons cy apres si cestuy-là doit estre puny comme Sorcier, & de quelle peine. Mais il faut voir comment le Iuge se doit gouuerner, si la Sorciere confesse le fait, & puis apres qu'elle denie. Et en cecy il faut distinguer, à sçauoir, si la confessiõ premiere est faicte deuant Iuge competent, & sans torture, quand la Sorciere a esté preuenue & accusée. Et

en

---

[7] Consi. 80. coll. 2. vers. poss l. 7. Rota decisione 408. snit dubitatum in nouis. Castrensis cõs. 269. si. li. 2. steph Bertrand cõsil. 151. vis. lib. 3. & cos. 148. ex the mate. num. 3. li. 4. Ancaran. consi. 208. Iudex consi. pen. & consil. 207. quast. coll. 2.

[8] Doct in l. quisquis ad. leg. Iul. maiest. C. 1. ca vergẽtis, de hære. l. vl. de malefic. C.

en ce cas ie tiens qu'il se faut arrester à la premiere confession, & passer outre à la condemnation, quand il n'y auroit autre preuue. Car il s'est veu souuent, que les Sorcieres enseignees par le diable en la prison, se sont departies de leur confession. Et d'autant que ce crime est le plus couuert, & le plus execrable qu'il soit, il faut tenir la confession volōtaire des Sorciers, quand on les a preuenus, pour certaine & indubitable preuue: Me souuient que l'an 1569. il y eut vn chanoine de Laual, qui fut accusé d'auoir versé la poison au calice du Doyen de Laual: lequel apres l'auoir prise en disant la Messe de minuict, tōba par terre, & neātmoins il reiecta la poisō. L'accusé cōfessa volontairement, & sans torture: & depuis se voyāt condāné, il appella au Parlement de Paris: ce pendant on luy fist la bouche, & se departit de sa confession. Neantmoins il fut condāné d'estre bruslé par arrest, & le vey mener au supplice: ce que la Cour n'eust pas faict si la confession eust esté attachee à la questiō. Mais que dirōs nous, si la cōfession est faicte par deuant vn Iuge incōpetēt, sçauoir si elle faict preuue: Plusieurs[2] tiēnēt qu'elle ne faict ne preuue, ny presomptiō pour la torture. Et qui plus est, la pluspart[3] des Canonistes tient, que la cōfessiō extraiudiciaire ne preiudicie aucunement à celuy qui l'a faicte, & beaucoup moins aux cōplices: les autres[4] tiēnēt

2. ex. l. Diuus de cust. reor. vbi Bar. Et D. in c. at si clerici, & præcipue Fel. de iud. ext. Alber. in leg. mag. de Iurisd. Ang. Are. in §. sed si quis, instit. de suspectis tut. de cis. cap. Tol. q. 425. Socin cōs. 108. num. 5. l. 4. Guido dec. Del. 120.
3. Fel. p regula ponit cū 9. fallen. in c. olim de rescriptis. Corneus cōs. 12. li. Bal. cōs. 21. vers nā fama l. Castrēsis in l. trāsigere. & licet, de trās. C. Sal. in l bona fidei. de Iure iuran. c
4. Im. in c. p inquis de elect & in c. 2. de cōfess. Ioā. And. in c. qualiter de accus. Ang. con. 28. quidam Rom. cons. 8. viso per textum, & gl. in l. c. 5. de adu. ff. & per l. ictus fustiū. de iu qui notātur infamia. Pan. in c. de hoc de simonia, & in c. olim. de resc.

que la confession deuant Iuge incompetent, ne sert que de presomptions & coniectures. Or l'erreur est prise de ce que dit Vlpian en la loy *certum. §. si quis absente, de confessis. ff.* où il dit, que celuy n'est pas iugé, qui a confessé en l'absence de partie aduerse: mais ce n'est pas à dire que la confession soit en iugement, soit hors iugement, soit deuant Iuge competent, ou incompetent, ne face preuue plus ou moins: & de faict, les mieux entendus⁵ en pratique tiennét, que la confession n'a point d'effect en l'absence de partie, si sa presence y est necessaire. Et si le Iuge incompetent a cogneu du faict, & instruict le procez & que par deuant luy l'accusé ait confessé, si les procedures sont mises au neant pour l'incompetéce, ou autre nullité, les preuues neantmoins demeurent en leur force. Autrement plusieurs crimes & criminels demeureroyent impunis: auquel incóueniét faut obuier par tous moyens, comme dit la loy ⁶: & faire tellement que l'iniquité & absurdité de la loy ostee, 7 & mesmement au faict des Sorciers, où la preuue est si obscure, & les meschancetez si couuertes, que de mille à peine qu'il y en ait vn puny, il ne faut pas que l'incompetence face perir la preuue. Nous auons dit de la confession volontaire, qui est la troisiesme preuue, qu'ó appelle necessaire: car quát à la confession forcee, & qui se faict en la question, elle peut bien seruir de preuue, si l'accusé persiste apres la question: autrement s'il ne persiste, c'est pluftost presomption que preuue necessai-

5. arg. in l. Papinianus §. meminisse de in offic. Bar. in l. cum facta de Iuris & facti Imm ol. & Ante. But. in c. si cautio, de fide instrumentorum.
6. l. ita vulneratus, ad l. Aquiliā. ff.
7. l. saluius de legatis prastandis. ff.

cessaire. Disons donc des presomptions qu'on peut recueillir contre les Sorciers.

DES PRESOMPTIONS
contre les Sorciers.

CHAP. IIII.

QVAND les trois preuues euidētes defaillēt, c'est à sçauoir, le fait permanent & notoire, la deposition cōforme des tesmoings sans reproche, & la confession volontaire, & reiteree de l'accusé preuenu deuant la confession, il faut examiner les presomptions qui peuuent seruir à la preuue, & punition des Sorciers. Or il y a des presomptions temeraires, les autres probables, les autres violentes: quant à la derniere, elle peut estre fondee en droict, & qui est plus forte que toutes les autres preuues: contre laquelle la preuue n'est receuë au contraire, comme les Docteurs [1] demeurent d'accord. Comme celle, sur laquelle Salomon donna son iugement sur le debat de deux meres, qui debattoyēt pour auoir l'ēfant. [2] Et Claude l'Empereur, qui commanda à la mere d'espouser celuy, qu'elle ne vouloit recognoistre pour enfant. [4] On me dira, que Salomō & l'Empereur se pouuoyent abuser. Ie le confesse: aussi peut-on aux tesmoins sans reproche, & aux confessions: comme nous auons monstré de l'esclaue, qui fut executé sur la cōfessiō

1. c. ad id. c. is qui. de sposa. c. per tuas, de condit. apposit. l. si quis adol. de adul c.
2 in c offerte, de præsumptio.
4. Sueto. in Claudio

par luy faicte d'auoir tué celuy qu'on cerchoit qui depuis se trouua : C'est pourquoy la Loy dit, qu'il ne faut pas adiouster foy à la seule confession de celuy qui est homicide, s'il n'appert de celuy, ¹ qui est tué. Mais les presomptions qui sont de droict, ² & articulees au droict, sont fondees sur vne raison naturelle. ³ Car il n'est pas à presumer, qu'vne mere n'aimast mieux que son enfant fust adiugé à vn autre, que le veoir tuer, ayant faict tout ce qu'elle pouuoit pour l'auoir. Et celuy qui ne veut iurer sur vn faict par luy denié, ny referer le serment à celuy qui l'offre, se rend conuaincu du faict. Nous lisons d'vn Alphonse Roy de Naples, que sur la denegatió que le pere faisoit de recognoistre son fils, commanda qu'on le vendist à vn marchand de Barbarie. Alors le Pere cogneut son fils. Ceste presomption là vuida le differend. Et neantmoins s'il y a preuue euidente de faict contraire, elle est receuë ⁵ contre la presomption, quoy que plusieurs ⁸ tiennent, que la preuue n'est pas receuë contre la presomption du droit. Car la preuue de celuy, qui monstre quittance du payement, ⁶ est receuë, iaçoit qu'il n'ait voulu iurer auoir payé, ny referer le serment : d'autant qu'il pouuoit auoir oublié s'il auoit payé, ou non : & ne sçauoit s'il auoit la quittance. Mais il ne faut pas prendre pour vne presomption du droict, les esblouïssemens des yeux que font les Sorciers, & les miracles contre nature : car la Loy de Dieu met ceste preuue pour certaine & indubita-

1. l. itm̄ mela ad l. aqu. ff.
2. l. manifesta de iure iur. & ibi Bart. l. si his qui adul. ad l. Iul. de adu. c l. excipiuntur ad sya. ff. 2. auth. non licet, de liberis præteritis. c l. iura sāguinis de reg. iu. S. Alex. cōs 158 lib. 1. nu. 9 & gl. in l. si tut. de Periculo & commo. Titaq. in l si vnquā de reuocan. don. nu. 133. C.
8. Doct. in l. manifesta tur ff. de Iureiur. ff. Pan. In c. offerte de præsumpt. & in c. quādo, cod.
6. in c. quāto de præsū. Ioā. de Gra

bitable, (Tu ne laisseras point viure ce qui charme les yeux, c'est à dire *machkepha*) chose dont elles ne se cachent point. Car la loy de Dieu tient pour tout certain & indubitable, que tous ceux là qui charment, ont paction auec Satan: faisant chose contre le cours de nature. Si donc pour venir aux presomptions des Sorciers, on trouua les enfans tuez en la main de la mere, encores qu'il n'y eust autre qu'elle à la maison, il ne faut pas presumer, qu'elle ait commis le parricide, attendu que la presomption de tout le droict [2] est au contraire, & sera absoulte s'il n'y a preuue bien euidente, par laquelle elle soit côuaincue du parricide. Mais si elle a le bruit d'estre Sorciere, il est à presumer qu'elle est parricide de ses propres enfans, si elle n'est iustifiee par preuues au contraire. Il est aduenu à Cœuures le 2. de Feurier, 1568. que Catherine Daree coupa la gorge à deux filles: l'vne qui estoit sienne, l'autre à sa voisine, & si n'estoit diffamee d'estre Sorciere: mais elle confessa que le Diable en guise d'vn homme haut, & fort noir luy auoit faict faire, & fut bruslee, car elle ne voulut appeller, quoy que le Bailly de Cœuures luy remonstrast qu'elle pouuoit appeller: elle dist qu'elle auoit bien merité la mort. En cas pareil le Baron de Raiz fut côuaincu, & confessa d'auoir tué & sacrifié huict enfans au Diable, & que Satan luy dist qu'il failloit encores sacrifier son propre enfant, & le tirer du ventre de la mere, qui en sentit le vent. Et par ce moyen son procez luy fut faict.

Nous

fis in de. c. quando. Et Cynus in aut. sed id. eod. de don. ante nupt. c. & §. in aut. de a- qual. dotis.

2. l. vl. prin. decur. furios. l. pen. §. de vno, de rit. nupt. l. creation. de Episcop. audientia l. humanitatis, de impuberum & aliis substituit. C.

Nous lisons en la vie de Manasses Roy de Iudée, qui fut le plus grand Sorcier de son aage, qu'il sacrifia ses enfās au diable, qui luy promettoit de le faire grād: Et neantmoins il fut prins par ses ennemis, & perdit son estat. Il faut donc presumer q̄ le Sorcier est parricide, attendu la presōption du droict Diuin. Et si l'enfant du Sorcier ne se trouue, il faut presumer qu'il l'a sacrifié au diable, s'il ne verifie du cōtraire: Et la presōption du droit Diuin est fondee en raisō. Car celuy q̄ a perdu toute pieté diuine, & s'est rendu esclaue du diable, a aussi perdu toute affection & pieté humaine, & affectiō naturelle. Et faut presumer qu'il a fait tout ce que les Sorciers ont accoustumé de faire. Et iaçoit qu'on doit presumer² quelque chose estre faicte par erreur,³ plustost que par malice, s'il n'appert du contraire: toutesfois on doit tousiours presumer que les Sorciers n'ōt rien faict par erreur, ains par meschāceté & impieté: Et faut presumer toutes sortes de meschancetez ordinaires aux Sorciers, en celuy qui est Sorcier, au lieu q̄ celuy qui n'a point esté cōdāné que de larcin, ou de faulseté, ne doibt estre diffamé, ny presumé coulpable ⁴ d'autre meschanceté q̄ de larcin, ou de faulseté. Si donc vne Sorciere a esté cōdānee cōme Sorciere, elle sera tousiours reputeé Sorciere: & par consequent presumee coulpable de toutes les impietez, dont les Sorciers sont notez. Et iaçoit que la condānation ne soit point ensuyuie, si est-ce que l'acculatiō

4. *Canoniste in cap. 1. de præsumpt.*

la

la renommee, & le bruit cõmun suffira pour la presõption violente, & pour l'infamie du faict. Car si la loy⁵ veut, que la féme accusee de paillardise & absoulte, demeure notee toute sa vie, combien plus doit-on estimer celle estre notee & diffamee qui a le bruit d'estre Sorciere? Car c'est vne presomption tres-violente, quãd vne femme a bruit d'estre Sorciere, qu'elle est telle, & qui suffit pour la cõdãner à la question auec quelques indices ioints au bruit commun, iaçoit que l'ordonnance de Louys x 11. Roy de France ne veut pas qu'on donne la torture, s'il n'y a vn tesmoing sans reproche, auec indices : Et ne faut pas aussi appliquer à la torture pour vn bruit commun és autres crimes de droict. En cela tous les Docteurs⁶ presque en demeurent d'accord, iaçoit que par coustume de Mantouë, la commune renommee suffit de quatre tesmoings, qui deposét l'auoir ouy dire pour appliquer à la questiõ en tous crimes qui meritent la mort. A plus forte raison celuy qui a le bruit commun, & constant d'estre Sorcier, doit estre appliqué à la question :⁷ & au contraire, si la femme est accusee d'auoir fait mourir quelqu'vn, & qu'elle n'ait iamais esté suspecte d'auoir esté Sorciere, si la preuue de homicide n'est bien claire, on ne doit pas asseoir iugement⁸ de condemnation, mais ordonner

5. l. Palã §. qua inadu. de ritu. nuptiarum ff. 6. Ioã. An. in add. ad spec. tit. de prob §. videndũ vers. 13. Bal in l. milites, de qua. cynus in l si. eo. C. Butri. in ca. veniens col. 4. de testib. Alex. cons. 5 coll. 2. l. Iaso in l ad monendi, colla. 15. de Iur. ff. Mar in l. de minore. § plurium, col 5. vers. alteriº de quæstionib. Feli. in ca. veniẽs. 1. de test. col. 5 Marsi. in praxi criminũ §. diligẽter. num. 8. 6. Cũ fama constans legitima probationis vim habeat, nisi contraria probatione refellatur l. si mater. ne de statu. defunct. C. l 2 si seru. vel libertus sa. q si j sint legitimi. §. cũ in inuentutie de præsũ extr. l. nõ oẽ § à Barbarie, de re mil ff l. d si si. mala fama in eo gnere mali presũt est aduersus eũ. l. 4. de suspect. tut. ff. l. 1 si q simperat. maledixerit, i vlt. de ast.

qu'il

qu'il en sera plus amplement enquis, & ce pendant luy faire ouuerture des prisons. Mais quâd on veut s'arrester au bruit commun, & à la renommee, il faut que le bruit ait commécé par gens dignes de foy, & non pas des ennemis. ¹Ceste limitation me semble necessaire, pour oster occasion aux meschans de calomnier les gens de bié: & n'est pas necessaire que le bruit cōmun soit de la plus part du peuple, comme quelques vns ² ont voulu. Car si la ville est grāde, il suffit bien que le bruit soit de tous les voisins, qui sçauent mieux la vie de leurs voisins, que les autres plus esloignez. Et par ainsi il suffira de vingt personnes, autant que font deux tourbes pour prouuer le bruit commun. Et si on dit qu'il ne faut s'arrester à la voix d'ū peuple, qui est reputee vaine, ³ cela est bien vray quand on peut iuger le contraire sensiblemét, ou par discours fondé en raison. Mais quand il est question des Sorciers, le bruict commun est presque infallible, ⁴ mesmement s'il y a apparence, ce que les Docteurs ⁵ appellent *legitimā famam*. Et à plus forte raison, si outre le bruict commun il y a des indices, comme si la Sorciere, quand on la prend, dit: Ie suis morte, ou bien, ne me faictes point mourir, ie diray la verité: Car c'est alors qu'elle sent en son esprit vn changement notable, comme fist vne Sorciere, de laquelle le pcez m'a esté apporté par le Bailly de Tenailles. Car c'est vn trescertain

1. canon. sic limitatin c. qualiter & quando de acc. Bar. in l. de min. §. tormēta de q. Alex. ibi in addit. Salice. in l. ea quidem de accu. C. Textus in c. Inuētute extra de pur. canō. Def. cons. 37. in causa. coll. 6. nu. 9. & 10. & cons. 133. viso processu. 2. gl. in l. 3. §. eiusdem, de test. qua Bar. vtitur in l. minore §. plurium de quaſt. 3. in l. decurionum de pœnis. 4. Panor. & Felin. in c. veniens 1. de test. Paris. cōs. 154. n. 4 nu. 13

vsque ad 18. 5. Bal. in l. diffamari de ingenuis manumiſ. C. & in c. veritate d. l. veritē & in l. proprietatis fine, de probationib. C.

signe

signe de mesfait, quand la personne se condãne deuant qu'on l'accuse: comme fist vn parricide, lequel ayant tué son pere, & voyāt vn nid d'arondelles, il tue les petits & les foule aux pieds: & sur ce qu'on l'accusoit de cruauté, il y a, dit-il, trop long temps qu'elles ne font que me reprocher que i'ay tué mon pere: ainsi que Plutarque recite: & sur cela on le prẽd, on l'applique à la question, il confesse le faict. Ou biẽ si la sorciere promet guerison de celuy qu'elle a affligé, & qu'elle s'en fuit n'ayant rié peu faire: comme fist Ieanne Heruillier, de laquelle nous auons parlé cy dessus. Car l'homme innocent d'vn tel crime, ne craindra iamais les calomnies qu'on craint és autres crimes. Quant aux coniurations de paroles & prieres à Satan, que faict le Sorcier pour oster les malefices, c'est vne presomption tres-violente, que cestuy là est Sorcier. Car mesme la loy ciuile punit capitalement les exorcistes, *l. 2. & 3. de maleficys.* C. la Loy entend ceux qui faisoyẽt mestier de coniurer les diables, & de fait les chassoyẽt: qui estoyent alors les plus grands Sorciers, qui soubs voile de religion, comme dit Hippocrate au liure *de Morbo sacro,* faisoyent des coniuratiõs & prieres. Et iaçoit que la loy ne punisse à mort celuy qui guerist par telles voyes, si est-ce que la loy de Dieu veut, que le Sorcier soit puny à mort. Car il est certain qu'il a traicté auec Satan, & pour vn qu'il guerist, il en faict deux malades, comme nous auons monstré. Et quand il n'y auroit que l'obligation au Diable

ayant

ayant renié Dieu, cela merite la mort la plus cruelle qu'on puisse imaginer. Les autres indices sont, la contenance du Sorcier, qui baisse ordinairement la veuë contre terre, & n'ose regarder en face, les variations aux interrogatoires, & sur tout, si le Sorcier est descédu de pere ou mere, sorciers. Car c'est vn argumét bien grand auec le bruit commun, d'autant que le plus agreable sacrifice que le Diable desire de telles gens, est de voüer & dedier leurs enfans à son seruice, si tost qu'ils sont nez: cóme i'en ay remarqué des exemples. Et n'y a pas long téps, que M. Antoine de Loan Lieutenant general de Ribemót, me dit, qu'il auoit faict le procez, à vn nommé Claude Vvatier, accusé de plusieurs sortileges, duquel le pere Nicolas Vvatier est mort en prison pour mesme crime de Sorcellerie: & sa mere grand nommee Catho: auoit esté bruslee toute viue. I'ay remarqué le sémblable de Ieanne de Heruillier, q fut bruslee viue, de laquelle la mere auoit esté condamnee par arrest à estre bruslee viue, & la petite fille estoit ia dediee à Satã, quand sa mere fut prise: & en cas pareil Barbe Doré qui fut aussi bruslee, & les Sorcieres de Longny en Potez, & les Sorciers de Valery en Sauoye, & celle de Chasteaux-Roux auoyét fait leurs filles Sorcieres: tellement que on peut faire vne reigle qui n'aura pas beaucoup d'exceptions. Que si la mere est Sorciere, aussi est la fille, cóme on dit, pour l'impudicité que la fille semble à la mere: qui n'est pas tousiours veritable. Mais quant aux

sor

3:l vnius §. vestes, de quest. c. lite rus de præ- script. Bar. in l. vlt. de q. Ancar. flex. cós 288. consil. 77. l.1. Socin. cons. 15 bli. 1.

Sorcieres, la reigle est presque infallible, comme il s'est trouué par infinis procez. L'autre presomption est, si la Sorciere ne pleure point, qui est vne des plus fortes presomptions que Paul Grillād, & les Inquisiteurs ont remarqué, pour en auoir fait executer bien grād nombre. Le Lieutenant de Ribemont, duquel i'ay parlé cy dessus, m'a dit, que l'vne des Sorcieres, ausquelles il a faict le procez, confessa qu'elles ne peuuent ietter que trois larmes de l'œil dextre: ce qui m'a semblé digne d'estre remarqué. L'autre presomptiō est, si la Sorciere s'est trouuee en la maison, ou en l'estable d'autruy, & que peu apres la mort ou maladie soudain soit aduenue à quelqu'vn, encores que la Sorciere n'ait esté saisie des poudres, & qu'ō ne l'ait veu ietter le sort. Car ceste preuue seroit euidente. Mais quant à la presomption derniere, elle est tres-violente: & de presomption semblable vse Cornificius [1], & Bartole [3] contre celuy qui a esté veu, où il n'auoit accoustumé de frequēter, quand le crime a esté fait, ou qui a esté trouué pres de l'acte,[4] & crime perpetré. Nous en auōs les histoires recentes, mesmement de Cazal en Piedmond, où lon apperceut, qu'vne nommee Androgina entroit és maisons d'autruy, & tost apres les personnes mouroyent. Elle fut prise, & confessa la coniuration de toutes les Sorcieres ses compaignes, qui estoyent enuiron quarante, qui gressoyent les cliquets des portes, pour faire mourir les personnes. Cela aduint l'ā 1536. & depuis encores [7] à Geneue il aduint vn

1. ad Herennium.
3. Bar. in l. fin. in fine de qua. Salices. l. vlti. eod C. Paris de Puteo in tract. Sinodic. verbo viso, ex l. 1. § quid ergo ad Syllamanum.
4. Bar. in l. fur de furtis. ff.
7. Argumē 10 l. 3. §. nullus, de excus. tui l. itē apud Labeonē. §. adduxisse de iniuriis. ff. l. nullus. §. 1. de actio. empt. ff. l. ediles. §. Padius de aditio edicto ff.

cas semblable l'an 1563. & la peste fut en ceste ville-là pres de sept ans, où plusieurs mourent. Nous lisons vne semblable histoire de cent septante Sorcieres, qui furent aussi executees en Rome pour cas semblable, sous le Consulat de Claudius Marcellus, & Valerius Flaccus: auquel temps on ne les prenoit que pour empoisonneresses. L'autre presomption est, la frequentation auec les Sorciers attaints & conuaincus, qui est aussi fort notable. Car chacun se ioint auec son semblable. C'est aussi grande presomption, quand celle qui est soupçonnee a accoustumé de menacer. [8] Car le naturel des femmes impotent brusle d'vn appetit de vengeance incroyable, & ne peut tenir sa langue, si elle a puissance de nuire, qu'elle ne menace: & si apres les menaces la mort s'ensuit, c'est vne presomption tres-violente [9] en tous crimes, & necessaire en cestuy-cy. Baptiste Zilet grand Iurisconsulte au conseil. LXXIX. allegue d'vn nommé Antoine Zund Allemand, lequel estant accusé d'auoir faict mourir vn nommé Valentin, vn peu deuant qu'il mourut, il auoit dit, que l'annee ne passeroit pas qu'il ne sechast comme vn baston: & de faict il mourut. Le Sorcier fut appliqué à la question, ce qui suffiroit en tous autres crimes, [o] & en cestuy-cy telle menace est encores plus violente : Et la confession hors iugement és autres crimes suffist à la torture. [4] En cestuy-cy, elle suffist à la condamnation: comme en cas pareil, si le

coul

---

[8] Bald. in l. pacumenº, de hæredi. instit. ff. argu. leg ff. bi qui adulterij, de adulteriis. c. l. si verò nō. mādati. ff. l. 3. de repudiis, ff. l. famosi, ad l. Iul. maies ff

[9] Spe. tit. de præscr. §. species, versu, sed pone. Alber. in l. metu, quod metº. C. Bal. & Imm. in l. 1. de seruis fugitiuis. C. Fe. in l. cum oportet de accus.

[o] l. de minore. §. tormēta de quæst. Ang. Aret. in sua inquisi. in glo. super verbo comp.

[4] l. c. 5 de ad. ff. vbi gl. & Bar.

coulpable a demandé pardon hors iugement de l'homicide commis, la torture y eschet, s'il denie en iugement: en ce crime icy si detestable il suffit pour la condamnation à la peine, qui sera reiglee selon la qualité des personnes. Car tous les Docteurs & practiciens demeurent d'accord,[3] que l'accusé est conuaincu, s'il a requis pardon en iugement du crime dôt il est attaint, encores qu'il s'en departe puis apres:& demeurent aussi d'accord,[4] que la confession faicte hors iugement & puis reuoquee, suffist à la torture és autres crimes. Comme en cas pareil, les mensonges [6] & variations sont indice,& presomption violente contre les Sorciers, pour les appliquer à la question. Or il faut que le iugement de ce crime si detestable soit traicté extraordinairement, & autrement que les autres crimes. Et qui voudroit garder l'ordre de droict & procedures ordinaires, il peruertiroit tout droict diuin & humain:[7] ne faut pas aisement appliquer les Sorciers à la question. Car les Iuges ont remarqué qu'ils n'en tiennent pas grand compte, qui pourroit causer l'impunité:Car apres la question, si l'accusé a bonne bouche, il est eslargy par tout:qui est le plus grand danger qui puisse aduenir en l'Inquisition de ce crime de leze-Majesté diuine & humaine, & qui comprend 9 tous les autres crimes qu'on peut imaginer. Car combien que le diable ne puisse deliurer le Sorcier de la main de Iustice:si est-ce qu'on a veu que les Sorciers ne sont pas delaissez de Satan, s'ils ne se repen-

3 c. venerabilis. de cle. & D. in c. exhibita. de homicid. Ioã. And. Hostien. But. Car. Pa. ibi. 4 Bar. in d. le cap 5. de adu. glos. l. ictus fustiũ de iis qui notan. Far. & alij D. in l. quoniam de infam. Ale. & socin. cõmunem esse tradũt in l. mag de Iur. 6 l. vnius. §. testes. de qu. & c. literas, de præsumptio. ext. 7 c. tua nos. c. nostra. de cohabitatione clericorũ & mulierũ c. cum dilectus, de cõs. & aff. 2. q. 1. can. prohibitur. §. vlt. 9 l. 3. 4. & vl. de malef. c. vrgentis de hære.

Dd 2

tent. Et mesmes Satan leur nomme celuy qui est leur ennemy. I'ay sceu de M. Adam Martin, Baillif de Bieures, que lors qu'il fist le procez à vne Sorciere de Bieures, elle luy disoit souuét, Ie sçay bien que tu me feras vn meschant tour: & deuant que la sentence luy fust prononcee, elle luy dit, qu'il la feroit brusler toute viue. Ce qui fut faict par la faute du bourreau, qui deuoit par la sentence l'estrangler, mais il ne peut: ains au cótraire ils sont dissuadez par Satan de dire la verité. Et quelquesfois il empesche qu'ils ne sentent la question, comme l'escrit Spranger l'Inquisiteur, qui n'est pas d'aduis qu'on applique les Sorcieres aisément à la question. Toutesfois ie seray tousiours d'aduis, si c'est vne ieune fille, vn ieune enfant, ou vne femme delicate, ou quelque mignard, s'il y a presomptions violentes, qu'on presente les vns à la question auec terreur, & qu'on y applique les autres; & non pas les vieilles Sorcieres endurcies & opiniastres en leur meschanceté. Et apres qu'on aura tiré verité de celuy qu'on aura appliqué à la question, il faut soigneusement le garder, à fin que le diable ne parle à luy, & puis derechef 24. heures apres luy repeter sa confession, suyuant l'ordonnance du Roy Louys douziesme. Car pour en tirer preuue necessaire, il faut persister, comme l'ordonnance veut, qui a esté cófirmee par plusieurs [2] arrests. Autrement si la Sorciere se depart hors la question, il ne faut pas y assoir iugement [3] de condamnation de mort: ny d'autre peine corporelle,

Paris de puteo in tra ctat. de syn c. tortur. sylu est. pri in tra. de strig. demóst. mi ran. li. 4. c. 5 Pau. Gril land. in tracta. de q. 4. q. Hippolytus de Marsi in l. repetit. col. 4. de q vid. sup. c. 1. li. 4. 2. an. 1535. mense Augusto. 3 l. 1. § diuus seuerus que. ff. l. si cut eod. c.

tele, s'il n'y auoit d'autres presomptions. I'ay dit cy dessus, que l'ordonnance de Louys 12. qui defend d'appliquer à la question pour vn tesmoing sans reproche, s'il n'y a autres indices, ne doibt auoir lieu au crime qui s'offre, où la preuue ne se peut auoir que bien difficilement. Car si pour crime de leze-Maiesté humaine, il est permis d'appliquer¹ à la question sur la simple presomption, comme il s'est tousiours pratiqué : & mesmes que les Docteurs³ sont d'accord és autres crimes, qu'on peut appliquer à la question sur la deposition d'vn seul tesmoing sans reproche, & proceder à la condamnation de mort sur la deposition de deux tesmoings, suyuant la loy de Dieu, & les ordonnances humaines. A plus forte raison les Iuges doyuent promptement, comme dit Balde & Alexandre, appliquer à la question pour vn crime si abominable, sur la deposition d'vn tesmoing sans reproche, ou sur les presomptions violentes & vrgentes : Et la raison est, qu'vn tesmoing sans reproche faict demie preuue, comme si le mary depose qu'il a esté conduit par sa femme aux assemblees des Sorciers, & qu'elle denie, elle doit estre appliquee à la torture, si elle n'allegue haine capitale, ou pariure du mary. Car ces deux poincts de reproche sont tousiours receuables, & mesmement le pariure, qui ne doit iamais estre receu en tesmoignage pour faire presomption & indice: s'il n'est aidé d'vn bon tesmoing, ou autre presomption bien violente, comme si le Sor-

1. *Faber in l. si quis, ad l. Iul. maiesf. c.*

3. *Accurs. in d. l. si quis, & ibi Bal. & Salic. Mat. afflic. in constit. Neap. tit. de iis qui fideiussores nu. 17. licet verba legis, ma ritis de q. ff. repugnare videtur. Suotd. Bal. in l. 3 de episc. audientia. c. Ang. in l. 1. de ma lec. c. & in l. quicunque, de seruis fugit. c. promptior. (in quit) esse det index ad torturam idē Ale. lib 3. cons 60. Afflictus in consuet. Neapol. 3 de nox. c. 2. testimoninm, de tes. c. sicut nobis fin. Raphael*

cier se trouue marqué: qui fut le moyen par lequel le Sorcier Trois-eschelles en descouurit plusieurs. Mais ie suis bien de l'aduis de Daneau, qui dit que les plus grands Sorciers ne sont point marquez, ou bien en lieu si secret, qu'il est quasi impossible de les descouurir. Car i'ay sçeu d'vn Gentil-homme de Vallois, qu'il y en a de marquez par le diable sous la paupiere de l'œil, sous la leure, & mesmes au fondement. Mais Trois-eschelles disoit que ceux qui estoyent marquez auoyent comme vne piste, ou pied de lieure, & que l'endroit estoit insensible, encores qu'on mist vne aiguille iusques aux os. Ce seroit bien vne presomption tres-violente, & suffisante auec d'autres indices, pour proceder à la condamnation: comme en cas pareil, la deposition du Sorcier repenty, qui en a accusé plusieurs en mourant, doit seruir de presomption violente contre les autres. Car il est à presumer, puis qu'il s'est repéty, & qu'il a inuoqné Dieu, qu'il a dit la verité. Mais aussi il ne faut pas y adiouster foy, si le Sorcier est mort obstiné, comme la pluspart meurent, & ne peuuent ouyr parler de Dieu. Qui seruira de limitation à la regle des anciens Docteurs: q̃ celuy qui meurt, est presumé de dire verité. Sur laquelle deposition nos peres anciens procedoyent à la condamnation : comme il se faisoit aussi en crime de leze Majesté. Et de faict, Neron fist mourir les plus intimes sur la deposition de ceux qui mouroyent, qui n'auoyent autre but que de se venger de leurs ennemis en

mou

mourant. Tout cela depend de la discretion d'vn Iuge prudent & bien entendu, qui peut voir, si celuy qui meurt parle pour se véger,[2] & s'enquerir diligemment s'il a inimitié contre ceux qu'il defere. Il y en eut vne Sorciere nommee Beraude bruslee à Maubec pres Beaumót de Lomaigne, & lors qu'elle fut sur le point d'estre bruslee on luy demanda, si vne Damoiselle, qu'elle auoit accusé, en estoit: la Damoiselle luy fut confrontee, qui le nia: mais la Sorciere luy repliqua ces mots, *No scabes tu pas, que lo darre cop que nos hem lo betran à la crotz du pastis, tu portaues lo topin deus posons?* C'est à dire, ne sçais-tu pas que la derniere fois que nous fismes la danse à la croix du pasté, tu portois le pot des poisons? La Damoiselle demeura muette, & ne respondit rien. En quoy elle se monstra conuaincue. Mais si le Sorcier meurt opiniastre, il faut presumer qu'il est ennemy iuré de Dieu & des hommes: qu'il voudroit tout faire mourir en viuant: comme disoit Neron le grád maistre Sorcier, corrigeant le dire de celuy qui desiroit qu'en mourant le ciel & la terre fussent reduis en cédre, il disoit, *me moriente.* Mais Neron dit ἐμοῦ ζῶν[τ]⊙, c'est à dire, moy viuát. C'est le cas auquel vne presomption destruit l'autre [4]. Et neantmoins le Iuge ne doit pas mespriser la deposition de celuy qui meurt. Car il se peut faire qu'elle sera veritable, comme nous auons monstré cy dessus, que les Sorciers font souuent mourir les Sorciers: & que Dieu ruine ses ennemis par ses ennemis, comme dit Ieremie.

2. Vide Bal. in tit. de pace constant. verbo rassali in fine l.ass in l.1. col.2. Oldra. cons. 192. viso. Hipol. Mar. in par. §. restit. col. 12? & in rubrica de fideiuss. col. 78. & seq. latiss. Bart in l. si quis in graui. §. 1. ad syllanian. ff.

4. le diuus. de inintie. rest. 22. q. 2. c. 1. Est &c. ne quis authensur.

Mais si l'accusé par vn Sorcier obstiné allegue pour ses faicts iustificatifs, qu'il a tousiours vescu en homme de bien, il doit estre receu en sa iustification: & au contraire s'il appert que l'accusé soit aussi suspect, ou qu'il ait autresfois esté attaint, & non iustifié, ou puny, il faut presumer cōtre luy qu'il est Sorcier. Et iaçoit qu'ō trouue qu'il ne faut pas receuoir la preuue cōtre presomption de³ droit, & que de droit diuin, la Sorciere est presumee homicide, voire parricide: si est-ce qu'elle sera receüe à representer, ou monstrer en vie ceux qu'on l'accuse auoir tuez. Car ce faict iustificatif qui depend de l'euidence⁷ est plus fort, que toutes les preuues & presomptions contraires, quand le faict est permanent: tout ainsi que nous auons dit cy dessus, que la verité du faict permanent cōtre la Sorciere, est la plus euidente preuue qui soit. Mais la maxime de droit ° est, que la preuue moins legitime doit suffire, toutesfois & quantes qu'on ne peut auoir le preuue és crimes atroces, & mesmemēt nocturnes, comme cestuy-cy. Mais le Iuge bien entendu ioindra toutes les presomptions, pour recueillir la verité: pourueu toutesfois qu'il ne face comme plusieurs Iuges d'Allemaigne, qui cerchét d'autres Sorciers qui font danser les tamis, pour sçauoir si celuy qui est accusé est Sorcier, ou en faisant prēdre des souliers neufs gressez d'oing de porc aux ieunes enfans, qui vont à l'Eglise, de laquelle les Sorcieres ne peuuent sortir, s'il ne plaist à ceux qui ont les souliers: ou bien de lier

3. l. atique, a velle, C. l. vl. ad mace. l. vl. arbitr. tutela. c l a diuo Pio. §. si pignora de reiudicata. ff. Alex. in l. inter stipulatem. §. 7. de verb. o bli. & consf. 47. & cōs. 91 col. li. 6. Rom. cons. 360. Hippol Mars. in l. 1 §. ad q. speculi in tit. de presumptio. 1. Feli. in c. quāto, de psūptio Bal. ē l. cō tra negatē eo. P. o. cōs. 350. col. 8. Ale. in l. vnica. vt q defunt advocatu. C. & cōs. 118. col. penu.
o ptērea, cū gl. ext. de test. Pa. in c. venerab. col. 2. co. l si iiij q adult. ad l Iul. de ad ff

de lier les deux pieds & mains à la Sorciere & la mettre doucement sur l'eau: & si elle est Sorciere, elle ne peut aller à fonds. Qui est vne fort ancienne coustume, & inueteree, qu'on practique en Allemaigne, & de laquelle Pline faict mention au liure VII. chap. *Fœminas Bythia, & in Ponto Tiburnum genus & in Triballis & Illyrijs qui visu effascinent interimántque quos diutius iratis oculis (quod faciliùs sentiunt puberes) pupillas binas in singulis oculis habentes, easdem non posse mergi, ne veste quidem granatas.* Car le Diable faict par ce moyen vne Sorcellerie de la iustice, qui doit estre sacree. Comme en cas pareil au liure des Coniurations imprimé à Rome, & en Auignon, il y a vne recepte de faire vn formage au nom de la Sorciere pour l'accuser, que ie ne mettray point, ny d'autres semblables, que i'ay leuës. Mais la question est, s'il n'y a ne confession du Sorcier, ny tesmoing sans reproche, ny euidence de fait permanent, & neantmoins qu'il y ait plusieurs presomptions violentes, comme d'estre reputé & tenu pour Sorcier par tous les voisins, ° ou d'auoir esté saisi de crapaux nourris en pots, ou autre lieu secret, & neantmoins que le Sorcier n'ait menacé personne: ie dy que telle presomptiõ violente ne suffira pas à la cõdamnation de mort, mais bien à d'autres peines. Disons donc de la peine des Sorciers qui doit estre aggrauee, ou moderee pour la grandeur de la preuue, & des forfaits.

° à vicinis veritas melius haberi potest ex Bart. in l. Dominus. horreorum. locati ff. & arg. l. si ita §. mulier & ibi Bart. de fundo instructo ff.

DE LA PEINE QVE MERI-
tent les Sorciers.

CHAP. V.

IL y a deux moyens par lesquéls les Republiques sont maintenues en leur estat & grandeur, le loyer, & la peine : l'vn pour les bons, l'autre pour les mauuais:& s'il y a faute à la distributiõ de ces deux poincts,il ne faut rien esperer que la ruine ineuitable des Republiques: non pas qu'il soit necessaire que tous les forfaicts soyét punis : Car les Iuges ne suffiroyét à les iuger, ny les bourreaux à executer : aussi n'aduient-il pas que de dix crimes il y en ayt vn puny par les Iuges,& ordinairement on ne voit que des belistres cõdamnez. Ceux qui ont des amis, ou de l'argent, eschappent le plus souuent la main des hõmes. Vray est que leurs amis,ny leurs biens, ne les garantiront pas de la main de Dieu. Mais ceux-là s'abusent bien fort, qui pensent que les peines ne sont establies que pour chastier le forfaict. Ie tien que c'est le moindre fruict qui en reussit à la republique. Car le plus grand & principal, est pour appaiser l'ire de Dieu, mesmement si le forfaict est directemét contre la Maiesté de Dieu, comme cestuy-cy. Aussi voit-on,quand le peuple de Dieu se mesla auec les Moabites , qu'ils les attirerent aux

sacri

LIVRE QVATRIEME. 427

sacrifices de Bahal Phegor, l'ire de Dieu s'embrasa, & en mourut vingt & quatre mil, & en fust mort beaucoup plus, n'eust esté que soudain Phinhas fils d'Eleaxar voyant l'ire de Dieu s'embraser, transperça d'outre en outre l'vn des Capitaines du peuple, couché auec vne Moabitide. Alors la mortalité cessa: Et Dieu dist à Moyse, Phinhas a appaisé ma fureur, par vn zele ardent qu'il a eu de mon honneur, & a empesché que ie ne ruinasse ce peuple. Dy luy que ie traicteray alliance auec luy, & sa posterité pour estre mes Sacrificateurs. Depuis il vescut trois cens ans, & sa posterité iouït plus de deux mil ans de la sacrificature, q̃ estoit le plus grãd honneur qu'on peust auoir. Voyla donc le premier fruict de la punition des meschans, c'est d'appaiser l'ire de Dieu, & sa vengeance sur tout vn peuple. C'est pourquoy il est commandé aux Iuges, quand ils auroyent faict information, & qu'ils n'auront peu descouurir celuy qui aura fait l'homicide, qu'ils prennent vne vache pour sacrifier au lieu, où l'homicide sera fait, & lauer les mains comme innocẽs du faict, & prier Dieu qu'il n'espande son ire sur le peuple pour l'effusion du sang. Le second fruict de la punition est, pour obtenir la benediction de Dieu sur tout vn pays, cõme quand il est dit en la loy de Dieu, Apres que vous auez razé à feu & à sang la ville d'entre mon peuple, & d'étre vos freres, qui aura laissé Dieu pour seruir aux Idoles, & que vous aurez tué toute ame viuante, hommes & bestes, vous

1. Nu.c.25

6. Deut.6. 21.

8. Deu.13.

dresse

dresserez vn comble de pierre & montioye en triomphe, & alors i'estendray mes grandes misericordes sur vous, & vous combleray de mes faueurs & benedictions. Le troisiesme fruict qu'on reçoit de la punition des meschans, est pour donner frayeur & terreur aux autres, comme il est dit en la Loy de Dieu, 3 que les autres, ayant veu la punition craignét d'offencer. Le quatriesme fruict est de conseruer les bons qu'ils ne soyent infectez & gastez par les meschans, cóme les pestiferez & ladres, infectent 8 les sains. Le 5. fruict est, pour diminuer le nombre des meschans, qui est la seule raison pourquoy la coustume de Bretaigne ancienne veut, qu'on pende les larrons, par ce qu'il y en auroit trop. Voyla les mots de la coustume inepte, attendu que toutes les forests du pays n'y suffiroyét pas, & que la mort est trop brieue pour punir les larrons, & ne suffit pas pour empescher les larcins: neantmoins la coustume est fondee sur ce seul poinct. Le sixiesme est, à fin que les bons puissent viure en seureté. Le 7. fruict est, pour punir la meschanceté. ⁶ I'ay bien voulu toucher les biens & vtilitez qui reussissent de la punition des meschans. Or s'il y eut onques moyé d'appaiser l'ire de Dieu, d'obtenir sa benediction, d'estonner les vns par la punition des autres, de conseruer les vns de l'infection des autres, de diminuer le nombre des meschans, d'asseurer la vie des bons, & de punir les meschancetez les plus detestables que l'esprit humain peut imaginer, c'est de chastier à toute ri-

3. Deut. ca. 15. & 19.

8 Leuit. ca. 12. 13. 14.

6. Deu. 13. fine.

té rigueur les Sorciers : combien que le mot de Rigueur est mal-pris, attendu que il n'y a peine si cruelle qui peust suffire à punir les meschancetez des Sorciers, d'autant que toutes leurs meschancetez, blasphemes, & tous leurs desseings se dressent côtre la Maiesté de Dieu, pour le despiter & offenser par mille moyens, & mesmement pour le blasphemer, à quoy les vieux Sorciers prennent vn singulier plaisir pour côplaire à Satan. Les anciés se sont trouuez fort empeschez de quelle peine ils feroyêt mourir celuy qui a tué son pere, ou sa mere. Comme on peut veoir en la loy *Pompeia* contre les Parricides, la nouueauté d'vn supplice exquis : & neātmoins il a semblé trop doux : Et de faict, la Cour de Parlement condamna Tarquez l'aisné, qui auoit fait tuer son pere esleu de Poitiers d'estre tenaillé de tenailles ardentes, puis estre rōpu sur la roüe, & apres bruslé. Encores on iugeoit qu'il ne souffroit pas ce qu'il auoit merité, d'auoir osté la vie à celuy qui luy auoit donné la sienne. Par vn autre arrest du mesme Parlement, vne Damoyselle qui auoit faict occir son mary, fut bruslee viue. Ce qu'elle endura assez patiemment, ayant deuant ses yeux la chemise sanglante de son mary. Les Perses qui cognoissoyēt aussi bien les Sorciers que peuple du monde, les faisoyent mourir par vn supplice estrāge, qu'on appelloit de la pierre large, leur froissant la teste entre deux pierres : comme Gigis Damoyselle de Parisatis fut executee cōme Sorciere, ainsi que nous lisons en Plutarque en la vie de Artoxerces. Et quelques vns font difficulté de faire brusler les Sorciers, mesmement les sorcieres, qui ont pactió expresse auec Satan. Car c'est principalement de celles-cy, desquelles il faut pourfuyure la vengeance en toute diligence, & en toute rigueur, pour faire cesser l'ire de Dieu, & sa vengeance sur nous. Et d'autant que ceux qui en ont escrit, interpretent le Sortilege pour heresie, & rien plus: combien que la vraye heresie est crime de leze Maiesté diuine, & punissable au feu par le chapitre *vrgentis, de hæret.* Si

Premier crime des sorciers. est ce qu'il faut remarquer la difference de ce crime à l'heresie simple. Car premierement nous auons monstré, que la profession premiere des Sorciers, est de renier Dieu & toute religion.

o. Deu. c. 13. La loy de Dieu ° condamne cestuy-là, qui a laissé le vray Dieu pour vn autre, d'estre lapidé, que tous les interpretes 4 Hebrieux di-

4. Rabi Maymon li. 3. Nimri cananxin. sent estre le supplice le plus grief. Ce poinct icy est bien considerable. Car le Sorcier que i'ay dit, ne se contente pas de renier Dieu, pour changer & prendre vne autre religion; mais il renonce à toute religion, soit vraye ou superstitieuse, qui peut tenir les hommes en crain-

Seconde crime des sorciers. te d'offencer. Le second crime des Sorciers est, apres auoir renoncé à Dieu, de le maudire, blasphemer & depiter, & tout autre Dieu, ou Idole qu'il auoit en crainte. Or la loy de Dieu

6. Leui. 24 ⁶ dit ainsi: Quiconque blasphemera son Dieu, son peché luy demeurera, & quiconque prononcera le grand nom de Dieu par quelque

que mespris, qu'il soit mis à mort. Ce passage a fort empesché Philon, & tous les Docteurs Hebrieux. Car il semble que le premier chef de ceste loy parle contre tous ceux qui blasphement leur Dieu, qu'ils pensent estre vray Dieu, & de ceux-là il est dit, qu'ils porteront leur peché. Les autres interpretes disent, que celuy qui a blasphemé Dieu, iamais ne luy est pardonné quelque peine qu'on luy face souffrir, s'il ne s'en repent : & celuy qui a exprimé trop audacieusement le grand nom de Dieu, *Iehoua*, qu'il doit estre mis à mors. Ie mettray les mots de la loy de Dieu, qui faict bien à noter 4 *is is ki iekalel alohau ve nascha chatò venok en schem Iehoua mot iumat*. C'est pourquoy les Hebrieux n'escriuent & ne prononcent iamais ce saint & sacré nom de Dieu. Or on voit au premier chef de ceste loy, qu'il ne dit pas *Iehoua*, qui est le propre nom de Dieu : mais, *elohan*, qui s'attribue à tous Dieux, & aux anges. Car il semble que Dieu veut monstrer, que ceux qui blasphement ce qu'ils pensent estre Dieu, blasphemét Dieu, ayant esgard à leur intention: & qui sonde les cœurs & volontés des hommes: comme les Sorciers, qui par cy deuãt rompoyent les bras & les cuisses aux crucifix, qu'ils pésoyét estre Dieux. Ils faisoyét aussi prédre l'hostie, & en repaistre les crapaux. On voit dóc vne double detestable impieté aux sorciers qui blasphement le vray Dieu, & tout ce qu'ils pensent auoir quelque diuinité, pour arracher toute opinion de pieté, & crainte d'offence.

4. Leu. 24.

Troisiesme crime des sorcieres.

Le troisiesme crime est encores plus abominable; C'est qu'ils font homage au diable, l'adorent, luy sacrifient, & les plus detestables font vne fosse, mettent la face en terre, le prians & adorans de tout leur cœur, comme nous auons remarqué de la Sorciere Pamphile en la ville de Larisse en Thessalie, ainsi que Apulee escrit: & sãs aller plus loing, il s'est veu és fauxbourgs de ceste ville de Laon au mois de May 1578. d'vne Sorciere aux fauxbourgs de Vaux, qui fist le semblable deuant plusieurs personnes. Ceste abomination passe toutes les peines que l'homme peut imaginer, attendu le texte formel de la loy de Dieu, qui veut,[8] que celuy qui s'encline seulement pour faire honneur aux images, que les Grecs appellent Idoles, sont mis à mort, car le mot Hebrieu Tistauest, & le Chaldeen Tisgur, ne signifient autre chose que s'encliner, ce que tous les interpretes tournét, & les Latins disent, adorer. Or les Sorciers ne se contentent pas d'adorer, ou s'encliner seulement deuant Satan, ains ils se donnent à Satan; & le prient, & l'inuoquent. Le quatriesme crime est encores plus grand, c'est que plusieurs Sorciers ont esté conuaincus, & ont confessé d'auoir voüé leurs enfans à Satan, pour laquelle meschanceté Dieu proteste en sa loy, qu'il embrasera [7] sa vengeance contre ceux, qui dedioyent leurs enfans à Moloch, que Iosephe interprete Priapus, & Philon interprete Saturne, & en quelque sorte que ce soit, c'estoit à Satan & aux malings esprits. Le cin

8. Exod. c. 29. & c. 32 & Deu 13 & 27. Num.c.25.

Le 4 crime

7 Leui. 21. Deut. 18.

cinquiefme paffe encores plus outre, c'eft que les Sorcieres font ordinairement conuaincues par leur confeffion, d'auoir facrifié au Diable leurs petis enfans auparauant qu'ils foyent baptifez, les efleuant en l'air, & puis leur mettant vne groffe efpingle en la tefte, qui les faict mourir: qui eft vn autre crime plus eftrãge, que le precedent. Et de faict, Spranger dit, qu'il en a faict brufler vne, qui en auoit ainfi faict mourir quarante & vn. Le fixiefme crime paffe encores plus outre: car les Sorciers ne fe contentẽt pas de facrifier au Diable leurs propres enfans, & les faire brufler par forme de facrifice, comme faifoyent les Amorrheans & Chananeans, pout monftrer combien ils font affectionnez à Satan: contre lefquels Dieu parle en fa loy° difant, qu'il a arraché les peuples de la terre pour telles abominations: ains encores ils les confacrent à Satan dés le ventre de la mere, comme le Baron de Raiz, auquel Satan dit, qu'il failloit luy facrifier fon fils eftant encores au ventre de la mere, pour faire mourir l'vn & l'autre: comme le Baron s'efforcea de faire, s'il n'euft efté preuenu, ainfi qu'il recogneut, & cõfeffa: qui eft vn double partricide auec la plus abominable idolatrie, qu'on peut imaginer. Le feptiefme & le plus ordinaire eft, que les Sorciers font ferment, & promettent au Diable d'attirer à fon feruice tous ceux, qu'ils pourront, comme ils font ordinairemẽt, ainfi que nous auons mõftré cy deffus. Or la loy ¹de Dieu dit, que ceftuy-là qui eft

Le 5.crime.

Le 6.crime.

° *Deut.18.*

Septiefme crime.

1.Deut.13.

ainsi appellé, doit faire lapider celuy qui l'a

L'huictief- voulu debaucher. L'huictiesme crime, est d'ap-
me crime. peller & iurer par le nom du Diable en signe
d'honneur, comme font les Sorciers qui l'ont
tousiours en la bouche, & ne iurent que par
luy, sinon quand ils renient Dieu: ce qui est disertement contre la Loy de Dieu, qui defend
S. Hiero. 5. de iurer par autre, que par le nom 5 de Dieu.
& 12. Ce que l'escriture dit, donne gloire à Dieu:
ainsi disoyent les Iuges en prenant le serment
des parties, ou des tesmoings : Donne gloire à
Neufiesme Dieu. Et le neufiesme est, que les Sorciers sont
crime. incestueux, qui est le crime de toute ancienneté, duquel les Sorciers sont blasmez, & côuain-
cus. Car Satan leur faict entendre qu'il n'y eust
onques parfaict Sorcier & enchanteur, qui ne
fut engendré du pere & de la fille, ou de la mere & du Fils. Et à ce propos disoit Catulle,

Nã Magus ex matre & nato gignatur oportet,
Si vera est Persarum impia relligio.

Epiphanius contre les Gnostiques, & Athe-
nagoras en l'Apologie ont remarqué, que l'inceste est commun aux Sorciers, Toutes ces
impietez là, sont directement contre Dieu &
son honneur, que les Iuges doiuent venger a
toute rigueur, & faire cesser l'ire de Dieu sur
nous. Quant aux autres crimes des Sorciers, ils
touchent l'iniure faicte aux hommes, qu'ils
vengent bien quand ils peuuent. Or il n'y a
rien qui desplaise tant à Dieu, 7 que de voir les
7 Sam. c. 2. Iuges venger les moindres iniures a eux faictes ou aux autres, & dissimuler les blasphe-
mes

mes horribles contre la Maiesté de Dieu: comme ceux que i'ay recité des Sorciers. Poursuyuons donques les autres crimes. Le dixiesme est, que les Sorciers font mestier de tuer les personnes, qui pis est d'homicider les petis enfans, puis apres les faire boüillir & consommer iusques a rendre l'humeur, & chair d'iceux potable, comme dit Spranger auoir sçeu par leurs confessions : & Baptiste Porta Neapolitain au liure de la Magie. Et fait encores à noter, qu'elles font mourir les enfans auparauant qu'ils soyent baptisez: qui sont quatre circonstances, qui aggrauent bien fort l'homicide. L'vnziesme crime est, que les Sorcieres mangent la chair humaine, & mesmement des petits enfans, & boyuent leur sang euidemment. Ce qui sembloit estrange à Horace, quand il-dit,

Neu prasæ Lamia vivũ puerũ extrahat aluo.

Et neantmoins cela s'est verifié souuent, & quand elles ne peuuent auoir des enfans, elles vont deterrer les hommes des sepulchres, ou bien elles vont aux gibets pour auoir la chair des pendus, comme il s'est verifié assez souüét. Et à ce propos disoit Lucan,

------ : *laqueum, nodósque nocentes*
Ore suo rupit, pendentia corpora carpsit:
Abrasit que cruces, percussáque viscera nimbis
Vulsit, & incoctas admisso sole medullas.

C'est pourquoy Apulee dit, estant arriué à la ville de Larisse en Thessalie, qu'il gaigna six escus à garde vn corps mort vne nuict: par ce q̃ les Sorcieres, dont ce pays là estoit diffamé, s'il

Dixiesme crime des Sorciers.

L'vnziesme crime.

n'y auoit bonne garde, entroyent en telle forme, qu'elles vouloyent, & rongeoyent le corps mort iusques aux os. Mais on voit que c'est vne persuasion detestable, que le Diable met au cœur des hommes pour les faire tuer, & manger les vns les autres, & ruiner le gére humain. Encores faict-il à noter, que tous sorciers font ordinairement des poisons, qui suffit pour proceder à la condemnation de mort par la Loy *Cornelia, de siccariis*, quand mesmes la poison n'auroit esté baillee *l.1. in verbo venenum conficeris, de siccariis. ff.* Or l'homicide par la Loy de Dieu, [2] & par les loix humaines, [3] merite la mort, & ceux qui mágent la chair humaine, ou qui la font máger, meritent aussi la mort, comme il se trouua vn pastissier dans Paris, qui faisoit mestier de faire des pastez de chair des pédus. Il fut bruslé vif, & sa maisó razee auec defenses d'y bastir : & qui est demeuree longuement deserte en la rue des Marmousets. Le douziesme est particulier, de faire mourir par poison ou sortileges, qui est separé du simple homicide en la Loy *Cornelia, de siccariis & veneficis. ff.* Car c'est beaucoup plus griefuement offenser de tuer par poison, que à force ouuerte, comme nous dirons tantost, & encores plus grief de faire mourir par sortilege,[1] que par poison. *Grauius est occidere veneno, quàm gladio,* Le 13. crime des Sorciers est, de faire mourir le bestail, chose qui est ordinaire. Et pour ceste cause vn Sorcier d'Ausbourg l'an mil cinq cents soixante & neuf, fut tenaillé pour auoir faict

2. Deut. 19.
3. Toto tit.
ad dict. l.
corn. de siccariis. Cod.
Douziesme crime.

1. leg. 1. de maleficis. C.
Treziesme crime

faict mourir le bestail, ayans prins la forme du cuir des bestes. Le quatorzieme est ordinaire, & porté par la loy, c'est à sçauoir, de faire mourir les fruicts, & causer la famine & sterilité en tout vn pays. Le cinquiesme est, que les Sorcieres ont copulation charnelle auec le Diable, & bien souuét pres des maris, comme i'ay remarqué cy-dessus, que toutes confessent ceste meschanceté. Voyla quinze crimes detestables, le moindre desquels merite la mort exquise, nó pas que tous les Sorciers soyent coupables de telles meschancetez, mais il a esté bien verifié, que les Sorciers, qui ont paction expresse auec le Diable, sont ordinairement coupables de toutes, ou de la pluspart de ces meschancetez. Or quand il y a plusieurs crimes commis par vne personne, & par plusieurs actes, il faut qu'ils soyent tous punis, & n'y a iamais d'impunité de l'vn pour la concurrence de l'autre: & faut, comme dict Bartole, imposer plusieurs peines distinctes, soit par l'arbitrage de Iuge. En cas pareil, si plusieurs crimes sont commis par vn mesme acte, si ce n'est que les crimes soyét d'vne mesme espece: comme le particide est aussi homicide, & toutesfois il ne sera tenu que de la peine des parricides. Or la Loy de Dieu, qui decerne la peine de mort, n'articule pas les meschancetez des Sorciers: Mais est dict seulemét, que la Sorciere ne viue point, c'est à dire, *mecaspha loh enchaieh* lequel passage interpretant Philon Hebrieu dit, que ces mots *Ioh techaieh*, signifient

Quatorzies-me crime.

Quinziesme crime.

3. l. nunquã s de priuatis delictis. ff.
s ex l. 3. de termino moto ff. l. praetor. §. si mihi plures, de iniuriis ff. l. si adul. cum incestu de adulter ff.
o. l. non est nouum de actio empt.
l. qui sepulchri, de sepulchro vio late. c.

que le iour mesmes qu'elle est conuaincue, elle doit estre mise à mort, & qu'il se pratiquoit ainsi. En quoy non seulement Dieu monstre la grandeur du crime, ains aussi le desir qu'il a qu'on en face bonne & briefue Iustice,[2] & notamment la loy condemné à mort, à fin que la peine ne soit diminuee par le sexe feminin, comme il se faict en tous autres crimes en terme de droict, *l. sacrilegij, de sepulcru. ff. l. si adulterium. §. stuprum, de adult. ff. cap. sicut de homicidio.* Car il y a plus d'offence à tuer vne femme, qu'vn homme, dit Aristote aux problemes liure 29. c. 11. Et par ainsi quand il ne sera rien verifié contre la Sorciere des idolatries, blasphesmes, sacrifices, parricides, homicides, adulteres, & paillardises auec le Diable, & autres meschancetez : Si est-ce que s'il est verifié que l'accusé soit Sorcier, il merite la mort. La loy Ciuile passe plus outre. Car elle ne veut pas seulement que la Sorciere, qui a paction expresse auec le Diable, telle que nous auons dit, soit mise à mort : ains aussi celuy qui demande[7] conseil aux Sorcieres, que la loy abomine si fort qu'elle appelle tantost telles gens, *hostes salutis communis,*[8] tantost, *ob facinorum magnitudinem*[6] *maleficos*, tantost, *peregrinos naturæ, hoc tanquam*[3] *naturæ peregrinos feralis pestis absumat,* tantost, *humani*[4] *generis hostes.* Et mesmes Sainct Augustin au liure de la Cité de Dieu appelle *maleficos* les Sorciers, *ob maleficiorum magnitudinem.* Et quant aux Sorciers courtisans, d'autāt que ceste vermine s'approche

2 Exo. 22.

7 l. nemo, Aruspicem de mal. c. 8. l. vlt. eod. 3 d. n. mo, 2 l. multi. eod. 4 d. l. & si de mal. c.

che des Princes tant qu'elle peut, & non seulement à present, ains de toute ancienneté, pour ruiner toute vne Republique, y attirét les Princes, qui puis apres y attirent les subiects, la Loy y est notable : Car il est dit, que s'il y a Sorciers qui suyue la Cour, ou Magicien ou Aruspicine, ou Ariole, ou Augur, où interpretant les songes par art diuinatrice, il adiouste encores ce mot, *Mathematicus*, qui signifioit diuin, de quelque qualité, & pour grand seigneur qu'il puisse estre, qu'il soit exposé aux tourmés, & crucifié sans auoir esgard à sa qualité. Il seroit besoing que ceste loy fust grauee en lettre d'or sur les portes des Princes: Car ils n'ont peste plus dangereuse à leur suyte. Et à fin qu'on sçache combien les Princes Payens sont plus loüables que plusieurs Princes Chrestiens, qui ont des Sorciers à gages, nous lisans que du temps de Marius² le Senat Romain bannit vne femme nommee Marthe, qui se faisoit fort de dire tout ce qui aduiendroit de la bataille contre les Cymbres: & Claude l'Empereur fist proceder à toute rigueur côtre vn cheualier Romain, qui fut condemné à mort, ⁷ & son bien côfisqué, pour auoir porté sur luy vn œuf de coq. Les autres disent, de Serpent, pésant par ce moyen abuser de la religiô des Iuges, & par faueur gaigner sa cause. Et soubs Tibere il y en eut, pour la moindre opiniô d'auoir vsé de Necromâtie, côdamnez à mort.⁸ Et mesmes l'Empereur Caracala ⁹ en condemna, pour auoir pendu à leur col des herbes & autres choses pour guerir des fieures:

2 *Plutar. in Mario.*

7 *Tacitus. Plinius lib. 29 cap. 3.*
8 *Idē Tacitus.*
9 *Spartianus in Caracala.*

qui est chose defendue par la loy de Dieu, quād il abomine les manieres de faire des Amorrheans & Chananeans: entre lesquelles Moyse Maymon met telles ligatures, que S. Augustin condemne aussi, comme nous auons dit cy-dessus. Ce iugement de l'Empereur Caracalla doit estre mis deuant les yeux de ceux qui abusent de la loy de Dieu, pardonnant les execrables meschancetez des Sorciers, qui causent tous les maux que nous souffrons. Toutesfois ie suis d'aduis que ceux qui les baillent, & non-pas ceux qui les prennent par ignorance, fussent poursuyuis en iustice. Car ce sont les principes d'Idolatrie & de sorcellerie: Ce qui seruira d'exemple, pour monstrer en premier lieu, que les Sorciers qui ont paction expresse auec Satan, meritent la mort. Et d'autant que le crime est plus detestable, la peine doit estre plus rigoureuse. C'est à sçauoir, de lapidation, où la peine est vsitee: ou bien de feu, qui est la peine ordinaire obseruee d'ancienneté en toute la Chrestienté. En Flandre, & en plusieurs lieux d'Allemaigne on iette les femmes condemnees en l'eau: mais il s'est trouué que les Sorcieres iettes en l'eau pieds & poings liez, ne se peuuent noyer, si par force on ne leur met la teste en l'eau, comme nous auons dit cy-dessus: Et si auec le crime de sorcellerie on verifie, soit par confession, ou par tesmoins, ou par euidence de faict, que la Sorciere ait faict mourir quelqu'vn, le crime est encores plus grand, & mesmes si c'est vn enfant. Et encores qu'il aduiéne
que

LIVRE QVATRIESME. 441

que le sort ietté par la Sorciere pour faire mourir son ennemy, en ait faict mourir vn autre, si est elle punissable de mort : si elle a faict mourir, voulāt faire aymer, elle merite aussi la mort encores qu'elle ne fust Sorciere, comme dit la loy. ² Mais en celle qui n'est Sorciere, doit estre la peine moderee. Toutesfois la difficulté bien souuent ne gist qu'en la preuue, & les Iuges ne se trouuēt empeschez qu'en cela. Si donc il n'y a tesmoings sans reproche, ny confession des accusez, ny euidence de faict, qui sont les trois preuues que nous auons dit, sur lesquelles on peut asseoir iugement de mort : ains seulement qu'il y ait des presomptions, il faut distinguer, si les presomptions sont foibles, ou violentes : Si les presomptions ° sont foibles, on ne doit pas condemner la personne comme Sorcier, ny l'absoudre aussi : ains il faut ordonner qu'il en sera plus amplement informé, & ce-pendant eslargir l'accusé. Mais si les presomptions sont violentes, on peut douter si on procedera au iugement de mort, pour la difference notable qu'il y a de ce crime icy aux autres. Car quant aux autres crimes, on ne doit ¹ condemner personne à la mort par presomption, pour violente qu'elle soit. Mais ceux qui ne peuuent estre condemnez à autres peines, ² comme des galleres, ou du foüet, ou à l'amende honnorable ou pecuniaire, selon la qualité des personnes, ³ & la grandeur de la preuue : & par ainsi il semble qu'en ce crime si abominable, on doit proceder au iugement de mort, si

2. l. si quis aliquid. §. qui abortiones de pœnis. ff. o Bal. in l. si de prob. c. appell. probationē presomption. m & idem in l. presbyt. de Episcop. c. 1. l. absentiē de pœnis ff. l. vi. de probat. c. l. sīgula de accusationi. c. Gād. in tracta. mal sub rubr. quādo puniantur plu. Ancaratā. cōs. 217. Alex. Imm̄ cōs. 15. li. 1. & consil. 14 lib. Capo consil. 41. Castrē. consil. 192. Alex consi 81 li. 5. Ange. de malefic. in verb. & And. ā num. 2.

Ee 5

les presomptions sont violentes. Toutesfois ie ne suis pas d'aduis, que pour les presomptions violétes on procede à la condénation de mort: mais bien de toute autre peine, excepté la mort naturele. La loy de Dieu nous instruit en cas semblable, où il est dit, Que si tu as entédu que l'vne des villes de ton peuple sollicite les autres à laisser le Dieu Eternel, pour prier les autres Dieux enquiers toy diligemment de la verité du faict. Et si tu cognois que le cas est bien certain, alors tu iras assieger, forcer, & mettre à feu, & à sang les habitans de ceste ville. Il faut donc estre bien asseuré de la verité pour asseoir iugement de mort. Icy dira quelqu'vn, il faut absoudre ou condemner, si le cas est vray: la mort n'y suffist pas. S'il n'est vray, il faut absoudre, ou pour le plus, ordonner qu'il en sera plus amplement enquis: & ce pendant eslargir le prisonnier, à la charge de se representer en l'estat, &c. & non pas vser de punition corporelle, ny oster l'honneur à personne pour les presomptions, suyuant la disposition de la loy, des Romains, qui n'auoyent que trois lettres, l'vne portant. + A. l'autre C. la troisiesme N.L. C'est a dire *Absoluo, Condemno, Non liquet*. A cela y a response, que ceste forme de proceder fut ostée, & la forme extraordinaire mise en auant souz l'Empire mesmes des Romains, & quant à la loy qui dit, *actore non probante, reus absoluitur*. Cela est vray : mais la preuue n'est pas seulement celle qui est necessaire, ains aussi celle qui approche de la preuue indubitable,

3 l. vlt. de probatio. l. sciant cod. c. l. qui ac- calare, & D. ibidem 4 Asconi? in Verre 5 l. orde de publi. iudic. ff.

table, mesmement des choses qu'on a de coustume d'executer en secret: La preuue par bonnes & vrgentes raisons suffit, comme dit Balde,[6] & Iean Andre[7] dit, *ratione difficilis probationis sufficit probatio presumptiua*, & pour mesme raison la preuue des tesmoins domestiques est receuable,[8] és choses faictes en lieu secret & domestique, qui autrement ne seroit pas receuable.[9] Or la meschanceté des Sorciers se fait ordinairement la nuict, & en lieu desert, escarté des hommes, & par moyen qu'on ne pourroit iamais presumer ny penser il suffit donc d'auoir des presomptions violentes pour proceder à punition corporele en ce cas si detestable, & iusques à la mort naturele exclusiuement. C'est à sçauoir, par fustigations, sections, marques, emprisonnemens perpetuels, amendes pecuniaires, confiscations, & autres semblables peines: hormis le bannissement, si le Sorcier n'est confiné en certain lieu. Car c'est chose ordinaire aux Sorciers de changer le lieu en autre, quand on les a descouuerts, portans la peste par tout : & si on les contrainct de ne bouger d'vn lieu, ils n'osent plus rien faire, se voyant esclairez, & soupçonnez: & quant aux prisons perpetueles, iaçoit qu'il soit defendu de droict commû: si est ce que le droict Canon y a mieux pourueu : & mesmement au cas qui s'offre. Car il n'y a chose que les Sorciers craignent plus que la prison, & qui est l'vn des plus grans moyens de leur faire côfesser la verité, & les amener à repentence: mais il ne

6 in l. q̃ cũ- q̃ de seruis fugiuuis co lu vlt. vers. & not. ot. & in authent. quas actiõs circa finem de sacr sun. c. 7. in c. cum dioce. in gl. sup ver. argumẽtis, & in c. illo vos, de pig & in c. ad nostrã, de emp. iõe. 8 in l cõsẽ/su de rep. c. & ibi not. Bar. & idẽ Bar. in l. lex que tutor. de administr. tutor. & Cynus in l parẽtis de test. c. Not. in c. 3 loc. de probat. & in c. veniens secũdo de testib. & in c. cũ dilecti, de electio 9 l. omnibus & ibi doct. de testib. c. l. 1. mãdat. de pænis ff.

il ne faut pas les laisser sans cōpagnie d'autres prisonniers, qui ne soyent point Sorciers. Car il s'est trouué par experience, quãd ils sont seuls, que le Diable les faict persister en leur meschãceté:& quelquefois leur ayde à se faire mourir. Si dōc la Sorciere est trouuee saisie de crapaux, ou lezars, ou hosties, & autres ossemens, & graisses incogneües, si elle a le bruit d'estre Sorciere, telles presomptions sont tres-violentes & vrgentes: ou biē si autrefois elle a esté reprise de iustice, & non iustifiee: c'est vne presomption bien fort vrgente: ou biē si on l'a veuë sortir de l'estable ou bergerie de son ennemy, & puis apres le bestail de la bergerie mourir: ou bien si ceux qu'elle a menacé de les faire repentir, qui puis apres soyēt morts, ou tombez en lāgueur: mesmement qu'il y en ait plusieurs, c'est vne presomption tres-violente, pour lesquelles presomptions, encores qu'il n'y eut autre preuue de confession, ny de tesmoings, on doit neantmoins proceder à la condemnation des peines susdictes, & iusques à la mort, exclusiuement. C'est la regle que nous deuons tenir, ostant la peine de mort, & adoucir² la rigueur des loix, quand on procede par presomption. Et ne faut pas s'arrester à ceux qui disent, ³ qu'il ne faut condēner à peine corporele par presomptions, pour violentes qu'elles soyent:& ceux qui sont de cest aduis, ont suyuy l'opiniō d'Albert Gandin : & mesmement de Paul de Castre: lequel empescha, comme il se vante, de proceder a la condēnation de peine corporele cōtre vn assasin, fin, qui fut trouué ayant l'espee nue, sortant du lieu où lō trouua son ennemy tué fraischemét: & mesmes le pere du meurtrier auoit dit à son fils, qu'il ne retournast à la maison, qu'il n'en ouyst des nouueles. Et apres le coup il fut aussi verifié, que son pere l'aduertit de s'enfuit. L'esprit humain, dit Paul de Castre, ne pouuoit douter, que le meurtrier ne fust celuy qui estoit accusé, encores qu'il le niast. Et neantmoins il ne fut pas puny corporelement. Et de faict, les Docteurs de Boulogne furent de cest aduis, & s'arrestoyent aucunemét à l'ancienne opinion des Romains, d'absoudre ou condéner du tout, selon la loy, ou relascher: & neantmoins tous sont aduis, qu'il y a tousiours de l'améde pecuniaire, quand les presomptions sont notables. Pourquoy à l'amende ? s'ils iugent que les presomptions ne meritent pas qu'ō y doiue asseoir iugement, il ne faut pas le cōdemner à l'amende, attendu mesmement que celuy qui est condemné pour crime, s'il n'a dequoy payer, il doit estre puny corporelement par les loix [6] diuines & humaines. Et s'ils iugent que les presomptions violentes meritent peine, pourquoy font-ils doute de proceder à la punition corporelle, mesmement quand l'enormité du crime y est ? Les iuges & Parlemens de ce Royaume n'ont pas suyuy les opinions des Docteurs Italiens. Car ils procedent à la condemnation de peine corporele, *pro modo probationis*, & en tous les

pelat. vlt. charta. de seruis fugitiuis. c de Bal. in c. 1. sine, sit quibus modis secūdum amitta. Andr. Alciat. Reg. semel malus col. 10. de reg. 4. Castrēsis consil. 299. visa, col. vl. li. 2. 5. Alber. Gādin. ind. tra. de malefic. tit. de præsomptionib. ita refer. Rom. in l. 1. §. si quis in vill. fin. ad syllani & Frācis. Aretin. in cap. eius qui §. sicut de testa. & Barb. cos. 29. col. 7. versu. modo li. 1. & cōs. 23. sapientissimus col. vlt. lib. 2.

Alex. in l. 1 col. 8. ver. ad vnū. si cert. petatur ff & cons. 15. viso processu. coll. 2. li & cō. 115. in caus. li. 3. & cō. 2. post. prin. li. 8. cō. 188. col. vl. li. 7.

crimes,

crimes, qui ne sont pas à beaucoup pres si enormes, que celuy dont est question. I'ay cogneu Gentil-homme, que ie ne nommeray point, pour l'honneur de ceux à qui il attouche, qui estoit du pays du Maine, lequel ayant tué de guet à pend son ennemy, fut trouué saisi d'vne lettre, escrite à son oncle, qu'il prioit de luy enuoyer argent pour sa remission. Interrogé, il denie que ce soit son escriture. Le greffier Simon Gournu le fait escrire, il contrefait si bien sa lettre, qu'elle n'auoit aucune semblance à celle qui auoit escrite. Il fut deux ans prisonnier, & n'y auoit autre preuue, bien y auoit il quelques autres presomptiós: neantmoins il fut condemné aux galleres pour neuf ans, ainsi qu'il m'a confessé luy mesmes. Tels iugemens sont ordinaires en tout ce Royaume, sans s'arrester aux opinions des Docteurs Italiens. Au bas pays de Flandres, & en quelques lieux en Allemagne on y procede bien autrement. Car ils ont d'anciennes coustumes & ordonnances de Charlemagne, comme ils disent, par lesquelles ils punissent à mort sur la renommée, & sur des presomptions bien foibles, comme ils faisoyent aussi, n'a pas long temps, en Carinthie, où lon faisoit mourir sur presomption, puis on faisoit le procez au mort. C'estoit abuser de la Iustice: Mais le procez estant faict & parfaict sur les presomptiós violentes, telles que nous auons dit, on doit proceder au iugement de peine corporele: autrement il n'y aura iamais de punitió des meschācetez,
si on

9 l. r. §. generaliter. d. pœnu. ff. l. si quis id quid de iurisdict. ff.

7 l. ita vulneratus ad l. aquil. ff. l. si in rixa. c. l. item mortal. § sed si plures.

si on ne punist que les crimes qu'on touche au doit & à l'œil: qui est vn inconuenient que le Iurisconsulte a mis en auant, pour proceder à la condamnation, encores qu'il y aye doute de plusieurs qui ont offécé, lequel doit estre puny. Et iaçoit qu'il ne fust lors questiõ que du dommage, neantmoins la raison de la peine pecuniaire au cas ciuil, est semblable aux peines corporelles au cas criminel, & principalement aux crimes enormes, cõme celuy dont est question. Combiẽ que Balde [8] monstre assez, qu'on doit proceder à condamnation de peines corporelles par presomptions, quand il dit, *Mitius agi in pœnis corporalibus, quando est dolus præsumptus, & non verus.* Et allegue la loy. 1. *ad l. Corneliam de sicariis. ff.* Ie confesse bien qu'il vaut mieux absoudre le coulpable, que de condemner l'innocent: mais ie dis que celuy qui est conuaincu de viues presomptions, n'est pas innocent, comme celuy qui fut trouué l'espee sanglante pres du meurtry n'ayant autre que luy, & autres coniectures, que nous auons remarquees. C'est pourquoy le Roy Henry second fist vn Edict en ce Royaume, fort salutaire, publié & enregistré le quatriesme de Mars, l'an mil cinq cẽs cinquãte six, par lequel il veut, que la femme soit reputee auoir tué son enfant, & punie de mort, si elle a celé sa grossesse, & son enfantement: & que son enfant soit mort sans baptesme, & qu'elle n'ait prins tesmoignage de l'vn ou de l'autre, & ne seront creues de dire que l'ẽfant est mort-né. Ce qui a

[8] Bald. in ca. 1. fin. titul. quibus. modic. f u-dum amitt.

de

de puis esté pratiqué par plusieurs arrests. Car non seulement les femmes perdues & desesperees faisoyent mourir leur truict, ains aussi les Sorcieres les incitoyét à ce faire. C'est vne presomption de droict, puis que l'Edict est faict, & l'Edict est faict sur la presomption des hommes, qui est bien vrgente, & non toutesfois si grande, que les presomptions que i'ay remarquees cy-dessus. Et nonobstant cela, non seulement on procede à punition corporele, ains aussi à la mort. Et neantmoins il se peut faire, que la femme pour conseruer son honneur, aura celé son fruict, & sa grossesse, & son enfantement, & que l'enfant qu'elle eust volontiers nourry, soit mort en la deliurance: mais d'autāt qu'on a veu que sous ceste couuerture que l'enfant estoit mort-nay, on commettoit plusieurs parricides, il a esté resolu sagement que telle presomption suffit, pour proceder à peine de mort, pour venger le sang innocent. Car il ne faut pas pour vn inconuenient, qu'il n'aduiendra pas souuent, qu'on laisse à faire vne bonne loy, º & pour ceste cause ie fus d'aduis qu'vne de Muret pres Soissons, fut condemnee à mort, ayant celé sa grossesse, & sa deliurance, & enterré son enfant en vn iardin, le mois de Mars M. D. LXXVIII. Et en cas beaucoup moindre, ceux qui ont esté accusez d'adultere, ⁹ puis absouz, si apres ils se marient ensemble, comme il estoit licite apres la repudiation se marier: La loy ¹ veut qu'ils soyent punis à toute rigueur, comme adulteres, que la loy condemnoit

o l. 3. & 4. de leg. b. ff.
9 Sic Calodicebat nullam lege satis cōmodā omnib. esse.
9. l. si qui adulterii, deadult. c. l. quinis, eod.

damnoit à la mort : & celuy duquel le mary a denõcé par trois fois qu'il ne frequente sa femme, s'il les trouue ensemble sans crime, il luy est permis neantmoins de les tuer[2] sans forme de iustice. Et qui plus est, Nicolas Abbé de Palerme, ne veut pas qu'il soit licite aux Iuges de diminuer la peine de la loy, qui toutesfois n'est fondee que sur presomptions humaines: Car la presomption des loix n'est rien autre chose, q̃ presõption humaine de ceux qui ont fait la loy sur telles presomptions : & qui plus est, d'vn faict present la loy presume le passé, & sur telle presomption procede à la condamnation de mort, comme i'ay monstré cy dessus: qui faict bien à noter. Car tout cela n'est fondé que sur la difficulté qu'il y a, de trouuer les adulteres ensemble. Combien est-il doncques plus necessaire de proceder aux peines corporeles, quand les presomptions sont violentes contre les Sorciers, & quãd l'euidence du faict y est, on doit proceder à peine capitale : comme si l'accusé de sorcellerie a esté trouué saisi des membres humains, mesmes des petits enfans, il ne faut pas douter de proceder à la condamnation de mort, car l'euidence du faict permanent y est. Si l'accusé de sorcellerie, pour guerir quelqu'vn inuoque le diable à haute voix, ou priant tout bas contre terre son petit maistre, comme ils parlent, l'euidence du faict permanent y est : Il ne faut pas douter de proceder à la peine de mort, comme fit M. Iean Martin, qui condamna d'estre bruslee toute

[2] *Aut. matri, & auia. §. hic quoque. Pan. in c Accedẽs, versiculo, non obst de accusa. Ma thes. in sing. 119.*

viue vne Sorciere de Saincte Preuue, qui estoit accusee d'auoir rendu le maçon de Saincte Preuue courbe & impotét. Elle luy fist faire vn baing,& luy bailla trois Lezards enueloppez en vn mouchoir,luy enioignāt qu'il les iettast au baing,& qu'il dist. Va de par le Diable. Car l'inuocation du Diable est vne detestable idolatrie,& ce seul poinct suffisoit pour la conuaincre, encores qu'elle ne côfessast rié, & qu'il n'y eust aucune preuue d'auoir rendu le maçon impotét. Car plusieurs ostēt le charme & maladie donné par les autres Sorciers: il faut proceder aussi côtre ceux-là,si on voit que les remedes qu'ils appliquent ne soyét naturels: ny côuenables comme les trois lezards, qui ne furent oncques depuis trouuez au baing:&(côme la Sorciere d'Angers,de laquelle nous auōs touché, qui vsoit pour guerir, de ceruelle de chats,qui est vne violéte poison,& de testes de courbeaux & autres ordures) auec autres presomptions & informations on doit proceder à punition corporele. Et s'il aduiēt que la Sorciere inuoque ou appelle le diable, il faut proceder sans doute à condamnation de mort, pour les raisons susdites,& nō pas seulemét de mort, ains il faut condamner tels monstres à estre bruslez tous vifs,suyuāt la coustume generale, obseruee de toute anciēneté en toute la Chrestienté:de laquelle coustume & loy generale,le Iuge ne se doit departir,ne deroger à icelle, ny diminuer la peine, s'il n'y a grande & vrgente raison. Car la loy dit,q̄ c'est tout-vn,diminuer,

ou re

ou remettre du tout la peine: & qui plus est, la loy tient le Iuge pour coulpable, qui remet, ou diminue la peine de la loy. *Et si iudex non vindicat repertum, tegere, vt conscius, criminosa festinat.* Et passe encores plus outre: Car elle note d'infamie le Iuge pour ceste cause. Et cela est sans difficulté en termes de droict. Et qui plus est, la loy veut qu'on punisse de confiscatiõ celuy qui remet ou diminue la peine de la loy: & quelquefois d'exil, & d'autres peines selon la varieté des cas, iusques à punir les Iuges de mesmes peines, que le coulpable & conuaincu seroit puny, comme dit la loy en ces termes, *nisi ipse pati velit, quod aliis dissimulando concessit.* Et à ce propos André Iserin dit, que Charles de France premier de ce nom, Roy de Naples, fist pendre le Iuge qui auoit condãné le meurtrier de guet à pend, d'auoir la main coupee seulement. Et s'il est ainsi que le Iuge est coulpable, & doit souffrir la peine de leze-Majesté, comme dit la loy: combien plus est coulpable le Iuge qui remet ou diminue la peine de celuy,

3 *l. seruum, si ne de cri. pu plic. Cod. Lucas Penna. l. 1. colla. 8. verbo. distulerit, princi. de sortil. lib. 12. C.*

4 *l. 2. fine, de commerciis. C. & ibi Bald. facit tex. in cap. sicut inquis, & in ca. negligere 2. q. 7. & in ca. error 89. distinct l. .de carcerib. priuat. C.*

5 *l. seruos, fine . de vi publica. C. quem allegant Hostiens. & Ioan. And. in nouella, vterque in verbo eadem. Panorm. in fine, & Decius coll. vlt in cap. de causis, de off delegat. Rom. sing. 77 Ioan. Plat. in l. 1. de deserto. t.*

6 *Tex. in d. l. 1. de deserto. Pan. in l. si veri. § de viro 26. Fali. 26. Fall. foluto matrimonio.* 7 *Tex. in authentica, vt neque mil. neque fœdere.*

8 *l. 1 fine, & ibi. Bal. vlt not. de monopole. C. l. si quis sepulchrum, de sepulchro violato. C. & l. præter. § diuus eod. tit. & l. 1. pub letit. C. Bart. & Bal. in l. mancipia. de seruis fugit. C.*

9 *l. null. fin ne secum baptis. C. And Iser. in ca 1. tit qua sum regul Paul. Cast. in l. etsi seuer coll. 1. Ioan. And. in c. qualiter. coll. 7. de accusa. Bart. in clem. in ver salutem. co. 13 verb. 29. Christ. fine, de paganis C. Faber in dict. l. nulli.*

qui est coulpable de leze-Majesté diuine? Et la raison fort pertinéte est en Cicero, qui dit ainsi. *Non istum Verrem maius in se scelus concepisse, cùm fana spoliaret, cùm tot homines innocentes necaret, cùm ciues Romanos morte, cruciatu, cruce afficeret: cùm prædones accepta pecunia dimitteret, quàm eos qui istum tot, tantis, tam nefariis sceleribus compertum iurati, sententia sua liberarent.* Autant peut-on dire de ceux qui enuoyét absoultes les Sorcieres (encores qu'elles soyent conuaincues) & disent pour toute excuse qu'ils ne peuuét croire, ce qu'on en dit, qu'elles meritent la mort. Car c'est reuoquer en doubte la loy de Dieu, & toutes les loix humaines, & histoires, & executions infinies sur ce faictes, depuis deux ou trois mil ans, & donner impunité à tous Sorciers. Si on me dit, que tous crimes en ce Royaume sont arbitraires, ie l'accorde, s'il n'y a peine de mort limitee par Edict, ou par coustume: Or par la coustume tres-ancienne les Sorciers en toute l'Europe sont condamnez à estre bruslez tous vifs. Nous auons parlé principalement des Sorciers qui ont pactió iuree, & societé expresse auec le diable. Mais il y a d'autres sortes de Sorciers, desquels nous auons discouru au second liure, qui ne sont pas si detestables, & neantmoins qui ont part auec le diable par actions diaboliques: comme les noüeurs d'aiguillettes, qui est vne meschanceté damnable: & iaçoit qu'il y en a qui le font sans auoir eu conuention expresse, ny societé auec le diable, si est-ce que l'action en soy est diabolibolique, & merite peine capitale. ¹ Car celuy qui en vſe, ne peut nier qu'il ne ſoit violateur de la loy de Dieu, & de nature, & d'empeſcher l'effect de mariage ordonné par la loy de Dieu. Car de cela il aduient qu'il faut ² rompre les mariages, & pour les moins le tenir en ſterilité, qui eſt en bons termes vn ſacrilege. Ne peut auſſi nier qu'il ne ſoit homicide : car celuy n'eſt pas moins homicide, qui empeſche la procreation des enfans, que s'il leur coupoit la gorge. En troiſieſme lieu, il oſte l'amitié mutuelle du mariage, qui eſt le ſacré lien de nature & de ſocieté humaine, & y met la haine capitale. Car ordinairement ces noüeurs mettent vne haine capitale entre les deux conioints. En quatrieſme lieu, ceſte liaiſon ſe fait au meſme inſtant que le miniſtre prononce les Sainctes paroles, & qu'vn chacun doit eſtre ententif à Dieu, celuy qui noüe, vient entremeſler des paroles & myſteres diaboliques, qui eſt vne impieté deteſtable. En cinquieſme lieu, il eſt cauſe des adulteres & paillardiſes qui s'en enſuyuent. Car ceux qui ſont liez bruſlans de cupidité l'vn aupres de l'autre, vont adulterer. En ſixieſme lieu, il en aduient auſſi pluſieurs meurtres, cōmis en la perſonne de ceux qu'on ſoupçonne l'auoir faict, qui bien ſouuent n'y ont pas penſé. Voila donc cinq ou ſix crimes qui ſe commettent en noüant les perſonnes, leſquels i'ay remarquez, à fin que les Iuges qui font pendre les coupeurs de bourſes, ne laiſſent pas ceſte meſchanceté capitale impunie

¹ *Lucas Pēna ad hoc tit. leg. 1. de priua. carcerib. c. & l. 2. de ſepulchro violato, & l. vlt. ad l. Iul. de vi publica. & leg. præcepit, C. de cau. larg.*
² *c. vl. de frigid. & maleficia. cau. ſi per ſorciariam. 33. q. 8.*

comme fist vn Iuge de Niort, lequel mist en prison vne femme, qui par tel moyen auoit empesché sa voisine au faict de mariage contracté, sur la requeste & delation de ceux qui se trouuoyent empeschez, la menaçant qu'elle ne sortiroit iamais, qu'elle n'eust osté l'empeschement. Trois iours apres elle fist dire aux nouueaux mariez qu'ils couchassent ensemble, se trouuans desliez. Ils en auertirent le Iuge, qui lascha la prisonniere sans autre peine: parce que plusieurs, & iusques aux enfans, en font mestier. Il est donc besoing, puis que ce crime pullule, & qu'il est le commencement & fondement des Sorciers, de proceder par peines capitales contre ce crime, qui est directement contre la loy de Dieu & de nature. Et si quelqu'vn est surpris voulant lier les personnes, ou qu'il soit verifié qu'il a faict la liaison, qui n'a point sorty effect: (car ceux qui ont la crainte de Dieu, ne peuuent estre liez) pour la premiere fois meritent le foüet, & la marque du fer chaud. Car si celuy qui a versé la poison, qui n'a point sorty effect, est puny de la peine des homicides, comme la loy y est formelle, & la decision des Docteurs: & qui plus est, si celuy qui a esté trouué saisi, & qui a vendu ou achepté des poisons, est tenu de la peine des homicides: & si celuy qui attente de violer la pudicité d'vne religieuse sans effect, est condamné à mort, où il n'y a qu'vne espece de crime: à plus forte raison les lieurs d'esguillettes, ayans faict tout ce qui estoit en eux pour

pour lier, ne doiuét estre quittes pour le foüet: attendu mesmement l'atrocité du crime, & que les Docteurs demeurent d'accord, ⁵ que l'effort sans effect és crimes atroces, doit estre puny capitalement. Et qui plus est ils demeurent d'accord qu'au crime de leze-Majesté, l'affection & volonté est punie capitalement, ⁶ comme de faict il se pratique. I'ay monstré qu'il y a crime de leze-Majesté diuine, souillant les Sacremens ou prieres sacrees de charmes diaboliques: Iaçoit qu'és autres crimes l'effort soit moins puny que l'effect. ⁷ Ce que i'ay dit de l'effort des lieurs, s'estend par identité de raisons aux Sorciers qui ont ietté le sort, ou greffé les portes, encores que personne n'en soit mort. Veu mesmes que la loy veut, que celuy qui a esté trouué ⁸ saisi, ou qui a achepté de la poison sans autre effect, est tenu de la peine des homicides. Les autres sortes de sorcelleries, qui se font pour sçauoir les choses futures, comme est le Geomancie, & autres semblables, que nous auons touchees au second liure, attendu que toutes telles sortes de diuinations sont diaboliques, & inuentions du diable, defendues par la parole de Dieu, ceux qui s'en mesleront & en seront conuaincus, pour la premiere fois doiuent estre condamnez en amendes pecuniaires & honorables: puis pour la seconde fois au foüet, & marquez: & pour la troisiesme pendus. Et quant à ceux qui font profession de guerir en ostant le charme, comme

⁵ D. in si q̃ non dicam. ⁶ in l. cogitas. de pœnis & ibi doc. ⁷ l. 1. prin. de extraor. crim. in ib. ff. iuxta. l. quā uis. de adul. c. Bald. in l. 1. §. hæc autē quod quisq; iuris. ff. A. lex. col. ponderatim. l. 1. coll. penult. Bald. cons. 443. cachus li. 3. li. mitai glossa singularis §. 1. summa, de iniuriis institut. Florian in l. is si obstetrix. fin ad leg. Aqui ff. Capola in rep. tit. l. fugitiui, coll. 12. Fel. in c. ex literis, de con stit. Bald in col. 34 casus tal. lib. 1. fine. & l. de sicariis. ff.

Ff 4

ils disent, ou par moyés diaboliques chassent la tempeste, & empeschét les pluyes & gresles, la loy ne veut pas qu'ils soyent punis: mais ie tiens que tels medecins doyuent estre interrogez & visitez, pour sçauoir s'ils sont Sorciers, & si on ne trouue la preuue, il leur faut faire defences sur peine de punitions corporeles de se mesler de medecines, & auoir l'œil de pres sur eux: & quant à la Chiromantie, qui est ordinaire de ceux qui par les lignes des mains se meslent de dire la bonne aduenture, que ceux qui en feront mestier, comme il y en a, pour la premiere fois leur soit faicte deffence d'en vser plus, sur peine arbitraire, & neantmoins que les liures de Chiromantie & Geomantie, qui se vendent par tout, soyent bruslez, auec defences aux Imprimeurs & Libraires d'en imprimer, ou exposer en véte, sur peine à ceux, qui en serót trouuez saisis pour la premiere fois, d'estre punis par amendes pecuniaires: & pour la seconde, par amédes honorables. Et à fin qu'ó ne pretende cause d'ignorance, il seroit bié necessaire de specifier les Autheurs par le menu, & qu'il soit enioint à tous Iuges de brusler sur le champ tous liures de Magie, qui se trouueront en faisant les inuétaires. Ce que mesme les Iuges Payens faisoyent sans les mettre en partage: & comme nous lisons qu'il fut faict en Ephese au temps de la primitiue Eglise. Car ie trouue que les anciens ont puny capitalement telles impietez, que les Chrestiens passent par dissimulation, comme nous lisons d'Apronius

a l. 3. de malefic. C.

8 l. cætera, familia hercisiunda ff. improbata lectionis lib.
9 Act. Apostolorum.

Preuost

[1] Preuost de Rome, qui condamna à la mort vn nommé Hilarius, qui fut conuaincu d'auoir baillé son fils pour instruire à vn Sorcier: & fut tiré de l'Eglise pour estre mis à mort, suiuant les termes de la loy, [2] *Culpam similem esse tam prohibita discere, quàm docere.* Nous lisons aussi [3] que l'Empereur Valens ayant sçeu que Iamblique auoit cherché par Allecthriomātie, qui seroit Empereur apres luy, en luy faisāt sa fosse deuant sa mort, fist mourir tous ceux qui en estoyent coulpables, ou soupçōnez, cōme nous auons remarqué cy deuant. Et qui plus est, vn nommé Bassianus fut puny par confiscation de tous ses biens, pour s'estre enquis aux Deuins, si sa femme estoit enceinte d'vn fils où d'vne fille. Vn autre nommé Lollianus [4] fort ieune, fut banny, & son bien confisqué, pour auoir trāscrit vn liure de magie, & vn autre prestigiateur, fascinant les yeux des assistans, fut condamné d'estre aueuglé. Il s'appelloit Siticides. Or est-il indubitable que les prestigiateurs & charmeurs ont paction expresse auec le diable, & tous ceux qui exercent la Necromātie, Psychagogie, Goetie, & autres semblables. Quant à l'Astrologie naturelle & cognoissance d'icelle, d'autant que par icelle on cognoist les merueilles de Dieu, le cours des luminaires celestes, les ans, les saisōs: ioint aussi qu'elle est necessaire aux medecins & à l'vsage des instrumens Metheoriques, il ne faut pas les mesler auec les autres: mais bien empescher l'abus de ceux, qui font profession de deuiner l'estat & la

Marginalia:
1. Ammianus Marcellin. lib. 26.
2. l. 4. de malefic. c.
3. Socrat. li. 4 c. 29. Sozomen lib. 6. c. 35. Niceph. lib. 11. ca. 45. Zonaras li. 3. in vita Valentis. Ammian. Marcellin. lib. 29.
4. Niceph. lib. 10.
5. Nicetas li. 4.

vie de personnes, qui attire apres soy vne defiance de Dieu & impieté. C'est pourquoy la plus belle science du monde a esté blasmee, en sorte que le mot d'Astrologus, & Mathematicus, & Chaldæus, és loix, souuent est prins pour Sorciers : 6 Mais il ne faut pas reietter les belles sciences pour l'abus : autrement il faudroit condamner tous les arts & sciences du monde, voire la loy de Dieu. Mais il y a de grands personnages qui pour n'auoir pas separé le droit vsage d'Astrologie, de l'abus, ont tiré plusieurs en erreur : c'est à sçauoir, Iean François Pic, Prince de la Mirande, qui l'a blasmee outre mesure : & Philippe Melancton, qui s'est par trop arresté à l'Astrologie diuinatrice. Les Egyptiens ne pouuans oster l'abus ny defendre la science, faisoyent payer vn impost à tous ceux qui demandoyent conseil aux Astrologues deuins, qu'on appelloit Blaseunomion, comme qui diroit le truage des fols, comme font encores ceux qui demandent conseil à vn tas de larrons & voleurs qu'on appelle Egyptiens, qui sont pour la pluspart Sorciers, comme il s'est trouué en plusieurs procez. Brief, en toutes choses où l'esprit humain est effrayé de crainte superstitieuse, ou retiré de la fiāce d'vn seul Dieu, pour adherer aux vanitez quelle qu'elle soit, Dieu y est offencé, & est vraye idolatrie : & pour ceste cause les payens mesmes decernoyent 7 grande peine contre ceux-là, comme nous lisons en la Constitution de Marc Aurele portant ces mots, 1 *si quis aliquid*

quid fecerit, quo leues animi superstitione terreantur, D. Marcus in insulam relegandum hunc rescripsit. C'est pourquoy il faut bien prendre garde à la distinction des sortileges, pour iuger l'enormité & grauité d'entre les Sorciers, qui ont côuention expresse auec le Diable, & ceux qui vsent de ligatures & autres arts de sortileges. Car il y en a qui ne se peuuent oster, ny punir par les magistrats, comme la superstition de plusieurs personnes de ne filer par les champs, que les payens craignoyent, & craignoyent aussi de saigner de la narine senestre, ou de rencontrer vne femme enceinte deuant disner. Mais la superstition est bien plus grande, de porter des rolleaux de papier pendus au col, ou l'hostie consacree en sa pochette: Comme faisoit le President Gentil, qui fut trouué saisi d'vne Hostie par le bourreau, qui le pendit à Mont-faucon: & autres superstitions semblables que l'escriture Saincte, & le Rabbin Maymon met entre les façons des Amorrheans, qu'elle appelle *vias Amorrhæorum*, qui sont estroittemét defendues par la Loy de Dieu & les prophetes, pour la defiance que il y a enuers Dieu, & l'idolatrie enuers les creatures. Cela ne se peut corriger, que par la parole de Dieu: mais bien le magistrat doit chastier les Sarlatans, porteur de billets qui vendent ces fumees-là, & les bannir du pays: Car s'il est ainsi que les Empereurs payens ayent banny ceux qui faisoyent telles choses *quo lenes animi* [8] *superstitione terreantur*, que doiuét faire

8. d l. si quis aliquid, de pœnis. ff.

faire les Chrestiens enuers ceux-là? ou ceux qui contrefont les esprits, comme on fist à Orleãs, & à Berne? Il n'y a doute que ceux-là ne meritassent la mort, comme aussi ceux de Berne furent executez à mort: & en cas pareil de faire pleurer le Crucifiz, ainsi qu'on fist à Muret pres Thoulouse, & en Picardie, & en la ville d'Orleans à sainct Pierre des Puilliers: Mais quelque poursuitte, qu'on ait faict, cela est demeuré impuni. Or c'est double impieté en la personne de ceux qui sont prestres & pasteurs. Mais l'impieté est beaucoup plus grande, quãd le Prestre ou le pasteur a paction auec Satan, & qu'il fait d'vn sacrifice vne Sorcellerie detestable. Car tous les Theologiens demeurent d'accord, que le Prestre ne consacre point, s'il n'a intention de consacrer, encores qu'il prononce les mots sacramentaux: & de fait il y eut vn Curé de S. Iean le Petit à Lyõ, lequel fut bruslé vif l'an M.D.XLVIII. pour auoir dit, ce que depuis il confessa en iugement, qu'il ne consacroit point l'hostie, quand il disoit la Messe pour faire damner ses paroissiens, comme il disoit, à cause d'vn procez qu'il auoit contre eux. Combien que Dieu excusoit la iuste ignorance du pauure peuple: Combien donc est plus punissable le Prestre Sorcier, qui au lieu de cõsacrer, blaspheme execrablement. C'est pourquoy Platon [9] le premier entre ses loix en a faict vne, qui veut que le Prestre Sorcier sans remission soit mis à mort: car l'enormité de la sorcellerie est beaucoup plus atroce en celuy qui

9. lib. 11. de leg 16.

qui manie les choses sacrees. Car au lieu de les sanctifier il pollue, il souille, il blaspheme execrablement. Côme le Curé de Soissons, duquel parle Froissard, qui baptisa vn crapaut, & luy bailla l'hostie consacree, il fut bruslé tout vif, sans s'arrester aux Canôs, qui excommunient seulemēt les Prestres Sorciers. Il est vray qu'on peut dire, que c'est la peine Ecclesiastique, qui ne fait aucun preiudice aux peines des Magistrats laics. Or tout ainsi que par proportiō de iustice harmonique la peine est plus grande, & le crime aggraué pour la qualité des personnes: comme le Medecin qui empoisonne, le tuteur qui viole sa pupille, le Iuge qui faict iniure, le Notaire qui commet faulseté, l'orfeure qui faict de la fausse mōnoye, le vassal qui trahit son seigneur, le citoyen qui vend sa patrie, le subiect qui tue son Prince, le Prince qui māque de sa foy, sont beaucoup [2] plus punissables, & generallement tous ceux qui faillent en leur office: aussi le Prestre Sorcier est non seulement plus meschant, que tous ceux-la, ains aussi plus detestable que tous les autres Sorciers qui ne sont point Prestres. Car cestuy [3] cy est deserteur de son Dieu pour s'abandonner au Diable, & proditeur des choses sacrees, qu'il deuoit sur tous garder sainctement & inuiolablement. Et par ainsi le Prestre ou ministre qui sera attaint, & conuaincu d'auoir vsé des sortileges par miroüers, ou anneaux, ou haches, ou tamis, ou autres choses semblables, qui se font mesmes sans expresse inuocation du

1. Can. si quis Clericus, ex concil. Aurel. & can. ali quāt. excōs. Agath. & can si quis Epise. ex cō cilio Tolet. 26. q. 5.
2. l. quis decurio de falsis. l. quādā pe panis. ff. Th. 1. 2. q. 7 art. vlt. D. Bal. Salic. Iac. Arena in l. nemo. de summa Trinit. c.
3. l. Presbyteri. de Episcopis. c. l. qui. de pœnis Ro sing. 476. & 66. Bald. in c si quis verò, de pace iuram. Felinus in ca. pastorales de rareur.

diable

diable, merite la mort, & les autres d'eftre bãnis: Es autres crimes, hors mis les fortileges, & ce n'eft pas la raifon que le Preftre foit puny griefuement: Mais la dignité de fa perfonne doit amoindrir la peine: & celuy qui offenfe les Preftres & miniftres de Dieu, doit eftre puny plus griefuement, que tous les autres: d'autant que fa dignité [4] eft plus grande, & doit eftre fa perfonne facree, & inuiolable. Mais auffi qnãd ils s'oubliẽt iufques à là de fe dedier à Satan, la peine ne peut eftre affez grande. Car il s'eft trouué en infinis procez, que les Sorciers bien fouuent font Preftres, ou qu'ils ont intelligence auec les Preftres: & par argent, ou par faueurs ils font induis à dire des Meffes pour les Sorciers, & les accommodent d'Hofties, ou bisn ils confacrent du parchemin vierge, ou bien ils mettẽt des anneaux, lames characterifees, ou autres chofes femblables fur l'autel, ou deffous les linges, comme il s'eft trouué fouuent: n'a pas long temps, qu'on y a furpris vn Curé, qui eft euadé, ayant bon garand, qui luy auoit baillé vn anneau pour mettre foubs les linges de l'autel, quand il diroit fa Meffe, Apres les Preftres & miniftres de Dieu, les magiftrats qui font gardes & depofitaires de la iuftice, doiuent eftre recerchez & punis à la rigueur, s'il s'en trouue. Car s'il y a vn Magiftrat, il fera toufiours euader les Sorciers, & maintiendra par ce moyen le regne de Satan: Et la premiere prefomption contre le Magiftrat qu'il eft

Sor

4. Philo. in li. de facrif. & Leuiti ci. cap. 2.

Sorcier, est quand il se mocque de telles sorcelleries. Car soubs voile de risee, il couue sa poison mortelle. Or tout ainsi que Solon ordonna, que si les Areopagites, qui estoyent gardes des loix, les auoyent enfraintes, qu'ils seroyēt tenus payer vne statue d'or de leur pesanteur, comme dit Plutarque, ⁵ aussi faut que le Magistrat Sorcier, qui doit punir les Sorciers, ou qui les fait euader, soit puny à la rigueur : car par la souffrance des Iuges ceste vermine a si bien multiplié, que Trois-eschelles dist au Roy Charles 9. qu'il y en auoit plus de trois cens mille en ce Royaume. Et puis apres les Courtisans Sorciers doiuent estre sans discretion de leur qualité, comme dit la loy, ⁶ exposez aux tourmens. Et non sans cause la loy a voulu punir rigoureusement les Sorciers de la Cour : car il ne faut qu'vn Sorcier Courtisan pour gaster tous les Princes & Dames qui suiuent la Cour, & infecter le Prince souuerain, pour la curiosité que les grands Seigneurs ont de voir & sçauoir les prestiges des Sorciers, estimans que par ce moyen ils feront grandes choses. Aussi Satan n'a rien en plus grande recommandation que d'y attirer les Princes : car depuis qu'ils y sont plongez, c'est d'executer la volonté de Satan, se mocquer de toute religion, monstrer exemple aux suiets de toutes paillardises, incestes, parricides, cruautez, actions, mouuoir des seditions entre les suiets, ou guerres ciuiles, pour voir l'effusion de sang, & faire sacrifice au diable,

5 In Sueto-ne.

6. l. nemo aruspicē, de maleficiis. C.

qui

qui ne luy est point plus agreable que du sang innocent. Car il veut conseruer les meschans. Apres ceux-là, on peut mettre les meres, qui meinét leurs filles aux assemblees diaboliques: & qnant aux filles, si elles ont accusé leurs meres, auparauāt qu'elles fussent preuenues, elles meritent pardon, pour double raison: tāt pour auoir accusé le faict, que pour la repentance, si apres estre preuenuës, il suffira des verges, elles sont en bas aage & penitentes. Et neantmoins il est besoing qu'elles soyét mises en la garde de quelque sage matrone, pour les instituer. Car combien que la minorité ne merite point de faueur, quand il est question de punir les forfaicts: si est-ce, dit la [2] loy, qu'on y doit proceder auec quelque retranche de la rigueur des loix, mesmemét [3] si le mineur est au dessous de dixhuict ans. Mais s'il n'a rien voulu confesser des pactions expresses, & d'auoir assisté aux assemblees des Sorciers, & qu'il soit conuaincu par autres, il doit estre mis à mort: car en cela, il monstre le ferme & arresté propos qu'il a auec les diables. [4] Car si la loy condamne à mort l'enfant qui n'a pas atteint la puberté pour n'auoir pas crié quand on tuoit son maistre, & n'auoir pas declaré les meurtriers, comme en cas pareil fut pendu & estranglé vn ieune enfant aagé d'vnze ans, qui auoit tué d'vn coup de pierre vne fille, & l'auoit cachee, & fut trainé sur vne claye au gibet, par arrest de parlement, donné l'an M.CCCXCIIII. A plus forte raison doit l'enfant Sorcier, qui a attaint la pu

2. l. 1. si aduersus dedict. c. l. auxilium, de minor. ff. 3. authen. sin. captiui, cum glossa de Episc. & Clericis. co. Iac. Arena. Salic. in l. si quis in tantum, vn de vi. C. Philip. Cornens consi. 247. lib. 1. 4. l. exci- [...] ad [...]

la puberté estre mis à mort, s'il n'a declaré les assemblees auec les diables, mesmement estant preuenu, & qu'il soit conuaincu, ne voulant rien confesser. Car combien que les peres & meres Sorciers consacrent, & dedient leurs enfans aux diables: les vns, si tost qu'ils sont sortis: les autres deuant qu'estre sortis du ventre de la mere, si est-ce que i'ay monstré cy deuãt, que les diables ne font point de paction expresse auec les enfans, qui leurs sont vouëz, s'ils n'ont attaint l'aage de puberté, comme i'ay apprins par les interrogatoires de Ieanne Haruillier, qui deposa que sa mere, qui l'auoit dediee à Satan si tost qu'elle fut nee, ne la maria point auec Satan, ny Satan ne demanda point sa copulation, & renonciation à Dieu, & à toute religiõ, qu'elle n'eust atteinct l'aage de douze ans. Et en cas semblable Magdelene de la Croix, Abbesse des Moniales de Cordoüe en Espaigne, confessa que Satan n'eust point copulation, ny cognoissance d'elle, qu'elle n'eut douze ans: mais bié on pourra moderer la peine de feu, à laquelle ceux qui sont en aage doiuent estre condamnez: & ne faut point en ce cas si execrable, que la peine soit diminuee pour l'imbecillité ou fragilité du sexe des femmes, si elles ne se repentent, & qu'elles inuoquent Dieu auec vne vraye repentance: auquel cas la peine du feu doibt estre ostee, iusques à ce que celle qui s'est repentie, soit suffoquee ou estranglee: Mais quiconque persistera en la paction qu'il a auec le diable, sans aucune re-

Gg

pentance, comme font la plus part, il faut proceder à la peine du feu. Et ne faut pas que le baptesme, & la repentance, qui peut aucunement diminuer la peine, oste la peine du droict & de la loy de Dieu, qui est capitale, qui ne peut par penitence quelle qu'elle soit, estre abolie: ains plustost l'Eglise, & le droict Canon veut & entend entretenir la iustice. C'est pourquoy tous les Canonistes demeurent d'accord, que celuy qui a faict penitence de son crime, peut estre accusé & puny en Cour laye: car l'absolutiõ de l'Eglise ne fait aucũ preiudice au bras seculier, comme dit Balde. Encores la pluspart des Docteurs en droict Ciuil & Canon tiennent, que la repentance, pour grande qu'elle puisse estre, ne diminue rien qui soit de la rigueur de la peine establie par les loix: comme Decius escrit, qu'il fut iugé contre vn Iuif, qui voulut se faire Chrestien, pour diminuer la peine du crime qu'il auoit commis: mais le Magistrat de Padoüe ne diminua rien de la peine, suyuant l'aduis de tous les Docteurs. Aussi est-ce l'aduis des Theologiés: & mesmes la loy de Dieu a voulu, que le meurtrier de guet à pend soit arraché de l'autel sacré, pour estre mis à mort: à fin que les meschans ne se couurent point du voile de religion, de franchise, de penitence, pour euader les peines establies par les loix, & à fin aussi que les meschãcetez, en quelque sor-

l.leg.2.§.si quis à principe, nequid in loco publico. ff. & ca. super eo. de of. de leg. & c. ex tua rum. de aut. & vsu pallij 9.c.1. de ali en feudi. & can. vlt. 29 q.vlt. 2. in l. placet de sa cros. Eccl. c. 3. conclud. glo. in c. admonere verbo pœnitentia. 32.q.2. & gl. Innocent. & Hostiẽsis in col. vlt. si Ioan. And. Ant. Butri. Pan. in c. gaudemus per textũ ibi de diuortiũ, Maria. & Frã. in d. c. de accusat. Card. in cle. 1. §. sane. de rusaris Lucas Penna in l. si apparitor. col pen de cohortib. C. lib 12. Decius in c. qua in Ecclesiarum col 8 de consil. & consil. 130. 4 Alex. Ales in 4 sententia. q. 20 membro 1 art. secundo: Bonauent in di. 4. sent dist 2.art. 1 q. item Thomas 3 parte summa q 68. art.

demeu

te que ce soit, ne demeurent impunies, qui est le but auquel tous les Iurisconsultes ⁵ se sont principalement arrestez, qui seruira de responce à ceux, qui soubs ombre de repentance veulent faire euader les Sorciers. Car si l'homicide ne laisse pas pour la repentāce d'estre mis à mort, pourquoy le Sorcier mille fois plus coulpable euadera il? I'entens de ceux qui se repentent apres qu'ils sont preuenus, ou qui entrent en religion, & veulent que la maison dediee à sainěteté soit vne cauerne de parricides, & Sorciers. Il ne faut pas donc que le Magistrat differe la poursuite des Sorciers, qui vont en religiō apres qu'ils sont preuenus: ains la peine doibt estre plus exemplaire sans s'arrester à l'habit, ny aux priuileges, qui ne doiuent auoir lieu en ce cas, quoy que quelques vns ne sont pas de cest aduis. Mais si la Loy de Dieu veut, & commande qu'on arrache le meurtrier de l'autel sacre, pourquoy sera le Sorcier, qui est pire que les parricides, asseuré des peines qu'il a meritees, pour entrer en religion? Mais bien. Si le Sorcier estant preuenu, & non toutesfois conuaincu, confesse la verité, & qu'il accuse ses complices, il y a bien apparance, que la peine du feu soit relachee, s'il ⁷ se repent, tant pour estre moins coulpable, que pour attirer les autres à confesser la verité & se repentir: Et mesmes en Athenes celuy qui confessoit sans estre conuaincu, est it absous, comme dit Plutarque en la vie d'Alcibiade: mais ceste loy n'a pas esté suyuie, pour

5. Astesanus li. 4. ti. ité, 4 art. 1. col. vl. Ant. Flor. in p p. 3. p princ. ti 14. c. 15. S. l. Ita vulneratus, fin. ad. l aq. ff. l. cōuenirī de pactīn dota. l. si maritus. §. legis versu Caterum de adult. ff. 6. Oldrad. cōs. 4. quod laicus Bar. in l. 1. de pœnis. Bal. in l. 1. ad fin. an ser. ex fac. sup. capol. cautel. 9. Iason in l. pen. Princ. vlt. nota. de iurisdictio. Bart. Guillel. Iacob. But. & Bal. in l. vlt. qui satisdar. Ioan. And. in c. 1. de obla. ad ratio. Cynus in aut. causa qua sit de Episcop.

Gg 2

l'impunité des maléfices qu'elle tiroit apres soy: & mesmes en la loy de Dieu celuy qui confessoit son larcin au Prestre, il estoit tenu restituer le larcin, & la cinquiesme partie d'auantage, outre l'oblation, pour le sacrifice de son peché. Beaucoup moins doit la peine estre relachee, si celuy qui confesse peut estre conuaincu: Mais celuy qui confesse sans estre accusé, ny preuenu, ny attaint, & qui ne peut estre conuaincu, & se repent, & accuse ses complices, cestuy-la merite pardon: non pas qu'il n'ait merité la mort d'auoir adoré Satan & renié Dieu: mais la vie luy doibt estre laissee, tant pour loyer d'auoir accusé ses complices, que pour attirer les autres par tel moyen: autrement la confession apres la preuention & deuant la preuue, ou apparence de preuue, doibt bien diminuer, & non pas oster la peine, s'il n'y auoit edict ou loy expresse qui deffendit aux Iuges de diminuer la peine establie par la loy, auquel cas la confession volontaire deuant l'accusation n'emporteroit ny absolution, ny diminution de la peine. Car la defence de la loy en ce cas est plus forte, que l'authorité de tous les Magistrats. Mais on peut demander, si le Prince a contraint son vassal, ou le Seigneur son suiect, ou le maistre son seruiteur, ou le pere son fils, ou la mere sa fille de faire les actes des Sorciers, aller aux assemblees, renier Dieu: si ceux-là sont suiets aux peines de la loy. Ie dy q̃ le fait n'est pas receuable: ioint aussi qu'il n'est ny veritable ny vraysemblable: d'autant que Satan veut le plein consentement & franche volonté des personnes, comme nous auons monstré par exemples cy deuant. Et quand il se trouueroit vn pere, ou Seigneur si meschant de contraindre son fils à renier Dieu, il ne sera pas pourtant Sorcier ny coulpable de la peine. Car le peché n'est point peché, s'il n'est volontaire, comme dit S. August. Et en ce cas les loix[5] ont accoustumé d'absoudre ceux qui ont eu necessité d'obeir, & de ne punir à la rigueur, ains adoucir la peine de ceux qui ont bié peu desobey: mais pour quelque reuerence n'ont pas desobey. Ce qui ne se peut entendre en crimes atroces, & beaucoup moins en ce crime si execrable. Car la loy[6] de Dieu commande en ce cas de tuer, quiconque voudra seulement suader de faire vne meschãceté si execrable: mais bien l'obeissance d'vne ieune fille enuers sa mere, d'vn ieune enfant enuers son pere, & d'vn ieune seruiteur enuers sõ maistre, merite[7] que la peine soit adoucie, si on apperçoit la confession, & repentance de

5. *l. sed & si vnus. §. si iussu Domini, de iniuriis. ff. & l. vlt. in fine, & ibi gloss. de bonor. dãnat. & l. seruus, & ibi de actiõ. & obl. ff. l. liberorũ. §. excusantur. de iis qui no tantur infa. ff. l. liber homo. 2. ad l. aquil. ff. l. ad ea. de regul. iuris. ff. auth. sed no no iure, de custodia reorum. l. si seruus de sepulc. violato. c. & ibi Faber, Gellius lib. 2 c. 7.*
6. *Deut. 13.*
7. *l. seruos, & ibi Balduim & salicet ad l. Iuliam de vi publica. c. & in l. 2. & ibi gloss. Faber. & D. de sepulc. violato. c. glo. in c. dixit Dominus 14. q. 5. & in cap quod quis, de regul. lib. 6.*

uant la conuiction. Et en ce cas, se peut bien accommoder ce que dit Seneque, en la tragedie de Thyeste, *quem peccasse pœnitet, pene est innocens*: quand la penitence est veritable, & non feinte. Et iaçoit que les prieres d'vn Prince, ou d'vn souuerain sont plus violentes que la force, neantmoins l'obeissance en ceste meschanceté si execrable, n'a point d'excuse. Car le Prince n'a rien à commander à son suiet cōtre la loy de Dieu, ny le suiet aucune necessité d'obeir. Et toutesfois c'est bien la raison que la peine soit moderee, s'il y a confession du faict, & repentance: mais s'il y a force ouuerte, & iuste crainte de mort, en cas de desobeissance (combien qu'on doit plustost mourir que d'obeir) toutesfois l'obeissance en ce cas est aucunement excusable pour la peine corporelle, encores que le Sorcier qui a esté contraint de faire quelque sortilege, eust faict mourir quelqu'vn, tout ainsi que s'il auoit esté contraint sur peine de la vie de tuer quelqu'vn, il ne seroit suiet à la peine des homicides. Car on ne peut accuser qu'il y ait dol, ne fraude en luy, pourueu que la contrainte de mort ou de tourmēt soit precise, comme i'ay dit. Mais que dirons nous de celuy qui renie Dieu, & sa religion, & se donne au seruice de Satan pour guerir d'vne maladie, ou pour crainte de mort, & de son ennemy? Mais quelle peine merite celuy qui s'est voué à Satan pour guerir d'vne maladie incurable: combien que nous auons monstré cy dessus, que de dix à peine qu'il y en ait

ait vn qui guerisse, & encores des sortileges seulement. En ce cas la personne ignorante seroit aucunement excusable de la peine capitale, & non pas vn homme des lettres, combien que l'ignorance n'a point de lieu en ce crime. Car il n'y a persône qui puisse dire, que par erreur il ait renié Dieu son Createur, pour se dôner au diable. Aussi voit-on par tous les procez que Satan veut vne franche volonté. Mais bien l'erreur peut estre excusable en telles personnes seulement, és façons illicites de sortileges, qui n'ont pas conuention iuree auec Satan, comme la sorcellerie d'Anneaux, de Miroirs, de Tamis, & autres semblables, que quelques vns font pour l'auoir veu faire, ainsi que nous auons dit cy dessus : Et toutesfois elles ne doiuent pas demeurer sans quelque peine, pour la premiere fois, & pour la seconde, corporellement, & pour la troisiesme, de mort, veu mesmes qu'vn coupeur de bourses est ordinairement condamné à mort, pour la troisiesme fois, comme la coustume y est presque generale. Que dirons nous donc de ceux qui ont inuoqué les malins esprits, & fait les mysteres pour l'attirer, & que Satan ne soit point venu : combien qu'il n'y faut iamais, & touresfois qu'il n'ait point respondu : comme il contrefait les paillardes rusees qui se font prier ? On ne peut dire que ce soit vn attentat seulement, mais vne detestable sorcellerie accomplie & parfaicte. Et par ainsi, la peine capitale y eschet, & la diminution

s. l. metuas autem, de eo quod metus. ff. l. vani. de reg. ff.

s. Angelus de malefi. verbo, etiā vestem pag. exc. viij. scribit statutū esse vt plurimum pro tertio furto suspendi fures, Gādin. in tract. de malef. rubr. de furib. & le Federicis. de pace cōstant. pro quinque solidis pœna capitalis decernitur.

de la peine és attentats, qui n'ont forty effect, n'a point de lieu en ce cas. Car ce n'est pas vn simple attétat, mais vne meschanceté faicte & parfaicte, C'est à sçauoir, d'auoir inuoqué & prié Satan, qui est aussi vne droicte renonciation à Dieu : Et par ainsi c'est abuser des loix diuines & humaines, de pardonner au Sorcier penitent, soubs ombre que les loix & canons veulent qu'on pardonne aux heretiques repentis (combien que les Magistrats en quelques lieux par cy deuant, y ont eu tel esgard, que celuy qui auoit mangé de la chair le Vendredy estoit bruslé tout vif, comme il fut faict en la ville d'Angers l'an mil cinq cens trente neuf, s'il ne s'en repentoit : & iaçoit qu'il se repentist, si estoit-il pendu par compassion.) Car celuy qui voit vne chose contre la loy de Dieu encores qu'il soit heretique, si est-ce que ceste opinion estant changee, la conscience demeure entiere. Mais celuy qui adore Satan, ou renie Dieu (combien que l'vn ne peut estre sans l'autre) a mis en effect vne chose qui ne peut qu'elle ne soit faicte, & comme on dit en droict. *Factum infectum esse non potest.* Et quant à ceux qui n'ont pas renoncé à Dieu, ains qui ont vsé des characteres, cercles & inuocations, comme ils ont trouué par escrit en quelques liures defendus, & que l'esprit familier, comme ils parlent, ne soit point venu, on doit distinguer la qualité des personnes. Si c'est vn folastre & ignorant, ne pensant pas que tels esprits familiers soyent diables, il doit estre puny par

par bonnes amendes honorables, & pecuniaires. Car combien qu'en France l'affection ne soit pas punie sans effect, si est-ce qu'en ce cas l'effect y est: à sçauoir l'inuocation, & si la personne qui a faict telle inuocation est homme de lettres, & de sain iugement, il merite la mort. Car on ne peut nier en ce cas que il n'ait sciemment inuoqué Satan: & si celuy qui est condamné à faire amende hónorable pour telle meschanceté fait du retif,& qu'il refuse d'obeir à Iustice, il doit estre condamné à la mort: comme il fut fait par arrest de la Cour le XVII. d'Auril, M.D.XXIX. de Iean Berquin: lequel ne voulant faire l'amēde honorable pour vne heresie, fut cōdamné d'estre bruslé tout vif, & fut aussi tost executé. Et neantmoins quand on dit, que l'attentat en France n'est pas puny sans l'effect: Ceste maxime n'est pas veritable en tous les crimes atroces, où l'attentat & l'effort est puny sans l'effect: & celuy qui a baillé la poison, qui n'a sorty effect, est puny, encores que la peine ne soit pas si griefue: Ce qui a lieu en tous delicts. Or il n'est pas en la puissance des Princes de pardonner vn crime, que la loy de Dieu punist de peine de mort: comme sont les crimes de Sorcelleries. Ioint aussi que les Princes font vne grande iniure à Dieu de pardonner de si horribles meschancetez, commises directement contre sa Maiesté, veu que le moindre Prince venge ses iniures capitalemēt. Aussi ceux-là qui font euader les Sorciers, ou qui n'en font punition à toute rigueur,

2. Bart in l. si rixa. & l.1.§. diuus de sicariis. ff. Angel. de male. verbo, in platea. nu. 31. D. ia. l. si quis nō dicam rapere de Episcop. Co. & ibi Baldus.

2. Bal. Sali. in l. si quis non dicam capere, de Episc. c. & in l. cogitationis, de pœnis vbi Bart. si qui cum telo, de sicariis. c. & quoties lex solum conatum in tuetur; vt notat Bar. in l. generaliter. §.1 de calumnia- se torib. ff.

peuuent asseurer qu'ils seront abandonnez de Dieu à la mercy des Sorciers. Et le pays qui les endurera, sera battu des pestes, famines & guerres: & ceux qui en feront la vengeance, seront beneits de Dieu, & feront cesser sa fureur. C'est pourquoy celuy qui est attaint & accusé d'estre Sorcier, ne doit iamais estre enuoyé absoubs à pur & à plain, si la calomnie de l'accusateur, ou delateur n'est plus claire que le soleil. D'autant que la preuue de telles meschancetez est si cachee, & si difficile, qu'il n'y auroit iamais personne accusé, ny puny, d'vn million de Sorciers qu'il y a, si les parties estoyent reglees en procez ordinaire, par faute de preuue: c'est pourquoy l'ordonnance ne permet point cela aux Iuges en crimes, si la matiere n'y est disposee. Combien que Plutarque escrit des Lacedemoniens, qu'ils n'auoyent iamais accoustumé d'absoudre à pur & à plains: ains seulement eslargir iusques au rappel, en quelque crime que ce fust. Nous auons remarqué cy dessus, que la Sorciere nommee Sibylle Dinscops, au Duché de Cleues, estant bruslee, la main qu'on voyoit qui persecutoit tous les paysans, cessa soudain. Apres que la Sorciere de Bieure, qui est pres de ceste ville de Laon fut bruslee, les mortalitez d'hommes & bestes, qui aduenoyent par les venefices, cesserent. Encores est-il à noter, ce que i'ay apprins de maistre Adam Martin, qui luy a faict son procez : c'est qu'elle menaça vne femme qu'elle n'allaicteroit iamais enfant, soudain son laict seicha : &

com

combien qu'elle eust depuis plusieurs enfans, si est-ce que son laict tarissoit tousiours: mais son laict retourna aussi tost que la Sorciere fut executee, & fut bruslee toute visue par vn iuste iugement de Dieu, contre l'aduis des Iuges, qui auoyent ordonné qu'elle fut estranglee: mais le Bourreau n'y peut donner ordre, combien que la peine de lapidation ordonnee par la loy de Dieu, est plus rigoureuse, que brusler vif, ainsi que Moyse Ruban [2] a noté. Et me souuient auoir leu au liure intitulé *Malleus maleficarum*, que la peste ne cessa point en vn bourg d'Allemagne au pays de Constance, iusques à ce qu'on eust deterré vne Sorciere, & redigé son corps en cendre. Comme en cas pareil y eut vne femme au village de Verigny pres de Coucy, laquelle fut attainte & accusee de plusieurs malefices : & pour la difficulté de la preuue, relaschee: depuis i'ay sceu des habitans qu'il y estoit mort vne infinité de bestail, & de personnes. Elle mourut au mois d'Auril 1579. depuis sa mort tous les habitans de Verigny, & le bestail sont en repos, & ne se meurent plus comme de coustume. Qui est bien pour monstrer, que la cause principale cessant, les effects cessent, encores que Dieu face tomber les afflictions sur ceux qu'il luy plaist.

2 *in libro tertio.* בכיתי בכוחו

REFV

REFVTATION DES
OPINIONS DE
Iean Vvier.

Vr la fin de cest œuure, sur le poinct de le mettre soubs la presse, l'Imprimeur auquel i'en auois donné la charge, m'enuoya vn nouueau liure *De Lamiis*, de Iean Vvier Medecin, où il soustiét, que les Sorciers & Sorcieres ne doiuent estre punies : ce qui a differé l'impressió de l'œuure. Lóg temps au parauant Vvier auoit tenu ceste opinion, & sur ce qu'on luy auoit resisté sans toucher les cordes principales d'vn tel subiect, il auroit repliqué en telle sorte, que s'il eust eu la victoire. Qui m'a donné occasion de luy respondte, non par haine, mais premierement pour l'honneur de Dieu, contre lequel il s'est armé: En second lieu, pour leuer l'opinion de quelques Iuges ; ausquels cest homme-là se vante d'auoir faict changer d'opinion, se glorifiant d'auoir gaigné ce poinct par ses liures, qu'on eslargissoit maintenant les Sorcieres à pur & plain, appellant bourreaux les autres iuges, qui les font mourir: ce qui m'a fort estonné : car il

2. In lib. de Præst.

faut

faut bien que telle opinion soit d'vn homme tres-ignorant, ou tres-meschant. Or Iean Vvier monstre par ses liures qu'il n'est point ignorant, mesmes qu'il est Medecin, & neantmoins il enseigne en ses 3 liures mille sorcelleries damnables, iusques à mettre les mots, les inuocations, les figures, les cercles, les characteres des plus grands Sorciers, qui furent onques, pour faire mille meschancetez execrables, que ie n'ay peu lire sans horreur. D'auantage il met tous les autheurs Sorciers, & les plus signalez qui furẽt onques, pour y auoir recours: & qui plus est, à la fin de son liure *De Prastigiis*, imprimé à Basle M.D.LXXVIII. il a mis l'inuentaire de la Monarchie Diabolique, auec les noms & surnoms des soixante & douze Princes, & de sept millions, quatre cens cinq mil neuf cents vingts six Diables, sauf l'erreur du calcul. Car il conte par legions les petits, & en met six mil six cens soixante & six en chacune legion: adioustant leurs qualitez & proprietez, & à quoy ils pouuoyent seruir pour les inuoquer. Et neantmoins apres auoir enseigné curieusement les receptes diaboliques, il adiouste ces mots (mais cela est meschant.) La loy premiere de *variis cognit. au. § medicos. ff.* dit qu'il ne faut pas appeller Medecin celuy *qui incãtauit, qui imprecatus est, qui, vt vulgari verbo impostorum vtar, exorcisauit: non sunt ista medicinæ genera.* Mais la loy de Dieu ne dit pas que c'est vne simple imposture, ains vne detestable impieté. On peut dõc appeller imposteur celuy

3.li.3.& 4. de Prast.

qui

qui ne côtente pas de faire, ains encores qui enseigne par liures imprimez telles meschancetez, & pour les couurir, il parle quelquefois de Dieu, & de sa loy, qui est l'imposture de laquelle Satan & ses subiets ont tousiours vsé. C'est à sçauoir, soubs le voile des choses sainctes & sacrees, faire passer toutes les impietez qu'on peut imaginer. Fernel[2] dit auoir veu vn Sorcier, lequel en disant des oraisons & mots sacrez auec des mots barbares, faisoit veoir en vn miroüer ce qu'il vouloit. Ce que dit aussi Origene, & l'interprete Grec[4] de Synesius. Or on peut dire de Vvier, & de telles gens, ce que dit aussi Dionysius. *Ad Sosipatrum*, parlant d'Apollophanes, *Diuinis aduersus Deũ nefariè vtitur*. Comme aussi Vvier côfesse auoir transcrit la treyanographie de Iean Triteme, qu'il trouua en l'estude de son maistre Agrippa, laquelle est toute pleine d'oraisons, & d'inuocations de Diables, & l'vn des plus detestables liures du monde, comme aussi a escrit Carolus Bouillus. Nous lisons[3] qu'vn ieune homme nommé Lolianus fut banny, & ses biens confisquez, pour auoir transcrit vn liure de magie: & quelle peine merite celuy qui la soustient, voire qui l'enseigne par dits & par escrits? Il ne faut pas donc s'arrester quand Vvier parle de Dieu, puis que on voit de si horribles blasphemes en ses liures. Car tout ainsi qu'il n'y a poison plus dangereuse, que celle qui est coulee auec le succre, ou saulces appetissantes, d'autant qu'elle est auallee

2. lib. 1. de abditis rerum causis.

4. in lib.

3. Niceph. Callistus lib. 10.

nallee plus auidement, & plus difficilement se vomit: Aussi n'y a il impieté plus grande, que celle qui est couuerte du voile de pieté. I'ay dit cy deuant que Satan a des Sorciers de toutes qualitez. Il a eu autrefois plusieurs Papes, comme escrit le Cardinal Benot, Naucler, & Platin: Il a des Roys, des Princes, des Prestres, des Prescheurs, en plusieurs lieux des Iuges, des Medecins: brief, il en a de tous mestiers. Mais il n'a point de meilleurs subiects à son gré que ceux, qui font les autres Sorciers, & qui les attirent par dits, ou par escrits, en ses filets, ou qui empeschent la punition des Sorciers. I'ay remarqué cy deuant, [2] que Guillaume de Lure Docteur en Theologie, grand predicateur, fut condamné comme Sorcier à Poitiers l'an mil quatre cens cinquante trois, le douziesme Decembre, conuaincu par tesmoings, & par sa confession propre, qui se trouue encores és registres de Poitiers, comme i'ay sceu de Saluert President de Poitiers, que par obligation reciproque qu'il auoit auec Satan, de laquelle il fut trouué saisi, il auoit promis, en renonçant à Dieu & sacrifiant au Diable de prescher, comme il fist, que tout ce qu'on disoit des Sorciers, n'estoit que fable, & que c'estoit cruellement faict de les condamner à mort: & ce moyen, dit-il, la punition des Sorciers cessa, & le regne de Satan fut estably croissant le nom infiny de Sorciers. Tous les compagnons de ce Prescheur ne sont pas morts. Car il s'est trouué, n'a pas long temps: vn Prestre nommé
de la

2. *Vide Petrum Mamor. flagellum maleficorum.*

de la Mote, fameux Sorcier, qui contrefaisoit l'exorciste, & le Diable dist qu'il ne sortiroit point du corps d'vne personne que pour cestuy-là: Nous voyons que Vvier escrit ce que le docteur en Diabologie preschoit. D'auantage il fait bien à noter, que Vvier confesse qu'il estoit disciple 4 d'Agrippa, le plus grand Sorcier qui fust onques de son aage, & non seulement il estoit son disciple, ains aussi son vallet, seruiteur, beuuant, mangeant, & couchât auec luy: comme il confesse, 5 apres qu'Agrippa eut repudié sa femme. Et sur ce que Paul Ioue, 6 & plusieurs autres ont escrit, que le chien noir d'Agrippa fut mort en l'hospital de Grenoble, s'alla iecter en la riuiere deuant tout le môde, & que depuis ne fut iamais veu: Vvier dit que ce n'estoit pas Satan en guise de chiê, ains que il le menoit apres Agrippa en lesse, & que le chien couchoit entre Agrippa & luy. Et quand il parle de son maistre Sorcier, il dit: *Fœlicis memoria Agrippa*, ou bien, 6 *Venerandi præceptoris mei Agrippa*. Et neâtmoins il n'y a homme de sain iugement, qui ne confesse, apres auoir leu les liures d'Agrippa, que c'estoit l'vn des plus grands Sorciers du monde. Ce qui est encores plus euident par les epistres qui sont à la fin des trois liures, *De occulta Philosophia*, où il escrit à vn certain Augustin Italien, qu'il auoit reserué la clef de l'Occulte Philosophie à ses amis seulement: qui est le quatriesme liure, que les disciples & amis d'Agrippa ont faict imprimer

4. lib. 2. c. 5 de Præstig.

5. D. lib. 4. ca. 5 6. in Elogiis.

mer apres la mort de leur maistre, lequel liure descouure comme en plein iour, la poison detestable de sorcellerie, auec toutes les inuocations des Demons, & les cercles, characteres, & sacrifices faicts à Satan. I'ay bien voulu mettre quel homme estoit Agrippa, à fin qu'on ne s'esmerueille si Vvier s'escarmouche si fort, pour la protection des Sorciers, appellant les Magistrats cruels bourreaux, & bouchers. Et que plus est, il s'est efforcé de falsifier la **Loy de Dieu**, où il est escrit ainsi. Tu ne souffriras point que la Sorciere viue : prenant le Grec, & interpretant que la Loy veut qu'on face mourir les empoisonneurs, & non pas les Sorciers, soubs le mot Equiuoque, & laissant la lettre Hebraïque, qui n'a aucune difficulté. La loy de mot à mot est telle, מכשפה לא תחיה. Le mot Hebrieu vient de כשף qui signifie esblouïr les yeux, & le mot, מכשפים signifie prestigiteurs en l'Exod,[2] & en plusieurs autres lieux [3] de la Saincte Escriture, que i'ay remarquez, où le mot de *Mecasphim*, ne se prend point autrement que pour Sorciers, qui ordinairement font mourir les personnes : & ceux qui vsent de poudres, ossemens, bestes venimeuses, les Grecs les ont appellez φαρμακέας & φαρμακούς & φαρμακευτάς & les femmes φαρμακίδας & φαρμακευτρίας, par ce que la pluspart des Sorciers contrefont les Medecins & Exorcistes : Mais Iean Vvier voulant desguiser la Loy de Dieu, qui est publiee en Hebrieu soubs vmbre de l'interpretation Greque, a commis vn

[1] Exod. ca. 22.
[2] Exod. ca. 7. [3] Haba. c. 3. Michea ca. 5. & lib. 4. Regū. c. 9. & lib. 2. Paralip. ca. 33. & Esa. cap. 47. & Hieremia c. 27. & Daniel. cap. 2. & Nahum. cap. 13.

Hh

erreur trop grossier, où il dit que les empoisonneurs s'appellent φαρμακευυς, qui n'est point vn erreur d'Imprimeur : car l'accent descouure le contraire : ioint qu'il est ainsi en la preface du liure des Prestiges, & le mesme erreur est au liure troisiesme, chapitre trente huictiesme, & au liure sixiesme chapitre vingt-deuxiesme, & au liure *De Lamiis*, chapitre quatriesme au lieu qu'il deuoit dire φαρμακείας, ou par contraction φαρμακᾶς : Mais l'erreur est bien plus grand aux choses. Car Philon Hebrieu, & les soixante & douze interpretes, n'ayans autre mot plus propre en Grec, ont ainsi tourné le mot de Mecasphat, qui ne signifie rien autre chose, que Sorciers. Et le mot Grec signifie Apothicaires, empoisonneurs, & teinturiers, & arboristes, & Sorciers, & ceux qui purifioyent anciennement les temples souillez, & qui faisoyent sortir les Diables, que la loy appelle exorcistes, & imposteurs : ce qui a esté remarqué par Eustatius interpretant le 22. liure de l'Odysseé, sur la fin. Mais pour monstrer que les Grecs ordinairement, & sans equiuocation appelloyent les sorciers φαρμακοὺς, & non pas empoisonneurs, on le peut veoir en Dioscoride quand il dit, que le Nerprun ou Rhamus empesche les meschancetez des charmeurs. Ces mots sont tels, ἀποκρύει ἐς τῶν φαρμακῶν κακουργίας : & Aristote parlant de l'Hippomanes au liure 6. chap. 18. *De historia animalium*, appelle les Sorciers οἱ περὶ τῆς φαρμακείας, quand il dit, que l'Hippomanes sert

l. 1. §. medicos de va-
rijs cognit.
ff.

sert aux Sorciers, qui n'est point poison, puis que les Sorciers le font prendre aux hommes pour aymer. Et mesme Theocrite parlant de l'Hippomanes, dit que c'est vne herbe qui croist en Thessalie, c'est à dire, vn sortilege Thessalien. Car c'est L'eclogue de la Sorciere, [5] qui appelle φαρμακεύτριαν, laquelle employe tous les charmes, vœux, prieres & inuocations aux astres & demons, auec l'oyseau que les Grecs appellent ἴυγγα, les Latins Motacillam, les François Mouette, qui n'estoit pas pour empoisonner son amy: mais pour l'attirer estant esloigné d'icelle. Aussi la Mouette est bonne à manger, combien que Seruius dit que le mot ἴυγξ signifie vne sorte de fluste pour entonner les charmes des Sorciers, qui monstre bien que ce n'est rien de poison, en quelque signification qu'on la vueille prendre. Aussi [6] Aristote parlant de l'oiseau Sippe dit ainsi, il est courageux, aisé à appriuoiser, bon à manger, & dit on qu'il sert à la sorcellerie, pour faire sçauoir les choses cachees: il vse du mot φαρμακεία. Ie mettray ses mots qui sont tels σίππη τὸ μὲν ἦθος μάχιμος, τὴν δὲ διάνοιαν ἔθικτος καὶ εὐθύμων καὶ εὔβιοτος καὶ λέγεται φαρμακεία εἶναι διὰ τὸ πολυϊδρις εἶναι. Aussi lisons nous en Hippocrate, [7] que ceux qui estoyent ensorcelez par les sorciers, s'appelloyent πεφαρμευμένοι: car tout le liure de *Morbo sacro* escrit contre les Sorciers, qui appelle μάγους γόητας φαρμακοὺς ἀγύρτας, c'est à dire Magiciens, imposteurs, Sorciers, sar-

[5] in Φαρμακευτρία.

[6] lib. 9. ca. 17. de hist. anim.

[7] in lib. de Morbo sacro.

latans, lesquels, dit-il, se vantent d'attirer la Lune, obscurcir le Soleil, faire la tempeste, & asseruir les Dieux. Or chacun sçait, que les Sorciers font mourir sans aucune poison, auec vne pomme, ou en touchant de la main, ou d'vne verge, comme dict Cardan auoir veu à Pauie vne Sorciere, qui tua tout roide mort vn enfant, en luy touchāt doucement sur le dos, d'vne verge. La Sorciere Medee, ialouse que Glauca fille du Roy Creon espousoit son amy Iason, elle enuoya vne couronne d'or le iour de ses nopces, & soudain qu'elle eut mis la couronne sur la teste, la flamme y print, & mourut soudain, comme dit Euripide *in Medea*, vsant du mot φαϱμοέκων τῶϱ σᾶϱ᾽πο, c'est à dire, par tes sorcelleries, & non pas par poisons, Car il est dit, que Medee sacrifia ses deux propres enfans pour venir à chef de faire mourir Glauca, & de tels sacrifices s'entend la loy, *ex senatusconsulto, de sicca.ff.* où il est dit, *Ex senatusconsulto, eadem legis Corneliæ pœna tenetur, qui mala sacrificia fecerit, habuerit*: c'est à dire, les sacrifices detestables des Sorciers, non pas des Payens, comme dict Accurse en la glose : car l'autheur mesmes de la loy estoit Payen : où il appert que le Senat interpretant la loy contre les meurtriers, donna son arrest contre ceux qui ont, ou qui font les sacrifices detestables des Sorciers. Et pour monstrer encores plus la difference qu'il y a entre la poison & sortilege, l'vn & l'autre estant signifié par le mot φαρμακεία comme le mot Latin, *veneficium*, signifie poison

poison naturele, & sortilege, il faut voir Platon au liure vnsiesme des loix, où il faict distinctiō de l'vn & de l'autre, & decerne peine de mort contre les Prestres, & Aruspices, qui auroyent faict mourir quelqu'vn par sacrifices, liaisons, enchantemés, ou autres sorcelleries, qu'il dit ἐ τῶν τοιύτων φαρμακωίων ὡντινανῶῦν, & le tiltre de la loy est tel λόγος ὅδε νόκος περὶ φαρμακείας, s'ensuit la loy des poisons & sorcelleries, où il appelle telles liaisons illecebres, & enchantemens, κατὰ δεσίσεις ἐπαγωγάς, ἐπωδάς. puis apres il fait vn article de loy, pour celuy qui empoisonne sans magie ἄνευ μαντικῆς, & puis il dit, que les Sorciers besoignent par moyens estranges, & qui seroyent incroyables, si on ne les auoit veu mettre leurs images de cire aux carrefours, aux sepulchres de leurs peres, & soubs les portes, où lon voit euidemment les images de cire, dont ils vsoyent du temps, & au parauant Platon, comme font nos Sorcieres, qui n'ont pas leu Platon, & par le moyen desquelles images auec l'ayde de Satan, elles font mourir les personnes. C'est pourquoy Azon, interpretant ces mots de la loy premiere, *De maleficis, & Mathematicis*, où il est dict, *plus est occidere veneno, quàm gladio*, dit en la loy, *venenum, ad l. Corneliam de siccariis*: & en la loy, *venenum, de verborum signif. ff.* que le mot de *venenum* emporte l'vn & l'autre. Mais d'autāt que Vvier allegue l'interpretation de Iosephe, qui est ambigue, pour le mettre hors d'equiuocation, à fin que la loy de Dieu ne soit falsifiee, il faut voir Philon Hebrieu compaignon, & amy de Ioseph, qui a interpreté cest article de la loy de Dieu, d'Hebrieu en Grec, au liure des loix particulieres, où il dit ainsi, la loy de Dieu, dit-il, a en horreur les magiciens & Sorciers, vsant des mots μάγοι κỳ φαρμακευ]αι, qui par moyens & arts damnables font mille maux, qu'elle veut que le iour mesmes qu'ils seront pris, on les execute à mort : comme la loy derniere *De Maleficiis.* C. dit que celuy qui aura descouuert vn sorcier, *illico ad publicum pertrahat.* Puis apres que Philon a declaré les meschancetez des Sorciers, & Magiciens, il distingue la magie naturele, qu'il appelle Physique, d'auec la magie des enchanteurs, Sorciers, & prestigiateurs, qui font des exorcismes & enchantemens, & mettent les inimitiez capitales entre les amis, & autres meschancetez incroyables, où chacun peut voir l'euidente calomnie de Iean Vvier, qui soustient que la Loy de Dieu ne veut pas, que les Sorcieres soyent mises à mort, ains seulement ceux qui empoisonnent. Ie demeure sur ce poinct, qui est de grande consequence, pour sçauoir s'il faut absoudre tant d'innocés, comme dit Vvier, & s'arrester à ses calomnies, ou bien à loy de Dieu, qui defend de laisser viure les Sorciers vn seul iour. Et qui peut mieux entendre la langue Hebraïque & la loy de Dieu, que les Hebrieux & Prophetes? Or Elias Leuite pour oster toute equiuocation, a tourné le mot de, *Macasphat, lamiam,* duquel mot a vsé

Horace,

Horace, [8] *Neu pransa lamia viuum puerum extrahat aluo.* Hesichius les appelle λαμιώδεις γυναῖκας: combien qu'à la verité Eustathius sur Homere dit, [9] que *Lamia* signifie vn Demon en guise de femme: & en mesme signification l'a pris Philostrate, où il dit, que Apollonius Thianeus chassa de Corinthe vne Lamie, qui deuoroit les ieunes personnes. Vvier dit qu'il n'est point faict mention de Lamies en la Saincte Escriture, & le mot est Grec, & le vieil Testament en Hebrieu: Et quand Isaye detestoit la ville de Babylone pour ses sorcelleries, il dit, qu'il n'y demeura pierre sur pierre (ce qui est aduenu: Car long temps a qu'il n'y a homme viuant qui puisse remarquer vne pierre des ruines de ceste ville là, qui auoit du moins trente lieuës de tour en quarré, ou, comme dit Herodote, trois iournees) ains que les Luitōs & Demons y feroyent leurs danses, & que la Fee ou Lamie y fera sa demeure. Il y a en לילית que les LXXII. Interpretes ont tourné ἐμποῦσα, & les Latins *Lamia*, qui est tout-vn: Et d'autāt que ce Demon se voit és lieux deserts, cōme est l'Afrique pour la pluspart, Dion en l'histoire d'Afrique l'a descrit cōme vne beste Sauuage, qui a le visage d'vne femme tresbelle, & pour attirer les passans, elle descouure son estomach, & ses tetins, & d'vn regard modeste & gratieux, le surplus est vn serpent plein d'escailles, & la teste de serpent au lieu des pieds, & si tost qu'on approche, elle deuore l'homme auidement: Ce qui se peut rapporter à ce que dit Hieremie.

[8] in l. bro port.
[9] In libro Odiss. 13. vu. 33. Vide Diō Chrysostomum in Libyca fabula.
[1] m vita Apollonij.

Lamia nudarunt vbera, *Threnorum*. cap. 4. C'est pourquoy tels esprits sont appellez deuorateurs & Lamies, παρὰ τὸ λέλαμαι ou de λαμὸς, qui signifie ingluuies, comme dit Porphyrion: Et pour mesme cause le poisson, qui deuore tout, & les hommes tous entiers, est appellé *Lamia*, côme dit Nicandre Colophonien: & d'autant que les Sorciers hument auidement le sang des personnes, Apulee appelle les Sorcieres *Lamias*, comme celle qui fist vne ouuerture en la gorge de Socrate compaignon d'Apulee couché aupres de luy, & endormy, & recueillit le sang en vn vaisseau, puis referma la playe, & Socrate s'eueillant, dit qu'il n'auoit rien senty, & n'en faisoit que rire: neantmoins le iour suyuant il mourut. A quoy se rapporte la sentence allegorique de Salomon, que l'Aigle repaist ses petits de sang, il entend par l'Aigle est Satã, qui nourrist ses suiects de telle viãde. Aussi Porphyre dit, que les Demons & malins esprits ayment les sacrifices, pour se repaistre de la fumee du sang, au liure περὶ ἀποχῆς τῶν ἐμψύχων, qui meritoyent bien estre traduits de Grec en Latin. C'est pourquoy Dieu voulant retirer son peuple, des sacrifices qu'ils faisoyent aux Demons, commãde qu'on espande le sang dessus, & à costé dextre de son autel, & à fin qu'on sçeut, que c'estoit pour destourner son peuple de telles impietez, il est dit ainsi: Et ne vous aduienne iamais par cy-apres, d'aller sacrifier aux diables & Satyres, apres lesquels vous auez idolatré & paillardé,

Car

Car ils auoyent accoustumé (comme dit le Rabin Moyse Maymon) d'aller sacrifier aux Demons soubs les arbres & montagnes, & mettre partie du sang en vne fosse, autour de laquelle ils banquetoyent auec les malins esprits. Ainsi s'entend l'article de la loy de Dieu, qui dit, [7] Vous ne mangerez point sur le sang, & ne serez point Sorciers: il y a en Hebrieu על הדם que les interpretes ont tourné, *Cum sanguine*, contre la nature de la proportion על, qui signifie *super*, n'ayant prins gardé à ceste coustume, que Rabin Maymon dit estre venuë des Chaldeans. C'est pourquoy le Prophete Nahum [4] detestant la paillarde Babylone, ville capitale de Chaldee, dit qu'elle est puissante en sorcelleries, qui a enseigné ses sorcelleries à tous les peuples de la terre: Le Prophete à vsé du mot susdict מכשפה & בכשפיה que Raby Dauid Kimby a interpreté בכשפים en mesme signification de Sorciers, & Ionatas Ben Vriel interprete Chaldean, a tourné חרשין qui sont, sorcelleries. Car l'interprete Chaldean oste non seulement l'equiuocation, ains aussi esclaircist le vray sens de l'escriture Saincte. Aussi seroit-ce chose inepte de dire, que Babylone eust fourny de poisons tous les peuples & Roy de la terre: veu qu'en tous pays il y a bonne prouisió de poisons: dequoy Pline se plaint. Mais il est bien notoire, qu'ils estoyent les premiers sorciers, & magiciens du monde, comme tous les Grecs & Latins demeurent d'accord, que pour ceste cause le mot de *Chaldeus*,

[7] Leuit. ca. 19.

[4] c. 3. verb. 4.

Hh 5

Sorcier, Deuin, Magicien, comme dit Hesichius, χαλδαῖοι τὸ γένος τῶν τάγων, & souuent en Ciceron,⁵ & en nos loix,⁶ & en la Saincte Escriture:⁷ & quand il est dit au liure des Roys, que des sorcelleries de Iesabel, Royne de Samarie la terre estoit infectee, on lit le mesme mot de כשפים qui ne peut signifier poisons. Car elle fist tuer les Prophetes de Dieu, qu'elle hayoit à mort, & Nabot à force ouuerte, & non pas par poisons: & depuis que ceste Sorciere-là eut attiré les Sorciers en Samarie, la Samarie demeura tousiours infectee de ceste peste, tellement qu'on disoit en prouerbe, Tu es Samaritain, tu as vn diable familier: Ce qui fut dit à Iesus-Christ⁷ par ses ennemis en le calomniant, & de ce pays-là mesmes estoit Simon, surnommé le Sorcier ou Magicien, maistre de Menander. Mais Vvier calomniant cest article de la loy de Dieu (que la Sorciere ° meure soudain) n'a pas pris garde pourquoy la loy n'a pas dit le Sorcier: Car ce n'est pas pour espargner les Sorciers, ny les Medecins & Apothicaires, s'ils empoisonnent, & qui s'entendent beaucoup mieux aux poisons, que non pas les femmes: Mais la loy de Dieu a voulu monstrer, que les hommes sont moins infectez de ceste maladie, & que pour vn homme il y a cinquāte femmes, cōme il est dit au prouerbe ⁶ Hebrieu: Plus de femmes plº de Sorcieres, c'est à dire מרבה נשים מרבה כשפים. C'est pourquoy Pline⁸ dit, que les femmes sont excellentes en sorcelleries, c'est à dire, *Femina-*

rum

---

⁵ *in diuina.*
⁶ *l. nem de maleficis & Mathematicis. c. Daniel. c. 2. & Iesai. cap. 7. li. 3. c. 18.*

⁷ *Ioan. 8.*

° *Exod. 22.*

⁶ *in libro* יאבות פירק *lib. 25. cap. 11.*

rum scientiam in veneficio prævalere: ce qu'il n'entend pas poison, car il met par exemple Circé, qui changeoit les hommes en bestes, ce que toutes les poisons du monde ne sçauroyēt faire. Aussi Quintilian[9] dit, que la presomption est plus grande que la femme soit Sorciere, que l'homme, & l'homme plustost voleur que la femme. *Latrocinium in viro faciliùs, veneficium in fœmina credam.* Qu'on lise les liures de tous ceux qui ont escrit des Sorciers, il se trouuera cinquante femmes Sorcieres, ou bien demoniaques, pour vn homme, comme, i'ay remarqué cy-deuant. Ce qui aduient, non pas pour la fragilité du sexe, à mon aduis: Car nous voyons vne opiniastreté indontable en la plus part, & qu'elles sont bien souuent plus constantes à souffrir la question que les hommes, comme il fut esprouué en la cōiuration[9] de Neron, & apres la mort d'Hippias Tyran d'Athenes, que les femmes se tranchoyent la langue pour oster toute esperance de tirer la verité. Et de plusieurs femmes martyres, il y auroit plus d'apparence de dire, que c'est la force de la cupidité bestiale, qui a reduit la femme à l'extremité pour iouyr de ses appetits, ou pour se venger. Et semble que pour ceste cause Platon met la femme entre l'homme & la beste brute. Car on voit les parties viscerales plus grandes aux femmes qu'aux hommes, qui n'ont pas les cupiditez si violentes: Et au contraire les testes des hommes sont plus grosses de beaucoup, & par consequent

[9] *in declamatio.*

[9] *Tacitus. lib. 4.*

ils ont plus de cerueau & de prudence que les femmes. Ce que les Poëtes ont figuré, quand ils ont dit, que Pallas Deeſſe de ſageſſe eſtoit nee du cerueau de Iuppiter, & qu'elle n'auoit point de mere: pour monſtrer que la ſageſſe ne vient iamais des femmes, qui approchent plus de la nature des beſtes brutes. Ioint auſſi que Satan s'addreſſa premierement à la femme, par laquelle l'homme fut ſeduit. D'auantage ie tien que Dieu a voulu ranger & affoiblir Satan, luy donnant puiſſance ordinairement, & premierement ſur les creatures moins dignes, comme ſur les ſerpens, ſur les mouſches, & autres beſtes, que la loy de Dieu appelle immondes: & puis ſur les autres beſtes brutes, pluſtoſt que ſur le gére humain: Et ſur les femmes, pluſtoſt que ſur les hommes, & ſur les hommes qui viuãt en beſtes, pluſtoſt, que ſur les autres. Ioint auſſi que Satan par le moyen des femmes attire les maris, & les enfans à ſa cordelle. Et par ainſi la reſolution de la loy de Dieu demeurera, que la Sorciere ſoudain doit eſtre miſe à mort, & à la calomnie de Vvier contre la loy de Dieu, & des Magiſtrats, executans ſon mandement, ſera reiectee. Car Vvier¹ eſt d'accord, que les Sorciers ont communicatiõ & paction auec le Diables, & qu'elles font beaucoup de meſchancetez à l'aide du Diable, & neantmoins au liure *De Iamiis*, il dit, tantoſt qu'il n'y a point de paction, & tantoſt qu'on ne la ſçauroit prouuer, tantoſt qu'il ne faut pas croire la confeſſion des Sorcieres, & qu'elles

2 lib. 2. cap. 4. & 8. & 34. & lib. 4. c. 14. & li 5. ca 9. de Præſtigiis & 5 cap. a. libi.

qu'elles s'abusent de penser faire ce qu'elles disent, & que c'est la maladie melancholique qui les tient. Voyla la couuerture que les ignorās, ou les Sorciers ont prise, pour faire euader leurs semblables, & accroistre le regne de Satan. Par cy deuant ceux qui ont dit que c'estoit la melancholie, ne pensoyent pas qu'il eust des Demons, ny peut-estre qu'il y eust des Anges, ny Dieu quelconque. Mais VVier confesse qu'il y a vn Dieu (comme les Diables le confessent aussi, & tréblent soubs la puissance, ainsi que nous lisons en l'Escriture,[2]) il confesse aussi par tous ses escrits, qu'il y a de bōs & malins esprits, qui ont intelligence & pactiō auec les hommes. Il ne falloit donc pas attribuer les transports des Sorciers, leurs malefices, & actions estranges à la melancholie, & beaucoup moins faire les femmes melancholiques, veu que l'antiquité a remarqué pour chose estrange, que iamais femme ne mourut de melancholie, ny l'homme de ioye : ains au contraire plusieurs [3] femmes meurent de ioye extreme : Et puis que VVier est Medecin, il ne peut ignorer que l'humeur de la femme ne soit directement contraire à la melancholie aduste, dont la fureur procede, soit qu'elle vienne à *bile flaua adusta, aut à succo melancholico*, comme les Medecins demeurent d'accord. Car l'vn & l'autre procede d'vne chaleur & seicheresse excessiue, comme dit Galen au liure *De atra bile*. Or les femmes naturelement sont froides & humides, comme dit le mesme autheur, & tous

[2] *Epistola Iacobi c. 2.*

[3] *Pline liu. 7. Valere. Max. Soli.*

les

Grecs, Latins, & Arabes, s'accordent en ce poinct-icy. Et pour ceste cause Galen [4] dit aussi, que l'homme estât d'vn temperament chaut & sec, en region chaude & seiche, & en Esté, tombe en la maladie melancholique, & neantmoins Olaus le grand, Gaspar Peucerus, Saxo Grammaticus, & VVier mesmes sont d'accord auec tous les inquisiteurs des Sorciers d'Allemagne, que souz la region arctique, ou la mer glacee, & en Allemaigne, & aux monts des Alpes & de Sauoye, tout est plein de sorcieres. Or est-il certain que les peuples de Septentrion tiennent aussi peu de melancholie, comme les peuples d'Afrique de la pituite. Car on voit tous les peuples de Septêtrion blancs, les yeux vers, les cheueux blonds & desliez, la face vermeille, ioyeux & babillards, chose du tout contraire à l'humeur melancholique. D'auantage Hippocrate au premier liure des maladies populaires, Galen au mesme liure, tiennent, que les femmes generalement sont plus saines que les hommes, pour les flueurs menstruales qui les guarentissent de mille maladies. Iamais, dit Hippocrate, les femmes n'ont la goutte, ny vlceration de poulmons, dit Galen, ny [5] d'epilepsies, ny d'apoplexies, ny de frenesies, ny de lethargies, ny de conuulsions, ny de tremblement tant qu'elles ont leurs flueurs, ou pour mieux dire leurs menstrues & flueurs. Et combien que Hippocrate [6] dit que le mal caduc, & de ceux qui estoyent assiegez des Demons, qu'on appelloit maladie

die sacree, est naturelle: neantmoins il soustient que cela n'aduient sinon aux pituiteux, & non aux bilieux: ce que Iean Vvier estant Medecin, ne pouuoit ignorer. Or nous auons monstré que les femmes ordinairement sont demoniaques plustost que les hommes, & que les Sorcieres sont transportees souuent en corps, & souuent aussi rauies en ecstase, estant l'ame separee du corps par moyens diaboliques, demeurant le corps insensible & stupide. Encores est-il plus ridicule de dire, que la maladie des Sorcieres prouient de melancholie, veu que les maladies procedans de la melancholie, sont tousiours dangereuses. ⁶ Neantmoins on voit des Sorcieres qui ont fait ce mestier quarante, ou cinquante ans, & des l'aage de douze ans comme Ieanne Hatuillier, qui fut bruslee viue le vintneufiesme Auril, mil cinq cens septante huict, & Magdaleine de la Croix, Abbesse de Cordoüe en Espaigne, mil cinq cens quarante cinq, auoyent eu accointance otdinaire, & copulation auec le Diable, qui dura quaráte ans à l'vne, & trente que l'autre. Il faut donc que Vvier confesse, que c'est vne incógruité notable à luy, qui est Medecin, & ignorance par trop grossiere (mais ce n'est pas ignorance) d'attribuer aux femmes les maladies melácholiques, qui leur cóuiennent aussi peu, que les effects louables de l'humeur melácholique tempere, qui rend l'homme sage, posé, contemplatif, (comme tous les anciens Philosophes & Medecins ont remarqué ⁷) qni

6 Galen. in lib de atrabili.

7 Arist. in Proble. sect. 30 princip.

sont

sont qualitez aussi peu cópatibles auec la femme, que le feu auec l'eau. Et mesmes Salomon qui cognoissoit aussi bien l'humeur des femmes, que homme du móde, dit. Qu'il a veu de mil [8] hommes vn sage, mais de femmes, qu'il n'en a pas veu vne seule. Laissons donc l'erreur fanatique de ceux qui font les femmes melancholiques. Aussi VVier voyant que son voile de melácholie estoit descouuert, par la demonstration & verité apparente, par tant de loix diuines & humaines, par tát d'histoires de tous les peuples de la terre, par tant de confessions, les vnes volontaires, les autres forcees, par tant de iugemens, de conuictions, de condemnations, d'executions, faites depuis trois mille ans, en tous les pays du monde, il s'est aduisé d'vne ruse trop grossiere, pour empescher qu'ó face mourir les Sorciers, disant: [9] que le Diable seduict les Sorcieres, & leur faict croire qu'elles font ce qui luy mesme faict. Et en ce faisant il fait semblant, qu'il est bien fort contraire à Satan, & ce pendant il sauue les Sorciers: qui est en bons termes, se ioüer auec Satan de paroles, & en effect establir sa grandeur, & sa puissance. Car il sçait bien que les magistrats n'ont point de iurisdiction, ny de main-mise sur les Diables. Qui n'est pas seulement absoudre les Sorciers, ains aussi tous les meurtriers, voleurs, incestueux, & parricides, qui sót poussez par l'ennemy du genre humain, à faire ce qu'ils font. Puis il loüe grandement [4] la taxe de la chambre du Pape, qui condemne les Sorcieres

[8] In Prouerbiis.
[9] cap. 4 & cap. vlt. de Lamiis.
[4] cap. 24. de Lamiis.

cieres repenties à deux ducats pour le pardon:
& en autre ⁵ lieu il dit, que s'il souſtenoit que
non ſeulement les Sorcieres ne doiuent eſtre
punies à mort par la loy de Dieu, ains auſſi
qu'il n'eſt faicte aucune mention des Sorcieres
en la ſaincte Eſcriture, qu'il ne peut eſtre conuaincu facilement. Icy i'appelle Dieu, & ſa loy
en teſmoignage, & mille paſſages de la Bible
pour conuaincre ceſt homme:& pour cognoiſtre à veüe d'œil, qu'il n'y a rien plus abominable deuant Dieu, ny plus ſouuent defendu en
toutes les eſcritures. Baleham inſpiré de Dieu
benist le peuple d'Iſrael, quoy que Balac Roy
des Madianites, le ſupplia st tres-instamment
de n'en rien faire:& le Prophete rend la raiſon:
Car, dit-il, il n'y a ny Enchanteur, ny Sorcier
en ce peuple:Mais Dieu luy faict ſçauoir ſa volonté, quand il eſt beſoin. Et quand Dieu voulut monſtrer combien il auoit en horreur les
ſorcelleries, magies, deuinations, où il en met
neuf genres, qui comprennent tous les autres:
⁷ Mais il faut à noter, qu'il ne dit point qu'il a
exterminé ces peuples pour les homicides, &
parricides, inceſtes, tyrannies, idolatries, mais
pour les Sorcelleries, & d'autant que ces peu-
ples-là dedioyent leurs enfans au diable Moloch, pour executer leurs ſorcelleries. Dieu
commande que celuy qui fera ceſte abomination, ſoit lapidé: ᵒ qui eſtoit la plus cruelle
mort de toutes, comme dit le Rabin ⁸ Maymon. Puis aptes Dieu adiouſte, qu'il eſtendra
ſa fureur contre le peuple, qui ſouffrira ces me-

⁵ li.3.c.35. de praſtig.
⁶ Exod.ca.
7. & 8. &
9. & 22.
Leui 19. &
20. Deut.6.
18.&4.Re.
c. 9. & 21.
& 23. &
Parali. 33.
& Ieſ.2.ca.
34.& 8.&
47. Dan.
c.2.Mich.c.
3. & cap 5.
Ezech.cap.
Num. cap.
23.Hierem.
c.19.& 23.
& 27. &
50.& Act.
cap. 16.
Nahum.c.
3.

⁷ Deut.ca. 18.

ᵒ Leuit.20.
⁸ lib.3. מבן

chancetez impunies. Et quand Samuel voulut faire entendre à Saül, la grandeur de sa faute, Ton peché, dit-il, est aussi grand que le peché des Sorciers. Et pour monstrer combien Dieu auoit en horreur le Roy Manassés, il est dit, Manassés irrita Dieu par ses meschancetez detestables: Puis il est dit, parce qu'il estoit Sorcier, ayant conuention auec les diables il fut priué de son Royaume, & mis aux ceps en vne prison: Et combien qu'il se fust repenty grandement, si est-ce que cinquante ans apres sa mort, Dieu dit au Prophete Hieremie: Ie raseray à feu & à sang ceste ville, pour les meschācetez execrables du Roy Manassés. Et quant au lieu Tophet,[9] où il auoit faict ses sacrifices à Satan, il est dit, Que ce sera le lieu des meurtres pour venger l'ire de Dieu: ce qui fut faict. Et au quatriesme liure des Rois, chapitre dixseptiesme, il est dit, Que les dix lignees furent exterminees & emmenees esclaues: parce qu'elles estoyent addonnees aux Magies & sorcelleries. Qui sont lieux bien notables: car la captiuité de dix lignees, n'est fondee que sur ce poinct-là: Et quāt aux deux autres lignees, il est dit, Que cinquante ans apres, Dieu, qui est tardif à la vengeance, vengea les sorcelleries de Manassés, alors que la ville de Hierusalem fut mise à feu & à sang, & les deux autres lignees emmenees captiues: & en autre lieu il dit, [6] *Gladius ad diuinos, gladius ad Chaldæos*: & au Prophete Michee [7] il est dit: Ie raseray de la terre les Sorciers & Deuins.

[9] cap. 19. Hierem. & 50.

[6] cap. 50. Hierem. [7] cap. 5.

Et

Et quand Esaye menace Babylone qu'elle sera rasee, & mise à feu & à sang, il dict: Toutes ces calamitez t'aduiendront, pour la grandeur de tes meschancetez execrables, que tu as cõmises auec tes Sorciers. Brief, ce seroit chose infinie d'esplucher par le menu, tous les passages de la Saincte Escriture, sans toucher aux Docteurs, Legislateurs, Philosophes, Historiens, qui sont pleins d'exemples, par lesquels on peut voir que les Sorciers de toute ancienneté, ont esté execrables à Dieu, & aux hommes. Comme i'ay noté cy deuant, que Sainct Augustin a escrit, que toutes les sectes ont decerné peine contre les Magiciens & Sorciers: pour monstrer que Vvier a tres-bien leu & entendu les peines establies par les loix diuines & humaines : & neantmoins, que de propos deliberé il les a calumnies, disant qu'il n'est parlé que des empoisonneurs, & non pas des Sorciers. Voyons donc qu'il veut dire par le mot des Sorcieres, qu'il appelle *Lamias*: car c'est le fondemét de toute la dispute. Ie mettray sa definition:[8] *Lamia est, quæ ob fœdus Præstigiosum, aut imaginarium cum Dæmone initum, proprio ex suo delectu, vel maligno Dæmonis instinctu, impulsuve, illiúsque ope qualiacunque mala, vel cogitatione, vel imprecatione, vel re ludicra, atque ad institutum opus inepta, designare putatur.* C'est à dire, en trois mots: la Sorciere est celle qu'on pense auoir alliance auec les Demons, & à leur ayde faire ce qu'elle ne faict point. En quoy on peut veoir, que si

[8] *lib. 7.c.1. de Præstig. & li. de Lamiis. c.5.*

Vvier s'est abusé grandement en son art de medecine, parlant de la melancholie des femmes, qu'il a bien failly plus lourdement en termes de Dialectique, de former vne definition par imagination: veu que la definition doit toucher au doigt, & monstrer à l'œil la vraye essence de la chose: Encores est-il plus ridicule, d'auoir mis six disionctions en sa definition: Attendu que la definition est vicieuse, s'il y a seulement vne disionction, comme dit Aristote:[9] Comme si on disoit, le meurtrier est celuy qu'on pense qui frape, ou qui tue, ou qui se moque d'autruy. La definition de Vvier est semblable. Or si la Sorciere est celle qu'on pense qui est Sorciere, & qui ne l'est poini, il ne falloit point faire de liures des Sorcieres, ny chercher la definition de ce qui n'est point. Car premierement on demande, si la chose qu'on met en dispute, est en nature, ou non, *id est, an sit*, puis apres, *quid sit*, & en troisiesme lieu, *qualis sit*, & en quatriesme lieu, *cur sit*. Il faut donc rayer le tiltre *De Lamiis*, du liure de Vvier, & ne mettre la definition d'vne chose qui n'est point: qui est vne incongruité notable en termes de Philosophie. Et toutesfois Vvier definist[9] le Sorcier, qu'il appelle *magum infamem*, qui s'efforce d'appeller, & inuoquer le diable, à fin qu'il se monstre, & qu'il responde à ce qu'on luy demande. Ce que i'ay mis briefuement: car la definition de Vvier contient pres d'vne page, & vne douzaine de disionctions. Pierre d'Apponne, qui n'a pas osé confesser,

[9] lib. 6. Topicorum.

[9] lib. pen. 2.

feſſer qu'il y euſt des Demons, tant pour leuer l'opiniõ qu'õ auoit qu'il fuſt Sorcier, que pour y attraper les autres, n'eſtoit pas ſi aiſé à conuaincre. Mais Vvier ayant confeſſé, qu'il y a des malins eſprits, & qui plus eſt, en ayant fait l'inuentaire à la fin de ſon liure *de Præſtigiis.* Et meſmes confeſſé que le Sorcier a communication & alliance auec Satan, c'eſt choſe bien eſtrange de nier, que la Sorciere ait alliance auec Satan: ains que cela eſt imaginaire, veu que la loy de Dieu diſertement a parlé de la Sorciere, qui s'acointe auec le malin eſprit. Et d'autant que les cinq ° Inquiſiteurs, qui ont mis par eſcrit ſommairement le nombre infiny des Sorcieres, qu'ils ont fait executer en Alemaigne, & que par la confeſſion de toutes ils ont trouué, qu'elles faiſoyent alliance auec Satan, luy touchant en la main: Vvier² dit ſur cela, qu'il eſt impoſſible de toucher la main, par ce que les Demons, dit-il, n'ont point de chair, *Dæmones non carnea, ſed ſpirituali concretione conſtare.* Or le mot de concretion eſt du tout cõtraire à la nature des eſprits, *nihil eſt*, dit Ciceron, *in animis concretum, nihil miſtum.* Ce que Ciceron auoit pris d'Ariſtote, qui appelle ° l'intellect ἄμικτον καὶ ἀπαθῆ. Mais confeſſant la concretion en la nature ſpirituele, il faut auſſi confeſſer, qu'ils ont corps, comme ſainct Auguſtin ſuyuant la definition d'Apulee, qui appelle les Demons *Natura corporeos*, & Philopone Peripateticien, & Porphyre, ⁵ Iamblique, ⁶ Platon, Pſellus, Plotin, les Acade-

° in melleo maleficarũ.

² li. de Lamiis, cap. 7.

³ in Tuſculantis.

° lib. 2. de Anima.

⁴ in lib. de Anima.

⁵ in libro

miciens, & Gaudentius Merula, se fondent sur ce que la chose incorporele ne peut souffrir d'vne chose corporele: & mesme sainct Basile tiét, que les Anges aussi bien que les Demons ont corps, qui est l'occasion pourquoy les anciens disoyent que les Demons souffrent diuision. Mais la plus commune opinion des Theologiens, & mesme de Iean Damascene, Gregoire Nazianzene, sainct Thomas d'Aquin, & du Maistre des sentences, est que les Demons sont de mesme nature que les Anges, que tous confessent estre formes pures & simples,[3] & neantmoins ils s'accordent aussi en ce poinct, que les bons & malins esprits se forment en corps visible, quand il est besoin, pour effectuer ce qu'ils veulent corporelement. Toute la saincte Escriture est pleine d'exemples, comme l'apparition d'Abraham, de Iacob, de Moyse, d'Helie, de Manoha, d'Abacuch, de Tobie, & infinis autres, & les liures de Iamblique *de misteriis, Aegyptiorum*, de Plutarque,[4] de Procle, de Porphyre, & de Plotin. Et de plus, les histoires de l'antiquité iusques à nostre aage, mesmes celle d'Olaus le Grand, qui escrit, qu'il n'y a rien plus frequent en toutes les regions Septentrionales, que de voir des esprits en figure humaine, qui touchent en la main, (voila comme il escrit) & puis s'euanouïssent. Toutesfois posons le cas, que les Demons n'ayent ny concretion en soy, & qu'ils ne prennent corps quelconques, ains que ce sont natures pures & simple, du tout separees, cóme Aristote

[3] li.3.sint.

[4] in libro. περὶ τῶν ἐκλελοιπότων χρηστηρίων.

flote a parlé des Anges, ou intelligences, si est-ce que Vvier ne peut nier, qu'il ne soit vn vray mocqueur, d'vser de cest argument, pour monstrer qu'il n'y a point de paction, ny de conuention des hommes auec Satan. Car il suffit d'vn simple consentement, pour faire vne conuention: lequel consentement se peut faire sans stipulation, sans parole, sans escriture, d'vn clin d'œil, & comme dict la loy, *nutu* [4] *solo*, & neantmoins Vvier est d'accord [5] que les Sorciers ont paction & conuention auec Satã, & qu'ils parlent à eux, & qu'il leur faict responce. Pourquoy donc plustost aux Sorciers, que aux Sorcieres, veu que la loy de Dieu parle disertement des Sorcieres, & que nous auons monstré par infinis exemples, que les femmes sont beaucoup plus subiectes à ceste meschanceté, que les hommes. Et qui plus est Vvier demeure d'accord, [6] que les Demons prennent les corps des hommes, & des bestes, en sorte qu'on peut iuger la contrarieté de ses escrits, & l'incongruité de ses conclusions. Car il demeure d'accord, que les Demons transportent les personnes, & les esleuent en l'air, sans corps, & en baille plusieurs histoires, [7] qu'il confesse luy mesmes auoir veu. Vvier se mocque [8] aussi de la copulation des Sorcieres auec les Demons, que toute l'antiquité & tous les peuples ont tenu pour certaine, & les Theologiens ont confirmé: & mesmes Sainct Augustin au quinziesme liure de la Cité, dit que

4 *lib. nutu, de legat. 3. ff.*
5 *li. 2. ca. 2.*

6 *cap. 16. de Lamiis & lib. de Præstig. 3. c. 12. & lib. 4. c. 14.*

7 *lib. 3. & 4. de Præstigiis.*
8 *in libro de Lamiis.*

c'est vne impudence bien grande de nier cela. Ie mettray ces mots. *Damonū creberrima fama est, quos Latini Incubos, Galli Dusios vocant, mulierum attentare, atque peragere concubitū: & hanc assiduè immunditiam, & attentare, & efficere, plures talésque asseuerant, vt hoc negare impudentia esse videatur.* On sçait bien que les femmes n'ont pas accoustumé de se vanter de leurs paillardises. Et comment confesseroyent elles auoir eu copulation auec les diables, s'il n'estoit vray? Or nous lisons que les Iuges d'Allemaigne, d'Espaigne, de France, & d'Italie, ont mis par escrit, que toutes les Sorcieres, qu'ils ont faict executer, ont confessé, & persisté en leurs confessions iusques à la mort inclusiuement, & plusieurs aussi à qui on auoit pardonné, qu'elles auoyent eu copulation auec les Demons, iusques à dire qu'elles trouuoyēt leur semence froide, cóme nous lisons 9 au liure des cinq Inquisiteurs, qui en ont faict executer vn nombre infiny, & en Paul¹ Grilland. I'ay monstré cy dessus plusieurs exemples des procez particuliers, qui m'ont esté communiquez, où cela est tresbien verifié, & par confessions sans torture, & par conuictions. Et ne faut pas douter, que le desir de paillardise corporelle n'attire (mesmement les femmes) la paillardise spirituele. A quoy se peut aussi rapporter l'abomination d'vne si execrable meschanceté, portee par la loy ² de Dieu, où il est dit, Que tous ceux qui s'estoyent couplez au diable

9 in malleo maleficarū 1. in lib. de Sortilegiis.

2 Deut. cap. 4.

ble Pehor, estoyent peris malheureusement. Et quand la loy de Dieu defend de laisser viure la Sorciere, il est dit tost apres, que celuy qui paillardera auec la beste brute, qu'il sera mis à mort. Or la suitte des propos de la loy de Dieu, touche couuertement les vilennies & meschācetez incroyables. Comme quand il est dit, Tu ne presenteras point à Dieu le loyer de la paillarde, ny le pris d'vn chien: cela touche la paillardise des meschantes auec les chiés, que nous auons remarquee cy dessus par exemples memorables: Et au dixseptiesme du Leuitique il est dit, Et vous n'irez plus sacrifier à vos Satyres Diables, apres lesquels vous auez paillardé. Or Vvier, qui est Medecin, cognoissant que ny l'oppilation de foye, ny l'oppression de la rate, ne pouuoyent s'attribuer aux femmes saines & gaillardes, & que telle maladie n'aduient qu'en dormant, & que toute l'antiquité auoit remarqué non seulement la copulation des Demons auec les femmes, que les Grecs appellent Ephialtes, les Latins Incubes, comme aussi des hommes auec les Demós en guise de femmes, qu'ils appelloyēt Hyphialtes ou Succubes, & que cela se faisoit en veillant, & continuoit à quelques vns trente & quarante ans, comme Vvier mesmes a cōfessé: Il n'a pas dit que c'estoit maladie, mais il a denié, disant que les femmes sont melancholiques, qui pensent faire ce qu'elles ne font point. Et neantmoins on n'en brusle iameis de furieuses: On voit en elles la ruse, la discretion, & le iuge-

s. Exod. c. 22.

4. l. Diuus de off Præfi ff. puna. §. san. de parric. ff.

ment de sçauoir constamment denier le faict, comme quelques vnes, ou s'excuser & demāder pardō, ou cōme les autres se cacher & s'enfuir, qui ne sont point les actions de persónes furieuses. Ioint aussi que les conuictions, tesmoignages, confrontations, & confessiós semblables de toutes nations, se rapportent iusques au peuple des Indes Occidentales, qui se trouuent semblables auec les autres, & les copulations des Demons auec les femmes, ainsi que nous lisons és histoires des Indes, comme i'ay remarqué cy dessus. Mais ie demanderoy à Vvier, quelle maladie ce seroit aux Sorcieres de penser auoir tué les petits enfans, qui se trouuent tuez, de les faire bouillir & consommer, pour en auoir la gresse, comme elles ont confessé, & souuent y ont esté surprises. Vvier dit qu'elles imaginent auoir faict tout celà, mais qu'elles s'abusent: voila ses mots, 4 & qui sera creu en ceste meschanceté si execrable, si non les yeux, le sens, l'attouchement, les tesmoings sans reproche, les confessions sans torture, & auec torture, brief le faict euident & permanent, quand on les trouue sur le faict? Spranger escrit, 5 qu'il en fut executée vne au pays de Constance, qui auoit (comme sage femme pour assister aux gesines) tué quarante & vn enfants sortants du ventre, en leur mettant secrettement de grosses espingles en la teste. On voit semblables parricides auoir esté commis par Medee la Sorciere, tuant tantost son frere, puis ses propres enfans. Nous voyons

4. li. de Lamiis, c. 8.

5. in malleo

yons les Sorcelleries de Canidia en Horace, & de Erictho en Lucain, les crapaux, les serpens, & ossemens que nos Sorcieres ont ordinairement, & dont elles se trouuent saisies. Et n'y a sorcellerie qui ne soit descrite par Orphee: il y a pres de trois mille ans, & en partie par Homere, & remarquee en la loy de Dieu, il y a trois mil cinq cens ans. I'ay remarqué cy dessus en Ammian Marcellin, d'vn Sorcier qui ouurit vne femme enceincte, pour auoir son fruict soubs l'Empire de Valens. Le Baron de Raiz fut conuaincu, il y a cent ans, apres plusieurs meurtres de petits enfans, auoir attenté d'ouurir sa femme enceinte, pour sacrifier son propre fils à Satan, estant ainsi appris par Satan, qui n'a rien plus agreable, & non pas pour auoir la gresse pour en vser en choses detestables, qui est vne persuasion de Satan, pour induire les Sorcieres à tels parricides : car elles disent, que la gresse d'vn petit enfant mort naturellement, n'y est pas bonne. Et pour le monstrer, on voit, comme i'ay dit, quarante & vn enfant tuez par vne Sorciere, & deuāt que d'estre baptizez, & apres les auoir presentez à Satan. Et neantmoins Vvier, qui fait semblant de ne croire rien des choses, qu'il sçait aussi bien que son maistre Agrippa, a bien osé escrire, & faire semblant de suyure l'opinion de *Baptista Porta* Italien, le loüant bien fort, lequel neantmoins escrit, que les Sorcieres luy ont confessé, qu'elles font l'onguent des petits

en

enfans bouillis, & consommez, y mettant plusieurs drogues, qu'il n'est besoing d'escrire: qui est en bons termes, enseigner à commettre tels parricides, soubs vne faulse persuasion diabolique, que tel onguent a la vertu de faire voler les personnes. Or les Sorcieres de France ne sont pas plus agiles, ny plus legeres que celles d'Allemagne, & d'Italie, & neātmoins la pluspart, cōme celles du Mans, & celle de Verbery, & de Longny en Potez, que i'ay remarqué cy dessus, ne mettoyent qu'vn ramon, ou balet entre les iambes, en disant quelques paroles, & soudain estoyēt trāsportees en l'air: & Paul Grilland dict, que plusieurs de celles qu'il a veu executer en Italie, cōfessoyēt, qu'il se presentoit vn bouc à la porte, sur lequel elles mōtoyent pour estre transportees, sans gresse, ny onction quelcōque. On voit que l'Italien Baptiste en son liure de la magie, c'est à dire Sorcellerie, & Vvier, s'efforcent de faire entendre que cest onguent a force naturelle, & soporatiue, afin qu'on en face experience. Car les herbes soporatiues, sont la Mandragore, le Pauot, le Solatre mortifere, le Hyoscyame ou Hanebane, la Ciguë, & neātmoins il ne se trouua onc medecin Grec, Arabe, ou Latin, qui ait appliqué des onguens sur le dos, sur les bras, sur les cuisses, pour endormir si bien la personne, qu'elle ne sente douleur quelconque. Et s'il applique quelque chose exterieurement, c'est quelque fronteau sur la teste, de semences froides corrigees par mistions, & fusions. Et quant

à la

à la greffe, c'est vn precepte de medecine, que elle est chaude, & inflammatiue. Comment donc seruiroit elle pour endormir, appliquee au dos, ou sur le bras: veu que le sommeil est causé par les veines carotides, portant le sang du cœur au cerueau, & par la fluxiõ douce des humeurs qui sont mõtees au cerueau, comme les vapeurs en l'air, retournant doucement sur les parties cordiales. Mais pour monstrer que Satan rauist l'ame hors du corps, le laissant cõme mort & insensible, ainsi que nous auõs discouru au chapitre de l'ecstase, & que ce n'est point sommeil, on voit euidemment que tous les simples soporatifs ne sçauroyent empescher que l'homme, tant soit-il endormy, ne sente le feu appliqué au cuir:& neantmoins les Sorciers ne sentent ny feu, ny douleur quelcõque, estant rauis en ecstase, comme il a esté souuent experimenté, ainsi que nous l'auons mõstré cy deuant, interpretants le lieu de Virgile, où il parle de la Sorciere, *qua se promisit soluere mentes.* Encores voit on vn argument, auquel il n'y a point de responce, pour monstrer que ce n'est pas l'onguent, ny le sommeil, mais vn vray rauissement de l'ame hors du corps: c'est que tous ceux qui sont ainsi rauis, retournent demye heure apres, & aussi tost qu'il leur plaist, ce qui est impossible à celuy qui est endormy par simples narcotiques, ains il demeure quelque fois vn ou deux iours, sans s'esueiller. Et aussi l'on a aueré, que ceux qui estoyent rauis, auoyent remarqué la verité des choses à
cent

cent lieuës loing, comme nous auons dit cy dessus. ⁸ Mais il fait bien à noter, que la composition de cest onguent, que l'autheur de la magie naturelle a enseigné, n'a pas vn simple soporatif, mais bien plusieurs poisons dangereuses. S. Augustin parlant de telle ecstase, qu'il tient pour certaine & indubitable, & s'emerueillant de la puissance diabolique, dit ainsi, *Serpit hoc malum dæmonis per omnes aditus sexuales, dat se figuris, accommodat se coloribus, adhæret sonis, odoribus se subijcit.* Si doncques il est ainsi, que les Demós par vne iuste permission de Dieu, ont puissance de separer l'ame du corps, comment n'auroyẽt ils puissance de les transporter en corps : car il est sans comparaison plus admirable, de deslier, & separer l'ame du corps, & la remettre, que d'emporter le corps & l'ame tout ensemble. Quant à moy, ie tiẽ que ceste ecstase, ou aphairaise est l'vn des plus forts argumẽts, apres le tesmoignage de la loy de Dieu, que nous ayons de l'immortalité des ames, & decisif de l'hypotese d'Aristote, ⁹ quand il dit, que l'ame est immortelle, si elle peut quelque chose sans le corps, que les grands Sorciers (qui le sçauoyent par experience, comme Orphee) appellent la prison de l'ame, & Empedocle & Zoroaste les plus illustres Magiciens de leur temps, appellẽt sepulchre, & apres eux Platon au Cratyle dit, que *soma*, c'est à dire corps, est dit de *sima*, c'est à dire sepulchre, & Socrate l'appelloit la cauerne de l'ame. Outre ces arguments & raisons,

8. au chapitre de l'Ecstase.

9. lib. 2. de Anima. li. 7. de repu. Plat. 2. in Romu. 9. 3. in lib. de Anima. 4. lib. 7. c. 5. lib. 10. & 11. de ciui.

ausquelles Vvier ne respond rien, nous auons l'authorité des plus grands personnages de toute l'antiquité, comme Plutarque, ² qui en met plusieurs exemples memorables, Plotin, ³ Pline, ⁴ Sainct Augustin, ⁵ Sainct Thomas d'Aquin, ⁶ le Docteur Bonauenture, ⁷ Durād, & tous les Theologiens, & Sylueſtre Prier, Paul Grilland, ⁸ & les cinq Inquisiteurs d'Allemaigne, qui ont faict le procez à nombre infiny de Sorcieres, & qui ont briefuement laissé par escript leurs procez en vn liure. Et puis que outre l'authorité de tant de personnages, nous auons l'experience ordinaire de procez infinis, où l'on voit les tesmoignages, les recolemens, confrontations, conuentions, confessions iusques à la mort, ce n'est pas opiniastreté à Vvier de soustenir le contraire, mais vne impieté, & desir qu'il a d'accroistre le regne de Satan. Car on a veu la preuue des Sorcieres absentés la nuict, qui ont confessé la verité, & la cause de leur absence. On a veu que ceux qui estoyét de nouueau venus à telles assemblees, ayans appellé Dieu à leur aide, ou mesmes ayans crainte & horreur de ce qu'ils voyoyent, s'estre trouuez à cent ou cinquante lieuës, loin de leurs maisons, & retourner à longues iournees au lieu duquel Satan les auoit transportez en peu d'heure. I'en ay remarqué de freische memoire les exemples de Loches, de Lyon, du Mans, de Poictiers, de Chasteau Roux, de Longny, & infinis autres, qu'on list és autheurs que i'ay cottez, qui

Dei. 6. in secunda secūda qua 95. art. 5. tit. de superſti. & in tractatu prima partis q. 8. & titul. de Miracula qu. 16. art. 5 & 6. tit. de Dæmonibus 7. in tertium senten. diſt. 29. q. 3. 9. lib. 2. de Sortilegiis c. 7. 9. in l. Mallei.

tran

tranchent tous les argumens de Vvier, qui dit que les Sorciers sont melācholiques. Car il ne peut dire cela de deux qui sont retournez à lōgues iournees, combien que Vvier¹ se contredisant à tous propos est d'accord, que Simō le Magicien, auquel Neron dedia vne statue honnorable, voloit en l'air. Ce que les anciens docteurs & en grand nombre² ont aussi laissé par escrit. C'est donques vne folie extreme à Vvier de confesser, que Simon le Sorcier voloit en l'air, & soustenir que les autres Sorciers s'abusent, de penser estre transportez en l'air aux assemblees des Sorciers. Satā a il moins de puissance qu'il auoit alors? car c'estoit apres la mort de Iesus Christ. Et mesmes Vvier dit³ auoit veu en Allemagne vn basteleur Sorcier, qui montoit au Ciel deuant le peuple en plein iour, & comme sa femme le print par les iambes, elle fut aussi enleuee, & la châbriere print sa maistresse, qui fut ainsi enleuee, & demeurerent assez long temps en l'air en ceste sorte, estant le peuple estonné, & rauy de ce miracle. Nous lisons le semblable en l'histoire de Hugues de Fleury, que vn Comte de Mascon fut ainsi esleué en l'air, & emporté, criant à haute voix, Mes amis aidez moy, & iamais depuis ne fut veu, non plus que Romule, qui fut deuant son armee rauy en l'air : Combien que par le texte de l'Euangile il appert, que Satan enleua Iesus Christ sur le sommet du temple: puis sur la crope d'vne montagne. Surquoy S. Thomas d'Aquin tire vne consequēce indubitable, que
Satan

1. lib. de Lamiis c. 3.
2 Ambros. in Hehamero Iren. Euseb. Clemens in itinerario, Egesippi li. 3. de excidio Hierosolymorum. cap. 2 Niceph. lib. 2. eccl. hist. ca. 27. Fulgosius lib. 8. cap. 11.13. In lib. de Præstigiis.

Satan par la permiſſion de Dieu n'a pas moins de puiſſance és autres pour les tranſporter, attendu qu'il eſt tout certain, que Ieſus Chriſt eſtoit vray homme, & non pas fantaſtic. Mais il me ſuffiſt de conuaincre Vvier par ſes propos meſmes, & par ſes liures. Car luy meſme eſcrit [4], qu'il a veu les hommes tranſportez en l'air par les diables, & qu'il n'y a point d'abſurdité, & au meſme lieu il eſcrit vne choſe fauſſe, qu'on alla chercher en Allemaigne vn Sorcier, qui promettoit tirer du Chaſteau de Madry les enfans du Roy François, & les faire tranſporter en l'air, d'Eſpaigne en France: mais qu'il n'en fut rien fait, parce qu'on craignoit qu'il leur fiſt rompre le col. Et qui plus eſt, il eſcrit au liure IIII. chapitre XIX. que le diable plaidant vne cauſe en guiſe d'aduocat, ayant ouy que la partie aduerſe ſe donnoit au diable s'il auoit pris l'argent de ſon hoſte, ſoudain Satan laiſſant le barreau, emporte celuy qui s'eſtoit pariuré deuant tout le monde. Il dit que l'hiſtoire eſt veritable aduenue en Allemaigne. Et apres qu'il a mis pluſieurs exemples de ces tranſports diaboliques, il conclud que cela eſt certain, & qu'il n'y a rien d'abſurdité, & neantmoins au liure des Lamies il dit tout le contraire. En quoy on peut voir vn cerueau leger, & qui s'embroüille à tous propos. Et combien qu'il reiecte pluſieurs hiſtoriens, & Theologiens, neantmoins il ſe ſert de la legende Dorée [5], alleguant la vie de S. Germain, où il eſt dit, que S. Germain alla voir la dance

[4] lib. 2. ca. 12. de Præſtigiis, pagina 6.

[5] de Præſtig.

[5] lib. 2. cap. 13. de Præſtig.

des Sorcieres, & tost apres il alla voir aux licts de leurs maris, où elles furent trouuees, comme si S. Germain eust esté plus leger que Satan: Et tout ainsi qu'il les auoit transportees, il ne les eust pas aussi tost rapportees. Quant à ce que dit Vvier, que les Sorcieres ne peuuent de soy-mesmes faire tonner, ny gresler, ie l'accorde, & aussi ne peuuent tuer & faire mourir les hommes par le moyen des images de cire & paroles: Mais on ne peut nier, & Vvier en demeure d'accord, que Satan ne face mourir, & hommes & bestes, & fruicts, si Dieu ne l'en garde, & ce par le moyen des sacrifices, vœux, & prieres des Sorciers, & par vne iuste permission de Dieu, qui se venge de ses ennemis, par ses ennemis. Aussi les Sorciers meritent mille fois plus de supplices, pour auoir renoncé Dieu, & adoré Satan, que s'ils auoyent en effect meurtry de leurs mains leurs peres & meres, & mis le feu aux bleds. Car ces offenses sont contre les hommes, comme dit Samuel:

6 c. 2. lib. 1.   6 Mais celle-là est directement contre la Maiesté sacree de Dieu. A plus forte raison, si Dieu directement est offensé, & puis les hommes tuez, & les fruicts gastez par les Sorcelleries de telles gens: c'est pourquoy la loy des douze tables punissoit ceux, qui auoyent enchanté les fruicts, dequoy Vvier se moque, aussi bien qu'il calomnie la loy de Dieu: Mais on luy peut respondre, que sa vacation est de iuger de la couleur, & hypostase des vrines, & autres choses semblables, & non pas toucher aux

aux choses sacrees, ny attenter aux loix diuines & humaines. Car combien que Vvier confesse que ce soit Satan, si ne peut-il nier qu'il ne soit incité, poussé, attiré, aidé par les Sorciers, & les Sorciers par Satan, à commettre les meschancetez qui se font, tout ainsi qu'on peut dire à bon droit, que les prieres ardentes d'vn Moyse, d'vn Helie, d'vn Samuel, & autres saincts personnages, ont sauué les peuples. Puis qu'on voit que Dieu inclinant à leurs prieres, a retiré sa main & appaisé son ire: Aussi peut-on dire que les Sorciers par leurs prieres & sacrifices abominables, sont en partie cause des calamitez qu'on voit. Et mesmes Vvier confesse, [2] escriuant de la Sorciere fameuse de son pays de Cleues, auprés du bourg Elten, nommee Sibylle Dinscops, que si tost qu'elle fut bruslee, les persecutions des passans, qui estoyent battus outrageusement par vne main qu'on voyoit, & rien autre chose, cesserent: qui monstre assez que c'estoit la cause principale de telles persecutions, puis que les effects cesserent soudain, estant ceste cause là ostee, & que la maxime generale en toutes sciences dit, que la cause cessant, les effects cessent. Tout ainsi qu'on eust peu dire au contraire, que ce n'eust pas esté la cause, [4] si les persecutions eussent cōtinué: Et toutesfois il est biē certain, q̄ les Iuges ne feirent pas le proces à Satā: mais ils diminuerent d'autant sa force & sa puissance, luy ostāt ceste Sorciere là, qui luy prestoit la main, qui le prioit, qui l'adoroit, qui luy aidoit

2. li. 6. c. 15. de Prastigiis.

3. l. Adigere §. quamuis. de iure patron. ff. 4. l. conditio nis pupillus princ. de cōdit. & dem. ff. l. penult. ex quibus caus. ma. ff.

à ses desseins. I'ay parlé cy deuant d'vne Sorciere de Bieure, qui fut bruslee pres de ceste Ville de Laon, mil cinq cens cinquante & six. Elle rendoit les personnes estropiats, & contrefaits d'vne façon estrange, & faisoit mourir hommes, bestes, & fruicts. Si tost qu'elle fut bruslee, tout cela cessa, comme i'ay sceu du Iuge qui luy a faict son procez, lequel m'a dit encores qu'elle auoit menacé vne femme, qu'elle n'allaicteroit iamais, ce qui aduint, car son laict seicha soudain. Et combien qu'elle eust eu plusieurs enfans, toutesfois son laict tarissoit tousiours. Soudain que la Sorciere fut bruslee, son laict retourna en grande abondance: Satan toutesfois n'estoit pas mort. I'ay sceu d'vn Gentil-homme d'honneur, que sa tante auoit empesché la femme d'iceluy d'auoir enfans, comme elle confessa en mourant, pour faire tomber la succession à ses enfans. Si tost qu'elle fut morte, la niepce fut enceinte, qui est acouchee depuis sa mort: & bien tost apres fut encores enceinte, combien qu'il y auoit onze ans qu'ils estoyent mariez. Et toutesfois Satan, que Vvier dit estre seul cause de tout cela, n'estoit pas mort. Quand le peuple Hebrieu alla s'encliner, & prostituer deuant l'image de Bahalphehor pour prier, l'ire de Dieu s'embrasa contre tout le peuple, & en mourut en peu d'heure vingtquatre mil. On ne peut nier que Satan n'inuitast le peuple à telle idolatrie: & neantmoins Pinhas le sacrificateur, d'vne ardente ialousie qu'il auoit de l'honneur de Dieu,

Dieu, perça d'outre en outre vn Capitaine couché auec vne Madianite, qui l'auoit attiré à telle idolatrie: tout soudain l'ire de Dieu cessa: Et mesmes Dieu benist Pinhas de grandes benedictions, disant, qu'il auoit appaisé sa fureur contre le peuple: & toutesfois Satan n'estoit pas mort, que Vvier dit auoit esté, & estre seule cause de tous ces maux, excusant totalement les Sorcieres. Nous conclurons donc, que les Sorcieres sont causes coadiuuantes & impulsiues, des maladies & mortalitez d'hommes & bestes, puis qu'apres l'execution d'icelles, tout cela cesse: qui seruira pour respondre à tous les argumens qu'on faict, & que Vvier a pris de quelques Docteurs, qui disputent[3] comme luy, c'est à dire, naturelement de la Metaphysique: qui est vn erreur notable, & duquel il ensuit mille absurditez. Car si on parle naturellement, on diroit que les Sorcieres ne font pas mourir les fruicts & les animaux, d'autant qu'il faudroit qu'elles eussent la puissance: & pour auoir la puissance, il faut trois choses, la force, & la faculté de l'agent, l'aptitude de la chose patiente, & l'application conuenable, & possible de l'vn à l'autre. Or la faculté n'est point en vne femme de disposer des Elemens: & quant aux paroles elles n'ont force que de celuy qui les prononce, qui n'a pas ceste puissance, ny par consequent les parolles, quoy que die Iean Pic en ses positions Magiques, comme aussi nous l'auons monstré cy dessus: tellement que quand bien

3. *Alexãd. conf. 129. li.1. Alciat.*

la Sorciere auroit ceste puissance, le moyen inhabile duquel elle vse : c'est à sçauoir, les paroles feroyent cognoistre qu'elle n'a pas la puissance. Cest argument est fondé en raison. Mais de dire que la Sorciere ne peut faire auec Satan, ce qu'elle ne peut faire de soy-mesme, comme dit Vvier, cela est faux. Car comme aussi l'argument est captieux & vn elenche sophistique, *à simplicibus ad composita*. Car il est bien certain, que tout ainsi que le corps seul ne peut rien sans l'ame, & que l'ame seule ne peut riē, aussi les actions qui touchent le corps, comme boire, manger, dormir, digerer, & autres actions semblables qui sont natureles, & communes, conioinctement à l'ame & au corps, & que l'vn auec l'autre font tres-bien leurs actions, aussi peut-on dire par raison semblable qu'il se pourroit faire, que la Sorciere seule, ny Satan seul ne feroit pas ce que l'vn & l'autre feroyent conioinctement : La raison est fondee en demonstration naturelle des causes concurrentes à vn effect, & qui s'aident l'vne l'autre, comme la procreation vient du masle & de la femelle conioinctement, lesquelles estant separees ne peuuent rien. Et me souuient d'auoir leu en vn Rabin ancien, que le corps & l'ame sont punis pour auoir offensé conioinctement : & leur excuse des choses disioinctes aux choses conioinctes, n'est non plus receuable, que l'excuse de l'aueugle, & de celuy qui auoit les iambes coupees, que le iardinier

accu

accusoit d'estre venu en son iardin manger ses fruits. L'aueugle disoit, ie ne vois goutte, ny iardin, ny arbres. L'estropiat disoit, ie n'ay point de iambes pour y aller: Mais le iardinier leur dit, que l'aueugle auoit porté l'estropiat, & cestuy-cy auoit guidé l'aueugle, & tous deux ensemble auoyent faict, ce qu'ils ne pouuoyent faire separément. Encores y a-il plus grande apparence en ce cas: d'autant que Satan peut seul faire, [a] les choses estranges que nous auons dites, tuer, meurtrir, faire mourir les fruicts, agiter les vents, iecter les feuz, gresles, & foudres, pour chastier comme vn bourreau, & executeur de la haute iustice de Dieu, par la permission d'iceluy. A plus forte raison estant aidé, prié, & adoré pour ce faire par les Sorcieres, & sans la priere, inuocation, & adoration, desquelles sa force est affoiblie, & sa puissance debilitee, & occasion de nuire tellement retranchee, que les Sorcieres mortes, on voit souuent que les estropiats se redressent, la maladie se guarit, les mortalitez cessent, comme nous auons monstré cy dessus. Et quant à l'argument qu'on faict, que les Sorcieres ne meritent point de peine, s'il est ainsi que Satan vse d'icelles pour executer ses desseins, & que l'action & souffrance ne peuuent estre ensemble: sont argumens sophistiques, & captieux. Car quant à l'action & passió, il est sans doute qu'elles peuuent estre en mesme temps pour diuers respects, comme celuy qui iecte quelqu'vn par terre, qui au

[a] Iob c. 1.

mesme instant faict tomber son voisin. Quant à l'autre argument, par lequel Vvierius veut conclure (comme il a resolu par tout) que les Sorcieres ne meritent point de peine, puis que Satan les met en besongne: il n'est pas seulement plein de sophisterie, ains aussi d'impieté. Car si cest argument auoit lieu, toutes les plus grandes impietez des hommes demeureroyét impunies: d'autant que les hommes, ores qu'ils soyent quelquefois poussez de vengeance à tuer & frapper en se reuengeant, ou de forcer la pudicité d'autruy par vne puissance brutale, si est-ce que les grandes meschancetez ne sortent pas de ceste boutique, ains l'assasinat de guet à pend (comme sont tous les homicides, & venefices des Sorciers) les meurtres des enfans, les parricides, & autres meschancetez semblables, que font ceux qui ne sont pas Sorciers, sont aussi conduites par Satan, qui seroyent aussi impunies: Brief, si la sophisterie de VVier, & de ses beaux Docteurs, desquels il a tiré ces argumens, auoit lieu, les voleurs & brigands auroyent tousiours leur recours de garentie contre les Diables, sur lesquels les officiers de Iustice n'ont ny iurisdiction, ny main-mise. Et par mesme moyen il faudroit rayer & biffer, toutes les loix diuines & humaines, touchant la peine des forfais: duquel argument vsoit vn Academicien contre Possidonius Stoïcien, pour monstrer l'absurdité ineuitable de la necessité fatale, qu'ils posoyent, que tout se faisoit

par

par nécessité. Veu la maxime [4] des Iurisconsultes disertemét articulee par la loy de Dieu, qui absout celuy qui a esté forcé, & contraint de faire quelque chose: Car la necessité n'est point subiecte à la discretion des loix: & pour euiter vne telle absurdité, Possidonius [5] se departit de son opinion. Or nous sommes en plus forts termes, car tous les Sorciers demeurent d'accord, que Satan ne force personne de renoncer à Dieu, ny de se voüer au Diable. Ains au contraire sur toutes choses il demande vne pure, franche & liberale volonté de ses subiets, & contracte auec eux par conuentions. Tellement que la necessité fatale des Stoiciens ne peut auoir lieu, & aussi peu l'edict, *De eo quod metus causa.ff.* qui veut que la crainte de laquelle [5] on est releué, doit estre crainte de mort ou de tourmens: Et tout autre crainte de douleur, ou perte d'honneur & de biens, n'est pas excusee par la loy, [6] ains la loy dit, que tous tels actes sont volontaires. A plus forte raison les contracts, conuentions, sacrifices, adorations, & detestables copulations des Sorciers auec les Demons, non seulement sont volontaires, ains aussi d'vne franche volonté, que les Philosophes appellent, *Spōtaneam voluntatem, & factum sponte*, ou comme disent les Grecs,

Il ne faut donc pas dire comme fait Vvier, tirant ceste raison d'vn certain Docteur, que si Satan vse des Sorciers comme d'instruments, les Sorciers ne soyent point punissables, parce

4. *in l. stuprum de adul. ff. cum simil.*

5. *Galen. in lib. de plati. Hippocratis.*

5. *l. Metum de eo quod met. causa. ff.*

6. *l. mulier eodem. ff.*

les actions ne sont pas estimees par les instrumens, & la fin des actions, ne depend pas des instrumens, & qu'il n'y a que la fin considerable en droit pour la peine: qui sont raisons tirees du droit, qui sont directement contre ces bons Docteurs. Car la sorciere vse de malins esprits, pour instrumens de mal faire, & pour executer ses meschantes entreprises: puis qu'il est ainsi, que la poudre, ny les paroles, ny les charmes n'ont point de puissance. Car il a esté verifié cy dessus, que les Sorciers communiquans auec Satan, le prient de tuer l'vn, de rendre l'autre estropiat, comme ils ont puissance de ce faire par permissió diuine, ainsi que doctement a traitté Tertullian en l'Apologetique. Aussi voit-on en tous les procez des Sorciers, que leurs confessions ne sont pleines d'autres choses: tellement que les Sorciers sont beaucoup plus coulpables sás comparaison, que ceux qui font assasiner leurs ennemis, à pris faict auec les meurtriers, qui sont coulpables de mort sans remission, en termes de droict: encores que le meurtrier n'ait pas executé le meurtre, & se iuge & pratique ordinairement. Combien donc est plus capital le Sorcier, qui employe Satan en telles choses? Voire qui le prie, & qui l'adore? Il ne faut donc pas que Vvier & ses bons Docteurs se plaignent, qu'on faict porter la peine de Satan aux Sorciers, ny calomnier indignement la loy de Dieu, qui ne veut pas que les vns portent la

pei

peine des autres: & neantmoins, toute la saincte Escriture est pleine, que Dieu a en extreme horreur les Sorciers, voire plus que les parricides, & incestueux, & Sodomites: pourquoy
Dieu les a-il en si grande abomination, qu'il
n'en parle iamais sinon auec ces mots, de rage,
fureur, ou vengeance, ce qui n'est pas dit des
autres meschancetez, °hors mis de l'idolatrie.
Qui seruira de response à vn autre argument,
que Vvier a tiré de ses bons Docteurs, qu'il
ne se faut pas arrester aux confessions, si elles
ne sont vrayes, & possibles, ce que ie luy accor
de: mais son assomption est en ce qu'il dit, qu'il
n'y a rien possible de droict, qui ne soit possible par nature : est non seulement faulse, ains
aussi pleine d'impieté. Car elle oste entierement toutes les merueilles de Dieu, & ses œuures faictes contre le cours de nature, & les
fondemens de toute religion, & pieté enuers
Dieu. Et si ceste maxime auoit lieu, il faudroit
rayer tous les articles de foy. Et toutesfois
sans sortir des termes de droict, on ne peut nier
que les Hermaphrodites, & autres monstres
ne soyent contre nature, lesquels neantmoins
la loy reçoit, & recognoit. On ne peut aussi
nier, que ce ne soit contre nature, qu'vn homme arreste les bestes sauuages d'vne parolle,
iusques à ce qu'il les ait tirees : ce que Vvier
afferme auoir veu de ses yeux. Aussi est-il cõtre
nature, qu'on deuine qui a commis le larcin, &
neãtmoins il est puny capitalemẽt, quicõques

s'est

2. Ezech.
21. l. crimẽ
patronum
de poenis. C.
l. sancimus
eodem.
° Exod. c.
15. & 32.
Leu. 20. &
26. Nu. 11.
& 25. De-
ter. 29. &
33. Ios. 7.
& 23. 2.
Reg. c. 24.
& 4. Reg.
13 & 2.
Paral. 12.
& 28. &
29. & 63.

3. l. Herma
phroditus,
de statu ho
mi. ff.
3. l. item la-
beo. § si quis
astrologus
de iniur. ff

s'est enquis aux Sorciers du larcin, & qui a faict conuenir le larron presomptif en iugement. Il est impossible par nature que les hommes facent la gresle, & la tempeste, & mourir les fruicts par charmes, & neantmoins les loix reçoiuent [4] cela comme trescertain, qui toutesfois est impossible par nature, & punissent capitalement ceux qui en vsent. Qui monstre bien que les loix payennes, & diuines recognoissent plusieurs choses comme certaines, & impossibles par nature, & neantmoins possibles contre tout le cours, & ordre de nature: lesquelles loix Vvier & ses complices voudroyent volontiers rayer des Digestes, & du Code, comme ils feroyent en cas semblable la Loy de Dieu, en ce qu'ils disent qu'il faut corriger les Loix, quand les causes d'icelles ne se trouuent plus veritables, prenant pour confessé ce qui est le poinct principal de la dispute, & cela s'appelle en matiere de Sophisterie, *petere principium*, c'est à dire τὸ ἐξ ἀρχῆς *assumere id quod fuerat concludendum*: qui est vne lourde incongruité en dialectique. Or tant s'en faut que l'assomption du syllogisme leur soit accordee, & que les choses que de toute antiquité, & depuis quatre mil ans on a aueré des Sorcieres, soyent trouuees fauces depuis l'aage de Vvier, & de ses Docteurs: que mesmes Sainct Augustin a remarqué, que toutes les sectes des Philosophes, & toutes les religions qui furent iamais, ont decerné peines contre les Sorciers, & Magiciens:

[4] *l. Eorum l. Multi, l. Nemo aruspicum, & toto tit. de Malefic. C.*

giciens: *sectas omnes magiæ pœnas decreuisse*, comme i'ay monstré cy dessus: Et mesme Plutarque aux Apophthegmes escrit, que les Perses punissoyent les Sorcieres de la peine la plus cruelle qu'ils eussent, rompans la teste entre deux pierres. I'ay remarqué plusieurs passages de la Saincte Escriture, qui ne chante autre chose, & les peines de mort rigoureuse ordonnees par la loy de Dieu contre les Sorciers. I'ay allegué plusieurs histoires, & non pas toutesfois la centiesme partie des condemnations capitales contre les Sorciers, & contre ceux mesmes, qui auoyent tels liures. Il faut donc condamner toute l'antiquité d'erreur & ignorance, il faut rayer toutes les histoires: & brief les loix diuines & humaines comme fauces & illusoires, & fondees sur faux principes: & contre tout cela opposer l'opinion de Vvier, & de quelques autres Sorciers, qui se tiennent la main pour establir, & asseurer le regne de Satan: ce que Vvier ne peut nier, s'il n'a perdu toute honte ayant publié en son liure, 9 *De Prestigiis*, les execrables sorcelleries, plus que n'auoit iamais faict son maistre Agrippa, lequel a retracté entierement ses liures, *De occulta Philosophia*, au quarāte huictiesme chap. *De Vanitate scientiarum*: & son disciple monstre au doigt & à l'œil, tout ce que Satan peut enseigner aux plus grands Sorciers, & entremesle neantmoins plusieurs propos de Dieu & des Saincts Docteurs, pour faire boire la poison avec

9.li.5.c.4.
5.6.7.8.9.
10.11.12.
14.15.17.
18.21.25.
de Præstig.

auec du miel, qui est, & a tousiours esté le style de Satan. Combien que Dieu a tellement osté le iugement à cest homme là, que le feu n'est point plus contraire à l'eau, qu'il est à soy-mesmes. Car en plusieurs lieux il confesse, que celuy qui exerce l'art Magique, doit estre puny capitalement, mais non pas les Sorcieres.

7. l. 6. c. 24. de Præstig.

Voila ses mots : [7] *Confiteor magicas artes capitales esse, sed Lamiæ non continentur* : cóme qui diroit, qu'il faut pendre les meurtriers, & pardonner aux voleurs. Il y a mille propos semblables.

8. de Lamiis c. vlt.

Et en autre [8] lieu il dit, que les Sorciers ne meritent point d'estre punis pour auoir traicté auec Satan, & renoncé à Dieu, parce qu'ils ont esté deceus, & que le dol a donné cause au contract : lequel par consequent est nul, & qu'il faut pardonner à ceux qui sont trompez, & non pas à ceux qui trompent : qui sont les argumens ridicules de ces Docteurs Italiens, qui ont si bien profité en ce mestier, que l'Italie est presque toute infectee de ceste peste, & en a infecté la France : tirant les loix par les cheueux, pour donner lustre à telle meschanceté. Or il n'y a homme si grossier, qui ne voye l'absurdité lourde de tels argumens. Car si la conuention faicte auec le subiect à la suasion de celuy, qui est ennemy capital de son Prince, est punie à mort sans aucune remissió, comment pourroit-on excuser la conuention faicte auec Satan, ennemy de Dieu, & de tous les siens ? Car quãd bien le Sorcier n'auroit iamais

mais fait mourir, ny maleficié homme, ny bestes, ny fruits, & mesmes qu'il auroit tousiours guary les hommes ensorcelez, & chassé la tempeste comme faisoit vn Sorcier, Curé de Sauillac pres de Tholose, qui enuoyoit tousiours la truuade ou tempeste hors de sa parroisse, si est-ce que pour auoir renócé Dieu, & traicté auec Satan, il merite d'estre bruslé tout vif: car telle conuention est sans comparaison plus capitale, que de faire mourir par feu, & par glaiue les fruits, les hommes, & les bestes: car cecy se faict contre les creatures, auec lesquelles on peut composer:⁶ mais traicter auec Satan, c'est directement combattre la Maiesté de Dieu, & en despit d'iceluy. C'est pourquoy la loy de Dieu dit, que la Sorciere soit soudain mise à mort, sans parler, si elle a fait mourir les fruits, ou le bestail: où i'ay remarqué que la loy vsé du mot מכשפה, c'est à dire, celle qui fascine les yeux, comme le docteur Abraham Aben Esra, & tous les interpretes demeurent d'accord: qui faict bien à noter, que la loy de Dieu est telle, qu'il n'y a mot qui n'emporte son emphase, afin qu'on sçache, qu'il ne faut punir les Sorciers principalement pour faire mourir les hommes & les bestes, mais pour auoir traicté auec Satan. Et pour cognoistre celuy qui a traicté auec Satan, la loy en monstre vne sorte au doigt & à l'œil: à sçauoir celuy qui esbloüist & fascine les yeux, tellement qu'il fait veoir souuent ce qui n'est

6. *Sam.c.2.*

point

cousteau tiré du ventre d'vne fille, sans aucune apparence d'vlcere : ce qu'il dit auoir veu en presence d'vne infinité de personnes, & le cousteau, qui est encore en nature, com-

9 li. 4 c.9. de Præstig. me en cas pareil il dit auoir veu 9 tirer du corps d'Vrich Nussescer ensorcelé, quand on l'ouurir, quatre cousteaux, vn gros baston, plusieurs cloux, & grande quantité de fillasse deuant plusieurs medecins, & plusieurs personnes estonnez p'vn tel spectacle. C'est donc vne fausse maxime, & pleine d'impieté, de dire que il ne faut pas croire ce qui est impossible par nature. Et neantmoins laissant ces merueilleuses actions, fascinations contre le cours ordinaire de nature, il est principalement question de punir à toute rigueur ceux, qui renoncent à Dieu, & s'abbandonnent à Satan, que VVier ne peut dire estre vne action impossible : & d'autant que la preuue de telles impietez est difficile. La loy de Dieu commande de mettre à mort les charmeurs, qui esbloüissent les yeux, ou la fantasie, sans s'enquerir plus auant, tenant pour resolu que le charmeur est Sorcier, qui a paction expresse, ou tacite auec Satan. A plus forte raison s'il appert, ou par confessions, ou par tesmoings, ou par escrit, des conuentions auec Satan, ou des malefices, qui ne se peuuent commettre par nature. Car il faict bien à noter, comme i'ay dict, & le faut souuent repeter, que la loy de Dieu parlant des Sorciers, & de la peine capitale contre eux decernee, ne fait aucunement

mention, ny de la mort du bestail, ny des hommes, ny des maleficies iettez sur les fruicts (qui sont les moindres meschācetez, que facent les Sorciers) ains de ceux qui fascinent, ou charment les yeux, ou qui demandent aduis aux morts, ou autres choses semblables, que nous auons cy-dessus interpretees. Car d'autant que ceux qui font ces tours estranges, & contre nature, faisans rire vn chacun, les cœurs des Iuges s'amollissent, & chacun pense qu'il n'y ait point de mal. Il y auoit vn grand personnage d'authorité, qui fut accusé apres sa mort, d'auoir esté au nombre des Sorciers, qui auoit accoustumé de tourner la seuerité de Iustice en risee, pour faire euader les Sorciers. C'est la façon de Satan de faire rire, pour adoucir le comble d'impieté : ainsi font les Sorciers par leurs charmes, & pour dix sorcelleries il font couler vn trait de supplesse : à fin qu'on pense que tout ce qu'ils font, est par soupplesse. Pour ceste cause Dieu a expressément articulé, que ceux qui esblouïssent, ou fascinent les yeux, soyent mis à mort : encores il est dict, qu'on ne les souffre viure, à fin dit Philon Hebrieu, que soudain ils soyent executez à mort le iour mesmes : & dict qu'il se pratiquoit ainsi. En quoy il appert assez, qu'on ne s'arrestoit pas à l'inquisition des autres maleficies des Sorciers, à fin que la difficulté de la preuue, ne retardast le supplice. Or Vvier pour aneantir les loix faictes contre les Sorciers, & euoquer en doute toutes les histoires, s'amuse

9 in lib. de specialibus legibus.

à refuter l'opinion de ceux, qui croyent les Lycanthropes, disant que tout cela n'est qu'illusion. Ce n'est pas respondre à la loy de Dieu, qui veut que ceux qui font telles illusions, soyent mis à mort: Et n'est pas question de sçauoir, s'il y a vray changement du corps humain en loup, ou demourant la raison en son entier, ou qu'il y ait entier changement du corps, & de l'ame, ou qu'il n'y ayt qu'vne illusion, ou confiscation de ceux qui le voyent, demeurant le corps & l'ame en son entier. Toutesfois Vvier [1] se monstre plus hardy, & soustient que tout cela n'est que illusion. Ce n'est pas faict en Mathematicien, ny en Philosophe, d'asseurer temerairement vne chose qu'on n'entend point: Mais il faut en ce cas voir l'effect, & ce qu'on dict, ὅτι ἔςι : & laisser à Dieu la cause, c'est à dire, δἰ ὅτι. Or tous les argumens de Vvier sont appuyez sur vn fondement ruineux, en ce qu'il dispute des esprits & demons, & de leurs actions, comme il feroit des choses naturelles, qui est confondre le Ciel & la terre, comme i'ay demonstré en la preface de cest œuure. Il confesse l'histoire de Iob estre veritable, & que Satan esmeut les vens, la foudre, le feu, & les ennemis, pour faire ruyner & brusler les maisons, enfans, & famille, & tout le bestail de Iob tout à coup : & puis apres que Satan l'affligea d'vne rogne incurable, depuis le sommet de la teste, iusques à la plante des pieds : toutes lesquelles actions sont plus difficiles,

Augustinus li. 18 c. 18 de Ciui. Dei & in lib. de Spiritu. & lit. cap. 26.

ciles, que de tourner vn homme en figure de loup: neantmoins on voit que Dieu donne ceste grande puissance à Satan. Aussi Vvier ne peut nier, que Nabuchodonosor Empereur d'Assyrie, n'ait esté changé en bœuf, paissant l'herbe sept ans entiers, estant sa peau, son poil, ses ongles, & toute sa forme changee, & puis restitué en sa figure: comme l'histoire de Daniël le Prophete nous enseigne. S'il dict que ce changement du Roy Nabuchodonosor est veritable, comme la Saincte Escriture, & non pas vne illusion fabuleuse: Il faut aussi qu'il confesse que le mesme changement se peut faire de figure humaine en loups, & autres bestes: Et en asseurant que le changement des Sorciers en loups, & autres bestes est fabuleux, & que c'est vne illusion: il faict conclusion que l'histoire sacree est vne fable & illusion: Car s'il est fait en l'vn, il se peut faire és autres: attendu que la puissance de Dieu n'est point diminuee. C'est l'argument que S. Thomas d'Aquin fait, pour monstrer que Satan transporte les Sorciers veritablement, par l'exemple de Iesus-Christ, qui estoit vray homme, qui fut transporté par Satan sur le temple, & puis sur la montagne. Et si Dieu a donné ceste puissance à Satan sur Iob, & sur Iesus-Christ, qui doubte qu'il ne la donne encores plus grande sur les Sorcieres, & sur les meschans? Car Vvier est d'accord au liure[7] de *Lamiis*, que Satan mua Nabuchodonosor d'homme en bœuf, qui doit le faire rougir de

[7] ca. 16. & lib. 1. c. 24. de Prastig.

honte de confesser, il ne peut nyer, le vray changement de Nabuchonosor en beste fait par Satan, & le nyer és autres. Car le Canon *Episcopi*, [8] & autres semblables touchant la transformation, ne se peut entendre, sinon de ceux qui pensent que les Sorciers, ou Satan, aye puissance de soymesme de faire telles choses. Mais ce seroit vne lourde heresie de penser, que Dieu ne donne ceste puissance à Satan quand bon luy semble, pour chastier le meschant : & de limiter la puissance de Dieu, c'est vn blaspheme : & de iuger de ses secrets, c'est vne temerité capitale. Et en bons termes, la puissance des creatures, est la puissãce de Dieu : & la gloire de Dieu, ne luist pas moins en la puissance qu'il a donnee à Satan, que à toutes les creatures de la terre. Car il est dit en Iob, qu'il n'y a puissance en terre pareille à la siéne : Qui monstre bien, que les actions de Satan sont supernaturelles, & qu'il ne les faut pas mesurer au pied des causes naturelles. Nous lisons aussi, que les Sorciers du Roy d'Egypte tournoyent les bastons en serpens, comme Moyse. Or il est certain que Moyse ne faisoit rien par illusion, c'estoyent donc vrays serpens, qui est sans comparaison plus difficile, que changer la nature d'vn animal en l'autre. Et neantmoins la verité est que Dieu a creé toutes choses, & n'y a autre Createur que Dieu seul : aussi n'est il pas dit, & ne se trouue point que Satan, ny tous les Sorciers, ayent creé ou formé vne espece nouuelle. Et si Dieu a donné né cefte puiffance à Moyfe, il a peu, & peut encores donner, & à Satan & aux Sorciers: car toufiours c'eft la puiffance de Dieu, foit ordinaire ou extraordinaire, & fans moyen, ou par fes creatures, comme S. Thomas,[6] d'Aquin & l'Efcot demeurent d'accord, ainfi que nous auons dit cy-deuāt. Mais Vvier s'eft bien abufé de prendre la creation pour la generation, & la generation pour la tranfmutation: La premiere eft *de nihilo*, qui eft propre au Createur, la feconde eft, ex eo *quod fubfiſtit*, qui s'appelle γένεσις *in formarum generatione*: & la troifiefme n'eft pas *motus*, c'eft à dire, κίνησις: ains feulement vn changement & alteration accidentale, c'eft à dire ἀλλοίωσις & μεταβολὴ demeurant la forme effentielle. [7] Et par ainfi ce que le Createur a vne fois creé, les creatures engendrent par fucceffion, & transforment par la proprieté & puiffance que Dieu leur a donnee, que S. Thomas [8] d'Aquin appelle Vertu naturelle, parlant des efprits en cefte forte, *Omnes Angeli boni & mali, habent ex virtute naturali poteftatem tranfmutandi corpora noftra.* Or tous les anciens depuis Homere, & tous ceux qui ont faict les procez aux Sorciers, qui ont fouffert tel changement, font d'accord, que la raifon & forme effentielle demeure immuable, comme nous auons dit en fon lieu. C'eft donc vne fimple alteration de la forme accidentale & corporelle, & non pas vne vraye transfiguration. Mais Vvier,[9] qui veut difputer en Phyficien de la Metaphyfique, tresbuche à

[6] *lib. 1.*

[7] *Ariſtot. lib. 3. & 5.*

[8] *Diſtin. 7. art. 5.*

[9] *lib. 3.*

tout propos és fondemens & principes de la Physique. Et quand il se voit accablé d'vn million d'histoires, diuines & humaines, touchant le changement de la figure humaine en bestes, il dit, que Satan endort les corps: Cela se pourroit faire pour vne heure, ou vn iour: mais il est impossible par nature, que l'homme sain viue plus de six iours sans rien manger, comme dit Pline,[1] que les anciens ont experimenté en tous ceux qui estoyent condemnez à mourir de faim, & les ieunes beaucoup moins que les vieillards: qui est la cause pourquoy ils meurent les premiers de faim aux places assiegees, comme dit Hippocrate:[2] Et neantmoins en Liuonie, ils sont pour le moins douze iours en figure de loups, les autres trois mois: Et les anciens° en ont remarqué qui l'auoyent esté dix ans, changeans de figure, apres auoir passé certaine riuiere. Mais il faict bien à noter, qu'il ne se trouue pas vn des corps humains, comme Peucer escrit. D'auantage l'arrest donné au Parlement de Dole, le dixhuictiesme Ianuier M. D. LXXIIII. contre Gilles Garnier Lyonnois, porte sa confession: c'est à sçauoir, qu'il auoit mangé deux filles, & vn ieune garçon: la premiere, le iour de la S. Michel, pres le bois de la Serre, au village de Chastenoy, à vn quart de lieuë de Dole, & l'auoit tuee, & deschiree auec ses griffes en forme de Loup, comme i'ay dit plus au long cy-deuant: laquelle confession fut tresbien aueree par la mort des enfans des lieux, du temps, & la façon,

[1] Plin. 11. cap. 54.
[2] in l. de Carnibus.
° Plinius.
[3] lib. 2. c. 6.

çon, & des personnes qui se trouuerent à ce qu'il auoit faict, l'ayās veu en forme de Loup: & falloit bien que le corps fust changé en figure de Loup, ou du moins que l'esprit humain passast au corps d'vn Loup, pour remarquer si exactement toutes choses. Et neantmoins en ceste sorte il faudroit confesser, que deux formes seroyent ensemble en mesme subiect, qui est directement contre les principes de Physique:[4] & toutesfois Vvier, qui veut disputer de la Metaphysique en Physicien, confesse en mille endroits de ses liures, que les Diables, qui sont formes intelligibles, entrent au corps des hommes, que les anciens pour ceste cause appelloyēt δαιμονῶντας. C'est pourquoy Aristote n'a iamais disputé des esprits, ny des intelligences aux liures de la Physique, ains il a reserué aux liures intitulez τῶν μεταφυσικα, craignant tomber aux inconueniens & absurditez, où les anciens s'estoyent enueloppez, meslans les questiōs de Mathematiques en Physique, dequoy il les a repris.[5] Vvier & tous ceux qui s'arrestent à ses argumens, sont tresbuchez en la mesme faute. Car Aristote tient pour maxime de Physique, que la forme Physique separee du corps naturel, perist, & neantmoins en sa Metaphysique, il excepta l'ame de l'homme, laquelle il dit aussi aux liures *de partibus animantium*, θύραθεν ἐπεισιέναι c'est à dire, θεόθεν οὐρανόθεν, ὑψόθεν *diuinitus, cœlitus*, & que elle vient en l'homme de dehors, & demeure apres la corruption du corps humain.

[4] Aristoteles in libris *de ortu, & interitu*.

[5] lib 1. φυσικῆς ἀκροάσεως.

Aussi Vvier, qui veut traicter en Physicien les actions des esprits, dit en mil endroits de ses liures, que les Diables vont de lieu en autre: & dit vray, & cela se cognoist à veuë d'œil en ceux qui sont assiegez, ou transportez par les Demons: neantmoins il est impossible par nature (si les principes de Physique posez par Aristote sont veritables) que tout ce qui est mobile, & occupe lieu, ne soit corps, qui est du tout contraire aux esprits: Et toutesfois le mesme Aristote disputant en Theologien, c'est à dire, Metaphysicien, dit que les esprits separez meuuent les corps celestes, & par accident souffrent aussi mouuement, horsmis le premier moteur. Et mesmes Dieu qui surpasse tous les Anges en pureté, & simplicité d'essence, parlant de soy-mesmes, dit: Ie remplis le Ciel & la terre, & pour ceste cause il s'appelle aussi מקום, c'est à dire, lieu, par ce que le monde est en luy, & non pas luy dedans le monde, comme disent les Docteurs Hebrieux, sur ce passage d'Esaye, *Cælum mihi sedes est, & terra scabellum pedum meorum.* Et si on veut dire comme S. Augustin, qui a suiuy la definition que Apulee baille des Demons, que les Academiens ont receuë, c'est à sçauoir, que les Demons ont corps, il sera encores plus estrange, & beaucoup plus incompatible, & contre nature. Car deux corps se pourroyent penetrer, qui seroit euiter toute la Physique fondee sur le principe, qu'il n'y a point de penetration de dimensions, attendu que les Demons

mons penetrent les corps des hommes, ce que Vvier confesse par tous ses liures. Il ne deuoit donc fonder ses argumens des Sorciers, & des actions des Demons, sur les principes, & hypotheses de la Physique, lesquelles toutesfois il a tres-mal entendues, comme i'ay touché en passant: & se peut cognoistre à veuë d'œil par celuy qui aura leu serieusement, & entendu les liures des Philosophes: lesquels en la dispute des Demons s'accordent auec les Theologiens pour la plus-part, mesmement les Academiciens. Car le mouuement des cieux & lumieres celestes, est attribué aux Anges, en la Saincte escriture, aussi bien que par les Philosophes, comme on peut voir en Ezechiel, & au Psalme 68. vers. 18. où l'interprete Chaldean dit, qu'il y a xx. mil lumieres, & autant d'Anges pour les mouuoir. Et S. Thomas d'Aquin, que les Grecs nouueaux ont estimé si bon Philosophe, qu'ils ont traduict le plus beau de ses œuures de Latin en Grec, tient toutes les actions des esprits, & des Sorciers pour veritables, comme nous auons monstré cy-deuant: & dit qu'il n'est point estrange, que Simon[7] le Sorcier fist paler vn chien par le moyen des Diables, & les quatre Sorciers qui furent bruslez à Poictiers l'an mil 564. deposerent que le bouc, qu'ils adoroyent la nuict, parloit à eux, & Paul Grilland[8] escrit, que de son temps il a veu brusler vne Sorciere à Rome, qui s'appelloit Francisque de Sienne, qui faisoit parler vn chien deuant tout le monde.

[7] Clemës in Itinerario.
[8] li. de sortileg. sectione 7. nu m. 24.

Toutes

Toutes ces actions, & autres semblables estranges, que Vvier confesse, se font contre nature. Il faut donc baisser la teste deuant Dieu, & confesser la foiblesse de nostre esprit, sans s'arrester aux principes, & raisons de nature qui nous manquent, quand on veut examiner les actions des esprits, & societé des Demons auec les Sorciers, & faire ce paralogisme, que telles actions ne sont pas-veritables, par ce que elles sont contre nature. Et que tout ce qui est impossible par nature, est impossible, qui est vn droict paralogisme, & elenche sophistique: comme qui diroit d'vn meschant homme, il est bon escrimeur, il est donc bon : Car la consequence *à coniunctis ad simplicia*, ne vaut rien. Or Vvier voulant en quelque sorte, à quelque pris que ce soit, faire euader les Sorcieres, dict 9 qu'elles sont possedees, & forcees du Diable. Chacun sçait la difference qu'il y a entre les Sorcieres, qui se sont voüees, consacrees, & dediees à Satan, qui sont comme les paillardes abandonnees, & celle qui est assiege de l'esprit malin, qui est comme vierge pudique rauie par force. Aussi Satan n'est pas si maladuisé enuers ses loyaux subiects. Puis apres il dict, que le transport d'icelles aux assemblees, est impossible par nature, & en si peu de temps. I'ay respondu à ce point suffisamment : Et neantmoins Vvier monstre bien qu'il est aussi mauuais Mathematicien, comme Physicien. Car on voit l'huictiesme Ciel auec tous les astres faire

9 et 16. de Lamiis.

faire son tour en 24. heures, lequel tour a plus de cent trente & trois millions de lieues à deux mil pas la lieuë, au pas Geometrique. Car combien que Archimede, & Ptolomee, n'ayans demonstré seulement que la distance de la terre iusques au Soleil, qui a douze cens & neuf diametres & demy de la terre, lequel semydiametre a dixhuit cens soixante lieues à deux mil pas la lieuë, & le tour de la terre six fois autant auec vn septiesme d'auantage, ainsi que Ptolomee a demonstré, apres auoir recueilly les obseruations d'Hipparchus: Qui sont en tout depuis le centre de la terre iusques au Soleil, quatre cens quarante & neuf mil, trois cens soixante & quatre lieues, à deux mil pas chacune. Neantmoins les Arabes Affragan, Albategni, Tebit, Campan, ont passé plus outre, & laissé par escrit, que la distance de la terre, iusques au huictiesme Ciel, a vingt mil octante & vn semy-diametre de la terre, & 28. minutes d'auantage, qui sont trente & six millions, cent quarante & cinq mil huict cens lieues. Le Rabin Moyse Ramban au troisiesme liure במדבר, y en met plus: car les demonstrations Astronomiques se font au sens: mais en prenant le moins, il est certain & demonstré par Ptolomee, que la raison du semy-diamettre à l'arc, est comme de cinquante deux à soixante: & par la demonstration d'Euclide au troisiesme, les six demy-diametre du cercle font iustement l'hexagone, tellemét que le semy-diamettre, depuis le centre

tre de la terre iusques à l'huictiesme Ciel, se trouuera iustement six fois en l'huictiesme Ciel, qui sont six fois trente six millions, cent quarante & six mil huict cens lieuës: & le surplus du cercle, qui sont quarante & huict degrez, prenant huict degrez en chacun arc de l'hexagone du cercle, outre les six semy-diamettres, reuiennent à 28916690. lieuës & plus: car ie laisse 28. minutes, qui sont huict cens lieuë, qui est pour tout le circuit du Ciel huictiesme, deux cens quarante & cinq millions, sept cens nonante & vn mil quatre quatre cens quarante lieuës, qui se font en vingt & quatre heures. Le neuf & dixiesme Ciel sont bien encores plus grands: Car il est tresbien demonstré par Ptolomee en son Almageste, que toute la terre qui a onze mil cens soixante lieuës de tour, n'est rien qu'vn poinct ensemble, eu esgard seulemét au cercle du Soleil, qui est beaucoup moindre que l'huictiesme, si doncques en vingt & quatre heures, l'huictiesme Ciel faict son tour en vne minute d'heure (dont les soixante font d'heure) l'huictiesme Ciel vn million sept cens six mil cent cinquante & cinq lieuës, par le mouuement de l'Ange, à qui Dieu a donné ceste puissance, que les Hebrieux appellent le Cherubin ° faisant la roüe du glaiue flamboyant des lumieres celestes: est il donc impossible que Satan, à qui Dieu a donné tant de puissance sur la terre, transporte vn homme à cent, ou deux cens lieuës en vne heure? On voit donc euidemment que tel

° Les Hebrieux l. 2.

mouue

mouuement n'est pas impossible par nature. Ieanne Haruillier, de laquelle i'ay parlé cy-deuant, & qui fut bruslee vifue le dernier iour d'Auril, 1578. confessa que le Diable l'auoit transportee fort loing la derniere fois, & qu'elle auoit esté long temps deuant que d'arriuer en l'assemblee, & puis estant rapportee, elle se trouuoit toute foullee & fort lasse, comme i'ay recueilli du procez qui m'a esté rapporté par maistre Claude de Fay, Procureur du Roy à Ribemont. Mais on voit vne malice notable en Vvier, lequel escrit au chapitre huictiesme *De Lamiis*, que les Sorcieres ont confessé que Satan leur faisoit cracher en terre, pendant qu'on monstroit l'hostie, & marcher sur la Croix. Or Vvier se sert de ceste occasion pour piquer ceux qui ont laissé la Messe, en ce qu'il dict, que tout cela est ridicule. Spranger escrit aussi, qu'il auoit sçeu en faisant le procez des Sorciers, que plusieurs auoyent pactió expresse auec Satan, de rompre les bras & les cuisses des Crucifix: & mesmement le vendredy Sainct. Vvier dict que tout cela n'est que folie. Ie ne veux entrer au merite de la Religion, que tant de Theologiens ont traictee amplement, aussi n'est-ce pas mon suiet. Mais ie tiens que les ruses de Satan sont incroyables, si on n'y prend garde de fort pres: à quoy n'a pas regardé celuy, qui a faict le liure des Stratagemes de Satan, qui sont fort pueriles. Car le dessein de Satan n'est pas seulement de faire mespriser, & renoncer Dieu par ses

ses subiets, ains aussi toute Religion, & tout ce que chacun pense estre Dieu, & qui le peut tenir en crainte de mal faire, pour se tourner du tout à Satan. C'est pourquoy les Sorciers demeurent d'accord, que la premiere chose que faict Satan aux Sorciers apprentifs, c'est de les faire renoncer a Dieu, & a toute religion, sçachant bien que celuy qui n'a religion quelcóque, se desborde en toutes impietez & meschácetez. Car mesmes en Rome on descouurit qu'aux sacrifices nocturnes de Bacchus, il se trouua nombre infiny de Sorciers, qui commettoyent mille incestes, & sodomies, puis ils sacrifioyent les plus innocens, & pour ceste cause ils furent defendus par toute l'Italie à iamais, & plusieurs Sorciers ² executez à mort. Comme nous lisons aussi en Epiphanius, que dés la primitiue Eglise, Satan fist couler vne secte damnable de Sorciers Gnostiques, lesquels soubs voile de religion, sacrifioyent les petits enfans prouenus des incestes, qu'ils commettoyent, & les piloyent en mortiers auec de la farine & du miel, dont ils faisoyent des tourteaux que ils bailloyent à leurs sectateurs à manger, & appelloyent celà leur Cene : qui estoyent les vrays Sorciers ainsi appris par Satan : duquel le but principal, pour establir sa puissance, est d'arracher toute religion du cœur des hommes, ou bien soubs le voile de superstition couurir toutes les meschancetez, qu'on peut faire en despit de Dieu, ou de celuy que chacun pense estre Dieu. Car ie

tiens

2 Liuius.

tiens que celuy n'offence pas gueres moins, qui faict quelque chose en despit d'vne pierre, ou autre matiere qu'il pense estre Dieu, que celuy qui blaspheme le vray Dieu Eternel qu'il cognoist, comme faisoit Caligula, qui prenoit l'image de Iupiter, & luy disoit iniures en l'aureille[a], & brisoit l'image de Vesta, que les Vestales luy bailloyent pour baiser. Non pas que ce fust mal faict en soy de briser la statue des Vestales: mais c'estoit blaspheme & impieté à Caligula, qui auoit ce but de faire cela en despit de celuy, qu'il pensoit estre Dieu, lequel a tousiours esgard à la conscience, & intention des personnes: & pour ceste cause il s'appelle Scrutateur des pensees, sans auoir esgard aux mines. C'est pourquoy Barruc sçachant que le peuple captif en Babylone, estoit contraint de s'agenoüiller deuant les images de metal, de bois, & de pierre, il leur escrit ainsi: Quand vous verrez porter des images sur les espaules, pour les faire reuerer, vous direz en voz cœurs: C'est à toy, ô Dieu Eternel, à qui l'honneur appartient. Ainsi faisoyent plusieurs en la primitiue Eglise, qui assistoyent ou par force, ou par crainte aux sacrifices des Payens, ou pour euiter au scandale qu'on ne les estimast Atheistes, ores qu'ils fussent à genoux deuant les images, ils prioyent Dieu neantmoins, à ce qu'il luy pleust les garder de toute pollution & idolatrie, & qu'il print en gré la conscience & intention bonne, tant d'eux, que des pauures ignorans. Ie concluds donc que la volonté &

[a]. Tranquil. in Caio.

M m

intention d'vne part & d'autre, est le fondement de toute action bonne ou mauuaise: en sorte que si la volonté contreuient à ce que la raison iuge, & croit estre bon, encores que la raison soit abusee, on offense Dieu. C'est la decision de S. Thomas d'Aquin [3] au traicté qu'il a faict de *Bonitate actus interioris voluntatis*: où il dit ainsi: *Quando ratio errans ponit aliquid vt præceptum Dei, tunc idem est contemnere dictamen rationis, & Dei præceptum*: suyuant sainct Augustin. [4] C'est pourquoy Satan cognoissant que Dieu regarde l'intentió excusant tousiours la force, la crainte, la iuste ignorance, s'efforce d'arracher; non seulement la vraye Religion, ains aussi toute opinion de diuinité, du cœur des hommes. Et fait tout ce qu'il peut, à ce que celuy qui n'adore qu'vn Dieu, luy donne plusieurs compaignons: puis apres il le distraict du Createur, aux creatures, & des creatures intelligibles, aux creatures sensibles: & des creatures nobles & celestes, aux creatures elementaires, iusques aux bestes immondes, serpens & crapaux: & des creatures de Dieu, aux ouurages des hommes. Car c'est chose plus abominable de s'agenoüiller par reuerence deuant les idoles, œuures de l'homme, que deuant les crapaux & crocodriles, que les Egyptiens adoroyent, qui sont creatures & œuures de Dieu.

C'est pourquoy Satan apres les creatures de Dieu, faict honnorer les œuures des hommes, comme les images & statues, que les Grecs

appel

[3 in prima secunda q. 19. ad quintum.]

[4 in lib retractationum.]

appellent idoles: les Hebrieux Peſſelin, & non content il fait encores en fin renoncer aux images, qui les tiennent en quelque crainte d'offenſer, pour ſe faire adorer ſoy-meſme: & à fin d'empeſcher, que iamais ſes ſeruiteurs ne ſe puiſſent reconcilier à Dieu, il les oblige par meſchancetez ſignalees, & horribles blaſphemes, pour n'eſperer iamais pardon, comme de faire, en deſpit de Dieu, manger les hoſties, conſacrees aux crapaux, qui eſt choſe execrable: ce qu'il ne faict faire ſinon à ceux qui tiennent pour tout certain & reſolu, que l'hoſtie eſt Dieu, comme i'ay remarqué cy deſſus, & faire en deſpit de Dieu, tirer les Crucifix à coups de traict, qui eſt encores vne autre meſchanceté abominable & deteſtable, comme i'ay monſtré que Satan faiſoit faire par cy deuant aux Sorciers, qu'on appelloit Sagittaires en Allemaigne, qui ne ſe trouuent plus, depuis que la plus-part des Allemans ont creu, qu'il n'y a aucune diuinité és Crucifix. Car tout ainſi que Dieu ſonde les cœurs, & regarde l'intention des hommes, auſſi Satan contrefaiſant Dieu, ſe faict ſeruir comme Dieu, comme font les plus grands Sorciers, qui l'adorent la face contre terre: ou par les ceremonies qu'on penſe eſtre agreables à Dieu, & ce qu'ils font par reuerence: comme de baiſer les reliques auec chandelles ardentes: Satan ſe faict ainſi ſeruir comme il fut verifié au procez des quatre ſorciers qui furent bruſlez tous vifs à Poictiers, l'an mil cinq cens soixante quatre. Ils deposerent qu'ils baisoyent Satan en forme de bouc au fondement, auec chandeles ardantes, pres d'vne Croix. Si les Prestres de Monstrelet, & de Froissart qui baptiserent les crapaux, & leur baillerent l'hostie, eussent pensé, qu'il n'y eust eu aucune diuinité en l'hostie, Satan n'eust pas requis cela d'eux, ny demandé à Neron maistre Sorcier, s'il en fut iamais, & à Caligula son oncle, qu'ils foullassent au pieds les statues de Iupiter, de Vesta, & autres, s'ils eussent pensé qu'il n'y eust eu aucune diuinité. Comme en cas pareil en toutes les sorcelleries, & communications detestables des Sorciers, à chacun mot il y a vne Croix, & à tous propos Iesus Christ, & la Trinité, & l'eau beniste. Et si les Sorciers veulent faire quelque meschanceté par les images de cire, il les font mettre soubs les corporaux, pendant la Messe, comme Paul Grilland dit auoir aueré par plusieurs procez, & les baptisent au nom de ceux qu'ils veulent offenser, & vsent de paroles, & mysteres detestables qu'il falloit supprimer, & non pas les faire imprimer. Et fait à noter, que Satan a de toute antiquité attiré les sacrificateurs, Aruspices, & Prestres à sa cordelle: pour souïller toutes sortes de religions, & leur donner tousiours plus de puissance de mal faire qu'aux autres. Et pour ceste cause Platon en l'vnziesme liure des loix, decerne peine capitale au sacrificateur, qui tue par sacrifices & Magie: ce que

lib. 2. de Sortileg. ca. tion. 11.

que i'ay remarqué cy dessus auoir esté iugé par arrest du Senat Romain, sur l'interpretation de la loy Cornelia, *in l. ex senatusconsult., de sicariis ff.* que celuy est punissable comme meurtrier, qui a, ou qui fait tels sacrifices. Aussi voyons nous en Spranger, & Paul Grilland, & en Pontanus les plus grands Sorciers auoir esté Prestres, pour gaster tout vn peuple: Car plus le Ministre de Dieu doit estre sainct, & entier pour sanctifier le peuple, & presenter vne oraison & loüange aggreable à Dieu: d'autant plus est l'abomination detestable, quand il s'addonne à Satan, & luy fait sacrifice, au lieu de sacrifier à Dieu. Car mesmes Porphyre escrit, que tous les anciens ont remarqué, que si les sacrifices faits à Iuppiter, Apollon, & autres Dieux, estoyent faits indignement, les malins esprits venoyent, & la priere estoit tournee en execration. Non pas que Dieu eust les idolatries agreables, qu'il defend sur la vie, mais il est à presumer qu'il preuoyoit l'intention des ignorans, & les iugeoit selon la volonté qu'ils auoyent. Paul Grilland a recite *a lib. 2. c. 6. de sortileg.* d'vn nommé Iaques Perusin Prestre, qu'il dit auoir esté l'vn des plus grands Sorciers d'Italie, lequel en disant la Messe, & se tournant au peuple, au lieu de dire: *Orate pro me fratres*, il dit vn iour, *Orate pro castris Ecclesiæ, quia laborant in extremis*, c'est à dire: Priez pour l'armee Ecclesiastique, qui est en danger extreme, & à l'instant mesme l'armee fut defaite, qui estoit à vingt cinq lieuës de Perouse, où il disoit la Messe. Nous en lisons vne semblable en Philippes de Commines, d'vn Italien Archeuesque de Viéne, lequel disant la Messe deuant le Roy Louys vnziesme, le iour des Rois à sainct Martin de Tours, en luy donnant la paix à baiser, il luy dit: *Pax tibi*, Sire, vostre ennemy est mort: il se trouue qu'à l'heure mesme Charles Duc de Bourgongne fut tué en Lorraine, deuant la ville de Nancy. Ie ne sçay si de ce temps-là, l'Italie produisoit des Prophetes autres qu'elle n'a fait depuis: Mais ie doute fort, qu'il estoit du mestier de plusieurs autres de ce pays-là, que Satan a deputé vers quelques Princes, pour les infester de ceste peste: Car Philippes de Commines recite plusieurs propos de ce bon Archeuesque, qui ne ressentent rien que les effects d'vn vray Sorcier. Voila pour respondre à Vvier, en ce qu'il dit que c'est chose ridicule de commander par Satan à ses subiets, qu'ils demembrent les Crucifix, qu'ils crachent contre terre, quand on monstre l'Hostie, qu'ils ne prennent point d'eau beniste. Il se moque aussi d'vne Sorciere, à qui Satan commanda de garder bien ses vieux souliers, pour vn preseruatif & contrecharme contre les autres Sorciers. Ie dy que ce conseil de Satan a double sens les souliers signifient les pechez, comme estans tousiours trainez par les ordures: Et quand Dieu dit à Moyse & à Iosué, oste tes souliers ce lieu est pur, & sainct, il entendoit, comme dict Philon Hebrieu, qu'il faut bien nettoyer son ame

de

de pechez, pour contempler & loüer Dieu: Mais pour conuerser auec Satan, il faut estre souillé, & plongé en perpetuelles impietez, & meschancetez: alors Satan assistera à ses bons seruiteurs. Et quant au sens literal, nous auons dit que Satan faict ce qu'il peut pour destourner les hommes de la fiance de Dieu aux creatures, qui est la vraye definition de l'idolatrie, que les Theologiens 7 ont baillee: tellement que qui croira, que ses vieux souliers, ou les billets, & autres babioles qu'il porte, le peut garder de mal, il est en perpetuelle idolatrie. L'autre but de Satan est, d'accoustumer ses subiets à luy obeyr, comme i'ay remarqué cy dessus, que Satan pour attirer vne fille à sa deuotion, luy disoit qu'elle luy donnast de ses cheueux, ce qu'elle fist. Puis apres qu'elle allast en voyage à nostre Dame des vertus: & voyant qu'elle le fist aussi, il la pria d'aller à sainct Iaques: elle dit qu'elle ne pouuoit, puis il la pria de mettre ses ciseaux en son sein, ce qu'elle fist pour se depestrer de ce malin esprit, & ce fut alors qu'il continua plus que deuant. Or il est bien certain, que si Satan commandoit de garder la loy de Dieu, & qu'on le fist pour luy obeïr, ce seroit blasphemer Dieu. Il faut donc bien se garder d'obeïr a Satan en sorte quelconque. Quant au Canon, Episcop', repeté tant de fois par Vvier, i'ay par cy deuant remarqué, qu'il n'est point fait en Concile general, ny synodal, ains vn conciliabule, & qui est reprouué de tous les Theologiens

7. *Idololatria est auersio à creatore, ad creaturam.*

8. *August. libr. 10. & 12. de ciuit. Thom. in secunda se-*

en ce qu'il nie le transport des Sorciers, soustenu par S. Augustin, S. Thomas d'Aquin, Duräe, Bonauenture, Syluestre, Prier, les cinq Inquisiteurs, Paul Grilland, & infinis autres: & neantmoins au Canon, *Nec mirum* §. *Magi*, xxvi. q. v. il est dit, que les Sorciers de la seule parole ensorcellent, & font vn malefice violent, ce qui est confirmé par Philon Hebrieu au liure des loix speciales: par sainct Augustin, & Tertullian *in Apologetico*; à quoy se rapporte ces vers de Lucain.

Mens hausti nulla sanie polluta veneni, Incantata perit. Et Spranger escrit auoir veu des Sorcieres en Allemaigne, qui faisoyent mourir soudain les personnes d'vne parole: qui sont bien choses plus estranges que la translation: non pas que ce soit la parole, mais l'œuure de Satan, prié & adoré pour ce faire, par la Sorciere. Et neantmoins ce meurtre ainsi commis ne se faict point, que par vne iuste vengeance de Dieu, pour le forfaict de celuy qui l'a merité, & par sa permission seulement, comme nous auons dit au dernier chapitre *De Lamiis*, Vvier remue ciel & terre, pour faire entendre qu'il faut faire euader les Sorciers par vn elenche fort ridicule, & semblable à ceux de Corax & Tisias, dont parle Aule Gelle. Car il dit ainsi: Il faut pardonner aux Sorcieres, qui sont repenties, comme on fait aux heretiques: & à celles qui sont obstinees: il faut aussi pardonner, à fin de ne tuer le corps & l'ame. Ainsi disoit Tisias contre son maistre deuant

les

---

cūda.q.95. art.5. tit. de superstit. & in tractatu 1.p.q.2. & tit. de mira. ca.q 18 ar. 5. & tit. de Damo. Bonauentura in 3. senten. distin.19.q. 3. Spranger in Malleo. Paul. Grilland in lib. 3. de Sortileg. 9. lib. de ciuit.

les Iuges: si ie puis persuader que ie ne doy rien payer, ie seray quitte par sentence, & si ie ne la puis persuader, ie ne payeray rien aussi: car Corax a promis de faire tant, que ie seray bon orateur, qui est de persuader ce qu'on veut. Mais son maistre luy repliqua, Si tu peux persuader aux Iuges que tu ne dois rien, ie seray payé, par ce que tu seras iugé bon orateur: Et si tu es condamné par faute de le pouuoir persuader, ie seray aussi payé en vertu de la sentence: les Iuges donnerent leur sentence, que d'vn mauuais corbeau il ne peut venir qu'vn mauuais œuf. Aussi, ie repliqueray à Vvier, que si les voleurs, & meurtriers repentis, par toutes les loix diuines, & humaines doiuent estre executez: attendu que l'execution de iustice, & la peine, n'ont rien de commun auec la coulpe & la penitence: A plus forte raison le Sorcier obstiné, qui est pire que tous les voleurs, meurtriers, & parricides qui soyent en tout le monde, comme coulpable de leze maiesté diuine & humaine, doit estre puny à mort: mais la repentance faict que la coulpe est pardonnee, que Vvier n'a point distingué de la peine. Quand Dieu fit dire à Dauid que son peché luy estoit remis, il ne laissa pas d'estre bien puny. Et quand Dieu dit à Moyse, qu'il auoit pardonné au peuple, il fut neantmoins bien chastié. C'est pourquoy il dit tost apres, Ie suis le grand Dieu Eternel, qui fais misericorde & pardonne les pechés, & iniquitez: & toutesfois il ne les

κόραξ Corax.

S. Exo. 34.

laisse pas impunies. selõ la verité du texte Hebrieu, & l'interpretation de Vatable, non pas qu'il punisse tous les pechez selon leur merite: car long temps a que le genre humain fust pery: mais il faict iugement, iustice & misericorde: a sçauoir, iugement, quand il punist les pechez de ses ennemis iurez, selon qu'ils ont merité: iustice, quand il donne loyer à chacun pour ses biens faits: & misericorde, quand il fait plus de bien qu'on n'a merité, & punist plus doucement que l'on n'a deserui: qui est l'vn des plus beaux secrets de la saincte Escriture, & peut estre le moins entendu. Car Hieremie donne ces proprietez à Dieu, auec grande exclamation. Et si Dieu auoit resolu, sans la priere de Moyse, faire mourir tout son peuple au desert, qui n'estoit pas moins de dixhuict cens mil personnes, pour s'estre enclinez deuant vne image, & auoir à icelle presenté leurs sacrifices, chose defendue par la loy: & qu'il en fist mourir trois mil soudain, quelque repentance qu'ils fissent: que meritent les Sorciers, qui adorent Satan, & luy sacrifient? Et faut bien dire que Vvier est du tout delaissé de Dieu, d'oser escrire chose si absurde, qu'il faut pardonner à ceux qui opiniastrement blasphement Dieu, & luy font guerre sans trefues. Il valoit mieux que Vvier dist ouuertement, comme Agesilaus, [2] lequel escriuant aux Iuges pour vn sien amy, disoit, que s'il auoit bon droit, qu'on luy gardast: & que s'il auoit tort, qu'il ne perdist pas pourtant sa cause: & en quel

2. Plutar. in Apophtheg.

quelque sorte que ce fust, il vouloit à tort ou à droit, qu'il gaignast son procez. Ainsi faict Vvier, lequel veut qu'on pardonne aux Sorciers, s'ils se repentent: & s'ils sont opiniastres, il veut aussi qu'on leur pardonne, à fin que le corps & l'ame ne soyent perdus. Par ce moyen il est coulpable de la peine des Sorciers, cóme il est expressement porté par la loy, [1] Que celuy qui faict euader les sorciers, il doit souffrir la peine des Sorciers. Et en ce que Vvier sur la fin, s'eschaufe en sa peau, & par cholere appelle les Iuges bourreaux, il donne grande presomption, qu'il craint quelqu'vn des Sorciers parlant trop, & faict cóme font les petits enfans, qui chantét la nuict, de peur qu'ils ont. Or l'absurdité la plus grande, qu'on peut remarquer en toutes les loix diuines, & humaines, alleguee souuent en la loy de Dieu, & par les Iurisconsultes, [2] c'est à sçauoir, que les forfaicts ne demeurent impunis, est enueloppee aux argumens de Vvier, qui soustient à cor & à cry, qu'il faut pardonner aux blasphemeurs, incestueux, patricides, & ennemys de Dieu, & de nature, c'est à dire, aux Sorciers, encores qu'ils persistent en leurs blasphemes, & detestables meschancetez. En fin cognoissant bien que toutes les loix diuines, & humaines luy resistoyent, & la coustume de tous les peuples, pour dóner quelque lustre à ce qu'il dit, il s'est aduisé de falsifier la loy de Dieu en deux articles. Le premier est, en ce qu'il escrit, [3] q̃ Dieu cómande en sa loy de faire mourir les faux tesmoings:

1. l. penult. de malefi- cis. C.

2. li. cóuenu- ri, de pact. dotal. l. si maritus. §. legis, de a- dulte. l. ita vulne- atus, ad l. Aquil. ff.

3. c. 24. de Lamin. co- lumna 6. num. 10

moings: l'autre, en ce qu'il dit, que Dieu commande de tuer le larron, qui entre par force de iour en la maison d'autruy. Si vn notaire, vn greffier, vn Iuge a falsifié vn acte, il est pendable. Et Vvier en deux lignes a commis deux faussetez en la loy de Dieu. Car la loy de Dieu commande 4 de punir le faux tesmoing, de la mesme peine, qu'il a voulu faire tomber sur autruy: s'il a faux tesmoigné pour faire perdre la vie, il mourra: si pour faire bailler le fouët, il aura le fouët: Si pour faire perdre vn escu, il payera vn escu. L'autre article est encores plus impudemment falsifié, car il dit, 5 que celuy qui tuera le larron de iour, il sera coulpable de son sang, qui est tout le contraire de ce que dict Vvier: Mais la faussetè est beaucoup plus capitale, en ce qu'il dict, que la loy de Dieu qui defend de laisser viure la Sorciere, s'entend seulement de celle qui empoisonne. Car la loy de Dieu, parle de celle qui fascine, & qui esbloüist les yeux, & qui faict voir ce qui n'est point, tenant pour tout certain que cela ne se peut faire, sinon par le moyen de l'alliance auec Satan. Pour la conclusion il reste à voir, s'il faut plustost s'arrester aux blasphemes & faussetez de Vvier: que à la loy de Dieu repetee en tous les endroits de l'Escriture saincte, qui decerne peine capitale contre les Sorciers, que Dieu abomine d'vne execration extreme: s'il faut plustost s'arrester à vn petit medecin, que aux liures & sentences de tous les Philosophes, qui d'vn commun consen-

4. Exo. 16.

5. Exo. 22.

sentement ont condamné les Sorciers: s'il faut plustost s'arrester aux sophisteries pueriles de Vvier, que aux loix de Platō, des douze tables, des Iurisconsultes, des Empereurs, & de tous les peuples & legislateurs, Perses, Hebrieux, Grecs, Latins, Allemans, François, Italiens, Espagnols, Anglois, qui ont decreté peines capitales contre les Sorciers,& contre ceux qui les recelent; ou qui les font euader: s'il faut plutost s'arrester à Vvier, que à l'experience de tous les peuples, Roys, Princes, Legislateurs, Magistrats, Iurisconsultes, qui ont cogneu au doigt, & à l'œil, les impietez & meschancetez execrables, dont les Sorciers sont chargez: s'il faut plustost s'arrester au disciple du plus grād Sorcier, qui fut oncques de son aage, que aux Prophetes, Theologiens, Docteurs, Iuges & Magistrats, qui ont descouuert la verité par mille & mille presomptions violentes, accusations, tesmoignages, recolemens, confrontations, conuictions, recognoissances, repentances & confessions volōtaires iusques à la mort. Nous auons le iugement de Dieu, [6] qui a declaré qu'il auoit arraché de la terre les peuples de la Palestine, pour les horribles sorcelleries dont ils vsoyent, & non pour autre chose, & a menassé d'exterminer, non seulement les Sorciers, ains aussi tous ceux qui les souffriront viure, [7] & qui a dit à Hieremie, qu'il preschast haut & clair qu'il raseroit [8] à feu & à sang la ville de Hierusalem, & tous les habitans, pour les execrables sorcelleries du Roy Manassez.

6. *Deut c*a. *18*.

7. *Leuit. c. 28. Hier. cap. 15*.

Voilà

Voilà ce qu'il m'a semblé, qu'on peut respondre aux liures de Vvier: En quoy ie vous prie, Monsieur, & tous les lecteurs, me pardonner, si i'ay escrit, peut estre, trop aigrement: car il est impossible a l'homme, qui est tãt soit peu touché de l'honneur de Dieu, de veoir, ou lire tant de blasphemes, sans entrer en iuste colere: ce qui est aduenu mesmes aux plus saincts personnages, & aux Prophetes parlans de telles abominations: la memoire desquelles, me faict dresser le poil en la teste, & la ialousie, que chacun doit auoir sur toutes choses, que l'honneur de Dieu ne soit ainsi foulé aux pieds, par ceux là qui soustiennent les meschancetez, blasphemes, & impunité des Sorciers.

TABLE DES MATIERES PRINCIPALES, ET AVTRES CHOSES MEmorables contenues tant en la preface, marquees par la lettre (P) qu'au present liure.

A

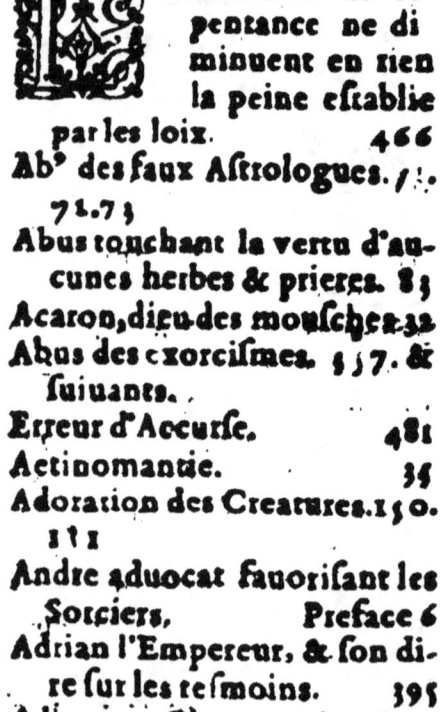

'Absolution & repentance ne diminuent en rien la peine establie par les loix. 466
Abº des faux Astrologues. 71. 72. 73
Abus touchant la vertu d'aucunes herbes & prieres. 83
Acaron, dieu des mousches. 32
Abus des exorcismes. 557. & suiuans.
Erreur d'Accurse. 481
Actinomantie. 35
Adoration des Creatures. 150. 151
Andre aduocat fauorisant les Sorciers, Preface 6
Adrian l'Empereur, & son dire sur les tesmoins. 395
Adiemon Clazomenien Sorcier. P. 18
Affliction des iustes, sont verges d'amour. 303
Inique apopthegme d'Agesti-

lans. 552
Liure d'Agrippa grād Sorcier, tresdangereux. 41. 42. 7
Agrippa maistre Sorcier. 83
Agrippa mort en l'hospital de Grenoble. 477
Agrippa retraicte ses liures de occulta Philosophia. 521
Iamblique puni pour l'Alectronomantie, 4. 7
Des allegories de la saincte Escriture. 39 & suiu.
en Allemaigne nulle exécutiō sans confession. 398
Aëromantia. 121
Alphitomantia. 35 & 121
Amorrheens exterminez pour leurs sorcelleries. P 7
Amorrheens & leurs sacrifices detestables 202
Amphibies animaux terrestres & aquatiques. 35
Amuleta & remedia, & leurs definition. 306
Difference entre Amuleta, & reme

TABLE.

remedia. 317
Analogie entre la musique & la medecine. 348
Aneaux, & leur sorcellerie. 470
les Anges de ceux qui craignent Dieu. 10
Anges celestes appellez armees. 104
Anges gouuerneurs des Royaumes. 41
Anges & Demons, sont formes pures & simples. 493
Soldat Anglois transmué en asne. 27
Sorts Antiatiens. 96
Antidotes, amuletes, contrecharmes & preseruatifs. 317. & suiuans.
Antipatie entre le sucre, & le beurre. 119
Apis, Dieu des Egyptiens. 150
Apollonius Thianeus, Sorcier. P. 18
Apollonius Thianeus transporté d'Éthiope à Rome. 193
Apprendre choses meschantes, est autant que les enseigner. 457
Apulee, s'il a esté vrayement transformé en asne. 29
Apulee sçauant sorcier. 2
L'Aquilon, ou Septentrió source de tous maux. 195
Araignes comparees aux Sorciers. 266
L'arbre de Vie, & son fruict. 40
Archers Sorciers. 256

Aristeus Proconesien, Sorcier. P. 18
Du reuers de la medaille d'Aristote φυσις cest à dire nature, esprit representes comment. P. 15
Erreur & ignorance d'Aristote touchant les choses intelligibles, le nombre des cieux, l'ordre des planetes, la salleure de la mer, l'eternité du môde. P. 11. 12. 14. se precipite en la mer. P. 15
Arnoldus Espaignol, & sa fausse prediction. 71
Eromantie. 121
d'Asclettaron Sorcier, & de Domitian. 165
Asmodæus destructeur, nom du Diable. 4
teste d'Asne, vsurpees es Sorcelleries. 122
Asne auditeur d'Ammonius Philosophe. 217
Asne auditeur d'Ammonius Peripateticien. 217
merueilles d'vn Asne, au Cayre en Egypte. 218
Astragalomantie. 96
Liures des stratagemes de Satan. 541
l'Astrologie, & sa dignité. 69
Astrologiens estime Sorciers 458
Erreur des Atheniens touchât les Eclypses. 107
Attentat sans effect punissable en sorcellerie. 471
Antipathie entre le feu & le cuiure. 19

Augu

TABLE.

Augures & leur science prohibée. 260
Interrogatoire fait par Auguste l'Empereur. 398
Auguste baisoit l'image de ses neueus trespassez. 154
Aug. Onophrius ne remarque que deux Papes Sorciers. 294
S. Augustin nie les Antipodes. P.23
de la Aruspicime. 103
Aruspicime defendue. 260
l'Aumosne, bon Antidote contre les Sorciers. 261
l'Aumosne appellee Iustice. 272
de l'Arnomantie. 120

B.

Babylone auoit 30. lieues de circuit. 484
Baian Iuif transformé en Loup. 214
Bacchanales bannis de Rome 140
Bacchanales abolies de toute l'Italie. 143
Baron de Rais grand Sorcier. 202
Baron de Rais sorcier bruslé. 202
Baron de Rais sorcier. 202
Bassus confisqué pour s'adresser aux deuins. 457
Beautez humaines, rayons de la beauté diuine. 290
Beemoth, nom de Diable. 5
Beelzebub, maistre mouche. 32
Beelzebut. P.4
Behemoth, & Leuiathan, ennemis du genre humain. 252
Behemoth, ennemi iuré des hommes. 262
Belus, & du son temple. 151
horrible & vilaine histoire de Benoist Berne, Prestre. 233
Cardinal Benon ne remarque que cinq Papes Sorciers. 293
Biens appellez benedictions. 294
des Billets ou papier qu'on porte contre quelque mal. 144.145
Blaseunomion, truage des fols. 458
Blasphemes pires qu'incestes. 266
Blasphemeur en rime. 267
Blasphemes pires que meurtres & incestes. 267
Blasphemes punissables par dessus tous autres crimes. 267
Bœuf adoré sous le nom d'Apis. 150
la figure du Bouc coustumierement agreable au diable. 236.237
coustume de Bretaigne touchant des larrons. 428
coustume ancienne de Bretaigne. 429

C.

Cabale Broschit, & Mercana. 133

TABLE.

Cabala, qu'est ce. 137
Canan Roy de Bulgarie, trãsformé en plusieurs bestes. 216
Cayan Roy de Bulgarie, se tournant en plusieurs bestes. 217
Caligula, & son impieté. 543
des Camus & grands nez. 85
Chananées & leurs sacrifices detestables. 202
Chananées extirpez pour les sorcelleries. 218
Capnomantia. 122
Captogamantia. 129
Cardan & son erreur. 72
Cardan de pere en fils, suspect de sorcellerie. 198
Cardinal d'Alliac, & son erreur. 74
Catharine Doré, Sorciere. P. 20
Catherine d'Arce, Sorciere & meurtriere. 371
Coustume estrange de Carinthie. 446
les Cinq cens exterieurs incertains. P. 15. 16
Caphalonomantia. 122
Ceremonies des iuges d'Ethiopie. 210
Ceruelle d'vn chat, poison. 280
Chaldeens estimés Sorciers. 458
Chananées exterminez pour leurs sorcelleries. P. 13
Ordonnance de Charlemaigne touchant les presumptions. 446
acte memorable de Charles I. Roy de Naples contre vn iuge. 451
Charme de silence. 508
Charme contre les Sorciers. 147
Chemise detestable de necessité. 38
Cheuiller que c'est. 126
Chien noir d'Agrippa, appellé monsieur. 42
son Chien qu'il nommoit, Monsieur, se iette apres sa mort en la riuiere. 77
Chiromancie & Chiroscopie. 87
Choses estranges en nature qui se font ordinairement. P. 23
choses requises en vne puissance. 514
Cynocephales ne furent onques. 323
Chyromantiens punissables. 456
Erreur notable de Ciceron. 79
le Ciel theatre de la loüange de Dieu. 68
les Cieux donnez des doigts, & des mains de Dieu. P. 12
les Cieux, & corps celestes font leurs mouuemens en 24 heures, qui contient 245791440. lieues. P. 24
Ciprian leonice, & son erreur. 71
erreur de C. Marot au Psalmes. 16
erreur de Clement Marot. 295

Cleo

TABLE

Cleomedes Astipalian, sorcier. P.18
des Cochemares. 236
Cocoto Dieu des Indes occidentales. 230
Cocoto Dieu des Indiens, touchant auec leurs femmes. 235
des Cometes, de leur apparition, nourriture, & effects. 105. 06
Comte de Mascon emporté en l'air. P.18
Confessant sans peine puni plus doucement. 370
Confesseur declarant sa confession à vn iuge. 388
difference des Côfessions extraordinaires & iudiciaires. 398
Conionctions (ou) & (des) 305
Consideration sur les exorcismes. 355
notable Consideration sur les femmes. 489
Consideration notable sur l'Idolatrie. 544
Consorts, quand receuables accusateurs. 369
Coral plante tardiue, produisant racine, rameaux, & fruicts. 15
Couleuures comparees aux Sorciers. 266
Coustume generale de la Chrestienté de brusler les Sorciers. P.4
Coustume de Carinthie, touchant les presomptions. 446

Crapaux nourris & acoustrez de liurees, par les Sorcieres. 238. 239
Crapaut baptisé par vn prestre, & faict manger l'hostie consacree. 248
Crapaut enfanté par vne femme. 248
Crapaut baptisé par vn Curé. 402
Crapaux comparez aux Sorciers. 266
Creer, & former, & leur difference. 63
Le sort du Crible plein d'impieté. 118
Crocodile brusté en la ville du Caire. 335
Croire aux tesmoins, & non aux tesmoignages. 395
Crucifix de Muret. 460
Cristallomantie. 129
le Cuiure empesche la fonte du fer. 119
Curé de Sauillac, enuoyant la truuade, ou tempeste hors sa parroisse. 524
Cardinal Cusan, des premiers de son aage. P.14

D

Dactilyomantie. 120
Danse de la volte introduitte par les Sorciers. 192
Daphnomantie. 122
Deber, Demon qui offense de nuict. 312
Delateurs doiuent estre admis contre les Sorciers. 368

Nn 2

TABLE.

Demons toufiours mauuais. 3
Definition des Demons. 12
Dæmon de Socrates. 19
Blancs Demons inuoqués en Afrique. 82
Demons blancs. 112
Des Demoniaques. 165
Demoniaques sont puans. 290
Chereb, Demon qui offense à midy. 312
Demoniaques rares en France. 337
Demoniaques ne sont hors la voye de salut. 341
Demoniaques frequets aux changemens de religion. 341
Diuisiõ du liure de la Demonomanie. 31
le Deuteronome, interpretation plus claire de la loy de Dieu. 207
le Diable se presente à Heruilier noir, plus grand & noir que la stature des hommes. P.1
le Diable se presente aux Sorciers en habits & en couleur noire outre la stature des hommes. P.1
le Diable se presente à Heruilier, botté, ayant vne espee au costé. P.1
le Diable se monstrant en forme de bouc. P.5
Diable, c'est à dire calomniateur. 2
le Diable à grand pouuoir sur les parties genitales. 128
le Diable se fait obliger 172
le Diable veut toufiours gaigner au change. 283
le Diable chassé pour ne respondre rien. 360
rusee responce du Diable, estant au corps d'vn Demoniaque. 334
le Diable en guise d'Aduocat emporte vn qui plaidoit. 510
le Diable plaidant vne cause comme Aduocat. 510
le Diable fait parler vn bouc. 517
plusieurs emportez visiblement par le Diable. 270
Dieu ne faict rien qui ne soit bien fait. 9.11
c'est Dieu qui gresle, tonne & foudroye. 241
3 Dieu enuoye pestes, guerres & famine par le ministeres des malins esprits, & des Sorciers. 256
Dieu n'abandonne iamais ceux qui se fient en luy. 303
Dieu fait iustice, iugement & misericorde. 304
Dieu seul enuoye la mort & les maladies. 313
Dieu extermine les peuples qui souffrent les Sorciers. P.7
Difference entre les Sorciers & les idolatres. 149
Definition de l'ame, par les infideles. 196
Discours de Iob, le plus beau qui

TABLE

qui fut onques. 240
quatre especes de Diuinatiōs. 45
Heruilie au Diable par sa mere dés l'aage de douze ans. P.1
Dō de prophetie hautēt point d'honneur de l'homme. 21
De ceux qui se leuent en dormant. 390
Toutes sectes ont Decerné peine contre les Sorciers. P.17
Drusij Gallorum. 229
Duffus Roy d'Escoce ne pouuant dormir, par sorcellerie. 249

E.

Eau beneiste charme les demons. 341
Eau beneiste instituee par Alexandre Pape I. 341
Ecstase des esprits des Sorciers. P.17
Ecstase des sorciers, argumēt de l'immortalité de l'ame. 107
Edict du Roy contre les femmes, recelant leur grossesse, ou enfantement. 447
Efficace de la louāge de Dieu. 349
Effort sans effect punissable es crimes atroces. 453
Comment en la primitiue Eglise on chassoit les diables des corps des Demoniaques. 356. 357

Egipte autrefois le plus riche & mieux peuplé royaume de la terre. 403
l'Egypte deux fois plus grāds que la France. 151
imposts des Egyptiens sur les curieux d'Astrologie. 458
Ekerlzen mains prodigieuse. 288
sorts Eliens. 96
l'Empire d'Assyrie auoit sous soy 127. Prouinces, Satrapies ou gouuernemens. 151
Enfans changez, vers sel Kind 230
Ennemis vengez par ennemis 423
Eolus Isles merueilleuses. P.8
Ephialtes ou Incubes. 19
des Ephyates Hyphialtes Incubes & succubes. 167
Epicuriens seuls entre les sectes fauorisoyent les Sorciers. P.7
Epicuriens se moquent d'Aristote. P.14
Epithetes des Sorciers. P.17
Erreurs des medecins. 166 167
Erreur n'est presumee aux Sorciers. 412
Erictho Arcadienne, Sorciere. 236
coustume d'Escoce pour descouurir les Sorciers. 369
l'Escot des plus subtils Philosophes qui fut onques pīr. P.15
Angeliques Esprits tousiours bons. 3

TABLE.

Esprits en forme de Nains. 19
si les Esprits peuuent changer les hommes en bestes. 105
les malins Esprits seduisent de tous temps les hommes en deux sortes. 30
Esprits familiers. 112
des Esprit. familiers. 158. 70
Esprits iettans pierres. 146.& suiuans
Esprits malins ietteurs de pierres & comme. 346
foudroyant malin Esprit tombé dans vne maison auec la tempeste. 346
Esprits malins plus frequens aux villages qu'aux villes, & aux lieux deserts, qu'aux villages. 347
feux fols, esprits malins, suiuant les eaux. 347
feu fols, Esprits malins. 347
les malins Esprits font plustost mal la nuict que le iour. 275
Estarot, mouton, Dieu des Amorrheens. 79
Enguerrand de Marigni, Sorcier. P. 21
Exorcismes contre les Demoniaques. 332
Ezechiel transporté de Babylone en Ierusalem. 195

F

FAscinum, contrecharme d'ambre. 317
Faueur portee aux Sorciers est cause des calamitez & malheurs. P. 6
Faunes n'estoyent que demons. 227
Faunes sont demons. 229
Faunes, Satyres, Siluains, Druses, sont malins esprits. 229
les Fees. 122
la Femme de Loth, conuertie en sel, comment se doit entendre. 136
Femes transformees en chats. 211
deux Femmes en tesmoignage, ne valent qu'vn homme. 379
deux Femmes pour le tesmoignage d'vn homme à Venise. 389
deux femmes pour le tesmoignage d'vn homme. 389
Femmes bruslent d'appetit de vengeance. 418
Femmes communement plustost sorcieres que les hommes, & plus tost demoniaques. 487
Femmes plus constantes à souffrir la torture que les hommes. 483
les Femmes ne meurét de melancholie. 490
Femmes meurent de ioye. 629
Fetillieres. 290
Fislande infecte des Sorciers. 261
les Filles des Sorcieres sont presumees criminelles cóme leurs meres. 406. 407
Filles

TABLE

Filles des sorcieres sont communement sorcieres. 372

Fatenies, noms anciens des sorcieres. 290

Forfait horrible d'vn grand Roy Chrestien. 155

la France sans beaucoup de demoniaques. 357

erreurs de François Pic Comte de la Mirande. 458

Fernel, premier medecin de son aage. 166

Fromage pour accuser vne sorciere. 425

sept fruicts de la punition des meschans. 428. & suiu.

absolution de Furnus contre l'accusation de Spurius Albinus. 244

G.

Letharge estrange de Galen medecin. 340

Garnier loup-garou executé à mort. 209

coustume meschante de Gascogne. 245

Gastronomantia. 129

Gehenne des Turcs. 375

forme de la Gehenne de l'Orient. 285

Geomantiens punissables. 455

Georges Agricola des premiers de son aage. P. 19

sainct Germain veit la dance des sorciers. 510

Gigantomachie, & son rapport. 4

Gilles Garnier loup-garou. 208

Gnaca adoré des Indiës pour le Soleil. 31

Gnostiques sorciers. 544

liure de Grimoire. 158

temps propre pour lire le Grimoire. 275

Guillaume Edelin, docteur de Sorbonne, sorcier. 275

H

Helie raui en corps. 195

Heliogabale, grand Sorcier. 292

Henoc raui en corps. 195

Hermaphrodites sont contre nature.

Hermione, diable en guise de femme. 233

Hieremie seul Prophete de son temps. 54

de la Hieroscopine. 103

Hierosme Moron, Chancelier de Milan, & son anneau parlant. 120

Hierusalem rasee pour les Sorcelleries du Roy Manasses. 555

l'Hippomanes appliqué par les Sorciers. 45

Hippomanes, sortilege thessalien. 480

Histoire memorable d'vn esprit assistant à vn personnage de ce temps. 22.23

Histoire estrange d'vne sorciere qui fust bruslee. 103

l'Homme mourant est pre-

Nn 4

TABLE.

sume dire vray, hormis les Sorcier obscine. 411
les Hommes ne meurent de ioye. 490
Hommes communement meurent de melancholie. 529
Horrible peché muer. 353
madame Hosse pres dammartin, liee par le malin esprit. 166
Hydromantie. 35
Hydromantie. 421
Hymnes d'Orphee, à l'honneur de Satan. 42
Hyphiattes ou succubes. P. 19
Acte d'vn Iacobin Necromantien. 355

I

Iaques Perusin, prestre grād sorcier. 585
Des Iatromathematiciens. 69
Iean durand, des plus grands Iurisconsultes de son aage. 369
Iean Teuonic, prestre d'Halberstard, grand Sorcier. 194
Iean l'Escot enterré tout vif. 202
Iean de Realmont Mathematicien. P. 12
I. Picus de la Mirande, surnommé le Phenix de son aage. P. 12
Ieanne Heruilier, Sorciere. P. 1
Iehoua, nom propre de Dieu.
les Ieunes meurent plustost de faim que les vieux. 334
Iesabel mangee des chiens pour ses sorcelleries. P. 17
Iesabel Sorciere mangee des chiens comment. 303
Ieux de sort defendus. 96
l'Ignorance n'a point de lieu en Sorcellerie. 170
des Images de cire. 253. & suiuans.
Imprecations abominables des Sorcieres. 17
Inceste commun aux Sorcier. 438
Incongruité & contrarieté d'Vvier indict, ou trou d'Eglise. 369
Indict de Milan. 369
Indict à Milan contre les Sorciers. 369
definition d'Idolatrie. 146
Innocent. 3. Pape, le plus grād Iurisconsulte de tous les autres. 300
Inuentaire de la Monarchie diabolique par Iean Vvier. 476
Inuocation du Sorcier saincte en apparence. 318
Inuocation du Diable est vne detestable Idolatrie. 486
Inuocation, les malins esprits. 149
Iodoc de la Rose, Sorcier, contraint de parler à son esprit enfermé dans anneau 168
Isle de Loz. 104
Dix courtines du tabernacle des enfans d'Israël, figueroyent le monde P. 14

Israëlites

TABLE.

Israëlites chassez de la Palestine pour leurs sorcelleries. 555
l'Italie a infecté la France de sorcelleries. 523
Iugement de Dieu. 314
Iugemens de Salomon, & de claude l'Empereur. 409
Iuges d'Eglise Iuges anciennement des sorciers. 367
les Iuges sont en protection de Dieu. 299. 300
Iules 1. Pape, fut deux iours insensible & immobile. 201
Iustice est temple de verité & equité. 308
Iustice de Dieu. 314

L

LEs Lacedemoniens n'estargissoyent aucun à pur & à plain. 473
Les Lacedemoniens n'absoluent iamais à pur & à p.ain. 475
Erreurs de Lactance. P. 23
Lamies, Sorcieres mangeans chair humaine. 203
Lamies deuorent les ieunes gens. 584. leur description. 484. sôt prinees pour poisson deuorant les personnes entieres. 484
Origine, & signifiance de Lamia. 483. 484
Definition de Lamia, selon Vvier. 496
Definition de Lamia, par Vvier, est vitieuse & faulse. 446
Lapidation pire mort que toutes autres. 267
Lapidatiô supplice plus cruel que tous autre. 430
De la L'ecanomantie. 10
N.L. letres d'eslargissement à la charge de se representer. 442
A. Lettre d'absolutioc. 442
C. Lettre de condemnation. 442
Leuiathan, ennemy du gente humain. 262
Leuiathan, est à dire, le poursuiuant, nom de Diable. 4
Leuites commandez de tuer leurs freres. 393
Libraires & Imprimeurs vendans de liures de Geomance, Chiromance, sont punissables. 456
Liuonie, infestee des Lougaroux. 213
L'ithomantie. 12
L'ithomantie qu'est. 35
Liure de la magie naturele damnable. 98
Liure de la magie naturele plein de Sorcelleriers. 544
Λόγος, & sa vraye signifiation. 56
Lollianus banni & confisque pour auoir transcrit vn liure de Magie. 457
L'ollianus fut aueuglé, pour la transcription d'vn liure de Magie 457
Lloix Saliques contre les sorciers. 261

TABLE

Loy des Atheniens touchant les confessions volontaires. 466
Transformation de Lucian & d'Apulee en asnes, est vray semblable. 219
la Lune, & ses effects merueilleux. 69
Lycanthropie frequente en Orient. 201
de la Lycanthropie. 205

M

Magdaleine de la Croix, Abbesse de Cordoue, Sorciere. 397
A copulation charnelle auec le Diable durant 38. annees. P. 2
Confesse d'auoir esté transportee par le Diable aux assemblees des Sorciers. P. 4
Magdaleine de la Croix, vers le Pape, Sorciere. 200
Detestable histoire de Magdaleine, de la Croix, Abbesse Espaignole. 133
Sa mere bruslee par arrest de de la Cour de Parlement. P. 2
Magie, Mage, Magicien. 110
Magistrats, comment peuuét mentir. 377
Magistras Sorciers plus punissables que les personnes priuees. 465
Troisseschelles du Maine, grãd Sorcier. 173

Malades ensorcellez ietteur de ferremens, de drap, & choses semblables. 151
Maladies par sorcellerie, incurables par medicamens. 281
Maladies populaires incogneuës communement aux medecins. 400
Impieté de Manes Persan chef des manicheans. 169
Coustume de Mantoüe és causes criminelles. 413
M. Brutus, & sa vision Diabolique. P. 20
Marc Varron, plus sçauant de tous les Grecs & Latins. 216
Marque des Sorciers. 412
Comte de Mascon, emporté publiquement par Satan. 303
Mathematiciens reputez Sorciers. 458
Maxence Sorcier se noya. 8
Medee, sorciere. 303
Medecins ne peuuent guerir les sortileges. 274
Megonin, & maistre Gonin. 100
Megonin, Sorcier, & de là maistre Gonin. 108
Meleager bruslé par la souche fatale d'Althea. 255
Quand la Menace est vne presomption violente. 418
Mensonge licite de droict diuin & humain. 376. 377
Mentir est quelquefois permis. 376
Qu'est-ce que mentir. 376

Mercure

TABLE.

Mercure Dieu des sorts des Payens. 95
la Mer, & ses merueilles. 104
Metraton, quoy. 61
Metoposcopie. 75
Meurtre d'éfant pire que d'vn homme. 440
qui Meurt est presumé dire verité. 422
Meurtrier doit estre arraché de l'Autel sacré. 466
Metholis Sorcier, desmembré par le peuple. 303
Michel Verdun Loup-garou. 209
Michel Verdun, Lycamthrope & Sorcier. 209
Mirmillos. 248
Miroir, & sa Sorcellerie. 470
Misericorde de Dieu. 314
Molocho. 8
Molocho, prins pour Priapus, & pour Saturne. 432
Monarchie des Assyriens, & sa grandeur. 151
Monitoires contre les Sorciers. 369
Monstre horrible hideux & diabolique. 231
Montagnes, c'est à dire, Princes arrogans & hommes superbes. 152
Montioye dressé pour l'expiation du peché. 458
Mopsus, & l'Idolatrie en son temple. 51
de la Mormolycie. 212
Mort plaisante qu'estoit. 195
Mort plaisante. 199
la Motte Prestre, fameux Sorcier. 477
Mouton decolé au lieu de Simon Magus. 223
Qui veut mourir n'est croyable contre soy mesme. 396
Mouete oiseau employé par les Sorciers. 480. 484
Moyen de tirer les vers du nez des Sorciers. 370. & suiuans.
Moyen de sçauoir, si c'est le Diable, ou l'ame d'vn trespassé qui hante en vn lieu. 334
Subtils moyens de questionner vn criminel. 374. 375
diuers Moyens pour donner la question. 375
diuers moyens de tirer la confession des Sorciers. 375. 376
Moyse Maymon, plus estimé entre les Theologiens Hebrieux. 334
Muhazimim Sorcier d'Afrique. 350

N

Naaman Syrien gueri par Helisee. 319
Nabuchodonosor mué en boeuf. 220
Nabuchodonosor, mué en boeuf. p. 12
le Mot de nature ne se trouue en toute la saincte Escriture. 78
le Conseruateur Sorcier Neapolitain. p 7
Conseruateur Neapolitain, Sor

TABLE.

Sorcier. 116
Necromantie. 152. 157
la Neige reschaufe la terre, & garantit les blez de la gelee. P 12
Neron dresse vne statue d'or à Simon Magus. 221
Neron, grand Sorcier. 292
diuers Noms de Lucifer. 4. 5 6
beaux Noms & specieux attribuez aux Sorciers. 112
trois sortes de Notorieté. 368
Nornegie infectee des Sorciers. 261
trois sortes de Notorieté. 378
Notorieté du faict permanent plus forte que nuls tesmoins, ny aucune confession volontaire. 378
Noüeurs d'esguillete pires sorcellerie que toutes autres. 223. & suiuans
Noüer l'aiguillette, est meschanceté damnable empesche l'effect de mariage. 452. 453. oste l'amitié coniugale. là mesme. est cause des adulteres. là mesme.
Noüeurs d'esguillette commettent cinq ou six crimes. 452. ont part auec le diable. 452. punissables de mort. 453

O

Ochozias Roy d'Israel grand Sorcier 33
Ochozias mort pour auoir demandé l'oracle de Baal. 279

Oracles de Satan à double sens. 306
Oracles Sybillins grandement suspects. 161. 162
Oracle des Payens. 162. 163
Oraculum, & son etimologie. 101
erreur d'Origene. 61
de la Orneomantie. 103
Orneomantie quelle. 35
l'Ouye plus certaine que la veüe. 372
Onymantie. 130
Onze degrés de prophetie. 48. 49. 50
Orphee douze cens ans auant Iesus Christ. P. 16
Opilation de la rate. 232
Opilation maladie. 232

P

PAgomantie. 131
la Palestine infectee de sorcellerie. 258
la Paillardise corporele attire la spirituele. 501
Palmurium augurium. 88
le mot de Pan, vsurpé pour Satan. 81
Paralogisme de Vvier. 538
Particularitez sur les noüeurs d'esguilletes. 125
Parties viscerales plus g:ädes aux femmes qu'aux hommes. 489
Passage de Pline corrompu. 143
Iactance inepte de Paul de Castre. 445

les

TABLE.

les Payens ont eu 6000. Dieux. 151

Peché forcé n'est point peché. 466

Peché muet abominable. 355

le Peché n'est pas peché, s'il n'est volontaire. 468

les Peines s'infligent pour appaiser l'ire de Dieu. 426

fin de l'establissement de la Peine. 426

de la Peine ancienne & moderne contre les Parricides. 429

Peine ecclesiastique ne deroge aux peines du Magistrat seculier. 461. 466

les Perses & leur punition des sorciers.

trois Personnes tirez par les pieds en l'air. 527

Petrus Damian des premiers hommes de son aage. 218

vn Peuple est gouuerné par menteries. 377

Peur d'vn tourment, est vn tourment. 401

Phebus Conte des Foix, autheur d'vn liure de la chasse. 212

sainct Philippe Apostre tranporté en corps & ame. 193

erreur de Phil. Melancthon. 458

Philosophes dogmatiques. 24

Philosophes Sceptiques ou ou Ephectiques. 24

de la Phytoscopie. 77

erreur de I. Picus Prince de la Mirande. 80

Pierre Burgot loupgarou. 209

Pierre Burgot Lycanthrope & sorcier. 209

Pierre Mamot autheur du liure des Lamies. P. 5

Pierre d'Apone medecin sorcier. P. 5

Platon met la femme entre l'homme & la beste brute. 489

Politheisme & Atheisme, sont vne mesme chose. 59

Polyenus, plus grand Mathematicien de son aage. 26

Pomponatius premier Philosophe de son aage. 213

Pomponatius & Paracelse premier Philosophes en leur aage. 213

la Poison des sorciers, ne gist aux paroles, herbes, animaux, pierres, mais en Satã. 140. 141

des Prædictions populaires. 87

Productions de l'homme Politique, bergiers, laboureurs. 89. 85

sorts Prenestins. 96

President Gentil portant vae hostie en sa pochete. 458

President Gentil, portoit vne hostie pourquoy. 459

des Presomptions contre les sorciers. 383. 384

Prestantius trãsformé en cheual. 201

Prestigiateurs esblouissans la ve

TABLE.

veüe, merite la mort. 372
artifice des Prestres Indois pour entretenir le peuple en idolatrie diabolique. 31. 32
estrange & detestable histoire de Prestres sorciers, en faueur des François assiegez. 245
Prestres sorcier plus punissables, que les laics. 461
vn Prestre interroge le diable sur la bonté de la Messe. 358
Prestres plus grands Sorciers qu'autres gens. 547
Prestre sorcier accompagné durant quarante ans de Demons en guise de femmes. 9
Prestresse pythas, furieuse. 44
trois sortes de preuues indubitables. 378
trois preuues pour asseoir iugement de mort. 441
Prieres estrange d'vn prestre sorcier. 547
Princes ruinez pour demander conseil aux deuins. 88. 89
les Princes s'aindans des Sorciers sont tousiours vaincus. 304
Princes qui s'aideront des Sorciers, malheureux & vaincus. 395. ne peuuent faire mourir les autres pour sorcellerie. 307
Prison perpetuelle est du droit capon. 442
Prison perpetuelle defendue par le droit. 443
Procope se precipita en la mer, & pourquoy? P. 15
la Prophetie cesse en vieillesse. 54
Prophetisee se prend en bône & en mauuaise part. 29
Psalmes vsurpés par les Sorciers. 120
des Psiliens & Ophigenes. 235
Puâteur & lasciuité des boucs. 207
Punition du crime prouoque la benediction de Dieu. 427
Punition memorable de ceux qui innoquent le diable. 270
Pyromantie. 122
Pithagoras transporté de Thurie en Metapont. 194

R

Rabbi Maimon, surnommé la grande Aigle. P. 14
Rabdomantie. 35
Rapdomantie. 123. 128 & suiuantes.
Racha guerdonnee pour vne mensonge. 376
la Rage pour le refus d'aumosne. 272
Refusant de faire amende honorable, est condamné à la mort. 472

Re

TABLE.

Recherche & Inquisition exacte des Sorciers doit estre faicte. 364
Ladrerie blanche. 137
Lemures ou Remures. P. 20
Remures & Lemures. P. 21
erreur de Reuclin & Agrippa. 134
la Repentance, est demy innocence. 469
quand ne Respondant rien est tenu pour Confessé. 400
Response equiuoque preiudiciable aux Sorciers. 399
deux moyens pour maintenir la Republique. 416
Rocots, hommes diaboliques. 5
images de cire pour faire mourir la Roine d'Angletere. P. 22
vn Romain condamné pour vn œuf de coq. 439
les Romains n'auoyent que trois lettres en leurs iugemens criminels. 442
Romule emporté en l'air deuant son armee. P. 18
Romule transporté par vn tourbillon. 259

S

Sathan, est Saturne. 176
Prouerbes de Salomon, pleins de beaux secrets. 49
Salomon a cogneu les humeurs des femmes plus que nul autre. 493
Saludadores. 180
Samuel loyal, & tousiours veritable Prophete. 53
Sarlatans, ou charlatans, bannissables. 490
Satan, c'est à dire ennemy. 2
Satan pour abuser les hommes, prend de beaux noms. 180
Satan ne force personne de renoncer à Dieu. 518
Satyre ou luiton. 206
Satyres sont demons. 219
Satyres estoyent malins esprits. 219
Saül & ses Sorciers. P. 17
Sela, és psalmes, mot d'allegresse. 191
le Sel hay du diable. 136
le Sel marque d'immortalité & de l'Eternité. 136
le Sel hay des Diables. 145
Quand le serment est supplement de preuue. 386
Seucrité extreme du Proconsul Pison. 369
Siluains sont Demons. 219
Siluains estoyent malins esprits. 219
Siluains esprits malins. P. 19
Meschanceté rusee de Simon le Magicien. 222. 223
Simon le Sorcier fit parler vn chien 527. côme aussi francisque de sienne, à Rome. 527
Simon le Magicien voloit en l'air. 509
Singes & Cercopitheques. 15

Sin

TABLE

Singularité adminiculatiue,& contraditoire. 376

la Squille, & de son application. 40

le Soleil plus grand que la lune 6545. fois, que la terre 166. fois. 27

Du rencontre de quelques Songes. 58.59

Sorcellerie comme plus detestable que tous autres. Preface. 4

Les plus grands de la terre, taxez de Sorcellerie. P. 6

Sorcelleries defendues du droict diuin des douze tables, du droict ciuil. P. 17

Sorcelleries & Idolatrie couuerte soubs le voile de nature. 82 83

Lopins de bois vsurpez es Sorcelleries. 123

Sorcellerie du liure de coniurations Imprimé à Rome. 425

Les dix Lignees exterminees pour leurs Sorcelleries. 495

Definition du Sorcier. 1

Sorciers marquez par le diable. 173

Sorcier renoncent à Dieu se font rebaptiser. 174

Sorciers trasportez fort loing en se gressant. 176

Sorciers dãsent en leurs sabbas. 178

Sorciers banquetans en leur sabbat. 182.183

Sorciers font mourir personnes & de bestes. 187 & 199

Sorciers rauis en esprit ou par ecstase. 197.108

Sorciers mangeans la chair humaine. 203

Sorcieres, renient Dieu & toute religion 420. Blasphement Dieu, & toute Idole qu'ils craignent. 420. Font image au Diable. 422. luy voüent leurs enfans. 422. Les luy sacrifient auant qu'estre baptisez 423. Les luy consacient des le ventre des meres. 423. Attirent au diable tous ceux qu'elles peuuent. 423. Appellent & iurent au nom du Diable. 423. Sont incestueuses. 424. Tuent & font boüillir les petis enfans. 425. Les mangent. 425. Font mourir les par sortileges le bestail, les fruicts. 426.427. S'aident de poison. 436. ont copulation auec les Diables. 437. Meurtre de femme est pire que d'homme. 438

Sorciers renonceans à Dieu expressement. 172

Sorciers s'aident de tout téps d'images de cire. P. 21

Sorciers rebaptisez au nom du diable. 74

Sorciers és assemblees dansent en rond, les faces hors le rõdeau. 179

les Sorciers ne peuuent guerir les maladies natureles. 274

Sippe, oiseau seruant à sorcellerie.

TABLE.

lerie. 480

Sorciers vilipendez par tout. 281. belistres. 284. ignorans 289. tourmentes, laids. 290

Renuoy des Sorciers les vns aux autres en Flandres, Portugal & en France. 303

Sorciers complices, contre complices, font preuue. 390

Sorciers presumez coupables de toutes meschancetez. 412

La plus cruelle peine n'est suffisante contre les Sorciers. 419

Execrables meschancetez de Sorcieres. 240. 241. 242. 243

Trois-eschelles, insigne Sorcier. 330

Faut faire raser & faire changer d'habits aux Sorciers. 374

Trois sortes de preuues contre les Sorciers. 378

Sorcier faisant veoir en vn miroir, ce qu'il vouloit 475

Sorcier arrestant d'vne parole les bestes sauuages 510

Sorciers comparables aux paillardes, & les demoniaques, aux vierges. 576

Sorciere charmant vn basilique Preface. 9

Sorciers font tempester & foudroyer 141

Sorciers de Pharaon. P. 17

Sorcieres ne peuuent noyer. 440

Sorciers renoncent par expres à Dieu, signent l'obligation de leur sang. 171. Sont marquez par le diable. 172. la marque est par ses effects & par le diable. 173

Sorciers & Sorcieres, tournez en chats, & en chartes. 211

Sorciers de Lappie, vendent les vents. 214

les Sorciers & Sorcieres ont copulation auec les Demons. 227

Sorciers peuuent corrompre l'air & enuoyer des maladies. 238

Sorciers font mourir les personnes en soufflant, & d'vn seul mot. 252

Sorciers ne peuuent nuire à ceux qui les persecutent. 297. ne peuuent se deliurer des mains de Iustice. 298. Ne peuuent pleurer. 298

Sorciers prenans argent n'ont aucune puissance. 352

Sorciers en guerissant, donnent le sort à vn autre. 374

Sorcieres n'osent regarder personne en face. 374. baissent la veüe. 416

Sorcieres ne peuuent ietter que trois larmes. 417

Sorciere ne peut aller au fond de l'eau. 435

Sorciere deterree, pour estre bruslee. 474

Propriété des souilliers neufs gressez d'oing de porc. 474

Oo

TABLE.

Sorts Lyciens. 96
Sorts Homeriques & virgilianes. 96
Sorts approuués de la saincte Escriture & des loix ciuiles. 91-94
Sorts defendus de Dieu. 91
Sortes homeriques, virgilianes, sorts Apostolorum, dodecadron & ieu des vierges defendus. 97
Sort de Silence. 165
Statue d'or dressee à Simon le magicien. 215
Stasus sorcier Bernois. 208
le Sucre contraire au beurre. 119
le Sucre empesche la façon du beurre. 117
Superstitions dictes, viç Amor ihæorum. 459
Supplice de la pierre large. 429
Sybille Dinscops, sorciere insigne. 473
Sybilles. 112

T.

Taciturnité emporte confession en sorcellerie. 400
Tamis, & sa sorcellerie. 470
Taxe de la chambre du Pape, contre les Sorciers. 493
sorts de la Typhramātia, Geomantia, Brotonomantia, Sycomantia, Onomantia, & Arithmantia defendus, Allectryomantia des anagrammes. 98.99
de la Teratscopie. 103
quand Tesmoins singuliers sont receuables. 299
Trois tesmoins singuliers font preuue en crimes couuerts. 375
Tesmoins singuliers, quand sont vniuersels. 385
consideration sur la disposition d'vn seul Tesmoin. 387
des Tesmoins contre criminels. 389
Tesmoins és actes legitimes. 389
quand Tesmoin infame de fait est receu. 389
Tesmoignage des complices. 391
Tesmoins sans reproche faict demy preuue. 411
Testes des hommes plus grosses que des femmes. 489
Thasius accompaigné d'vn esprit en forme humaine, inuisible à tous, fors qu'à luy seul. P.8
Theodore de Beze sur le Psalme 117. P.13
Theophraste Paracelse des premiers Philosophes de son aage. 213
Theurgie. 36
certains liures de S. Thomas d'Aquin, traduit en grec. 537
Tiremasse. 244
Tolede ancienne eschole des sorciers. P.6

quand

TABLE.

quand & comment se doit appliquer la Torture. 387. & suiuans.

Traict merueilleux d'vn Archeuesque de Vienne Italien. 548

Trasport des sorciers en corps & en ame P. 17

Trauaillez & tresueillez. 298

Tristesse & vieillesse empeschent l'estat de la prophetie. 47

coustume des Turcs pour chastier leurs esclaues. 20

V.

Valens Empereur, ennemis des deuins. 457

Valens Empereur fit mourir Iamblique pour l'Allectryomantie. 457

Vanité de la science des Augures. 108

Veneficium pour sorcellerie. 488

Vengeances des amis des occis. 156. 157

Vengeance horrible d'vn Milannois. 363

les Vents vendus en Lappie. 214

Verge de Coryles, ou coudres, & ses merueilles. 77

Vertu des influences celestes sur ce monde elementaire.

Virgile reputé Sorcier. 331

maladie des Sainct Vitus & Modestus. 193

Sainct Vitus & Modestus, & de la guarison de leurs maladies. 193

Vlpian a composé sept liures de la punition des Chrestiens. 260

la Volupté representee par le serpent. 108

Vtric schroter blasphemateur. 267

Vrim, & Thummim & leur signification.

Vvier defendeur des Sorciers. 116

Vvier falsifiant la saincte Escriture. 478

Vvier disciple & seruiteur d'Agrippa. 477

Vvier denie la lycanthropie. 530

X

Xelomantie. 35

Y

Des Yeux semblables aux Hiboux. 85

Z

Zoophites ou plante-bestes: 15

Zophire phisionogme. 86

Zoroastes premier Magicien de Perse. 110

F I N.

www.ingramcontent.com/pod-product-compliance
Lightning Source LLC
Chambersburg PA
CBHW051322230426
43668CB00010B/1111